“十二五”國家重點圖書出版規劃項目
2011—2020年國家古籍整理出版規劃重點項目
國家古籍整理出版專項經費資助項目

海外中文古籍總目
哈佛燕京圖書館書目叢刊第二十一種

美國哈佛大學哈佛燕京圖書館中文古籍目錄（第一册）

Catalogue of Chinese Ancient Books of the Harvard-Yenching Library, Harvard University

哈佛燕京圖書館
中華書局 編

中華書局

圖書在版編目(CIP)數據

美國哈佛大學哈佛燕京圖書館中文古籍目録/哈佛燕京圖書館,中華書局編. —北京:中華書局,2020.9
(海外中文古籍總目)
ISBN 978-7-101-14433-8

Ⅰ.美… Ⅱ.①哈…②中… Ⅲ.哈佛大學-院校圖書館-古籍-中文圖書-圖書館目録 Ⅳ.Z838

中國版本圖書館 CIP 數據核字(2020)第 033234 號

書　　名	美國哈佛大學哈佛燕京圖書館中文古籍目録(全五册)
編　　者	哈佛燕京圖書館　中華書局
圖録選編	杜遠東　眭駿
叢 書 名	海外中文古籍總目
責任編輯	蔡宏恩　張　昊
裝幀設計	劉　麗
出版發行	中華書局 (北京市豐臺區太平橋西里 38 號　100073) http://www.zhbc.com.cn E-mail:zhbc@ zhbc.com.cn
印　　刷	三河弘翰印務有限公司
版　　次	2020 年 9 月北京第 1 版 2020 年 9 月第 1 次印刷
規　　格	開本/787×1092 毫米　1/16 印張 164¾　字數 2751 千字
國際書號	ISBN 978-7-101-14433-8
定　　價	3000.00 元

海外中文古籍總目·總序

中華文明悠久燦爛，數千年來留下了極爲豐富的典籍文獻。這些典籍文獻滋養了中華民族的成長和發展，也廣泛地傳播到世界各地，不僅對周邊民族産生了深刻影響，更對世界文明的融合發展做出了卓越貢獻。可以説，中華民族創造的輝煌文化，不僅是中華文明的重要組成部分，更是全人類的共同文化遺産，需要我們共同保護、傳承、研究和利用。而要進行這一工作，首先需要對存世典籍文獻進行全面的調查清理，編纂綜合反映古典文獻流傳和存藏情況的總目録。

由全國古籍整理出版規劃領導小組（簡稱“古籍小組”）主持編纂、歷時十七年最終完成的《中國古籍總目》就是這樣一部古籍總目録。它“全面反映了中國（大陸及港澳臺地區）主要圖書館及部分海外圖書館現存中國漢文古籍的品種、版本及收藏現狀”，著録了約二十萬種中國古籍及主要版本，是迄今爲止對中國古籍流傳與存藏狀況的最全面最重要的總結。但是，限於當時的條件，《中國古籍總目》對於中國大陸地區以外的漢文古籍的調查、搜集工作，“尚處於起步階段”，僅僅著録了“港澳臺地區及日本、韓國、北美、西歐等地圖書館收藏的中國古籍稀見品種”（《中國古籍總目·前言》），并没有全面反映世界各國各地區存藏中國古籍的完整狀況。

對於流傳到海外的中國古籍的搜集和整理，始終是我國學界魂牽夢繞、屢興未竟的事業。清末以來幾代學人迭次到海外訪書，以書目提要、書影、書録等方式將部分收藏情況介紹到國内。但他們憑個人一己之力，所訪古籍終爲有限。改革開放以來，黨和政府對此極爲重視。早在1981年，黨中央就明確提出“散失國外的古籍資料，也要通過各種辦法争取弄回來或複製回來”（中共中央《關於整理我國古籍的指示》，1981年9月17日）。其時“文革”結束不久，百業待興，這一高瞻遠矚的指示還僅得到部分落實，難以規模性地全面展開。如今，隨着改革開放事業的快速發展，國際間文化交流愈加密切，尤其是《中國古籍總目》的完成和中華古籍保護計劃的實施，爲落實這一指示提供了堅實的基礎，可以説，各項條件已經總體具備。在全球範圍内調查搜集中國古籍、編纂完整反映中國古籍流傳存藏現狀的總目録，爲中國文化的傳承、研究提供基礎性數據，已經成爲黨和政府以及學術界、出版界的共識。

據學界的初步調研，海外所藏中國古籍數量十分豐富，總規模超過三百萬册件，而尤以亞洲、北美洲、歐洲收藏最富，南美洲、大洋洲、非洲也有少量存藏。海外豐富的中國古籍藏量以及珍善本的大量存在，爲《海外中文古籍總目》的編纂提供了良好的基礎。而且，海外收藏中國古籍的機構有的已經編製了館藏中國古籍善本目録、特藏目録或聯合目録，關於海外中國古籍的提要、書志、叙録等文章專著也不斷涌現，這對編纂工作無疑具有很高的參考價值。然而，目前不少海外圖書館中國古籍的存藏、整理、編目等情况却不容樂觀。絶大多數圖書館中文館員數量極其有限，無力系統整理館藏中文古籍；有的甚至没有中文館員；有的中國古籍衹能被長期封存，處於自然消耗之中，更遑論保護修復。啓動《海外中文古籍總目》項目，已經刻不容緩。

長期以來，我們一直關注着海外中國古籍的整理編目與出版工作。2009年《中國古籍總目》項目甫告竣工，在古籍小組辦公室的領導下，編纂出版《海外所藏中國古籍總目》的計劃便被提上日程，并得到中共中央宣傳部、新聞出版總署的高度重視，被列入《“十二五”國家重點圖書出版規劃》《2011—2020年國家古籍整理出版規劃》。經過細緻的調研考察和方案研討，在“十三五”期間，項目正式定名爲《海外中文古籍總目》，并被列爲“十三五”古籍整理出版工作的五大重點工作之一。中華書局爲此組織了專業團隊，專門負責這一工作。

《海外中文古籍總目》是《中國古籍總目》的延續與擴展，旨在通過團結中國國内和世界各地相關領域的專家學者，組成編纂團隊，吸收最新研究成果進行編目，以全面反映海外文獻收藏單位現存中文古籍的品種、版本及收藏現狀。在工作方法與編纂體例上，《海外中文古籍總目》與傳統的總目編纂有着明顯的區别和創新。我們根據前期的調研結果，結合各海外藏書機構的情况和意見，借鑒中華古籍保護計劃的有益經驗，確定了“先分館編輯出版，待時機成熟後再行統合”的整體思路。同時，《海外中文古籍總目》在分類體系、著録標準、書影採集等方面都與全國古籍普查登記工作高度接軌，確保能够編纂出一部海内外標準統一、體例一致、著録規範、内容詳盡的古籍總目。

編纂《海外中文古籍總目》，可以基本摸清中國大陸以外地區的中文古籍存藏情況，爲全世界各領域的研究者提供基礎的數據檢索途徑，爲系統準確的古籍整理出版工作提供可靠依據，爲中國與相關各國的文化交流活動提供新的切入點和立足點。同時，我們也應該認識到，中國的古籍資源既是中國的，也是世界的，整理和保護這些珍貴的人類文明遺産，是每一個人的共同責任和使命。

2017年1月，中共中央辦公廳、國務院辦公廳印發了《關於實施中華優秀傳統文化傳承發展工程的意見》，其中明確提出"堅持交流互鑒、開放包容，積極參與世界文化的對話交流，不斷豐富和發展中華文化"的基本原則，并將"實施國家古籍保護工程，加强中華文化典籍整理編纂出版工作"列爲重點任務之一。遥想當年，在兵燹戰亂之中，前輩學人不惜生命捍衛先人留下的典籍。而今，生逢中華民族實現民族復興的偉大時代，我們有責任有義務完成這一幾代學人的宏願。我們將努力溝通協調各方力量，群策群力，與海内外各藏書機構、學界同仁一起，踏踏實實、有條不紊地將《海外中文古籍總目》這一項目繼續開展下去，儘快完成這樣一個動態的、開放的、富於合作精神的項目，使之早日嘉惠學林。

中華書局編輯部

2017年2月

總目録

第一册目録

圖　録

前　言

哈佛大學（Harvard University）是世界一流的高等學府，也是海外漢學研究的中流砥柱。其圖書館藏書千萬，爲學術研究奠定了堅實的基礎。在其數十家分館、專業館之中，哈佛燕京圖書館（Harvard-Yenching Library）以其豐富、珍貴的東方文獻收藏享譽全球，執歐美高校東亞圖書館之牛耳。

哈佛燕京圖書館成立於1928年，時名哈佛燕京學社漢和圖書館（Chinese-Japanese Library of the Harvard-Yenching Institute），隸屬於哈佛燕京學社（Harvard-Yenching Institute），1965年更名爲哈佛燕京圖書館，1976年轉屬哈佛學院圖書館。

哈佛燕京圖書館的中文圖書收藏史可以追溯到十九世紀末。1879年，在貿易商人鼐德（Francis P. Knight）的倡議下，哈佛大學設立中文教席，聘請時在英國駐寧波領事館任職的舉人戈鯤化（1838—1882）教授中文。爲了教學研究之便，圖書館開始收藏中文圖書。圖書館藏有戈鯤化著《人壽堂詩鈔》一卷、《人壽集》一卷，據藏書票顯示，此即1879年10月27日戈氏給圖書館的贈書，此或爲哈佛大學中文古籍收藏之始。經過近半個世紀的文獻建設，哈佛大學的中文藏書已初具規模，至1928年哈佛燕京學社成立時，圖書館已藏有中文圖書4526册，由哈佛燕京圖書館正式接管。九十餘年來，在裘開明（Alfred Kaiming Chiu）、吴文津（Eugene Wu）、鄭炯文（James K. M. Cheng）三任館長的主持擘劃下，哈佛燕京圖書館從無到有，從小到大，逐漸成爲海外東亞研究文獻，尤其是中國典籍文獻收藏的重鎮。現如今，哈佛燕京圖書館收藏中、日、韓、越等圖書近150萬册，其中中文圖書80餘萬册（含中文古籍15萬餘册），實“海外琅環”（葉恭綽語）也。圖書館入口處張掛的羅振玉篆書“擁書權拜小諸侯”大字匾額，正是其冠絶西方世界大學東亞館的真實寫照。

具體而言，哈佛燕京圖書館的15萬册中文古籍，共計13378部（含複本407部），若計叢書子目，則有35000餘部，其中經部1186部（含複本70部）、史部4958部（含複本100部）、子部2224部（含複本52部）、集部4120部（含複本168部）、類叢部747部（含複本15部）、新學類143部（含複本2部）。此數萬部古籍中，又有善本約4000部，其中宋元本9部，明本1552部。宋元精刊、明清佳刻、舊抄名稿，琳琅滿目，刻本、抄本、稿本、活字本（木活字、銅活字、鉛活字）、石印本、套印本應有盡有。可以説，哈佛燕京圖書館的中文古籍，無論是數量，還是質量，都可與美國國會圖書館相頡頏，在叢書、稿抄本等專藏方面更是有過之而無不及。兹舉數端，可窺一斑：

善本4000餘部，其中約200部（含明本188部）不見於《中國古籍善本書目》著録，如明成化十年（1474）新安余氏刻本《詩學集成押韻淵海》、明嘉靖元年（1522）孟鳳刻本《行軍須知》等。

明清方志2337部，數量僅次於美國國會圖書館，其中明本32部，全美第一。最早的是明正德元年（1506）刻本《姑蘇志》。不乏明崇禎十三年（1640）刻本《江陰縣志》、明萬曆十九年（1591）刻天啓五年（1625）增修本《潞城縣志》等海内孤本。

清刻清人詩文集1600餘部，其中善本350餘部，珍罕之本如清康熙刻本《郭文簡公文集》《適適齋鑑鬚集》，國内所藏僅一二之數。

稿抄本1200餘部，居美國之冠。其中不乏孤本秘笈，如明黑格抄本《南城召對》爲四庫底本，明藍格抄本《觀象占玩》爲董其昌、吴城舊藏，明抄本《欽明大獄録》不見著録，名人稿本如丁日昌《砲録》、李鋭《觀妙居日記》等。

叢書1400餘部（按四部分類法），是《中國叢書綜録》著録的一半。最早的是明弘治十四年（1501）刻本《百川學海》。又如清乾隆武英殿木活字印本《武英殿聚珍版書》，現存世全帙僅十部，哈佛燕京得其一。

類書350餘部，其中明代類書75部。著名的有《永樂大典》二册（卷七千七百五十六至七千七百五十七、卷八千八百四十一至八千八百四十三）。又有清雍正六年（1728）銅活字印本《古今圖書集成》，現存世全帙十三部，哈佛燕京得其一，且每册扉頁皆有乾隆“重華宮寶”“五福五代堂古稀天子寶”璽印。

齊如山藏戲曲小説72種，多鈐有“高陽齊氏百舍齋存書之印”“齊氏所藏戲曲小説印”“齊林玉世世子孫永寶之”等印，其中有齊如山手跋者20餘種。難得之書，比比皆是，如明金陵唐氏刻本《新刻全像漢劉秀雲臺記》、清康熙刻本《新説生花夢奇傳》等。

其他如禁毁之書，僅明刻本就有70多種，居全美之首。家譜近200種，僅次於哥倫比亞大學東亞圖書館，居全美第二。另外，尚有諸多特出之單書，如明弘治十三年（1490）錫山華氏會通館銅活字印本《會通館校正宋諸臣奏議》（大字校正本），鈐“毗陵董康審定”“董康暨姬玉奴藏書籍記”，爲現今存世最早的金屬活字本，國内所藏殘本卷次相加不及哈佛之半。據沈津先生考證，此乃1942年哈佛燕京以巨資500多元從董康購得，鄭振鐸視之爲“駭人聽聞之事”，概因會通館銅活字本存世稀少，可“比之如宋槧名鈔”“奴視元明諸刻也”（葉德輝語）。又如，清光緒二十年（1894）上海美華書館鉛印本《聖經》，黑色皮面，書口飾金，是慈禧太后六十壽禮版《聖經》的重印本，被譽爲“君王版”《聖經》，爲衆多中譯本《聖經》中最珍貴難得之品。

如此多的珍本秘笈，是哈佛大學百十年來，尤其是哈佛燕京圖書館成立以來通過各種途徑矢心收藏而來的。其中絶大部分古籍的入藏都歸功於首任館長裘開明先生幾十年如一日的不懈努力。建館之初，裘館長親赴中國内地蒐集中文古籍，並得到燕京大學洪業及顧廷龍諸先生的襄助，所獲甚豐。抗日戰争期間，京城富書之家爲形勢、生計所迫出售藏書，裘館長竭力選購。二戰結束後，日本社會動蕩，經濟凋敝，不少古籍流散坊肆，裘館長復加徵購，頗有所獲。加之從美國本土（如1945年購藏二齊藏書）、中國臺灣（如1953年購藏齊如山藏書）等地採買，奠定了哈佛燕京圖書館中文古籍收藏的基本格局，終成今日蔚爲大觀之局面。

如果説廣收博採、充實館藏是圖書館提供服務的前提，那麽部次甲乙、編輯藏書目録則是圖書館做好服務的基礎。哈佛燕京圖書館在成立之後，館藏文獻日漸豐富，編纂藏書目録亦日顯迫切。爲此，裘開明館長在傳統四部分類法的基礎上，融合中西，加以擴充，創立“漢和圖書分類法”（A Classification Scheme for Chinese and Japanese Books），爲編目提供了依據。1930年代，裘先生更與燕京大學引得編纂處合作，編輯出版館藏目録，并在1938至1940年間陸續出版了《美國哈佛大學燕京學社漢和圖書館漢籍分類目録》（*A Classified Catalogue of Chinese Books in the Chinese-Japanese Library of the Harvard-Yenching Institute at Harvard University*）經學、哲學宗教、歷史科學等目録。可惜由於日本侵華戰争爆發，其他部類的校樣毀於戰火，出版之事不得已中輟。雖然如此，卡片目録的編纂却一直在繼續。至1980年代，在第二任館長吴文津先生的主持下，哈佛燕京圖書館同仁耗時數年，整理、審定全部卡片目録，於1986年影印出版了館藏中文圖書目録*Catalogues of the Harvard-Yenching Library: Chinese Catalogue*，全39册，俗稱“大紅本”。進入新世紀，第三任館長鄭炯文先生大力推動館藏資源的開發和利用，館藏善本、新舊方志、新教傳教士中文譯著文獻、民國圖書、中文年鑒等珍稀文獻陸續得到清理、揭示和出版，更爲精審細緻的善本書志、專類目録不斷涌現，沈津先生開創的書志撰寫的“哈佛模式”也在這個階段結出碩果。但是，哈佛燕京圖書館却始終没有一本比較完善精確、收録全部中文古籍的紙本目録供讀者查閲。尤其是大量的普通古籍，或分藏各處，或貯於遠程書庫，宛如泥牛入海，難以確知。在此背景下，哈佛燕京圖書館聯合中華書局，編纂出版館藏全部中文古籍的總目録。

本目録的編纂始於2014年，是“海外中文古籍總目”項目之一。目録以“大紅本”、MARK數據、OCLC數據爲基礎進行書目數據採集，以《全國古籍普查登記手册·漢文古籍分類表》爲依據進行分類排序，充分借鑒已有的成果加以復核，如《哈佛大學哈佛燕京圖書館藏中文善本書志》《中國古籍總目》《中國古籍善本書目》《中國叢書綜録》等，對部分著録信息不全、存疑的書目核對原書。爲了全面呈現館藏古籍的面貌，特選近300種古籍書影製作圖録一册。需要説明的是，哈佛燕京圖書館的善本大多已有所揭示，故本圖録之編選不單以珍罕孤秘爲標準，更加着意於全時段、全版本類型的覆蓋。同時，爲了方便讀者查閲，編製書名、著者索引附於書後。

本項目自2014年啓動以來，歷時五年有餘，寒暑不易，終告完成。期間幸得多位專家同仁悉心指導和鼎力相助，如項目策劃之初，原哈佛燕京圖書館善本室主任沈津先生、國家圖書館鮑國强先生、原國家圖書館出版社社長郭又陵先生、總編輯徐蜀先生出謀劃策；目録編纂過程中，中國人民大學圖書館曹麗、方學堯、胡良、劉進炎、林珊諸先生負責書目數據的採集和初始分類；國家圖書館李文潔女士等人負責復核分類、排定順序；北京大學圖書館吕淑賢女士、復旦大學圖書館樂怡女士、厦門大學圖書館張徐芳女士、浙江大學圖書館杜遠東女士、復旦大學圖書館眭駿先生先後赴哈佛燕京圖書館復核書目數據；杜遠東女士和眭駿先生還承擔了圖録的編選和審定工作；更不用説自始至終給予我們大力支持的哈佛燕京圖書館館長鄭炯文先生、公共服務與電子資源部主任楊麗瑄（Sharon Yang）女士、善本室主任王系（Annie

Wang）女士、中文部主任馬小鶴先生及其他圖書館工作人員；此外，中華書局編輯部同仁姜紅女士、張進女士、陳利輝女士、張昊先生、李佳女士、葛洪春先生、李梅君女士、史秋月女士、王敏女士及編校部李曉霞女士等亦曾參與部分工作，或組織聯絡，或復核書目，或校對書稿，出力尤多，謹致謝忱。

哈佛燕京圖書館持守“學術乃天下之公器”的理念，中華書局秉承“弘揚傳統，服務學術”的宗旨。今雙方聯手，合力編輯出版此目録，其意亦在於踐行此種理念和宗旨，化公藏爲公用，竭誠服務全世界的讀者。限於水平和條件，學不敷用，力有不逮，或有缺漏，或有錯謬，尚希方家指正。

哈佛燕京圖書館
中華書局編輯部
2019年12月

編　例

一、本目録收録美國哈佛大學哈佛燕京圖書館所藏中文古籍，分圖録和目録兩部分。

二、本目録依據《全國古籍普查登記手册》中的《漢文古籍分類表》分類排序，分經、史、子、集、類叢、新學六部，各部下再分小類。

三、各書著録信息包括書名、卷數、索書號、著者、版本、册數、附注等信息，叢書零種著録所屬叢書。

四、書名基本以原書首卷卷端所題之名爲準，自擬書名加[ ]，卷數不詳者以□代替。

五、著者信息包括著者姓名、朝代、著作方式。朝代、姓名俱不明者缺省，信息缺失者以□代替。著者姓名取通用姓名，一般不取字號、别稱。若著者係僧侣者，著録其法名，并於法名前冠“釋”字。若著者係外國人者，著録其國别。

六、版本信息包括出版年、出版地、出版者、版本類型。年份確切者括注公元紀年。干支、太歲及佛曆等紀年轉换爲相應的朝代年號紀年。

七、附注信息包括存缺卷、複本信息等，俱依原書著録。

八、本目録索引包括書名筆畫索引和著者筆畫索引，含叢書子目書名和著者。

九、本目録一般採用規範繁體字，但書名、著者等從寬從俗，不强求統一。

經部

周易明解輯説四卷　〔宋〕馮椅撰　

清乾隆五十八年（1793）刻本　三册

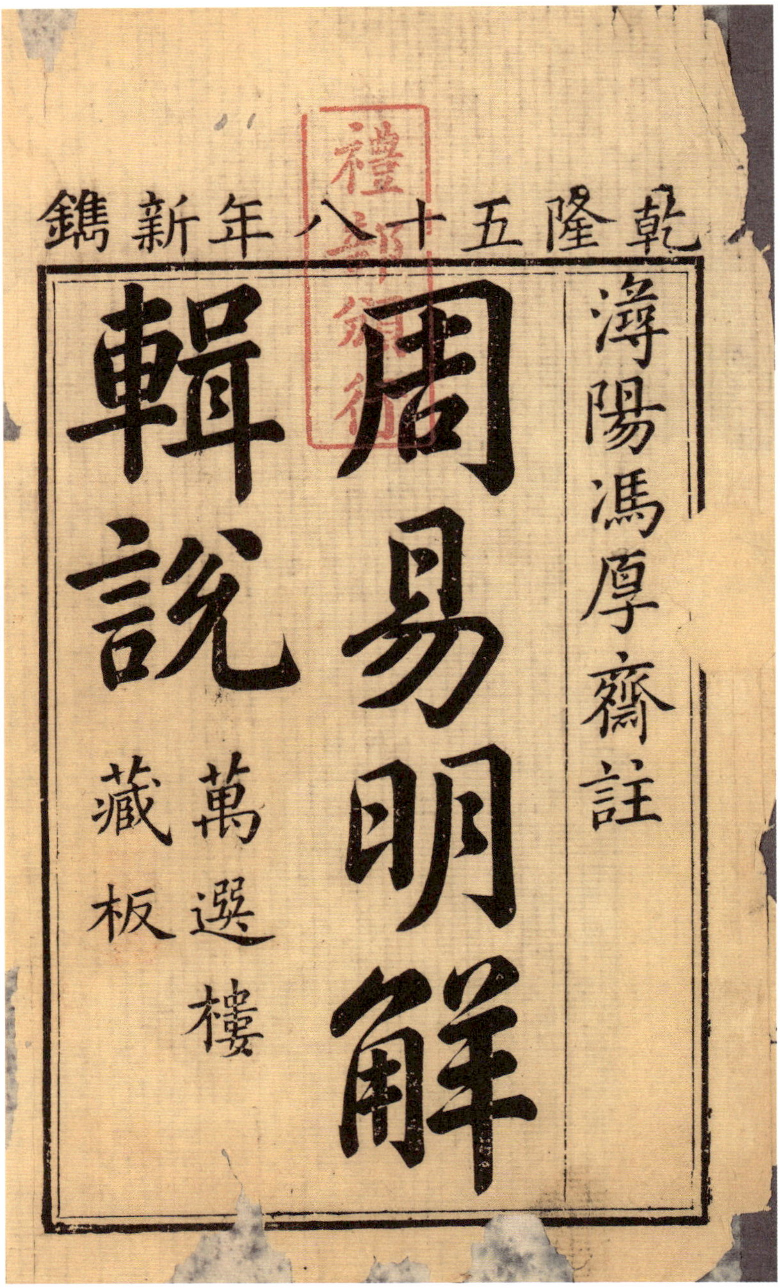
乾隆五十八年新鐫

濟陽馮厚齋註

周易明解

輯說

萬選樓

藏板

周易明解輯說卷之一

周易上經、　　都昌馮椅厚齋註

易從日從月所以道陰陽也卦本伏羲所畫有交易變易之義故名以易辭則文王周公所繫故謂之周易

䷀ 乾上 乾下

乾、元亨利貞、

乾健也天之性情也此卦六爻皆奇上下皆乾則陽之純而健之至故伏羲名之曰乾元大善也仁也亨通也禮也利宜也義也貞正而固也智之凝定者也文王以爲天道惟健故能終始于四時之運人君自强不息如天行之健則仁義禮智自時措之政治閒矣此所謂彖辭以斷一卦之吉凶也。易道尊陽故惟純乾始備四德實文王本旨非孔子剏說也

初九、潛龍勿用、

新校尚書減注六卷 〔明〕潘叔應撰

明萬曆書林寶善堂刻本　二册

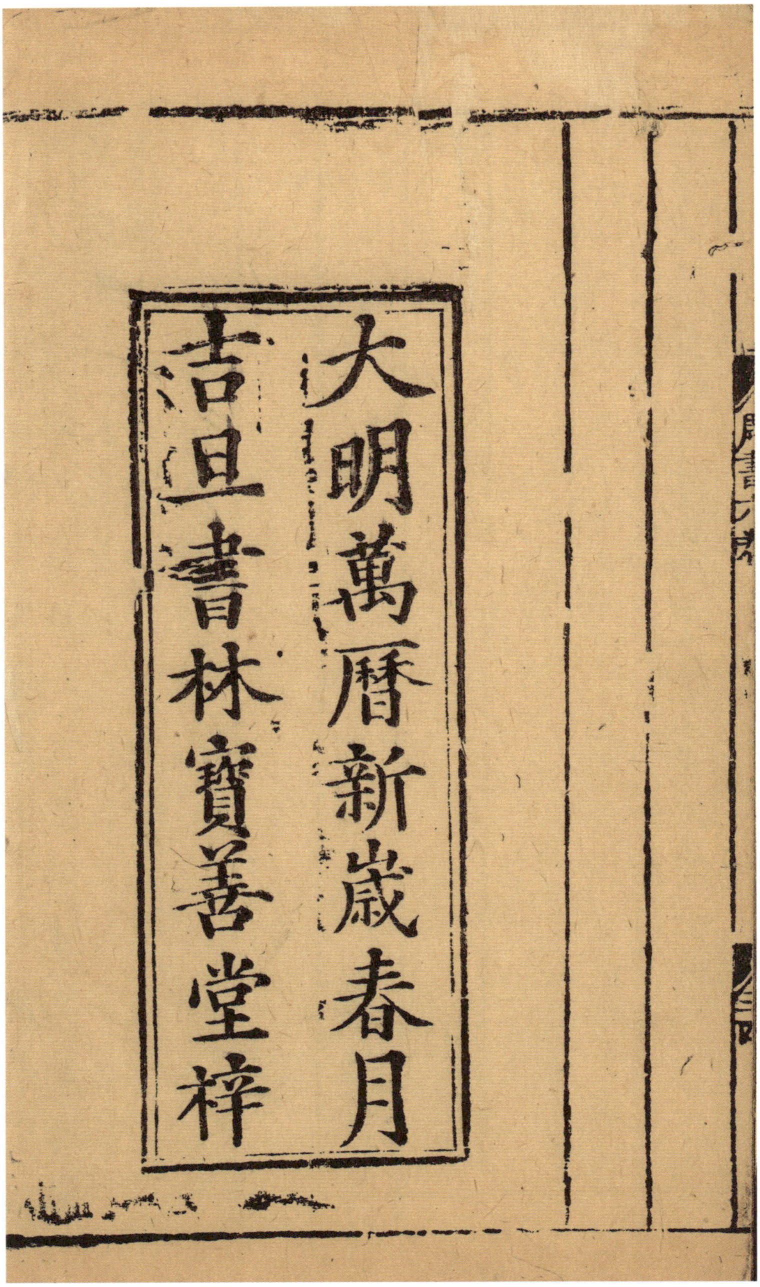

新校虞書減註卷之一

虞書

虞舜氏因以爲有天下之號也

堯典

堯唐帝名此篇以簡冊載堯之事故名曰堯典後世以其所載之事可爲常法故。又訓爲常也。

曰若稽古帝堯曰放勳欽明文思安安允恭克讓光被四表格于上下

曰若者發語辭稽考也放至也勳功也言堯之功大而無所不至也欽恭敬也明通明也敬體而明用也文文章也思意思也文著見而思深遠也安安無所勉強也言其德性之美皆出於自然而非勉強所謂性之者也允信克能也常人德非性有物欲害之故有強爲恭而不實欲爲讓而不能者爲堯

詩經廣大全二十卷　〔清〕王夢白　陳曾撰　

清康熙刻本　十三册

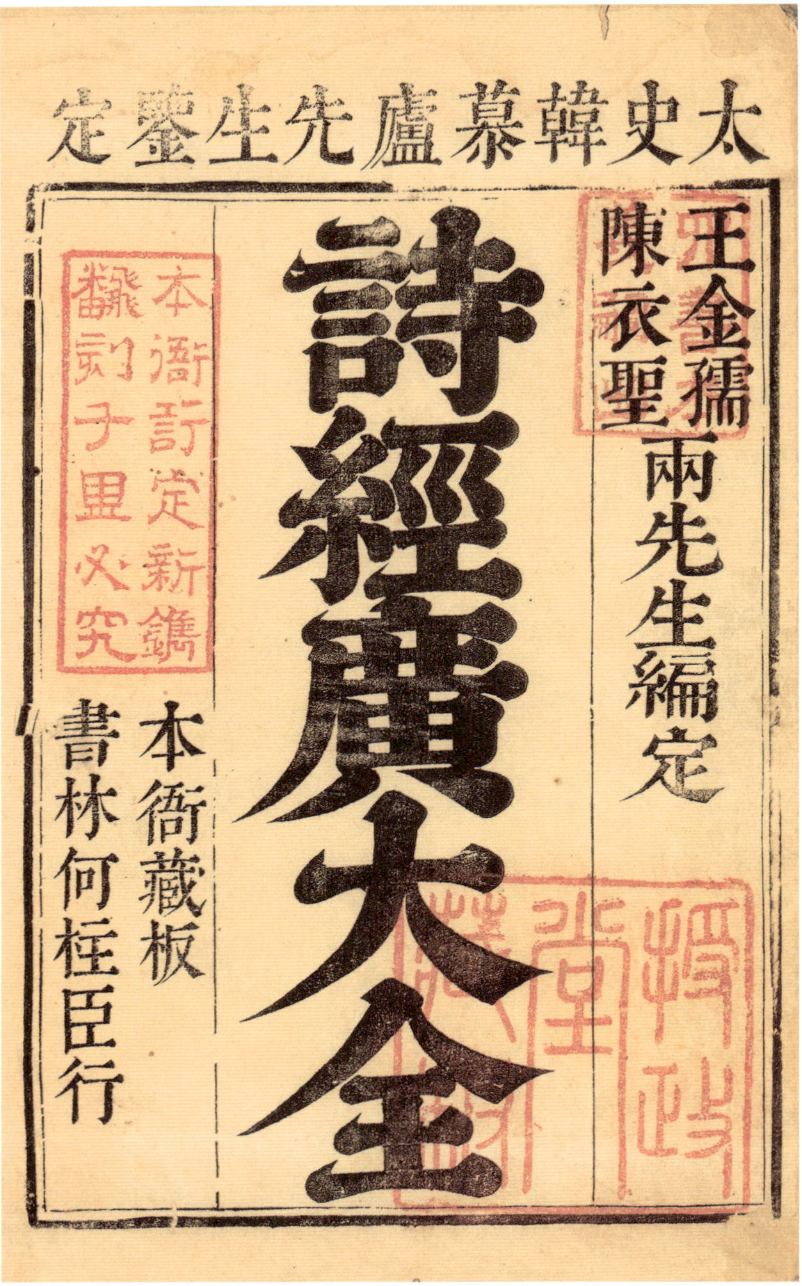

詩三百五篇
詩ハ風 雅 頌 三ニ分ル
風ハ周南 召南 邶鄘衛王鄭齊魏唐秦陳檜曹豳 十五ニ分ル
雅ハ小雅 大雅 二ニ分ル
頌ハ周頌 魯頌 商頌 三ニ分ル

詩經廣大全卷一

梁溪後學　王夢白金孺氏編
陳張曾衣聖氏輯
男允朕胐校字

國風

朱子云、國者諸侯所封之域、而風者民俗歌謠之詩
也、謂之風者、以被上之化以有言○而言又足以感人○
如物因風之動以有聲○而聲又足以動物也○故諸侯
采之以貢天子、天子受之而列樂官、於以考俗尚美
惡、知政治得失焉、舊說二南爲正風、以用之閨門鄉

新鍥晉雲江先生闡蒙衍義集注不分卷　〔明〕江環撰　

明萬曆四十一年（1613）詹光岳静觀室刻本　三册

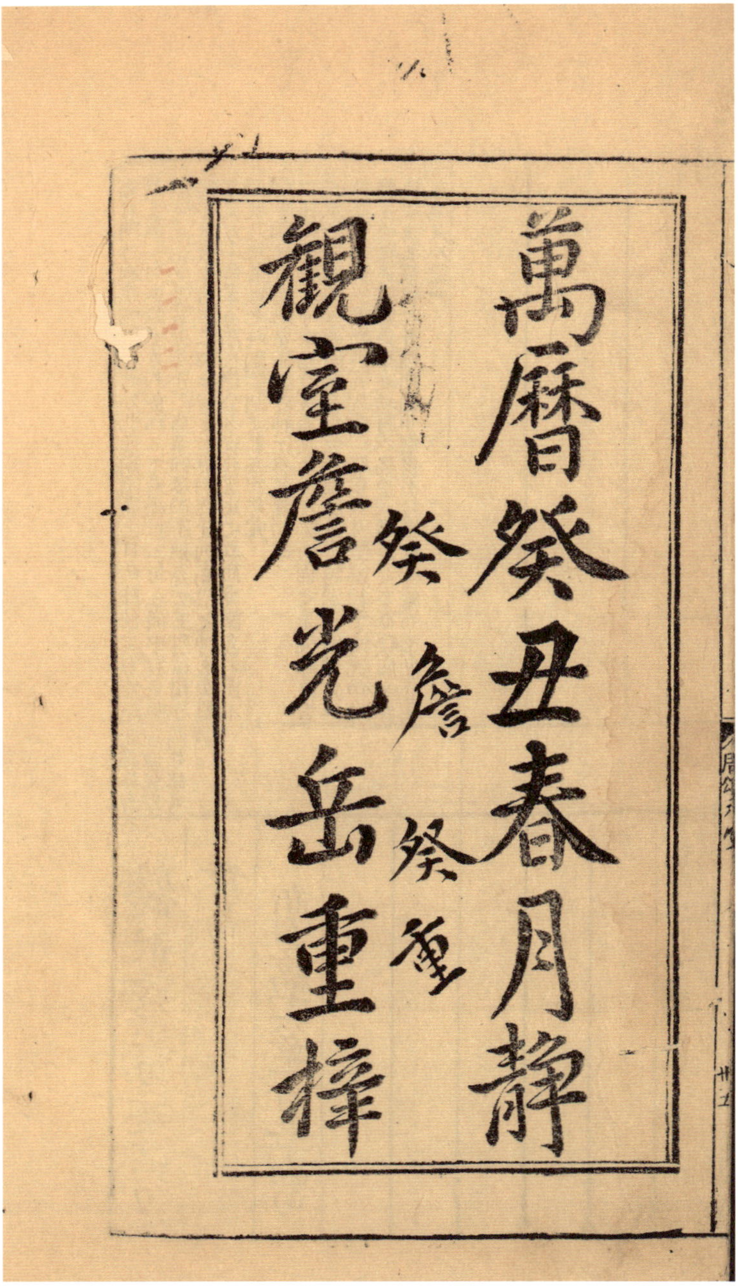

新鐫晉雲江先生闡蒙衍義集註

金浦 進士 晉雲 江 環 啟運甫 輯著

會友 會魁 冊臺 林茂桂 德芬甫 參訂

後學 斌江 楊國會 廷試甫 仝編校

○伊川程氏曰二南為教於袵席之間閭門之中上下貴賤之所同也故用之鄉人用之邦國而謂之正風

○安成劉氏曰男女亂倫而鄭衛之風變君臣失道而王黍之風變敖蕩荒淫而齊國之風變儉嗇褊急而魏國之風變以至唐風變而憂傷秦風變而武勇陳風變而淫遊歌舞檜曹之風變而亂極思治此十三國風之大槩也然變詩雖不可以風化天下而亦各有音節如季札所覩是已故樂官兼掌其詩使天子若時習之以自省而知所戒蓋亦莫非所以為戒也

○三山李氏曰二南皆文王之風化周南之詩多為文王故言王者之風召南之詩多為諸侯而作故言諸侯之風雖曰諸侯之風其

○朱子曰詩言文王之德者係之周公以周公王內治故也言諸侯之國被文王之化以成德者繫之召公以召公長諸侯故也文王治岐其東有紂其西昆夷其北獫狁故其化自北而南先被于江漢之域也

○安城刘氏曰集傳於国風之下係以一者以国風居四詩之首也下文南風一之一若周南又居国風中十五国之首也後倣此

○顔氏曰樂官也国

詩經卷之一　朱熹集註

國風一 國者諸侯所封之域而風者民俗歌謠之詩也詩之風若以其被上之化以有言而其言又足以感人如物因風之動以有聲而其聲又足以動物也是以諸侯采之以貢於天子天子受之而列於樂官於以考其俗尚之美惡而知其政治之得失焉舊說二南為正風所以用之閨門鄉黨邦國而化天下也十三國為變風則亦領在樂官以時存肄備觀省而垂監戒耳合之凡十五國云

周南一之一 周國名南南方諸侯之國也周國本在禹貢雍州境內岐山之陽后稷十三世孫古公亶父始居其地傳子王季歷至孫文王昌辟國寖廣於是徙都于豐而分岐周故地以為周公旦召公奭之采邑且使周公

南海麥仕治先生廣州俗話詩經解義四卷 〔清〕麥仕治編 438/4223

清末羊城十八甫文寶閣鉛印本 四册

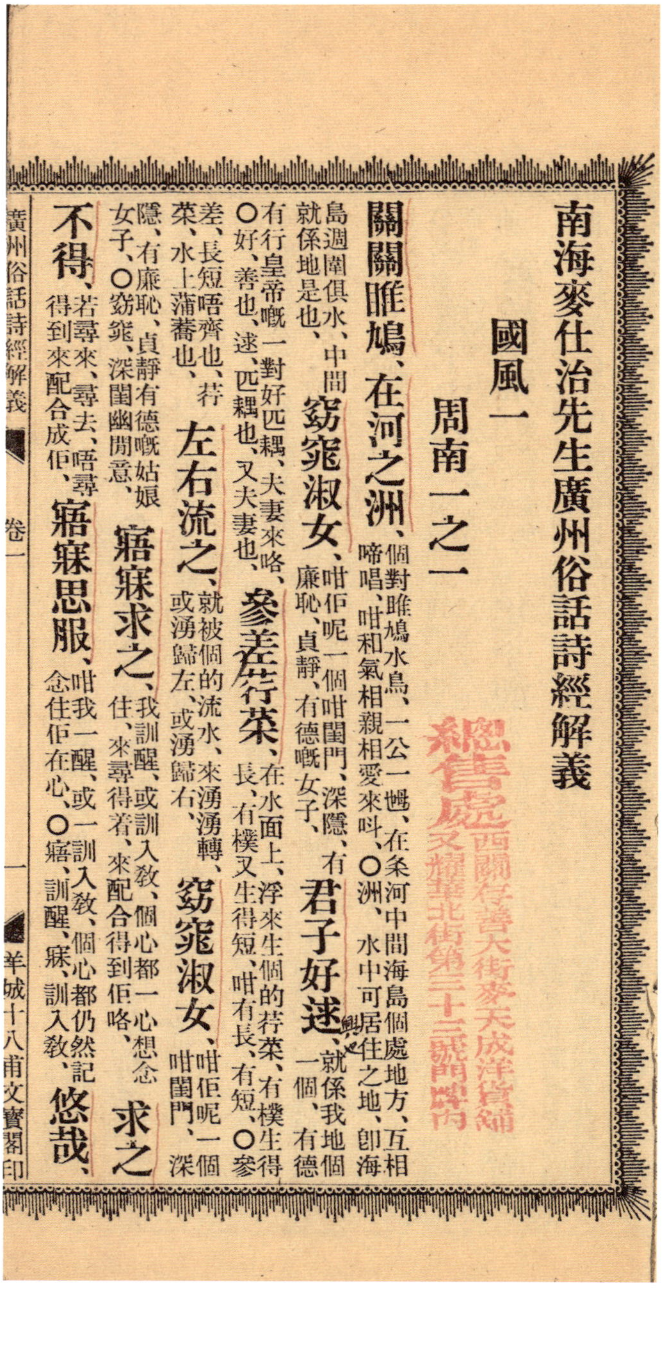

南海麥仕治先生廣州俗話詩經解義

國風一

周南一之一

關關雎鳩、在河之洲、個對雎鳩水鳥、一公一乸、在氹河中間海島個處地方、互相啼唱、咁和氣相親相愛來叫、○洲、水中可居住之地、卽海島週圍俱水、中間就係地是也、窈窕淑女、咁佢呢一個咁閨門、深隱、有廉恥、貞靜、有德嘅女子、君子好逑、就係我地個一個、有德有行皇帝嘅一對好匹耦、夫妻來咯、○好、善也、逑、匹耦也、又夫妻也、參差荇菜、在水面上、浮來生個的荇菜、有樸生得長、有樸又生得短、咁有長、有短、○參差、長短唔齊也、荇菜、水上蒲蕎也、左右流之、就被個的流水、來湧湧轉、或湧歸左、或湧歸右、窈窕淑女、咁佢呢一個咁閨門、深隱、有廉恥、貞靜有德嘅姑娘女子、○窈窕、深閨幽閒意、寤寐求之、我訓醒、或訓入教、個心都一心想念住、來尋得着、來配合得到佢咯、求之不得、若尋來、尋去、唔尋得到來配合成佢、寤寐思服、咁我一醒、或一訓入教、個心都仍然記念住佢在心、○寤、訓醒、寐、訓入教、悠哉、

周禮完解十二卷讀周禮一卷　〔明〕郝敬撰　　T527/4244

明萬曆四十五年（1617）郝千秋、郝千石刻九經解本　八册

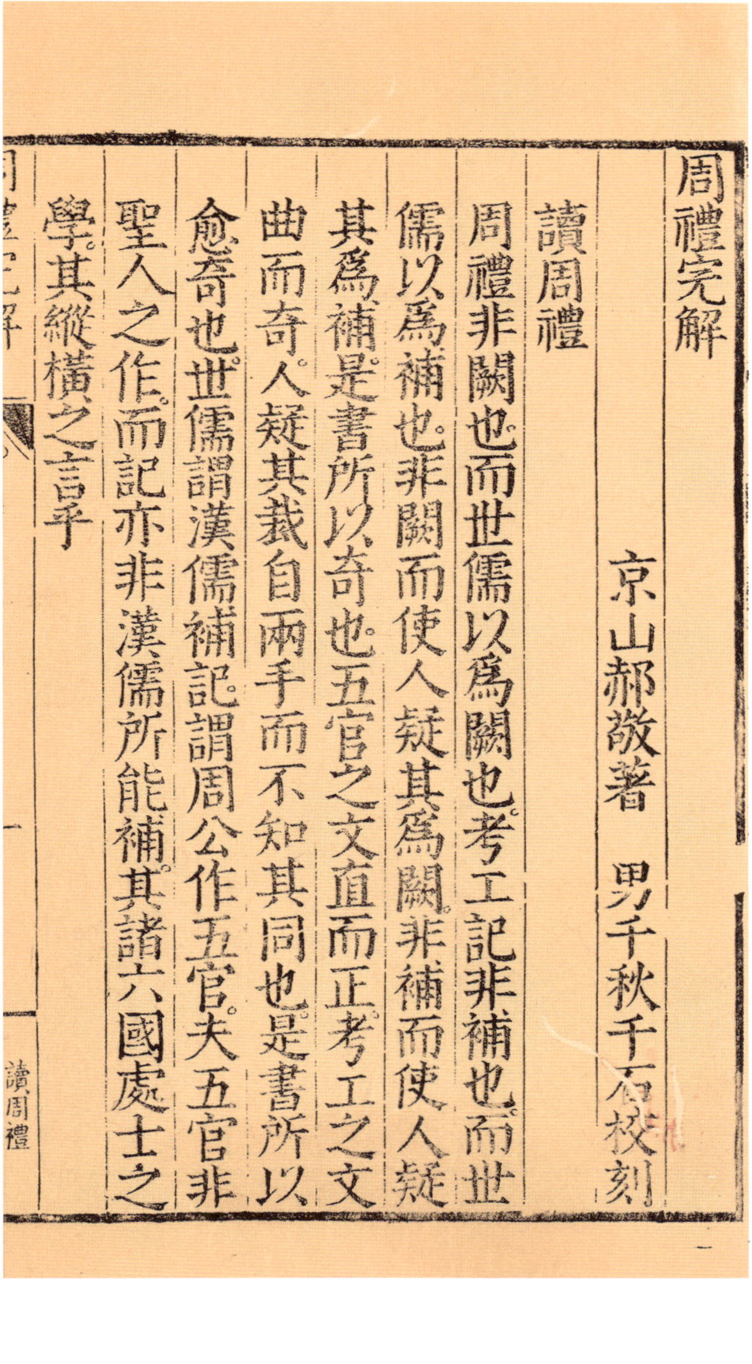
周禮完解
京山郝敬著　男千秋千石校刻
讀周禮
周禮非闕也而世儒以爲闕也考工記非補也而世儒以爲補也非闕而使人疑其爲闕非補而使人疑其爲補是書所以奇也五官之文直而正考工之文曲而奇人疑其裁自兩手而不知其同也是書所以愈奇也世儒謂漢儒補記謂周公作五官夫五官非聖人之作而記亦非漢儒所能補其諸六國處士之學其縱橫之言乎
周禮完解　一　讀周禮

日講禮記解義六十四卷 〔清〕張廷玉等撰

清乾隆十四年（1749）武英殿刻本 十六册

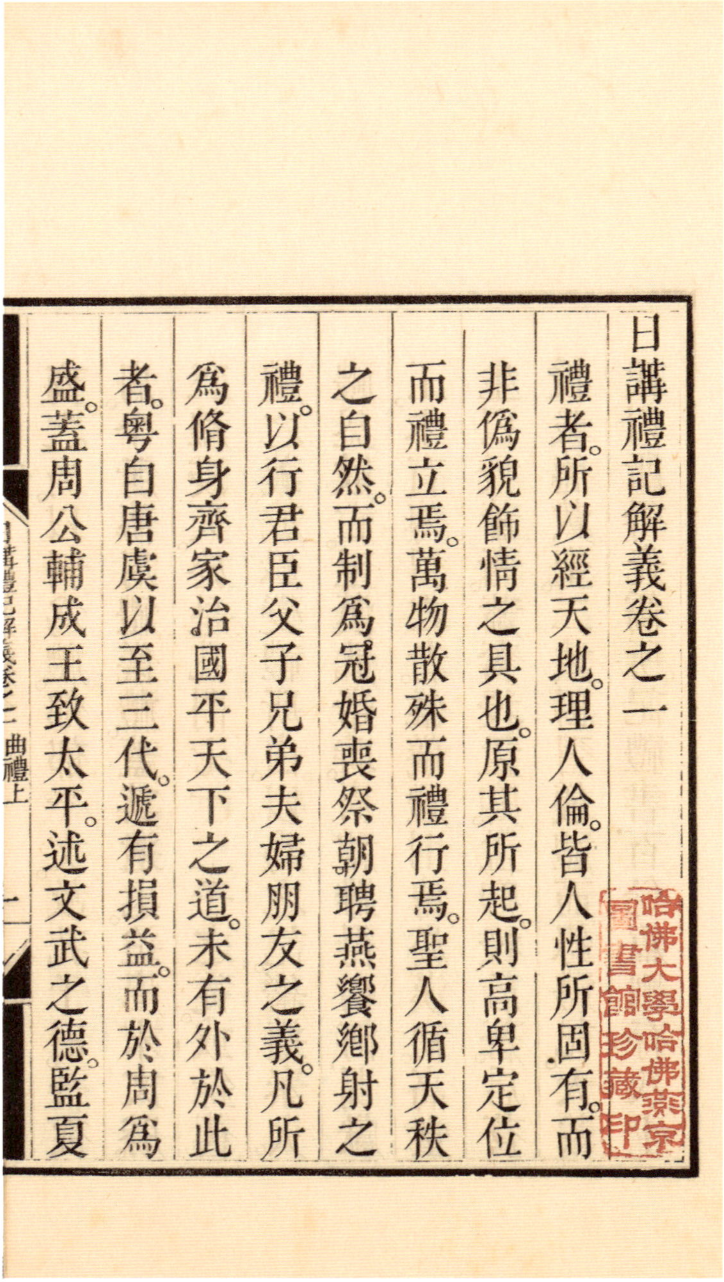

日講禮記解義卷之一

禮者。所以經天地。理人倫。皆人性所固有。而非僞貌飾情之具也。原其所起。則高卑定位而禮立焉。萬物散殊而禮行焉。聖人循天秩之自然。而制爲冠婚喪祭朝聘燕饗鄉射之禮。以行君臣父子兄弟夫婦朋友之義。凡所爲脩身齊家治國平天下之道。未有外於此者。粤自唐虞以至三代。遞有損益。而於周爲盛。蓋周公輔成王致太平。述文武之德。監夏

日講禮記解義卷之一 曲禮上 一

禮記約注三十卷　〔明〕湯道衡撰　

明末花嶼刻本　四册

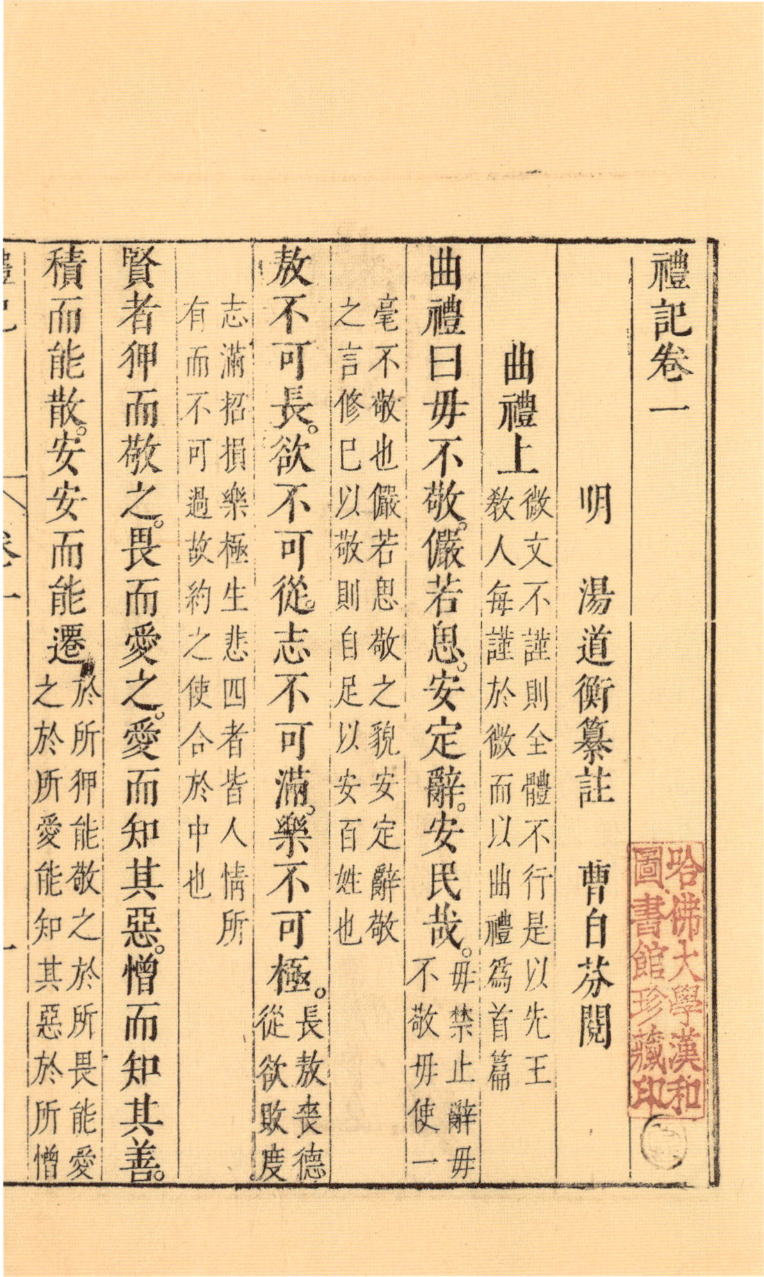
禮記卷一
明　湯道衡纂註　曹自芬閱
曲禮上　微文不謹則全體不行是以先王教人每謹於微而以曲禮爲首篇
曲禮曰毋不敬。儼若思。安定辭。安民哉。毋禁止辭毋不敬毋使一毫不敬也儼若思敬之貌安定辭敬之言修已以敬則自足以安百姓也
敖不可長。欲不可從。志不可滿。樂不可極。長敖喪德從欲敗度志滿招損樂極生悲四者皆人情所有而不可過故約之使合於中也
賢者狎而敬之。畏而愛之。愛而知其惡。憎而知其善。
積而能散。安安而能遷。於所狎能敬之於所畏能愛之於所愛能知其惡於所憎

春秋左傳十七卷

清雍正十三年（1735）果親王府刻四色套印本　十册

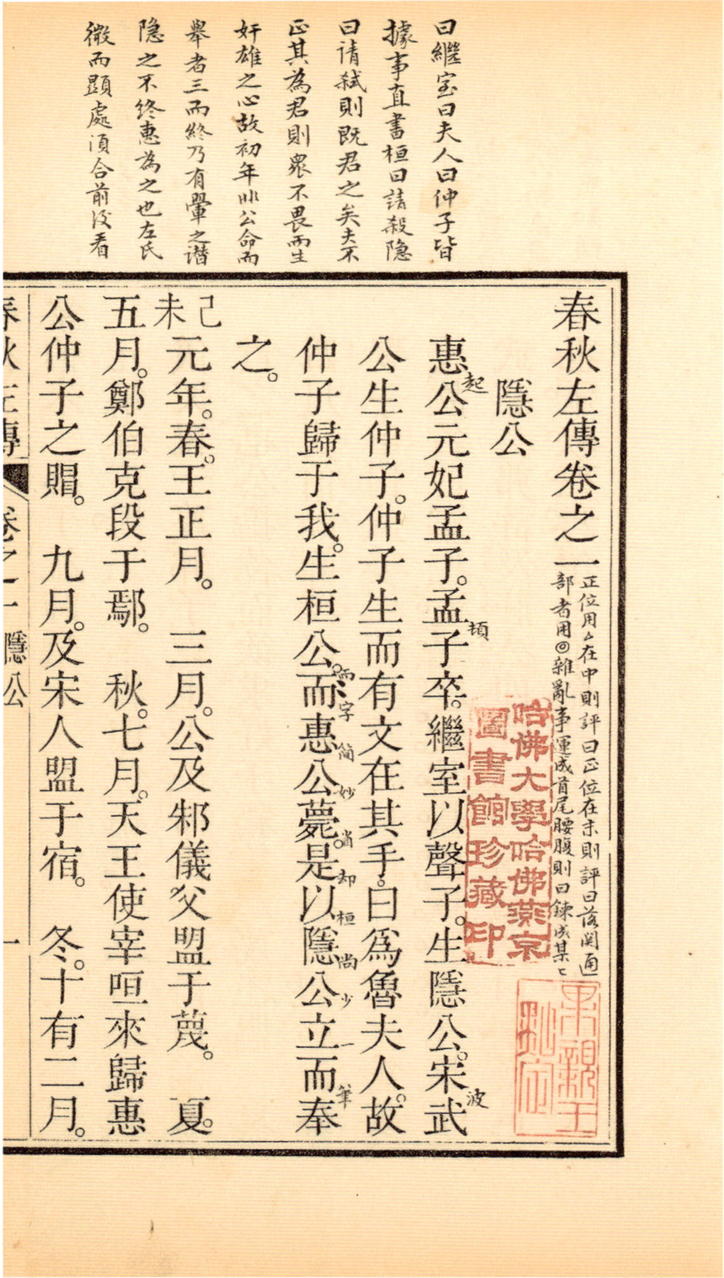
曰繼室曰夫人曰仲子皆據事直書桓曰請殺隱曰請弑則既君之矣夫不正其為君則衆不畏而生奸雄之心故初年非公命而舉者三而終乃有翬之譖隱之不終惠爲之也左氏微而顯處須合前後看

春秋左傳卷之一

隱公

惠公元妃孟子。孟子卒。繼室以聲子。生隱公。宋武公生仲子。仲子生而有文在其手。曰爲魯夫人。故仲子歸于我。生桓公而惠公薨。是以隱公立而奉之。

己未　元年。春王正月。　三月。公及邾儀父盟于蔑。　夏五月。鄭伯克段于鄢。　秋七月。天王使宰咺來歸惠公仲子之賵。　九月。及宋人盟于宿。　冬十有二月。

董子春秋繁露一卷附太玄集事一卷揚子太玄經一卷　〔漢〕董仲舒撰　（附）〔漢〕揚雄撰

明天啓陸氏峥霄館刻本　一册

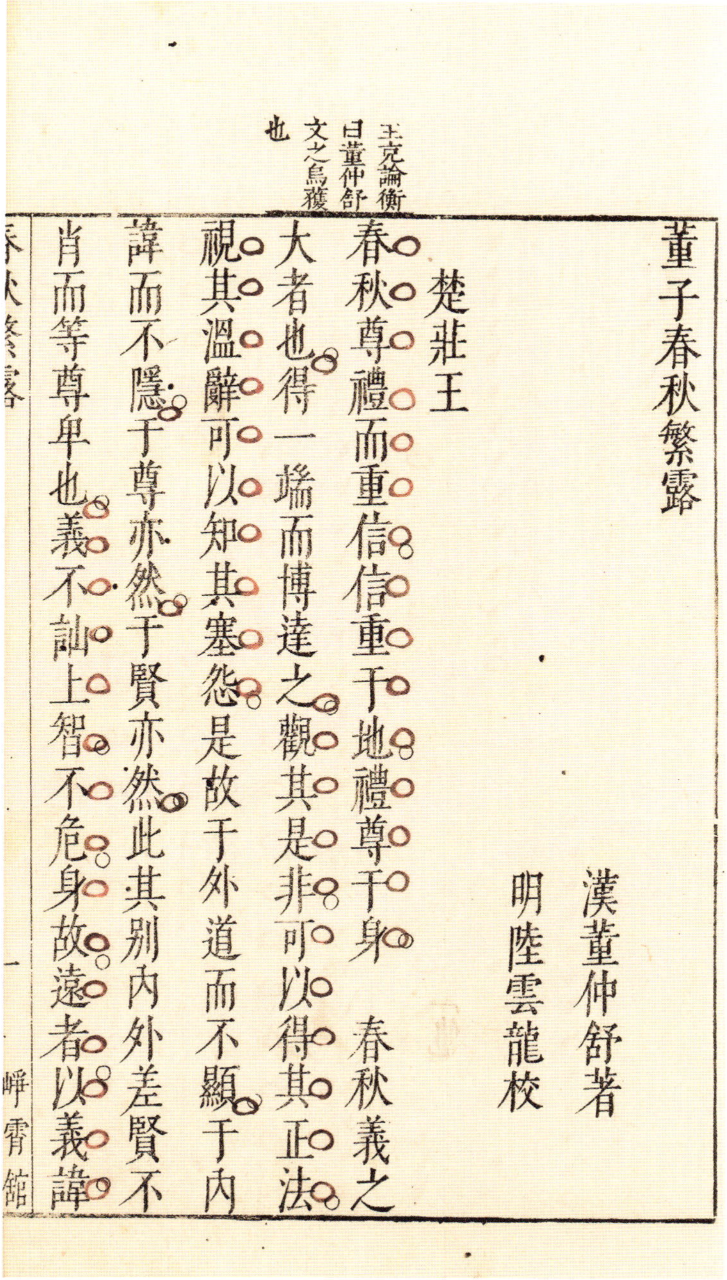

王充論衡曰董仲舒文之烏獲也

董子春秋繁露

漢董仲舒著

明陸雲龍校

楚莊王

春秋尊禮而重信信重于地禮尊于身　春秋義之大者也得一端而博達之觀其是非可以得其正法視其溫辭可以知其塞怨是故于外道而不顯于內諱而不隱于尊亦然于賢亦然此其別內外差賢不肖而等尊卑也義不訕上智不危身故遠者以義諱

春秋繁露　一　峥霄館

聽園讀左隨筆二十卷附音釋　〔清〕李藝元撰　

清同治十二年（1873）長沙李一經堂家刻本　八册

同治癸酉仲夏鋟
聽園讀左隨筆
長沙李一經堂家藏

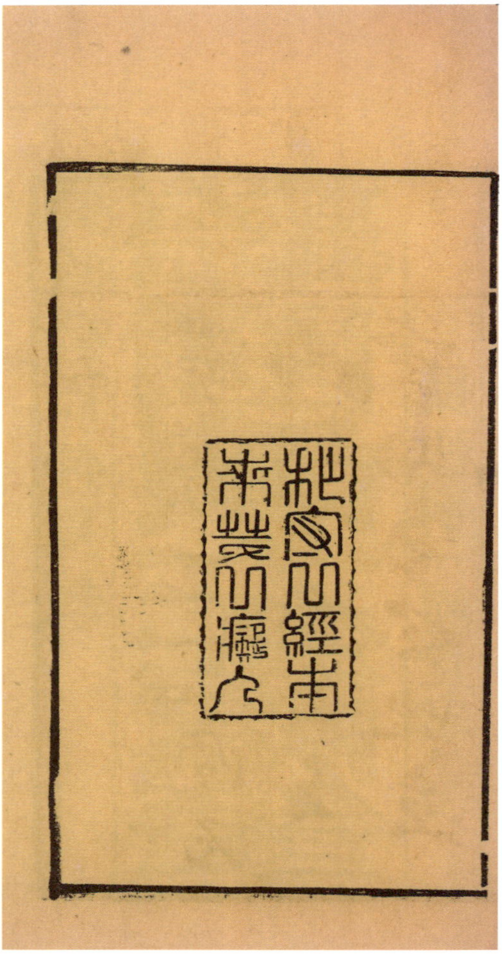

聽園讀左隨筆卷之一

測議　隱桓莊閔　長沙李藝元賓門甫草

隱公元年

春秋元年何氏杜氏有體元之說昔人謂以始爲元唐虞已然猶云初耳則當以公羊君之始年說爲是也

周改正不改月先儒論之甚詳據詩四月維夏六月徂暑及二月載離之歌皆改正不改月確證鄭康成

春秋胡傳三十卷綱領一卷總目一卷列國東坡圖説一卷諸國興廢説一卷正經音訓一卷

〔宋〕胡安國撰　〔宋〕林堯叟音注　　T690/4236b

明萬曆二十一年（1593）閔氏刻本　四册

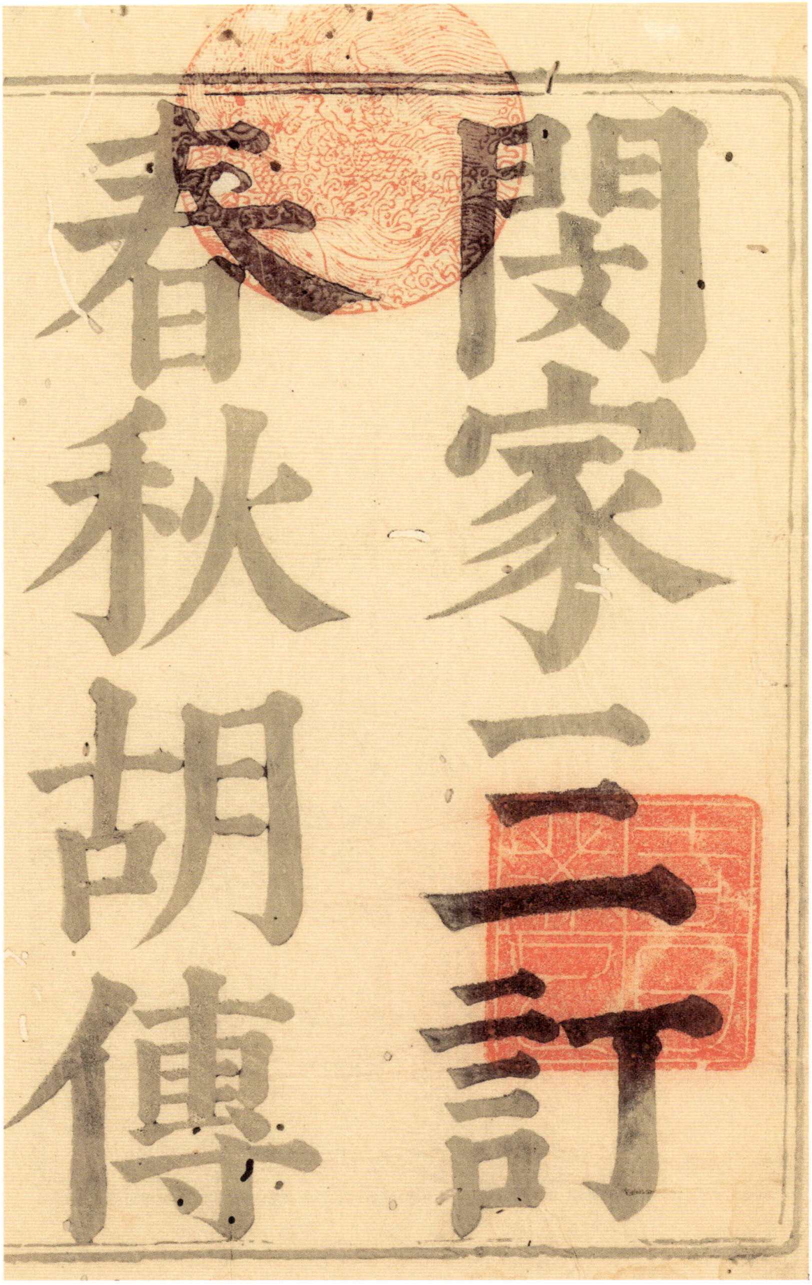

春秋胡傳卷之一

附林堯叟音註括例始末

魯隱公上

公名息姑魯惠公之子姬姓侯爵自周公子伯禽始受封傳世二十三而至隱公攝王國事謚法不尸其位曰隱

周 文武開基始都豐鎬幽厲板蕩平王東遷洛陽盡舉故都而棄之秦所謂東周也於是王室微弱至平王四十九年而入春秋魯隱公二年平王崩桓王立

鄭 姬姓伯爵自桓公始受封周厲王之子宣王之弟也傳世武公莊公莊公元年封弟叚于京二十二年克叚于鄢入春秋 音註 鄢音偃

齊 姜姓侯爵自太公相武王定殷受封于齊受命專征侯伯傳世十三至僖公九年入春秋

春秋單合析義三十卷　〔明〕林挺秀　林挺俊撰　

清康熙三十四年（1695）挹奎樓刻本　八册

春秋單合析義卷之一

閩中林挺秀圖南遺編　男方華子珍
弟挺俊岱江　姪方葳子儁　仝增刪
弟雲銘西仲鑒定
參訂李賡明鎬仙　姪方蔓子韡
高兆固齋　姪士傑開濟

隱公上

○元年　必稱元年

經首紀元欲正君心以仁也
舊以體元爲主提用字作眼不知心字更要洗發元者天地生物之心即天地之仁也人君與天地參體此爲心無一毫殘忍便是正心正心便是體元家國天下從此推去故一正俱正也當時人君但求正朝廷百官遠近而不求正已之心把君職都廢了故春秋深明之見得元眞是人主之用即了位便當體以爲用職字從位字來言有其位即有其職也體者與之爲一意用非體用之用調人君當用此以正其心耳心一正則元以體職以修參贊天地總不外此斯義也雖二帝三王不能易是以舜典商訓並稱到今安得舍元而別創一新

春秋卷之一

宋胡安國傳　附纂三傳諸書

魯隱公上

公名息姑姬姓侯爵自周公子伯禽始受封傳世二十三至隱公攝主國事在位十一年諡法不尸其位曰隱

胡傳　孟子曰王者之迹熄而詩亾詩亾然後春秋作今按邶鄘而下多春秋時詩也而謂詩亾然後春秋作何也自黍離降爲國風天下無復有雅而王者之詩亾矣春秋作於隱公適當雅亾之後又按小雅正月刺幽王詩也而曰赫赫宗周褒姒滅之逮魯孝公之末幽王已爲犬戎所斃惠公初年周既東矣春秋不作於孝公惠公者東遷之始流風遺俗猶有存者鄭武公入爲司徒善於其職則猶用賢也晉侯

隱公元年

麟書捷旨十二卷　〔明〕官裳撰　

明天啓金陵李良臣刻本　八册

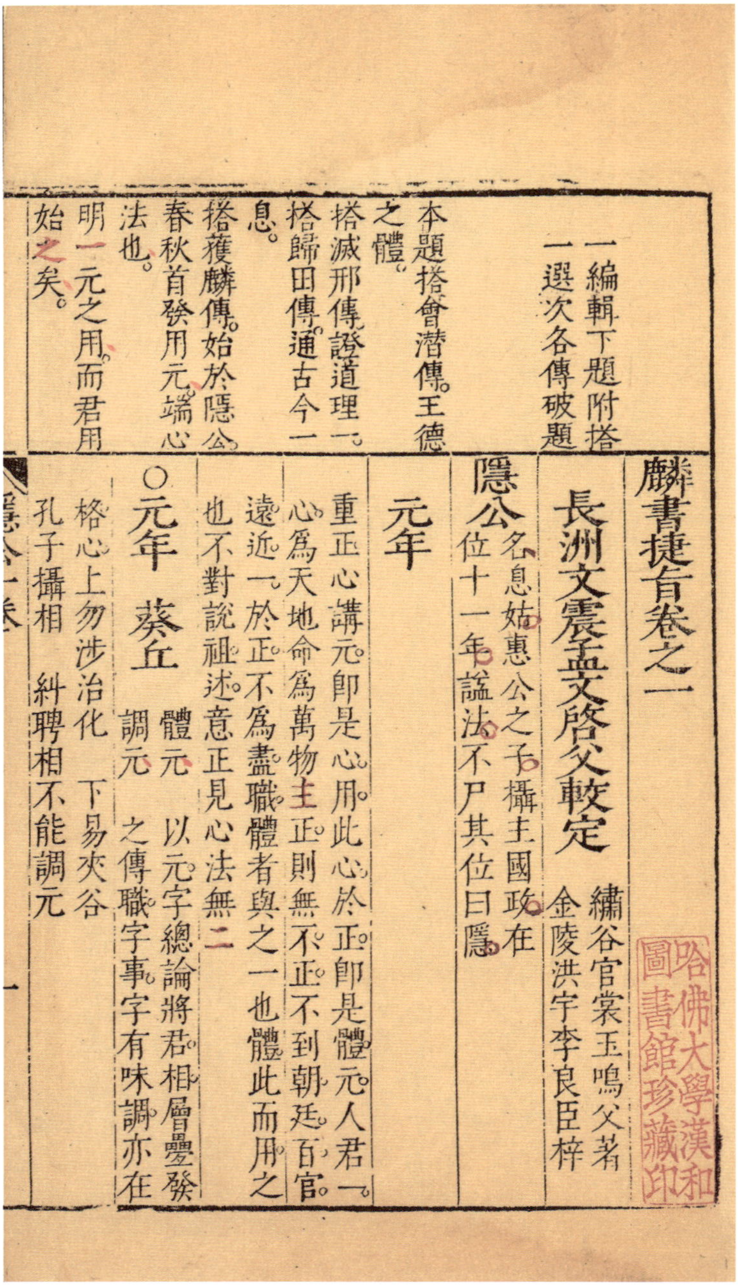
一編輯下題附搭
一選次各傳破題
本題搭會潛傳。王德之體。
搭滅邢傳。證道理一。
搭歸田傳。通古今一息。
搭獲麟傳。始於隱公
春秋首發用元。端心法也。
明一元之用。而君用始之矣。

麟書捷旨卷之一

長洲文震孟文起父較定　繡谷官裳玉鳴父著　金陵洪宇李良臣梓

隱公　名息姑惠公之子攝主國政在位十一年謚法不尸其位曰隱

元年

重正心講元即是心用此心於正即是體元人君一心爲天地命爲萬物主正則無不正不到朝廷百官遠近一於正不爲盡職體者與之一也體此而用之也不對説祖述意正見心法無二

○元年　葵丘　體元　以元字總論將君相層疊發　調元　之傳職字事字有味調亦在格心上勿涉治化　下易夾谷

孔子攝相　糾聘相不能調元

隱公一卷　一

孝經集傳四卷　〔明〕黃道周撰　

明崇禎十六年（1643）張天維等刻本　二册

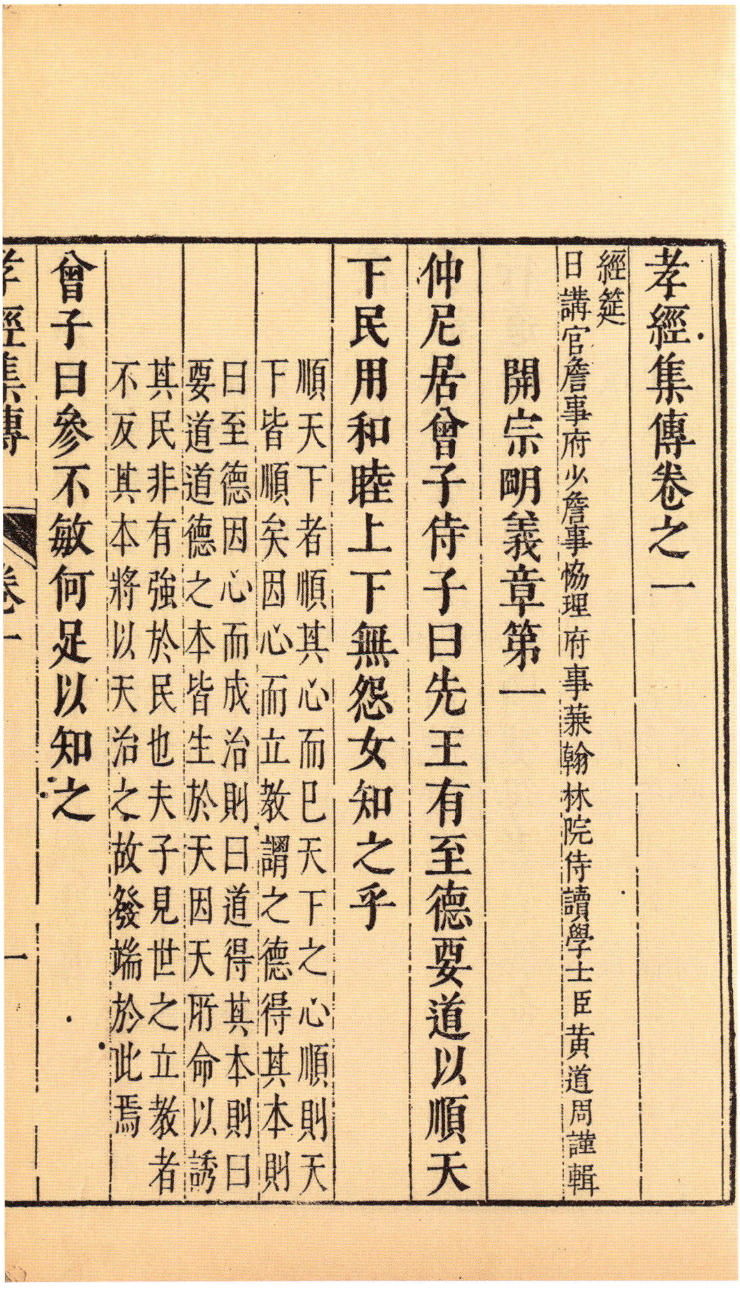
孝經集傳卷之一

經筵日講官詹事府少詹事協理府事兼翰林院侍讀學士臣黃道周謹輯

開宗明義章第一

仲尼居曾子侍子曰先王有至德要道以順天下民用和睦上下無怨女知之乎

順天下者順其心而已天下之心順則天下皆順矣因心而立教謂之德得其本則曰至德因心而成治則曰道得其本則曰要道道德之本皆生於天因天所命以誘其民非有強於民也夫子見世之立教者不反其本將以天治之故發端於此焉

曾子曰參不敏何足以知之

孝經集傳　卷一　一

古本大學説一卷附大學改本考一卷 〔清〕邊廷英撰 898/3314

清道光二十一年（1841）詩境軒刻本 二册

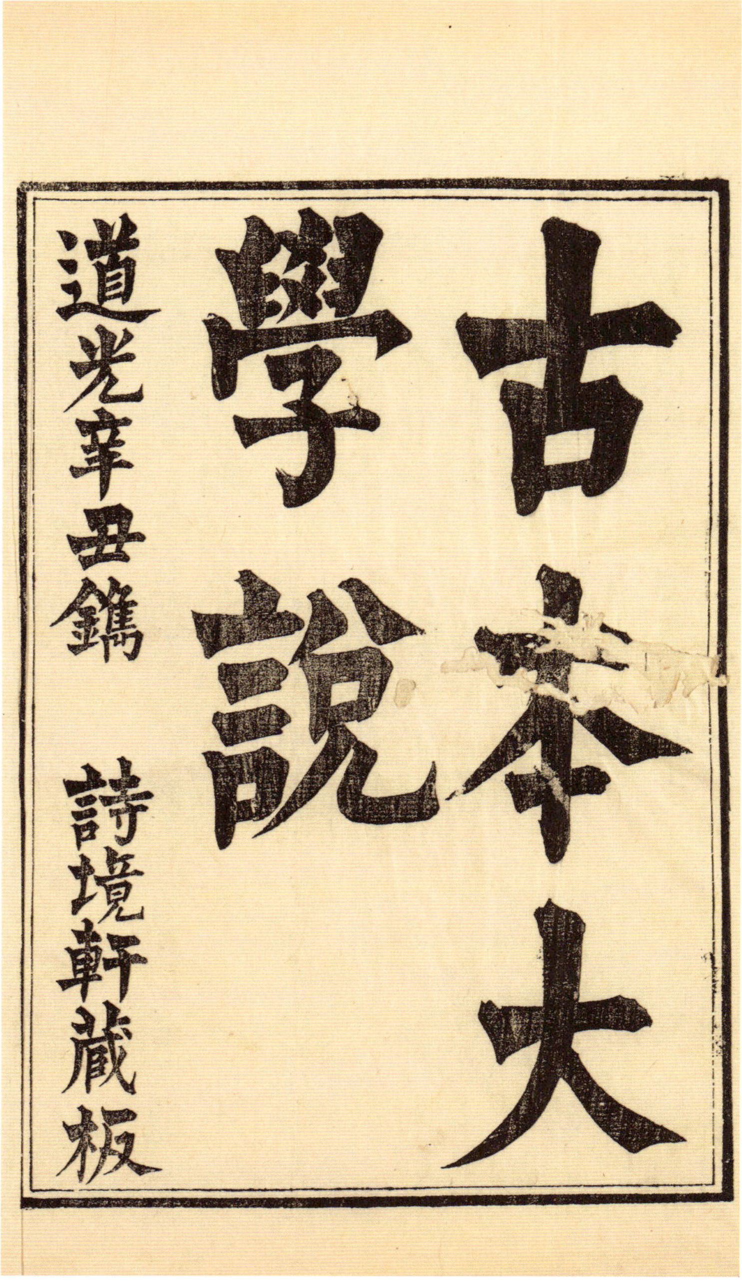

古本大學說

任邱邊廷英著

大學

大學一書傳於世者有二本一爲古本一爲改本改本者宋儒朱子之所定也改本中有補傳一章則朱子所述伊川程子之學也古本者孔門相傳之舊本也作於何人自漢以來本無定說今讀其書言明言誠言慎獨皆與中庸大旨不異而書中所出名目亦多出於中庸言脩身即中庸脩身以道事也言正心即脩道以仁事也言誠意即誠身

中庸章句大全一卷中庸或問一卷讀中庸法一卷　〔明〕胡廣等編　

明弘治八年（1495）種德堂刻四書大全本　二册

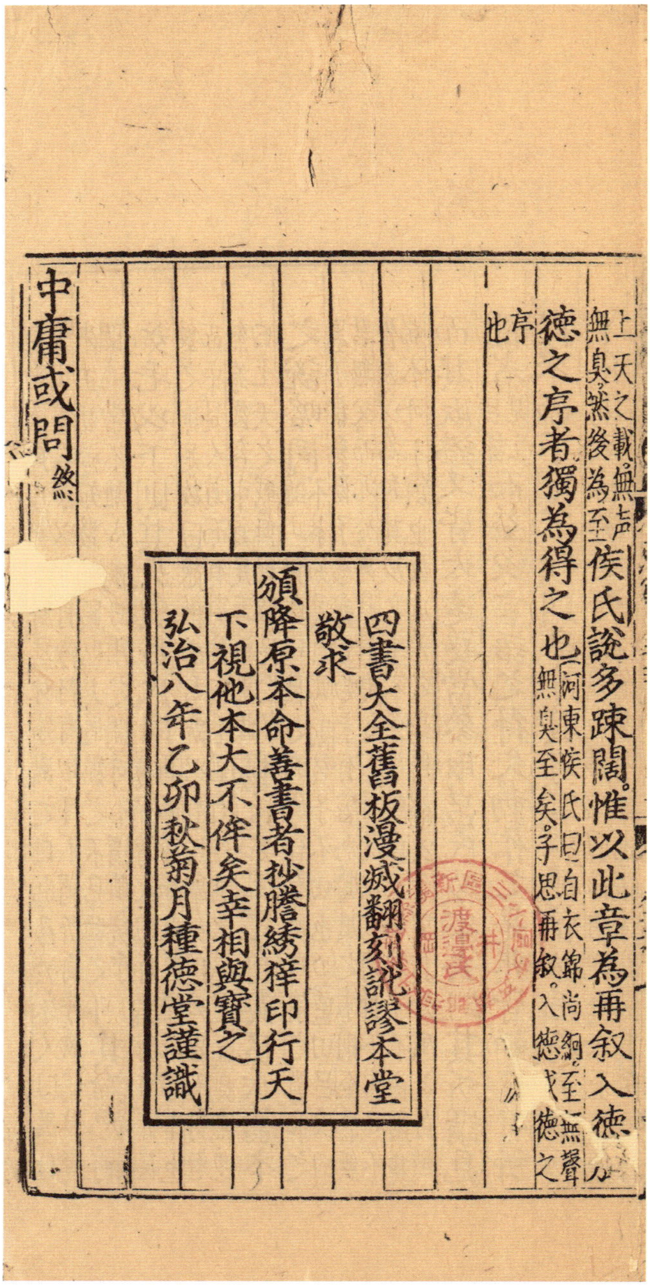
上天之載無声無臭然後為至矣侯氏說多疎闊。惟以此章為再叙入德成
德之序者獨為得之也（河東侯氏曰）自衣錦尚絅至無聲無臭至矣。子思再叙。入德成德之
序也

四書大全舊板漫滅翻刻訛謬本堂
敬求
頒降原本命善書者抄謄繡梓印行天
下視他本大不侔矣幸相與寶之
弘治八年乙卯秋菊月種德堂謹識

中庸或問　然

中庸章句大全

中者不偏不倚無過不及之名朱子曰名篇本是取時中之中然所以能時中者蓋有那未發之中在所以先說未發之中然後說君子之時中○北溪陳氏曰中和之中是專主未發而言中庸之中却是含二義有在心之中有在事物之中所以文公必合内外而言謂不偏不倚無過不及可謂確而盡矣○雲峯胡氏曰朱子於語孟釋中字但曰無過不及蓋以用言中庸有所謂未發之中與時中故添不偏不倚四字兼體用言以釋名篇之義○新安陳氏曰不偏不倚未發之中以心論者也中之體也無過不及時中之中以事論者也中之用也

庸平常也朱子曰庸是依本分不為怪異之事堯舜孔子只是庸夷齊所為都不是庸了○北溪陳氏曰文公解庸為平常非於中之外復有所謂庸只是這中底便是日用平常道理平常與怪異字相對平常是人所常用底怪異是人所不曾見忽然見之便怪異如父子之親君臣之義夫婦之別長幼之序朋友之信皆日用事便是平常底道理都無奇特底事如五穀之食布帛之衣可食可服而不可厭者無他只是平常耳

子程子曰不偏之謂中不易之謂庸中者天下之正道庸者天下之定理問正道定理恐道是總括之名理是道裏面有許多條目朱子曰緊要在正字定字上中只是

論語詳説十卷　〔明〕曹端撰　

明刻本　四册

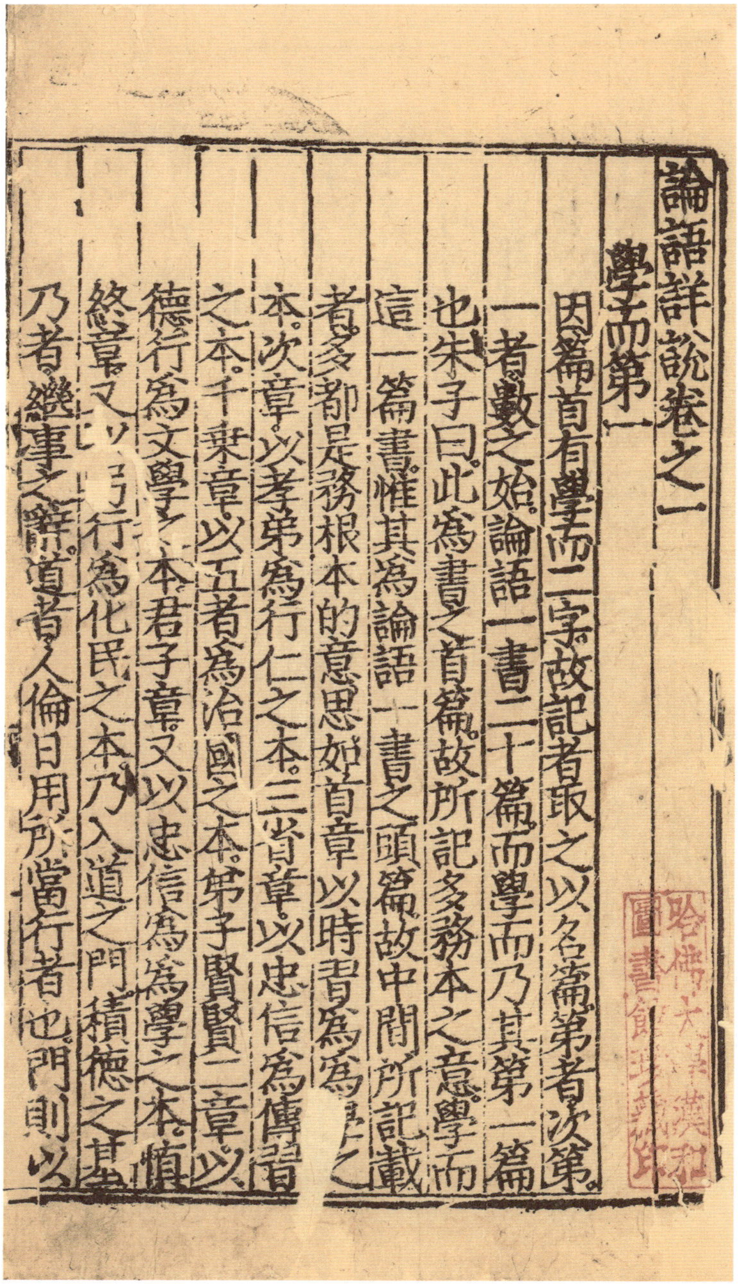
論語詳說卷之一
學而第一
因篇首有學而二字故記者取之以名篇第者次第
一者數之始論語一書二十篇而學而乃其第一篇
也朱子曰此爲書之首篇故所記多務本之意學而
這一篇書惟其爲論語一書之頭篇故中間所記載
者多都是務根本的意思如首章以時習爲爲學之
本次章以孝弟爲行仁之本三省章以忠信爲傳習
之本千乘章以五者爲治國之本弟子賢賢二章以
德行爲文學之本君子章又以忠信爲爲學之本愼
終章又以躬行爲化民之本乃入道之門積德之基
乃者繼事之辭道者人倫日用所當行者也門則以

皇氏論語義疏參訂十卷　〔清〕吴騫撰　　TNC933/2264.212

清乾隆吴氏拜經樓稿本　四册

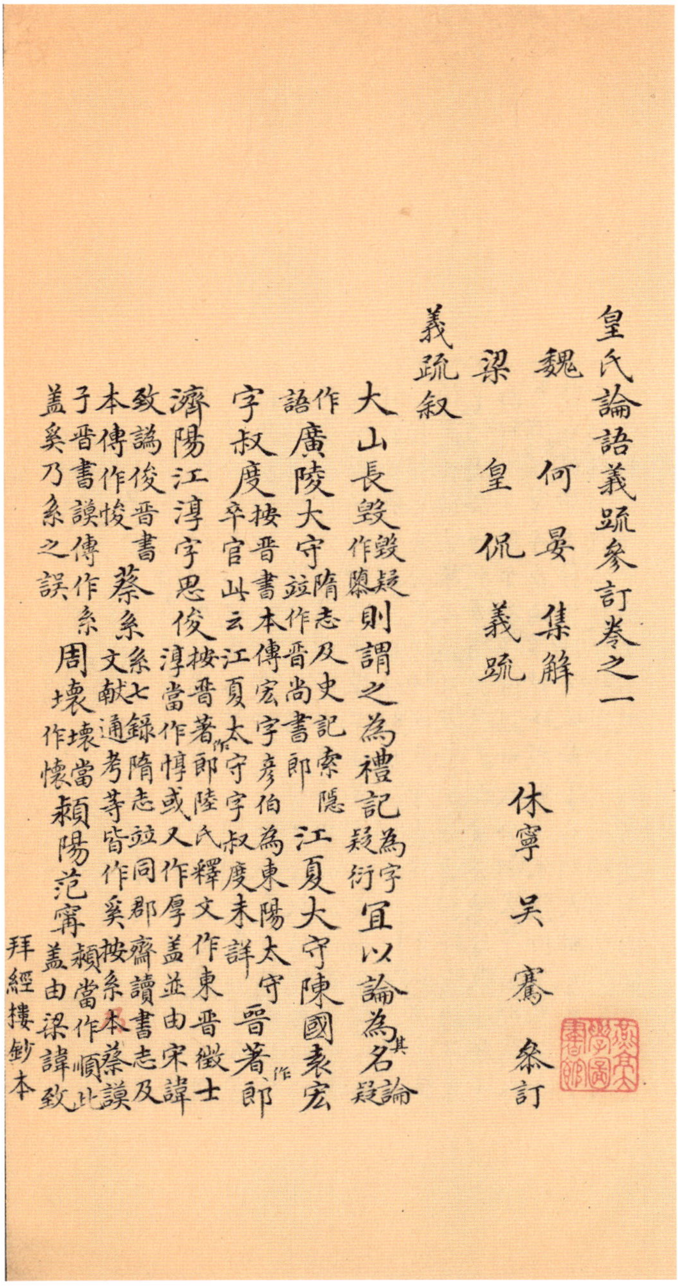
皇氏論語義疏參訂卷之一
魏　何晏　集解
梁　皇侃　義疏　　休寧吳騫參訂
義疏叙
大山長毀（毀疑作毇）則謂之為禮記（為字疑衍）宜以論為名（其論疑作語）廣陵大守（隋志及史記索隱竝作晉尚書郎）江夏大守陳國袁宏字叔度（按晉書本傳宏字彥伯為東陽太守卒官此云江夏太守字叔度未詳）晉著作郎濟陽江淳字思俊（按晉著作郎陸氏釋文作東晉徵士淳當作惇或又作厚蓋竝由宋諱致譌）俊（晉書本傳作悛）蔡系（系七錄隋志竝同郡齋讀書志及文獻通考等皆作奚按系本蔡謨子晉書謨傳作系蓋奚乃系之誤）周壞（壞當作懷）頼陽范甯（頼當作順比蓋由梁諱致）
拜經樓鈔本

鄉黨圖考補證六卷附札記一卷　〔清〕王漸鴻撰　〔清〕張庭詩札記　

清光緒三十四年（1908）黄縣丁氏海隅山館刻本　六册

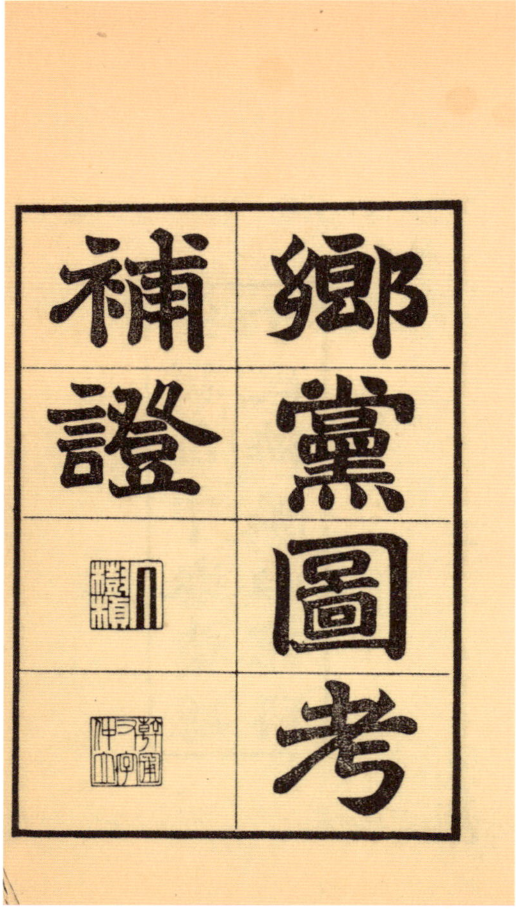

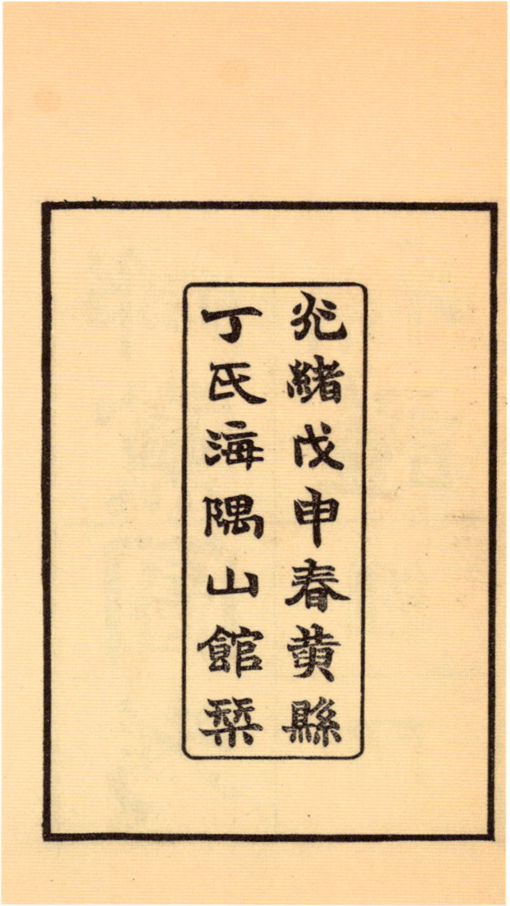

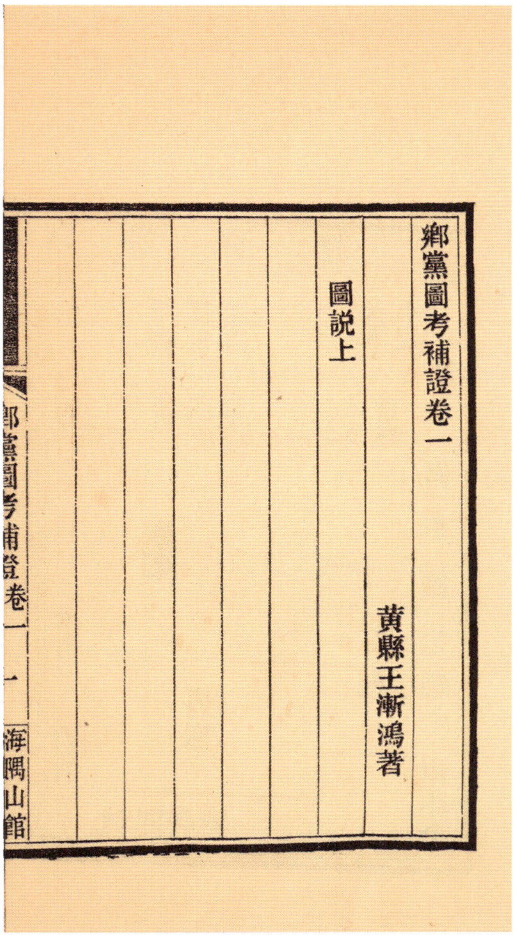
鄉黨圖考補證卷一

圖說上

黃縣王漸鴻著

鄉黨圖考補證卷一 一 海隅山館

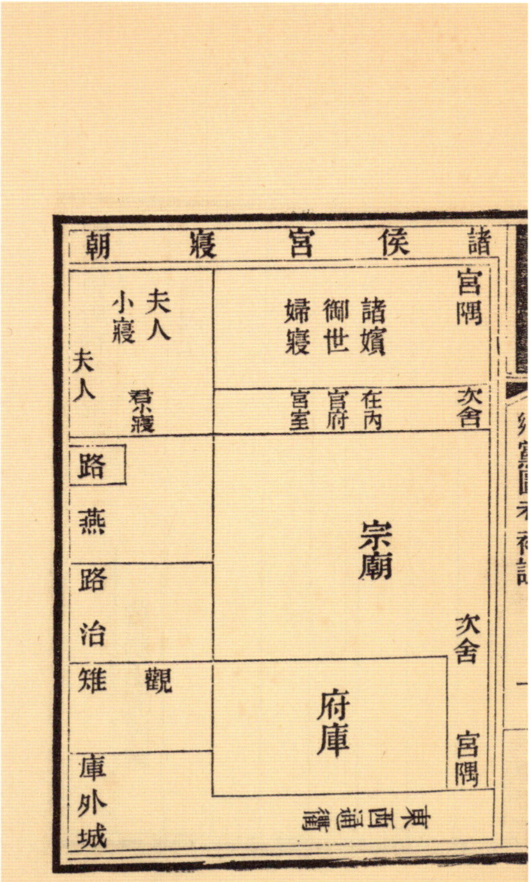

孟子集注七卷　〔宋〕朱熹集注　

明萬曆書林余明臺克勤齋刻大魁四書集注本　四册

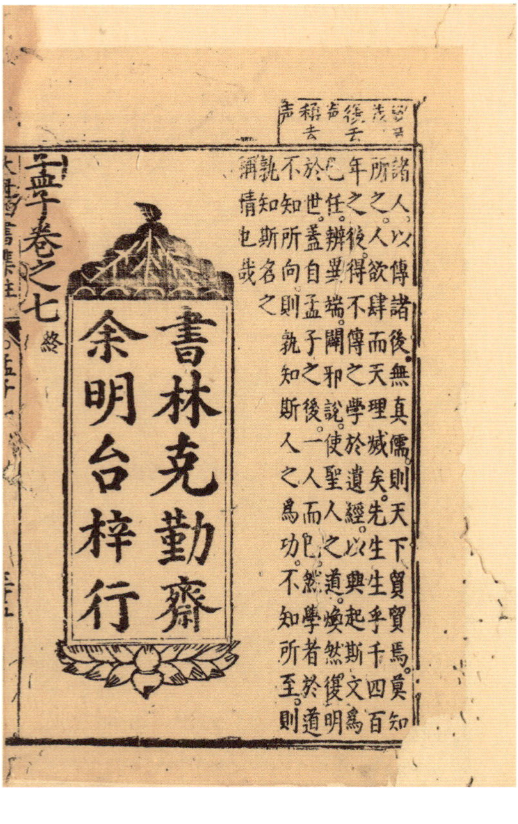

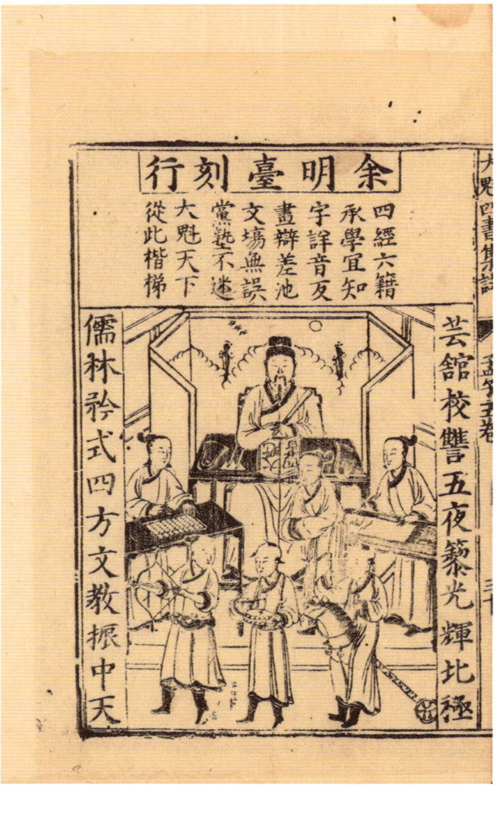

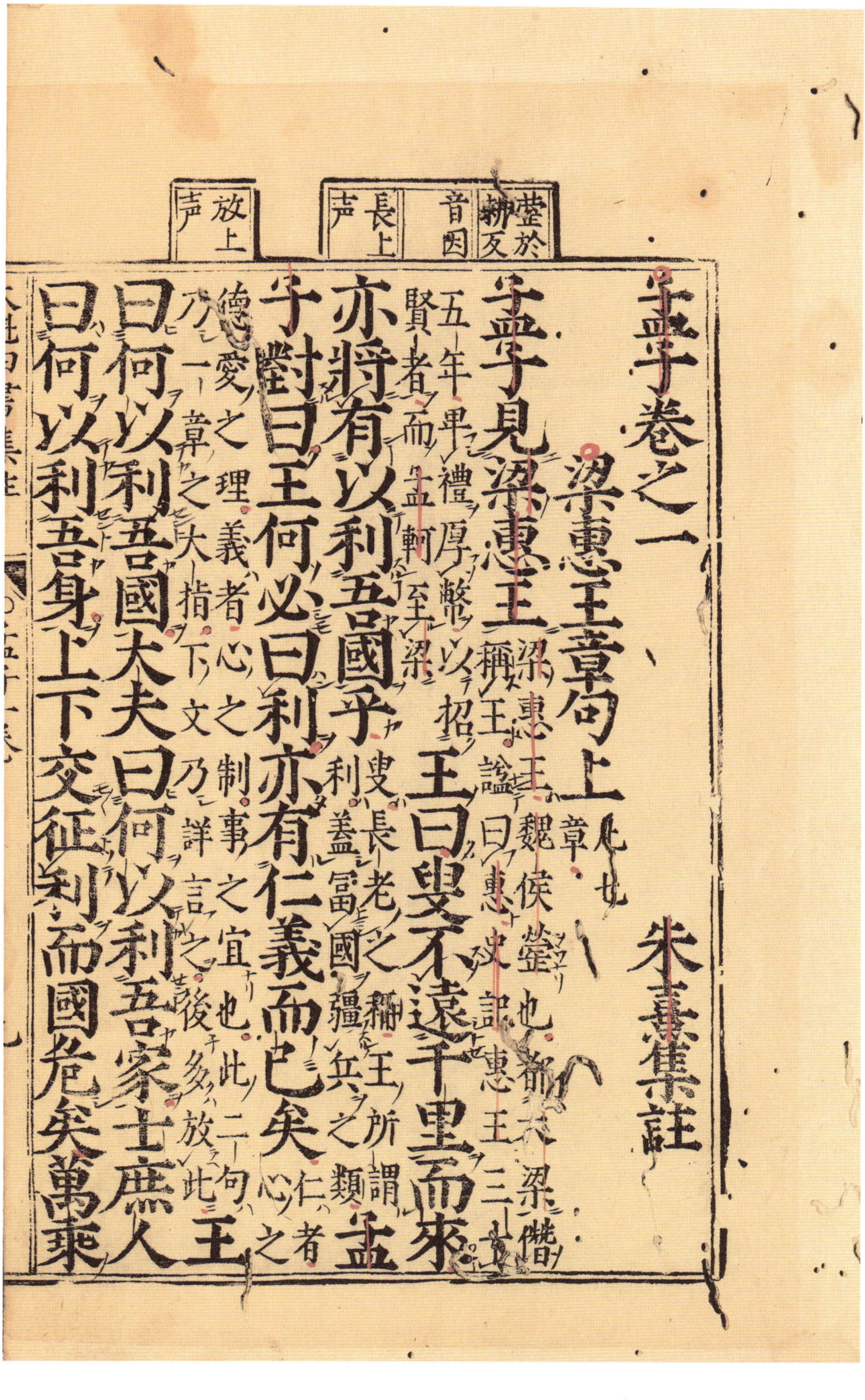
罃於耕反 音因 長上声 放上声

孟子卷之一

梁惠王章句上 凡七章 朱熹集註

孟子見梁惠王
梁惠王魏侯罃也都大梁僭
稱王謚曰惠史記惠王三十
五年卑禮厚幣以招
賢者而孟軻至梁
王曰叟不遠千里而來亦將有以利吾國乎
叟長老之稱王所謂
利蓋富國彊兵之類
孟子對曰王何必曰利亦有仁義而已矣
仁者
心之
德愛之理義者心之制事之宜也此二句
乃一章之大指下文乃詳言之後多放此
王曰何以利吾國大夫曰何以利吾家士庶人曰何以利吾身上下交征利而國危矣萬乘

正學儀型四書語録二卷　〔宋〕張栻撰　〔清〕張嘉楨等輯　

清康熙三十三年（1694）武林張氏遥述堂刻本　二册

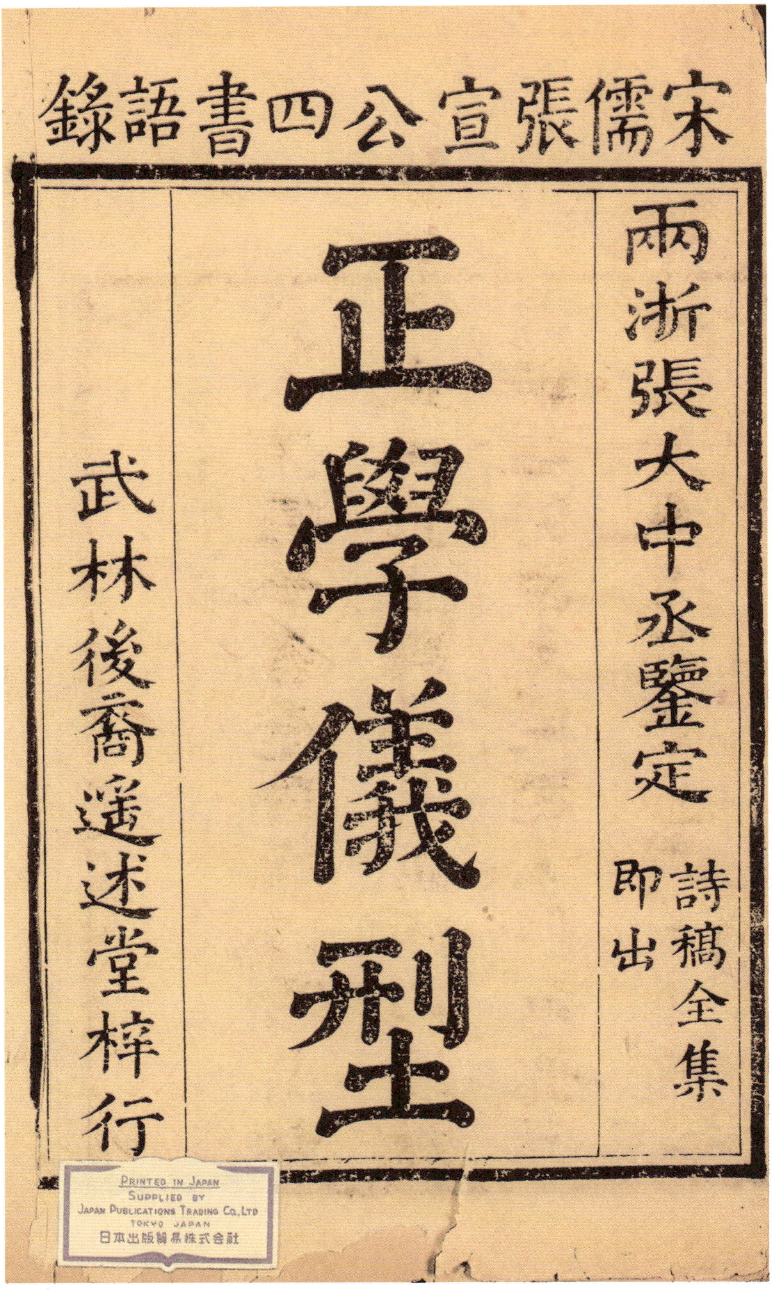

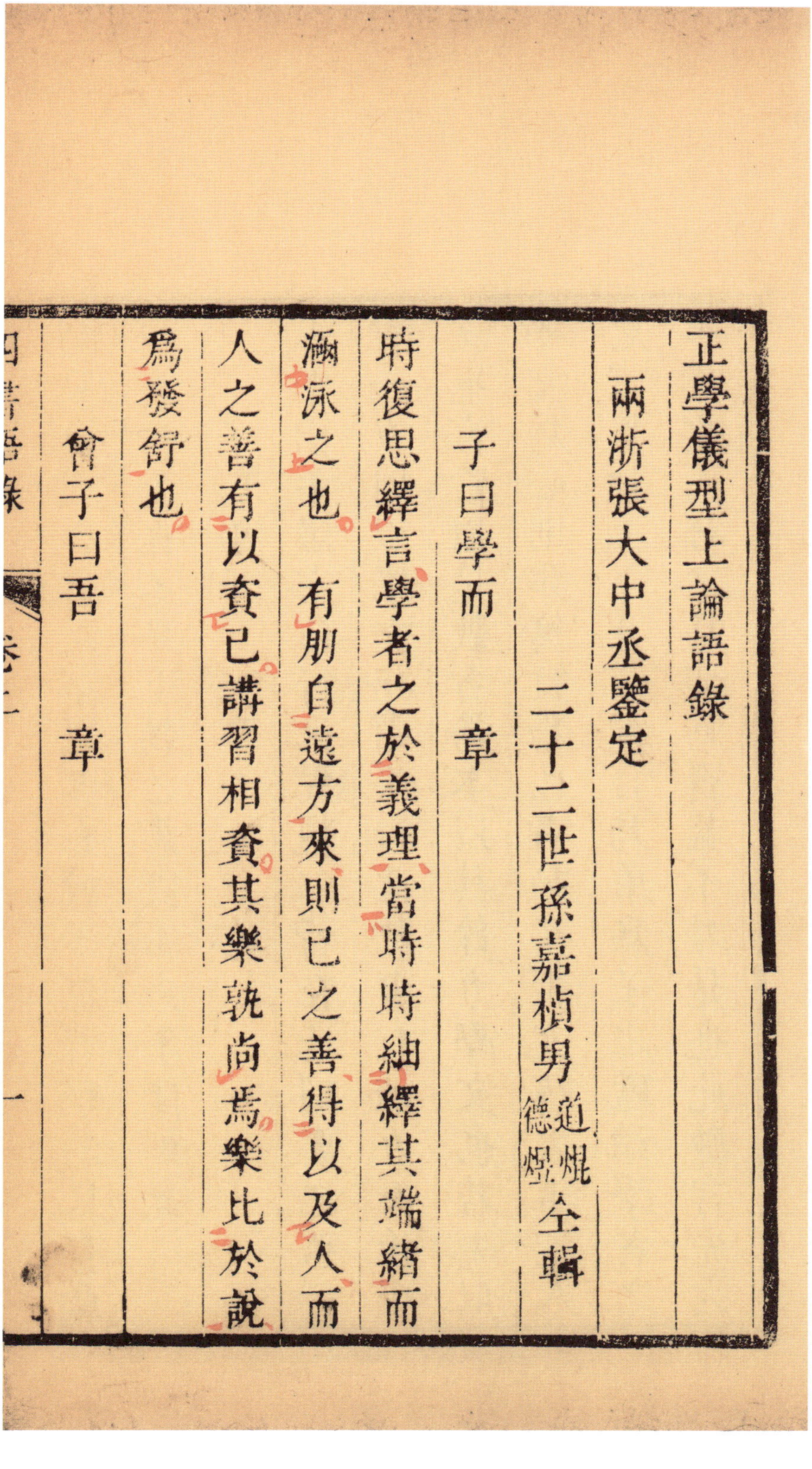
正學儀型上論語錄

兩浙張大中丞鑒定

二十二世孫嘉楨男道焜德煜仝輯

子曰學而章

時復思繹言學者之於義理當時時紬繹其端緒而涵泳之也　有朋自遠方來則已之善得以及人而人之善有以資已講習相資其樂孰尚焉樂比於說爲發舒也

曾子曰吾章

四書語錄　卷二　一

新鐫四書説約大全合參十九卷 〔清〕趙昕　陳晋等輯

清初武林聖雨齋刻本　八册

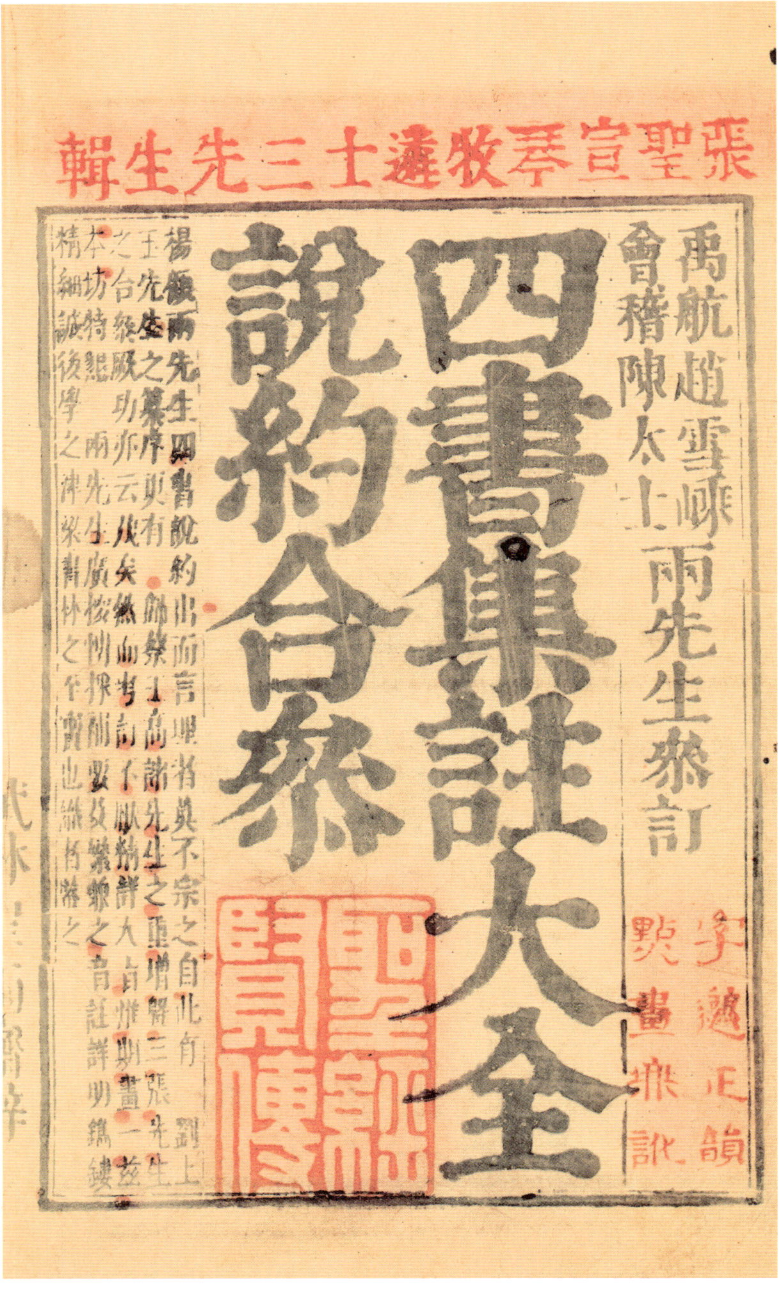

新鐫四書說約大全合參

浙[illegible]陳　晉太士　　　　續高琴牧
浙水趙　昕雪嶸仝訂　　同學張金鏡聖宣仝輯
金鼎璋悅公　　　　銓衡遴士

全旨合參〇通章只是一個明明德新民即明德之分量止至善即明德之究竟知止知此明德也能得得此明德也齊治平明明德於家國天下也格致誠正修明明德於身也歸重修身為本正見明明德為本耳前三節是統言綱領而推原得止之意因以先後結之而示人以知序也後四節是詳言條目而覆說所言之意因以身家結之而示人以知要也

纂大全聖人施教既已養之乎小學之中又復開之以大學之道道者學之方法也是果何在在明明德人心所得于天之德原自靈明但氣稟拘之于有生之初物欲蔽之于有生之後未免有昏昧之時然終無息滅之理於是明之因其發而充廣之使之全体皆明因已明而繼續之使之無時不明以復其得天之本明者焉然所謂明德者又人所同得而非我之所得私也又在新民使彼有是德而不能自明者亦皆有以自明而去其舊染之污焉然吾之所以明而新之者又非可私意苟且而為也莫不各有本然一定之則所謂至善未至其地必求其至既至其地不復遷而之他以止於至善焉則其所以去人欲而復天理者無毫髮之歉矣大學之道如此〇盧氏曰明明德起下文格致誠正修身之綱領新民是齊治平之綱領止至善總明德新民又八者逐條之綱領要

大學 大舊音泰今讀如字

子程子曰大學孔氏之遺書而初學入德之門也於今可見古人為學次第者獨賴此篇之存而論孟次之學者必由是而學焉則庶乎其不差矣

大學之道在明明德在親民在止於至善 程子曰親當作新〇大學者大人之學也明明之也明德者人之所得乎天而虛靈不昧以具衆理而應萬事者也但為氣稟所拘人欲所蔽則有時而昏然其本體之明則有未嘗息者故學者當因其所發而遂明之以復其初也新者革其舊之謂也言既自明其明德又

四書人名考二十卷 〔清〕胡之煜等校刊 888/6582

清嘉慶八年(1803)刻本 十二册

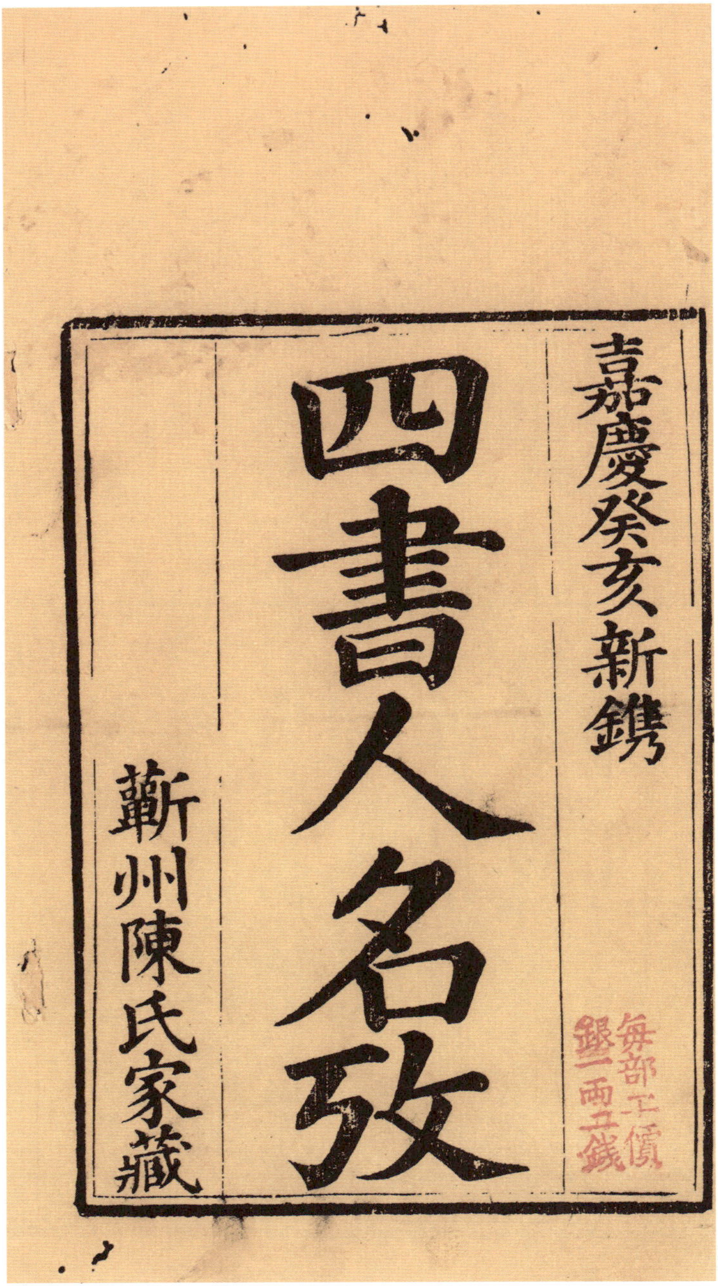
嘉慶癸亥新鐫

四書人名攷

每部工價
銀一兩五錢

蘄州陳氏家藏

四書人名考卷之一

神農

神農三皇之君炎帝神農氏 孟子注

神農少典之子赤帝也居三皇之中農殖嘉穀而化之號曰神農 呂氏春秋注

昔少典取於有蟜氏生黃帝炎帝黃帝以姬水成炎帝以姜水成成而異德故黃帝爲姬炎帝爲姜 國語

神農氏姜姓也母曰任姒有蟜氏女登爲少典妃遊華陽有神龍首感生炎帝人身牛首長於姜水有聖德以

經考五卷　〔清〕戴震撰　　154/4513

清光緒二十六年（1900）南陵徐氏刻鄦齋叢書本　二册

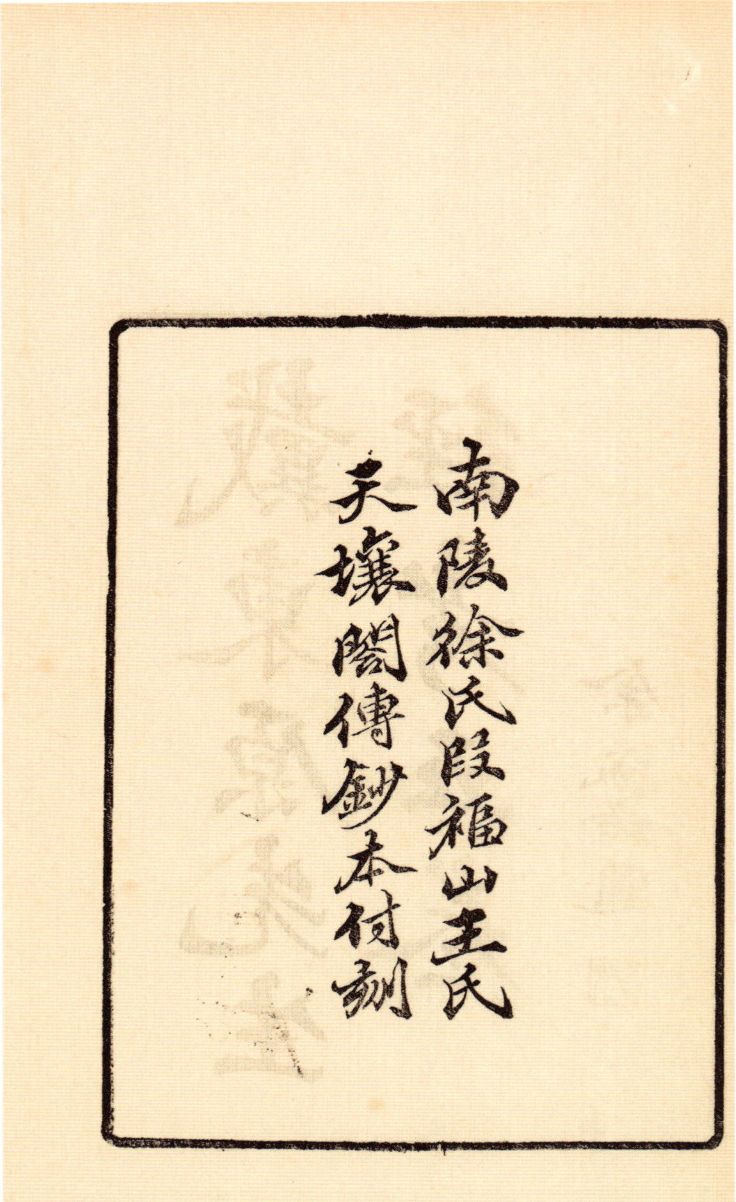
南陵徐氏叚福山王氏
天壤閣傳鈔本付刻

經考卷一

休甯戴震記

重卦

張懷瓘曰先賢說八卦非伏羲自重易曰聖人立象以盡意設卦以盡情僞八卦成列象在其中矣因而重之爻在其中矣剛柔相推變在其中矣伏羲自重之驗也易又曰昔者聖人之作易也觀變於陰陽而立卦發揮於剛柔而生爻故易六畫而成卦六位而成章又伏羲自重之驗也

程大昌曰周官紀三易其經卦皆八其別皆六十有四連山夏也歸藏商也夏商之世八卦固已別爲六十四

九經十卷

T110/303

明嘉靖刻本　二十四册

存《周易》一卷、《尚書》一卷、《毛詩》一卷、《禮記》一卷、《春秋》一卷。

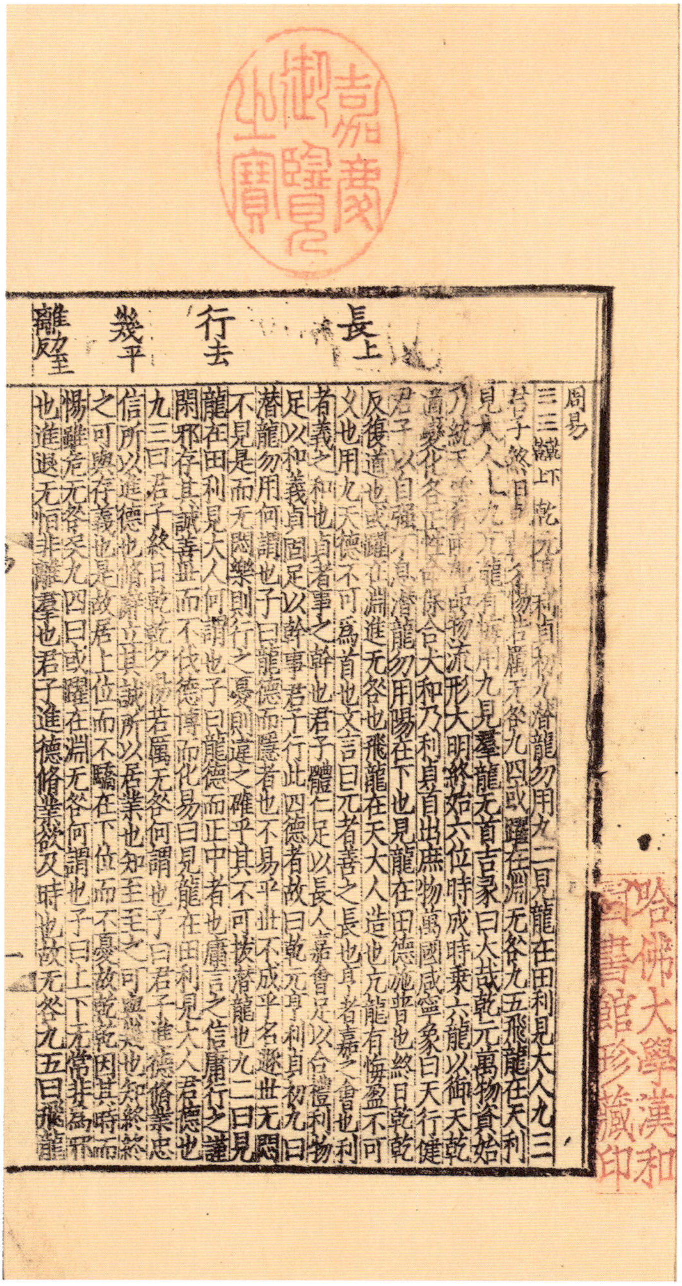

五經異義纂一卷拾遺一卷　〔漢〕許慎撰　〔清〕莊述祖輯　　TNC141/0498.84

清袁氏貞節堂抄本　一册

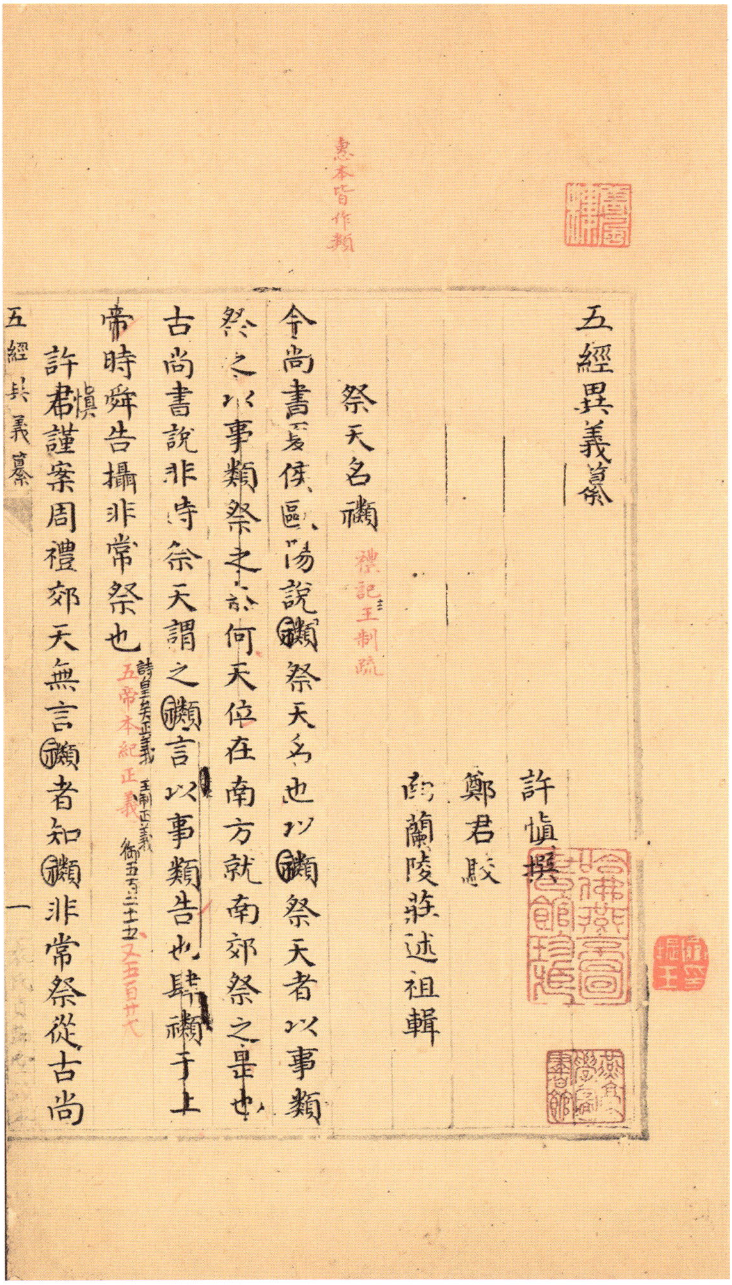
五經異義纂

許慎撰

鄭君駮

[illegible]蘭陵莊述祖輯

祭天名禷　禮記王制疏

今尚書夏侯歐陽說禷祭天名也以禷祭天者以事類祭之於何天位在南方就南郊祭之是也

古尚書說非時祭天謂之禷言以事類告也肆禷于上帝時舜告攝非常祭也　五帝本紀正義　詩皇矣正義　王制正義　御覽五百二十五又五百廿六

許慎謹案周禮郊天無言禷者知禷非常祭從古尚

五經異義纂　一

惠本皆作類

廣金石韻府五卷　〔明〕林尚葵　李根撰　

明崇禎九年（1636）蓮庵刻朱墨套印本　六册

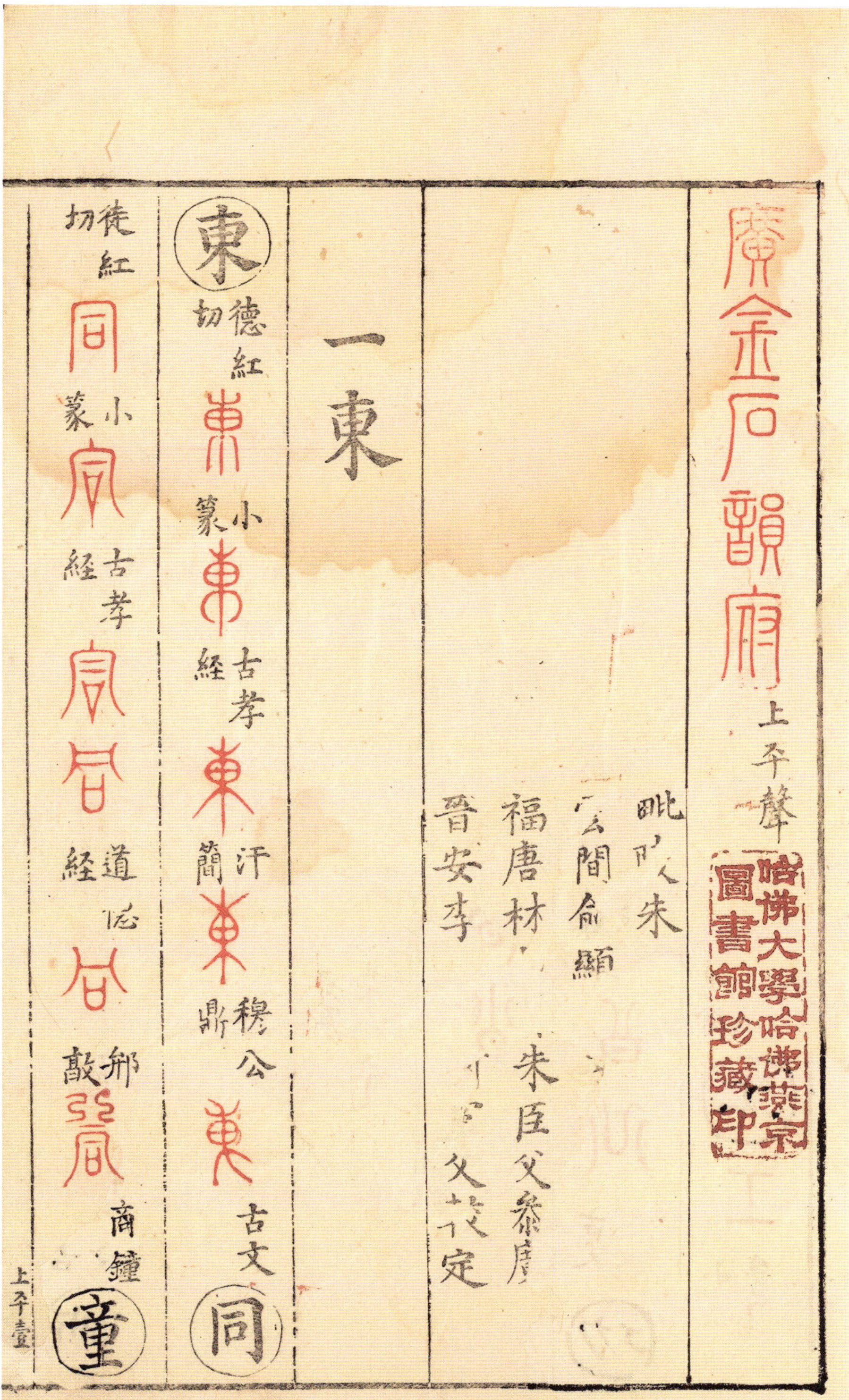

廣金石韻府 上平聲

毗陵人朱
云間俞顯
福唐林　朱臣父篆序
晉安李　文校定

一東

東 德紅切
小篆
古孝經
汗簡
穆公鼎
古文

同 徒紅切
小篆
古孝經
道德經
郁敲
商鐘

童

上平壹

經史通用古今直音四卷 〔明〕邵真人撰

明嘉靖十六年（1537）劉氏安正書堂刻本　二册

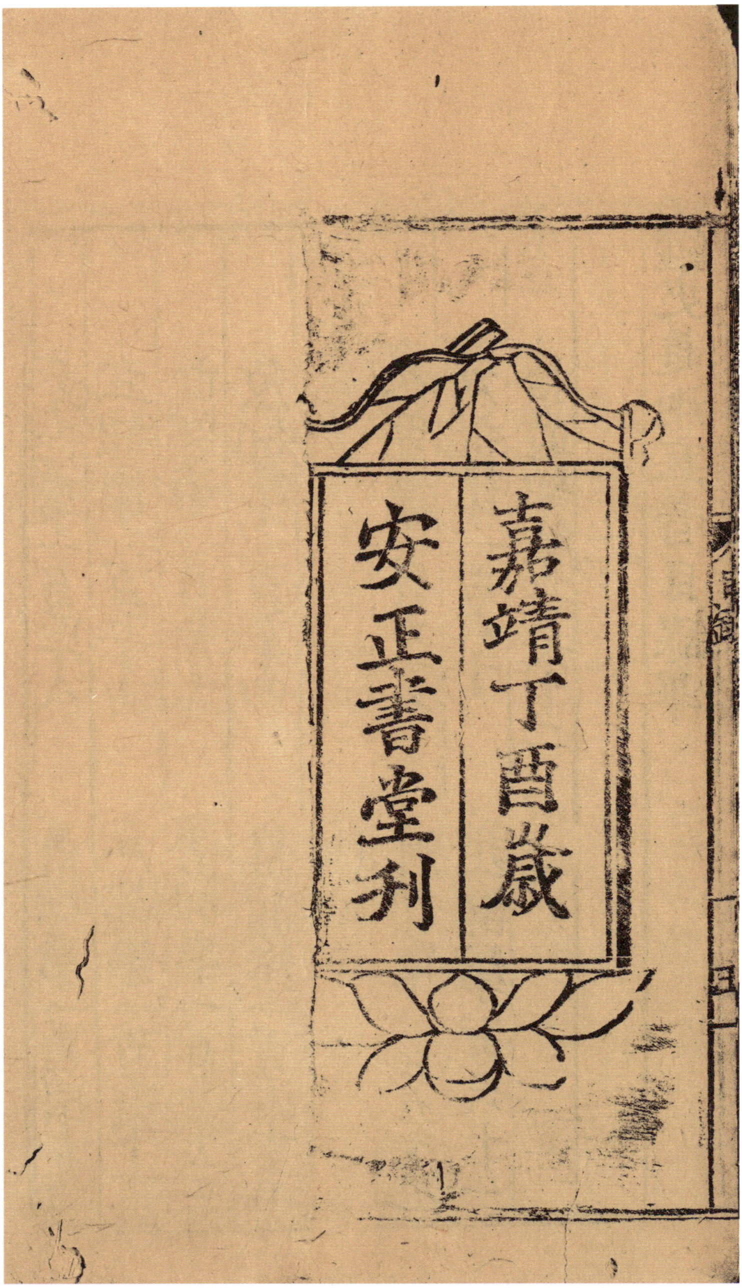

經史通用古今直音卷之一

通妣部真人　編集
清瀏喻道純　校正
雲中張道中　重校

金部第一

⿰釒齐 音齎又音窯利也 鏤 同上 釤 音杉大鐮也 釚 音求。弩牙也 釓 篇云。俗作亂

釭 江工二音灯也 釿 斤引二音忍剤断也 釧 音串。釵丨 釳 音乞。馬上插翟尾 釦 音叩口金飾器口

釤 彩丨禾又去声 鉽 弋昂附耳外也 鈃 音堅似鐘頸長 ⿰釒寸 音肘 鈃 音經酒器長頸似鐘

鈠 音殳。小矛也 鈘 音岐。持止也 鈅 音月。兵器也 鈒 鍦。戟鈒颯丨鏤 鈄 音紏。弩牙也

釩 又斑丨搪也 釚 音球。弩牙也 釥 音鍬上声悄好也 鈇 音夫。鐵鉞斫刃 鈜 音宏。金声

重刊併音連聲韻學集成十三卷直音篇七卷　〔明〕章黼撰　

明成化十七年（1481）刻嘉靖至萬曆間遞修本　二十册

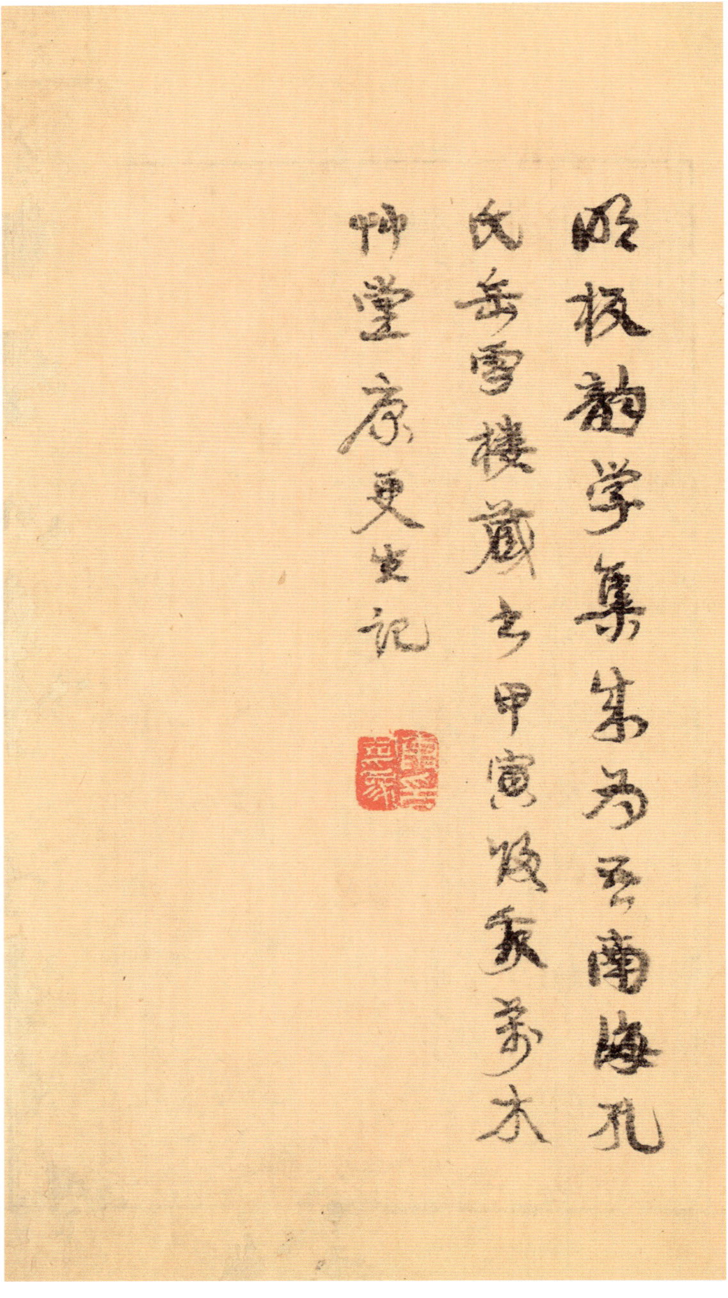

重刊併音連聲韻學集成卷之一

東董送屋 四聲

一 角清音 經堅	公 古紅切古經堅公	𩔗 古孔切	貢 古送切	穀 古祿切
二 角次清音 輕牽	空 枯紅切	孔 康董切	控 苦貢切	酷 枯沃切
三 羽清音 因煙	翁 烏紅切	蓊 烏孔切	瓮 烏貢切	屋 烏谷切
四 羽次清音 興軒	烘 呼紅切	嗊 虎孔切	烘 呼貢切	熇 呼木切
五 羽濁音 刑賢	洪 胡公切	澒 胡孔切	哄 胡貢切	斛 胡谷切
六 商清音 精箋	宗 祖冬切	總 作孔切	糉 作弄切	蹙 子六切

史部

前漢書一百卷　〔漢〕班固撰　〔唐〕顏師古注

明崇禎十五年（1642）毛氏汲古閣刻本　十九册

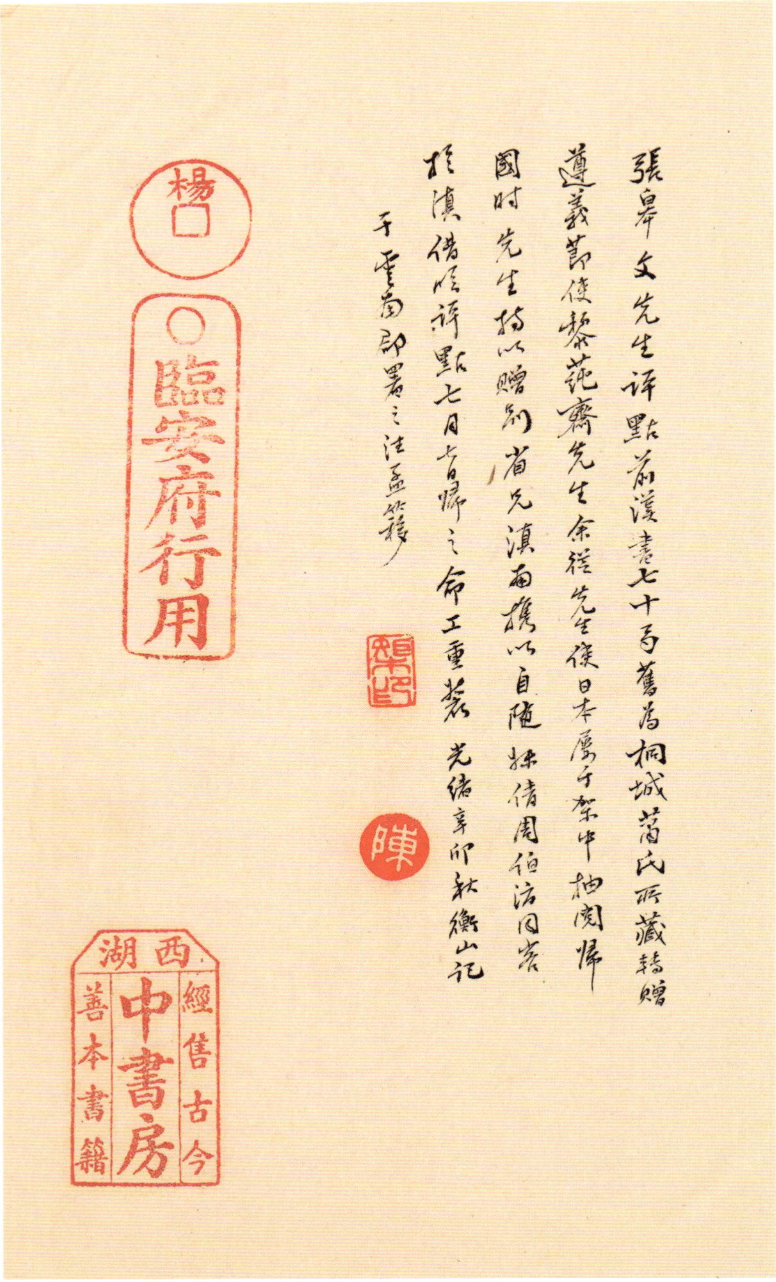

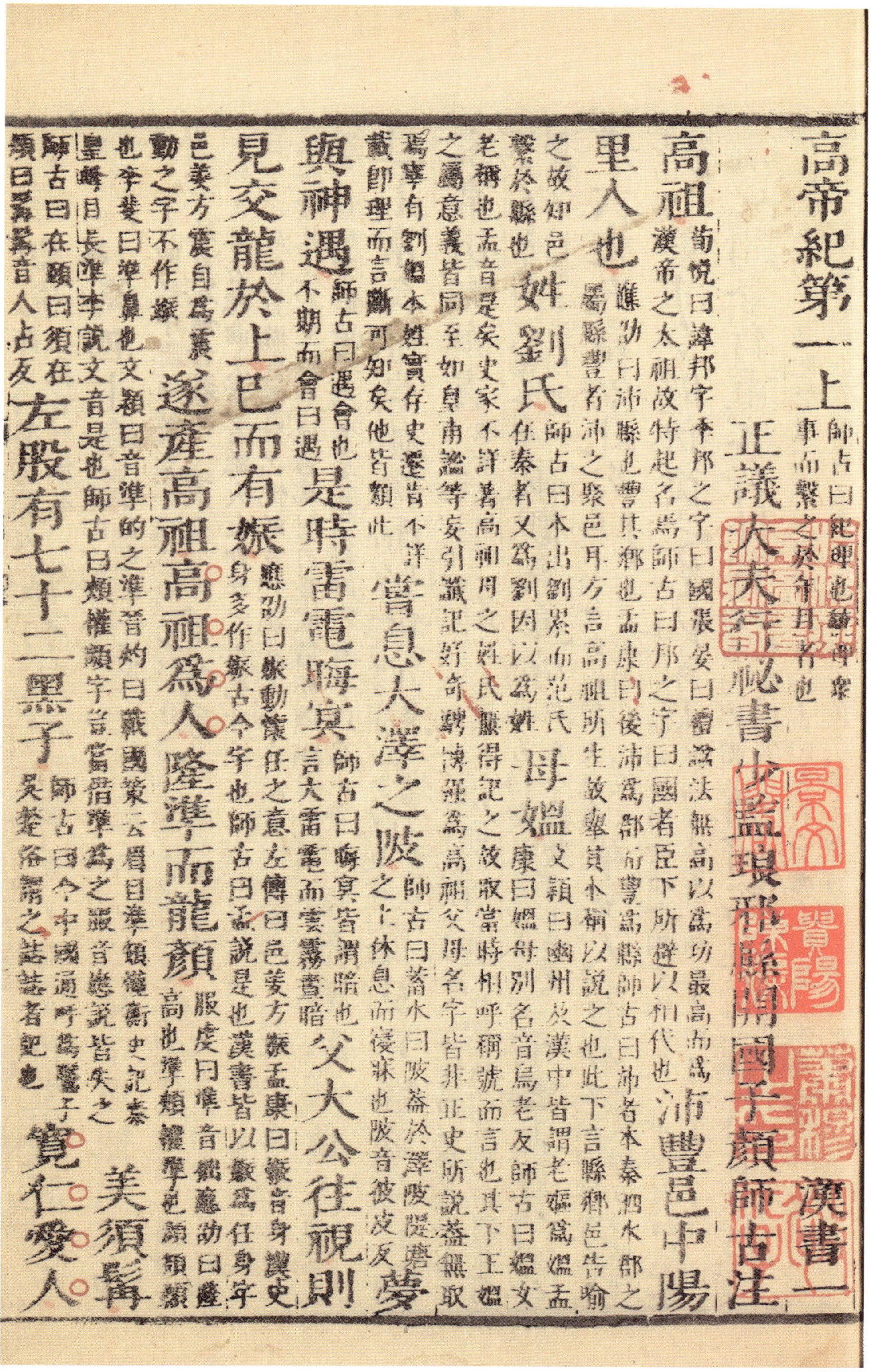

高帝紀第一上 師古曰紀理也統理眾事而繫之於年月者也 漢書一

正議大夫行祕書少監琅邪縣開國子顏師古注

高祖 荀悅曰諱邦字季邦之字曰國張晏曰禮謚法無高以為功最高而為漢帝之太祖故特起名焉師古曰邦之字曰國者臣下所避以相代也 沛豐邑中陽里人也 應劭曰沛縣也豐其鄉也孟康曰後沛為郡而豐為縣師古曰沛者本秦泗水郡之屬縣豐者沛之聚邑耳方言高祖所生故舉其本稱以說之也此下言縣鄉邑告喻之故知邑繫於縣也 姓劉氏 師古曰本出劉累而范氏在秦者又為劉因以為姓 母媼 文穎曰幽州及漢中皆謂老嫗為媼孟康曰媼母別名音烏老反師古曰媼女老稱也孟音是矣史家不詳著高祖母之姓氏無得記之故取當時相呼稱號而言也其下王媼之屬意義皆同至如皇甫謐等妄引讖記好奇騁博強為高祖父母名字皆非正史所說蓋無取焉寧有劉媼本姓實存史遷皆不詳載即理而言斷可知矣他皆類此 嘗息大澤之陂 師古曰蓄水曰陂蓋於澤陂隄塘之上休息而寢寐也陂音彼皮反 夢與神遇 師古曰遇會也不期而會曰遇 是時雷電晦冥 師古曰晦冥皆謂暗也言大雷電而雲霧晝暗 父太公往視則見交龍於上已而有娠 應劭曰娠動懷任之意左傳曰邑姜方娠孟康曰娠音身漢史身多作娠古今字也師古曰孟說是也漢書皆以娠為任身字邑姜方震自為震動之字不作娠 遂產高祖高祖為人隆準而龍顏 服虔曰準音拙應劭曰隆高也準頰權準也顏額顙也李斐曰準鼻也文穎曰音準的之準晉灼曰戰國策云眉目準頞權衡史記秦皇蜂目長準李奇說文音是也師古曰頰權顙字豈當借準為之服音應說皆失之 美須髯 師古曰在頤曰須在頰曰髯髯音人占反 左股有七十二黑子 師古曰今中國通呼為黶子吳楚俗謂之誌誌者記也 寬仁愛人

晉書一百三十卷音義三卷　〔唐〕房玄齡等撰　〔唐〕何超音義　

宋刻元明遞修本　七十册

缺卷一至十四。

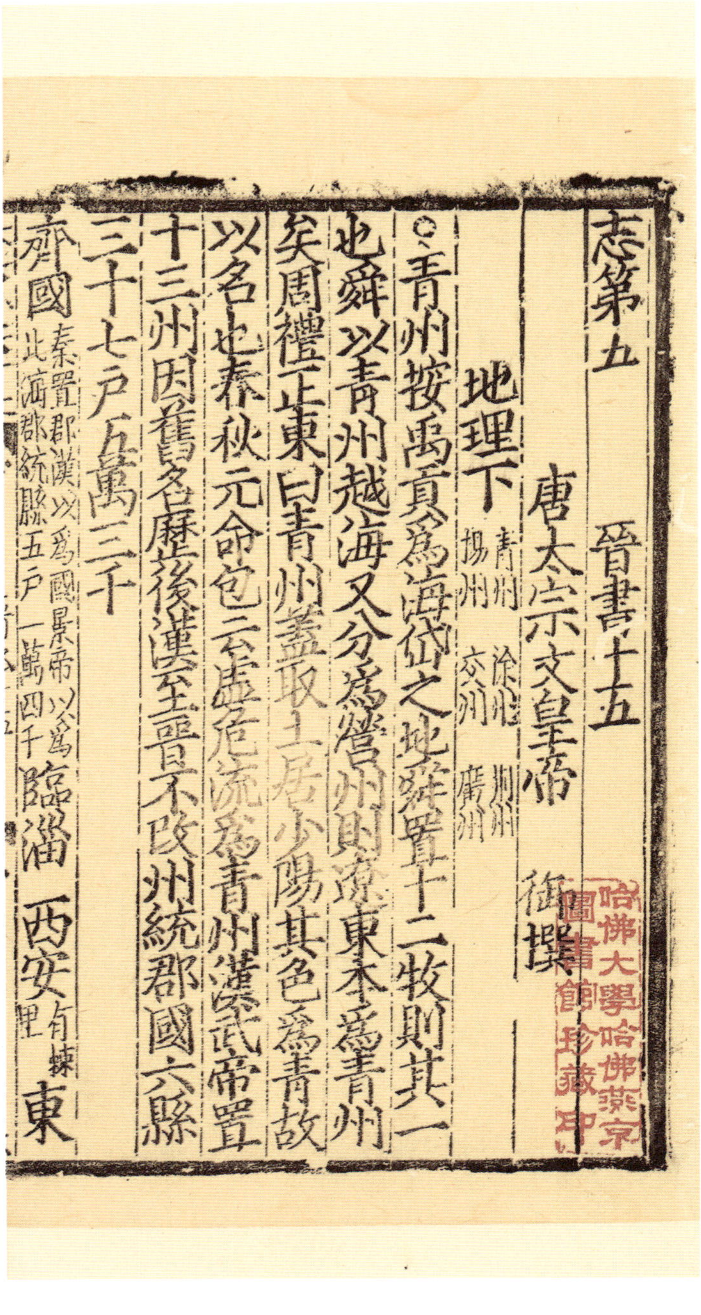
志第五　晉書十五
唐太宗文皇帝　御撰
地理下　青州　徐州　荆州　揚州　交州　廣州
○青州案禹貢爲海岱之地舜置十二牧則其一
也舜以青州越海又分爲營州則遼東本爲青州
矣周禮正東曰青州蓋取土居少陽其色爲青故
以名也春秋元命包云虛危流爲青州漢武帝置
十三州因舊名歷後漢至晉不改州統郡國六縣
三十七戶五萬三千
齊國秦置郡漢以爲國景帝以爲北海郡統縣五戶一萬四千　臨淄　西安有棘里　東

隋書八十五卷　〔唐〕魏徵等撰　　T2605/2124c

元大德饒州路儒學刻本　一册

存卷三十一。

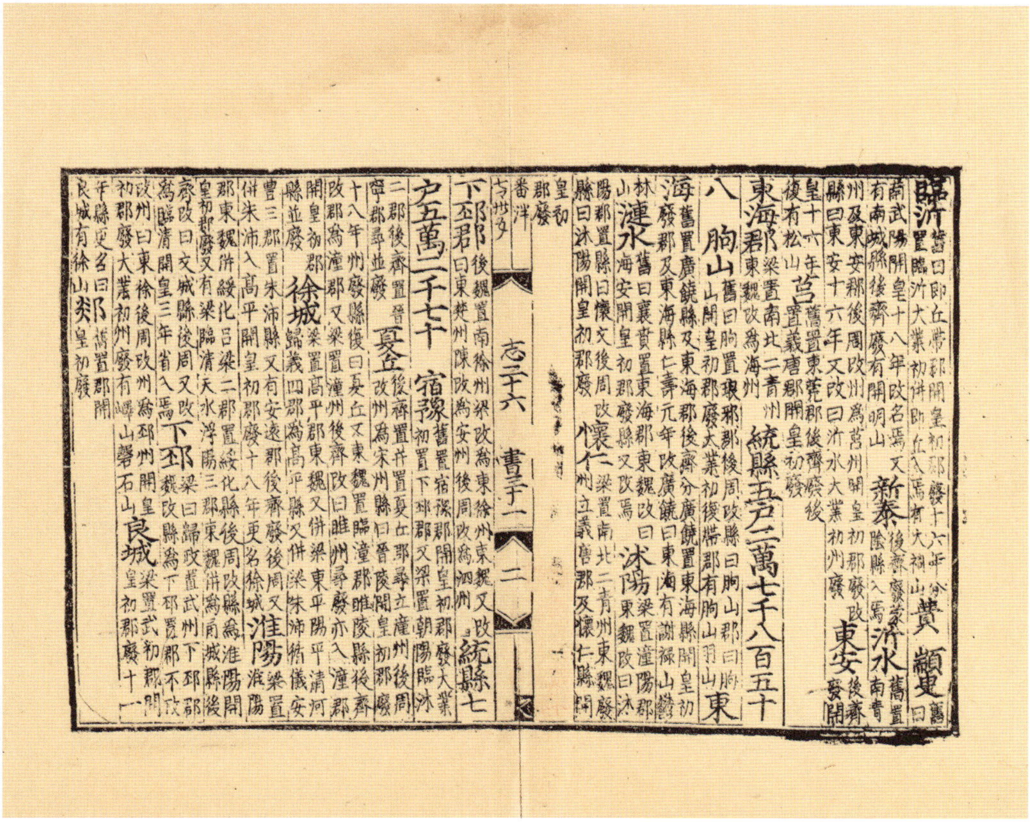

臨沂舊曰即丘帶郡開皇初郡廢十六年分置臨沂大業初併即丘入焉有大祠山 費 顓臾舊曰南武陽開皇十八年改名焉又有南城縣後齊廢有開明山 新泰後齊廢蒙陰縣入焉 沂水舊置南青州及東安郡後周改州為莒州開皇初郡廢改縣曰東安十六年又改曰沂水大業初州廢 東安後齊廢開皇十六年後有松山 莒舊置東莞郡後齊廢後置義唐郡開皇初廢

東海郡梁置南北二青州東魏改為海州 統縣五 戶二萬七千八百五十八

朐山舊曰朐置琅邪郡後周改縣曰朐山郡曰朐山開皇初郡廢大業初復帶郡有朐山羽山 東海舊置廣饒縣及東海郡後齊分廣饒置東海縣開皇初郡廢及東海縣仁壽元年改廣饒曰東海有謝祿山鬱林山 漣水舊曰襄賁置東海郡東魏改曰海安開皇初郡廢縣又改焉 沭陽梁置潼陽郡東魏改曰沭陽郡置縣曰懷文後周改縣曰沭陽開皇初郡廢 懷仁梁置南北二青州東魏廢州立義塘郡及懷仁縣開皇初郡廢

志二十六　書三十一　二

下邳郡後魏置南徐州梁改為東徐州東魏又改曰東楚州陳改為安州後周改為泗州 統縣七 戶五萬二千七十

宿豫舊置宿豫郡開皇初郡廢大業初置下邳郡又梁置朝陽臨沭二郡後齊置晉寧郡尋並廢 夏丘後齊置并置夏丘郡尋立潼州後周改州為宋州縣曰晉陵開皇初郡廢十八年州廢縣復曰夏丘又東魏置臨潼郡睢陵縣後齊改郡為潼郡又梁置潼州後齊改曰睢州尋廢亦入潼郡開皇初郡縣並廢 徐城梁置高平郡東魏又併梁東平陽平清河歸義四郡為高平縣又併梁朱沛楮儀安豐三郡置朱沛縣又有安遠郡後齊廢後周又併朱沛入高平開皇初郡廢十八年更名徐城 淮陽梁置淮陽郡東魏併綏化呂梁二郡置綏化縣後周改縣為淮陽開皇初郡廢又有梁臨清天水浮陽三郡東魏併為甬城縣後齊改曰文城縣後周又改為臨清開皇三年省入焉 下邳梁曰歸政置武州下邳郡東魏改縣為下邳置郡不改改州曰東徐後周改州為邳州開皇初郡廢大業初州廢有嶧山磬石山 良城梁置武初郡開皇初郡廢十一年縣更名曰良城有徐山 郯舊置郡開皇初廢

元史二百十卷目録二卷　〔明〕宋濂等撰　

明洪武三年（1370）内府刻嘉靖、萬曆、天啓南京國子監遞修本　三十六册

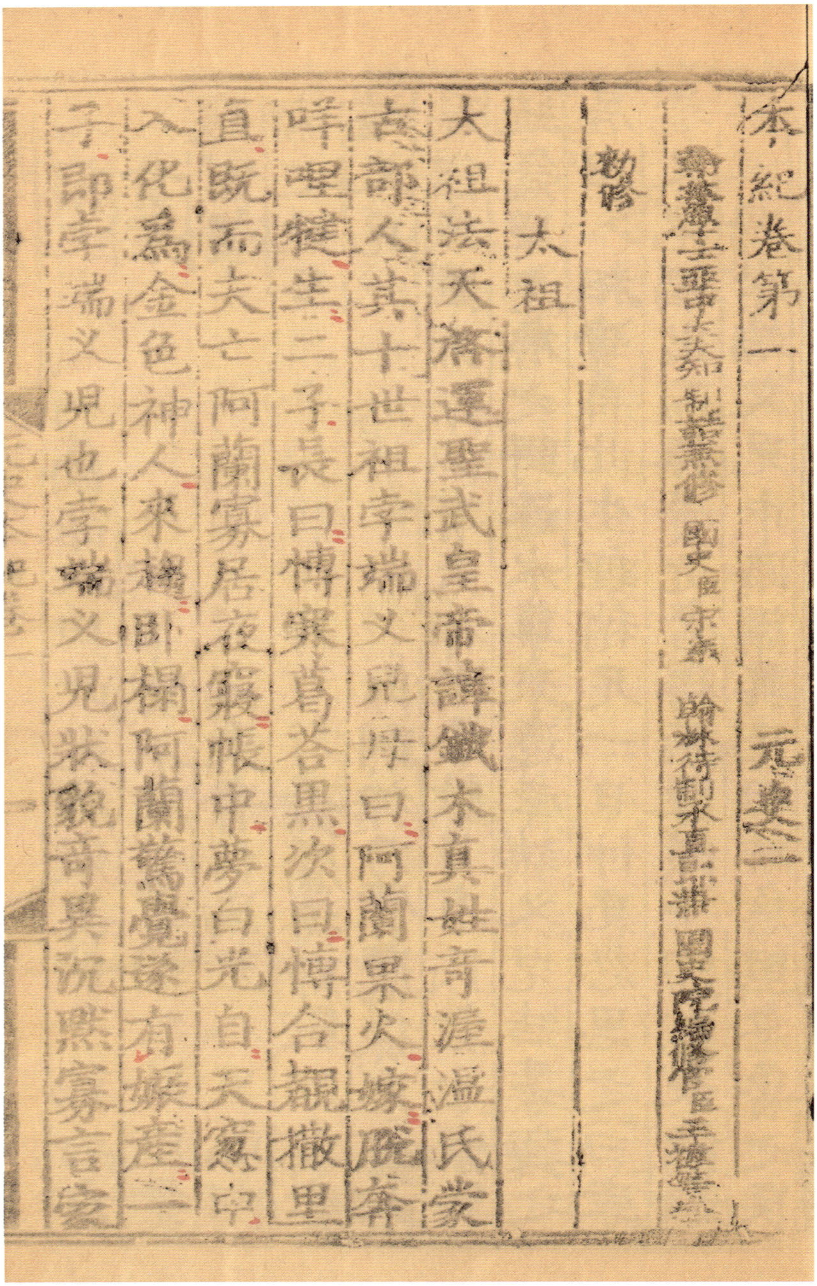
本紀卷第一　元史一
翰林學士亞中大夫知制誥兼修國史臣宋濂　翰林待制承直郎同知制誥兼國史院編修官臣王禕等奉
勅修
太祖
太祖法天啓運聖武皇帝諱鐵木真姓奇渥溫氏蒙
古部人其十世祖孛端叉兒母曰阿蘭果火嫁脫奔
咩哩犍生二子長曰博寒葛答黑次曰博合覩撒里
直既而夫亡阿蘭寡居夜寢帳中夢白光自天窗中
入化爲金色神人來趨臥榻阿蘭驚覺遂有娠產一
子即孛端叉兒也孛端叉兒狀貌奇異沉默寡言家

少微家塾點校附音通鑑節要五十卷新編纂注資治通鑑外紀增義五卷讀通鑑法一卷資治通鑑總要通論一卷釋例一卷　〔宋〕江贄撰　（增義）〔宋〕劉剡撰

明宣德三年（1428）劉文壽刻本　二十四册

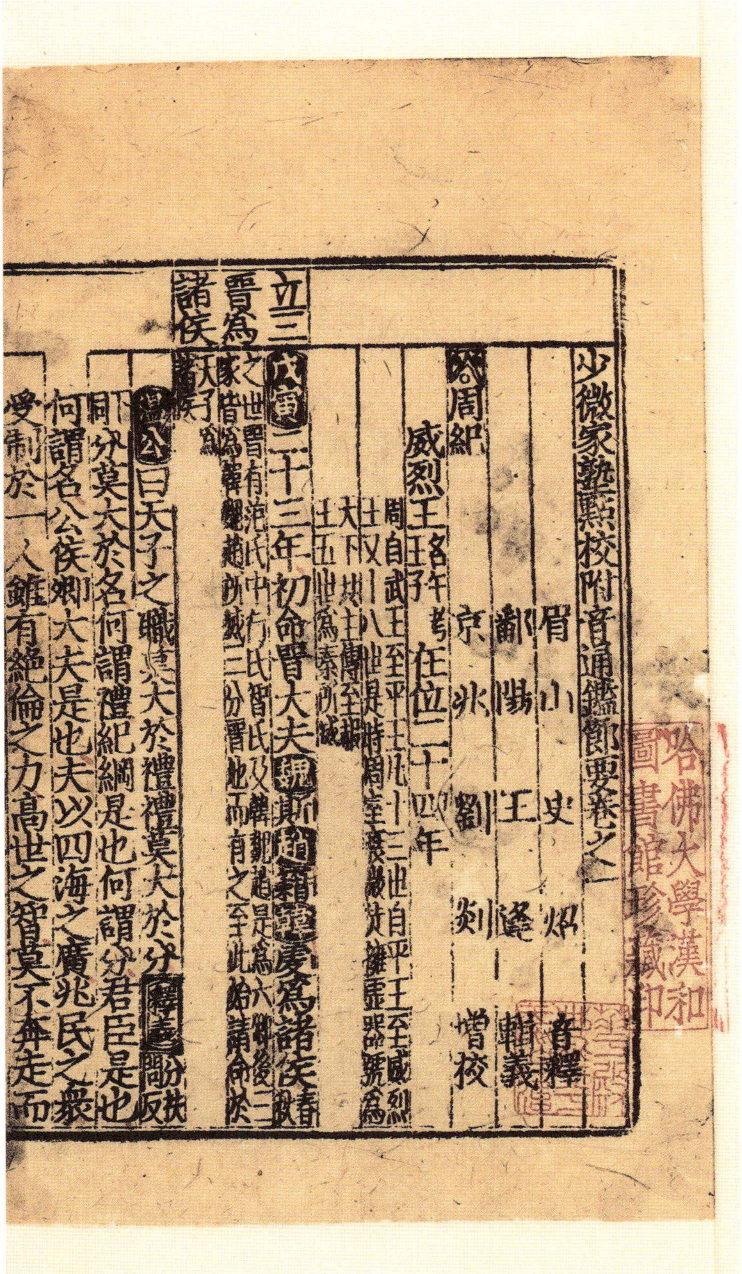
少微家塾點校附音通鑑節要卷之一
眉山　史　炤　音釋
鄱陽　王　逢　輯義
京兆　劉　剡　增校
周紀
威烈王 名午考王子 在位二十四年
立三晉為諸侯
戊寅 二十三年初命晉大夫魏斯趙籍韓虔為諸侯
溫公曰天子之職莫大於禮禮莫大於分分莫大於名何謂禮紀綱是也何謂分君臣是也何謂名公侯卿大夫是也夫以四海之廣兆民之衆受制於一人雖有絕倫之力高世之智莫不奔走而

重訂古史全本六十卷史拾載補不分卷遺聞四卷廣覽七卷衆斷五卷　〔宋〕蘇轍撰（史拾載補、遺聞、廣覽、衆斷）〔明〕吴弘基輯　T2511/4954a

明武林化玉齋、金閶擁萬堂刻本　十九册

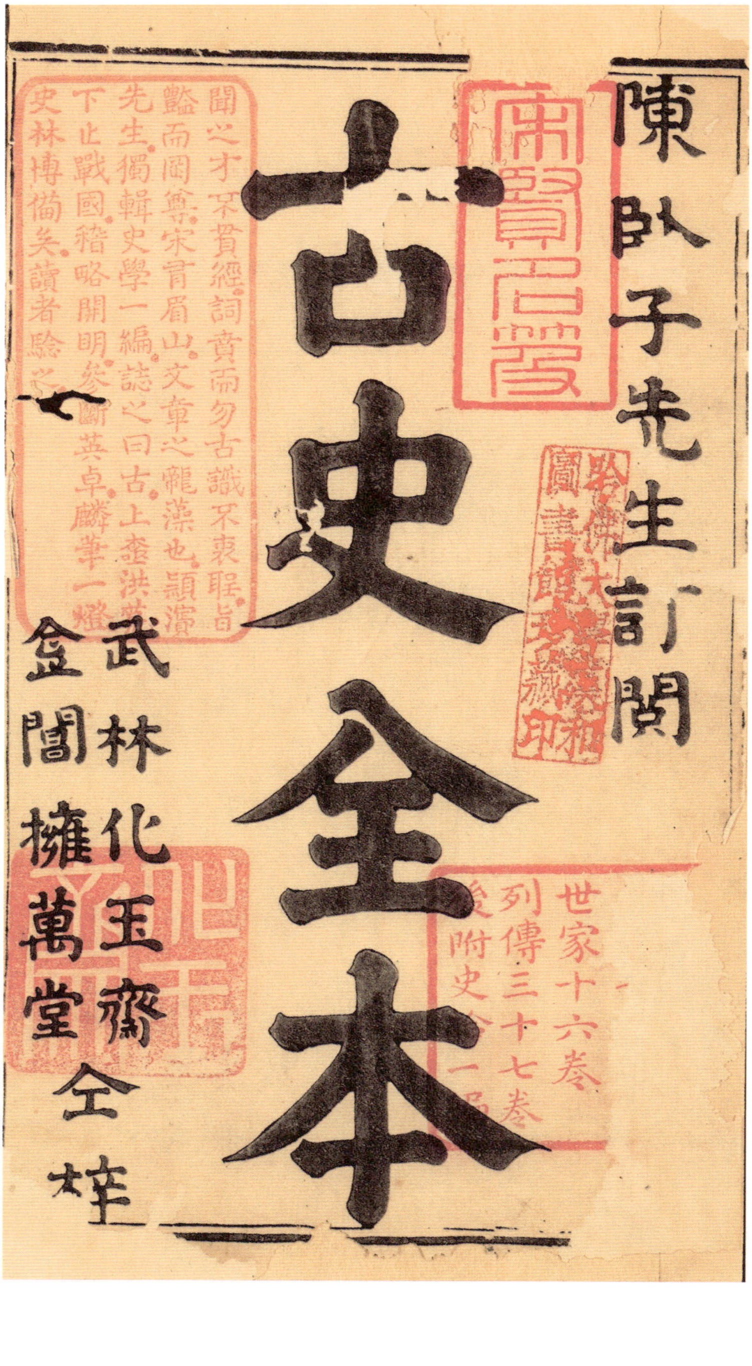
陳臥子先生訂閱
古史全本
世家十六卷
列傳三十七卷
武林化玉齋
金閶擁萬堂
仝梓

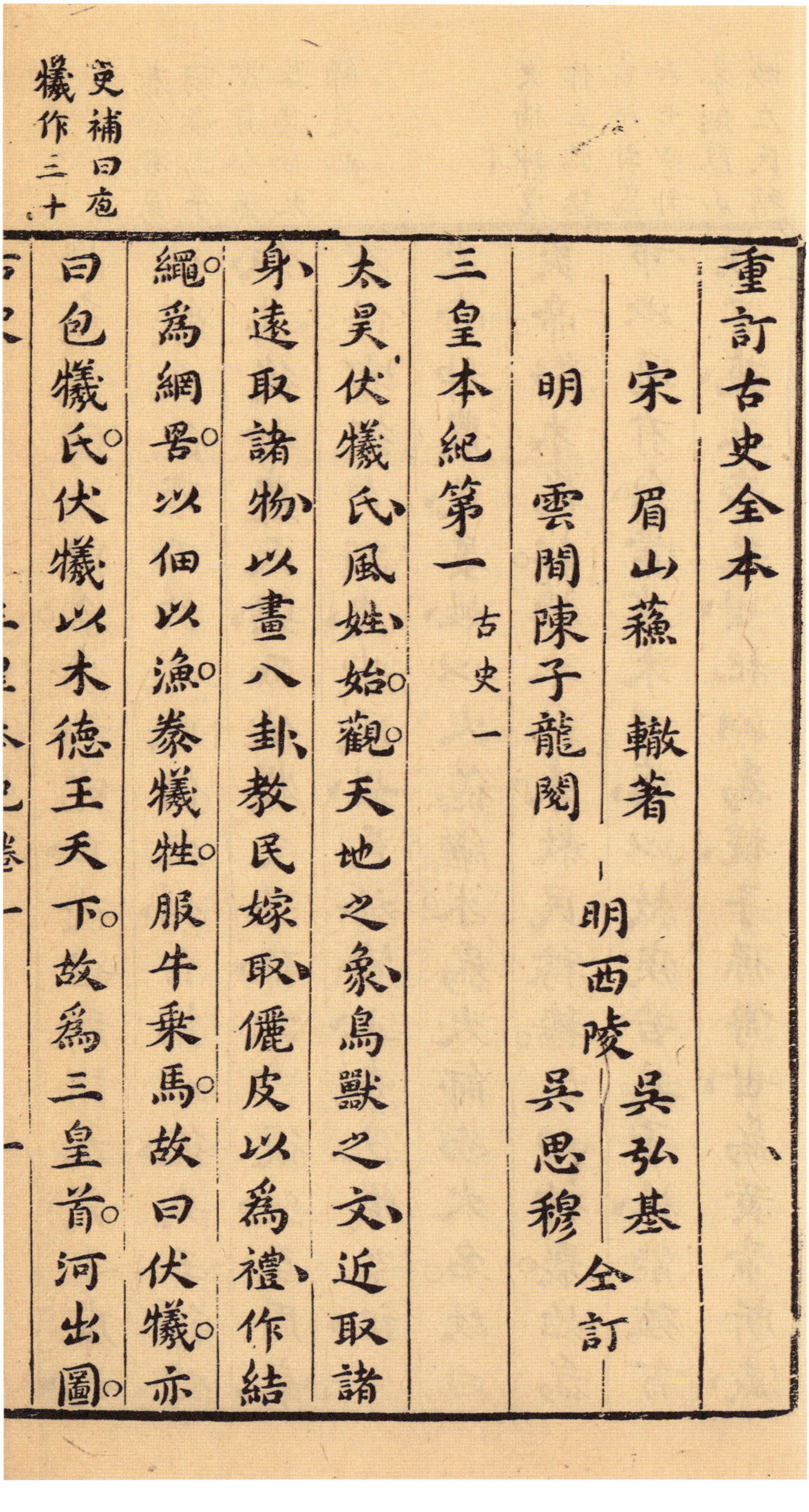
史補曰庖犧作三十

重訂古史全本

宋　眉山蘇　轍著

明　雲間陳子龍閱

明西陵吳弘基　吳思穆　仝訂

三皇本紀第一　古史一

太昊伏犧氏、風姓、始。觀。天地之象、鳥獸之文、近取諸身、遠取諸物、以畫八卦、教民嫁取、儷皮以爲禮、作結繩。爲網罟。以佃以漁。豢犧牲。服牛乘馬。故曰伏犧。亦曰包犧氏。伏犧以木德王天下。故爲三皇首。河出圖。

古史　三皇本紀卷一　一

南疆繹史勘本三十卷首二卷附繹史恤謚考八卷繹史摭遺十八卷 〔清〕温睿臨撰 〔清〕李瑤勘補

清道光十年（1830）木活字印本 二十四册

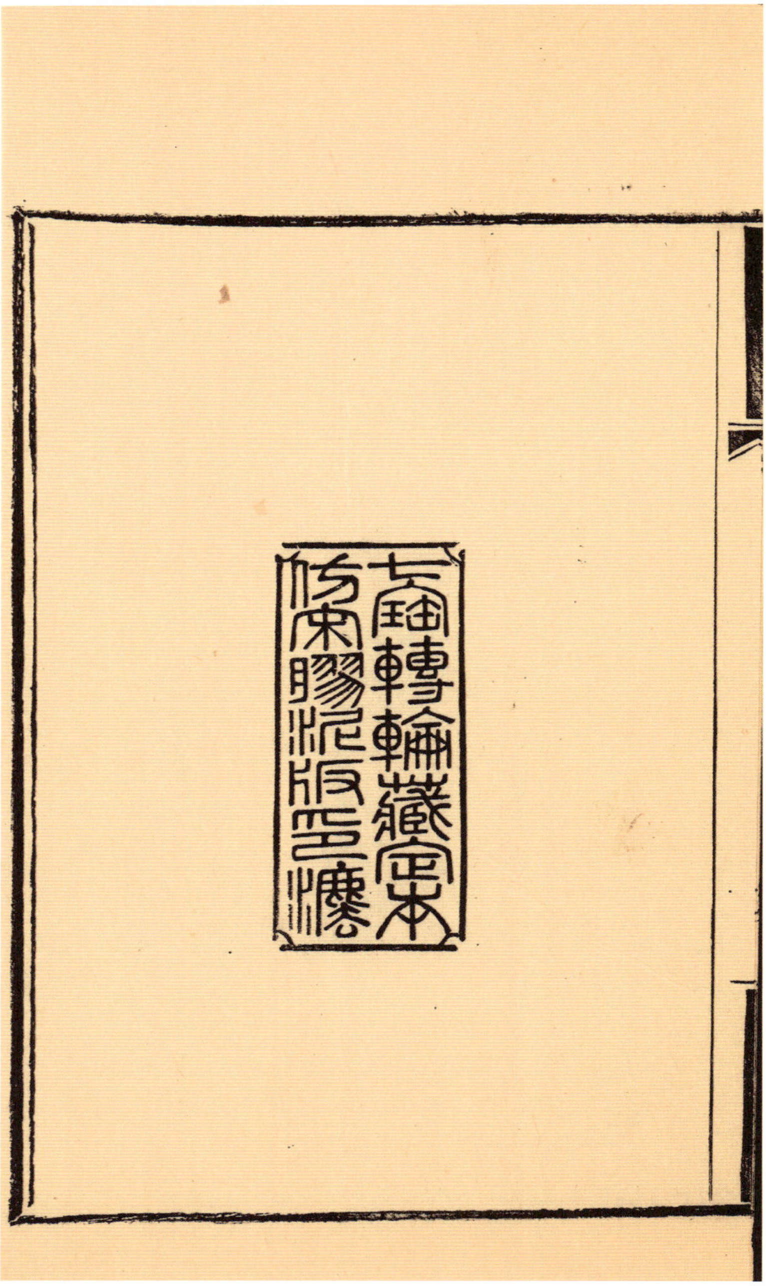

南疆繹史勘本卷一

紀畧一

福王神宗第二子福恭王之長子也諱由崧母鄒氏初封德昌王進封世子崇禎十四年辛巳春正月李自成陷河南恭王遇害世子出走懷慶癸未秋七月嗣封福王莊烈帝手擇宮中玉帶賜之明年甲申春三月京師失守夏四月己巳凶問至南京時叅贊機務兵部尚書史可法督師勤王在浦口諸大臣聞變倉卒議立君未有所屬會王與潞王皆以避賊至淮

皇王史訂四卷　〔清〕李學孔撰　

清順治刻本　四册

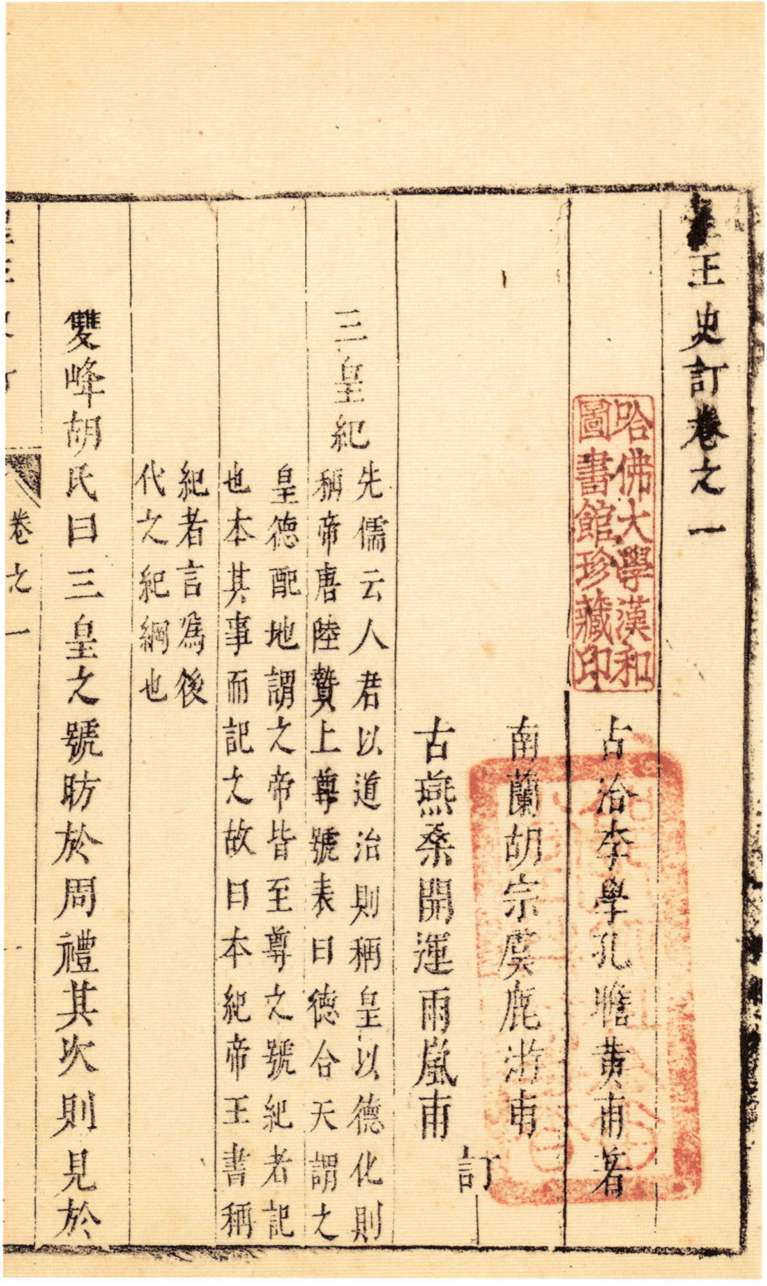
皇王史訂卷之一
哈佛大學漢和圖書館珍藏印
古洽李學孔瞻黃甫著
南蘭胡宗虞鹿游甫
古燕桑開運雨嵐甫　訂
三皇紀
先儒云人君以道治則稱皇以德化則稱帝唐陸贄上尊號表曰德合天謂之
皇德配地謂之帝皆至尊之號紀者記
也本其事而記之故曰本紀帝王書稱
紀者言為後
代之紀綱也
雙峰胡氏曰三皇之號昉於周禮其次則見於
皇王史訂　卷之一

考信編七卷　〔明〕杜思撰　

明萬曆七年（1579）刻本　六册

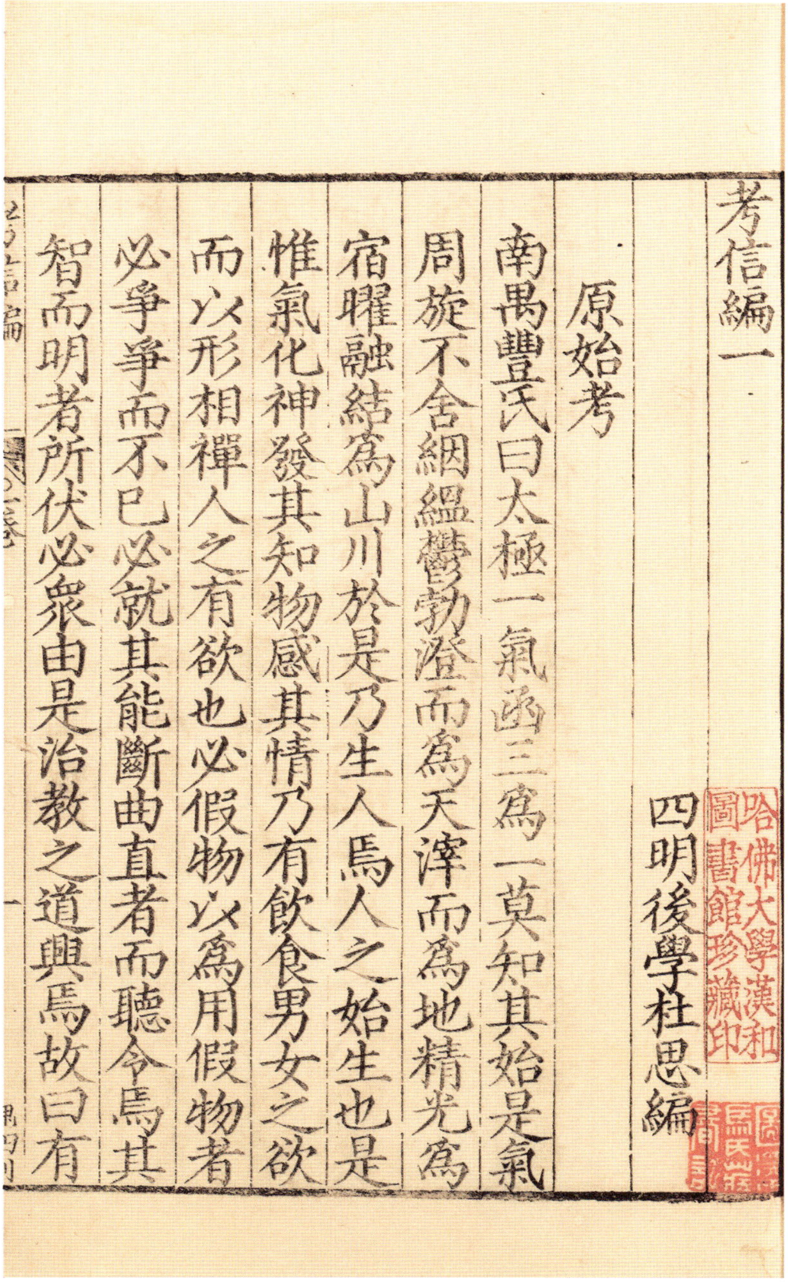

考信編一

原始考　　四明後學杜思編

南禺豐氏曰太極一氣函三爲一莫知其始是氣
周旋不舍絪緼鬱勃澄而爲天滓而爲地精光爲
宿曜融結爲山川於是乃生人焉人之始生也是
惟氣化神發其知物感其情乃有飲食男女之欲
而以形相禪人之有欲也必假物以爲用假物者
必爭爭而不已必就其能斷曲直者而聽令焉其
智而明者所伏必衆由是治教之道興焉故曰有

皇明資治通紀三十卷 〔明〕陳建撰 〔明〕岳元聲訂

明刻本 三十册

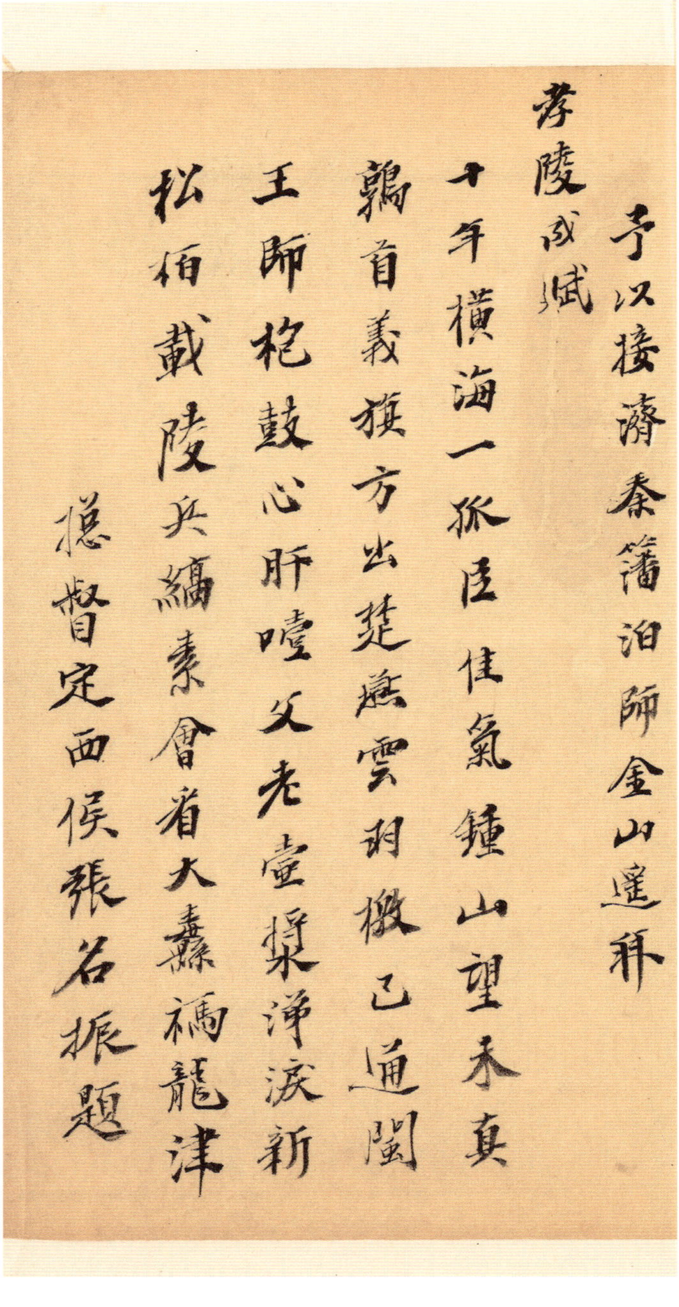
予以接濟秦藩泊師金山還拜
孝陵感賦
十年橫海一孤臣佳氣鍾山望裏真
鶉首義旗方出楚燕雲羽檄已通閩
王師枹鼓心肝噎父老壺漿涕淚新
松栢載陵兵縞素會看大纛禡龍津
總督定西侯張名振題

皇明資治通紀卷之一

東莞臣陳　建輯著　檇李臣岳元聲訂合　庠生沈國元校正

辛卯　元順帝至正十一年

夏潁州人劉福通徐州蕭縣人李二蘄州羅田人徐壽輝等起兵攻陷郡縣天下大亂自胡元入主中國人心痛憤傳至順帝即位日久晏安失德災異屢見四方盜賊蜂起有司不能制是年又聽邪臣賈魯之言發河南北丁夫十七萬開濬黃河故道民心益愁怨思亂先是童謠云石人一隻眼挑動黃河天下反及開黃河果於黃陵岡得石人一眼而徐潁蘄黃之兵起初欒城人韓山童自祖父以白

皇明資治通紀　卷之一　一

吳門姚可達書

新鍥李卓吾先生增補批點皇明正續合併通紀統宗十二卷首一卷附録一卷　〔明〕陳建撰　〔明〕袁黄　卜大有補　〔明〕李贄評點　

明末刻本　六册

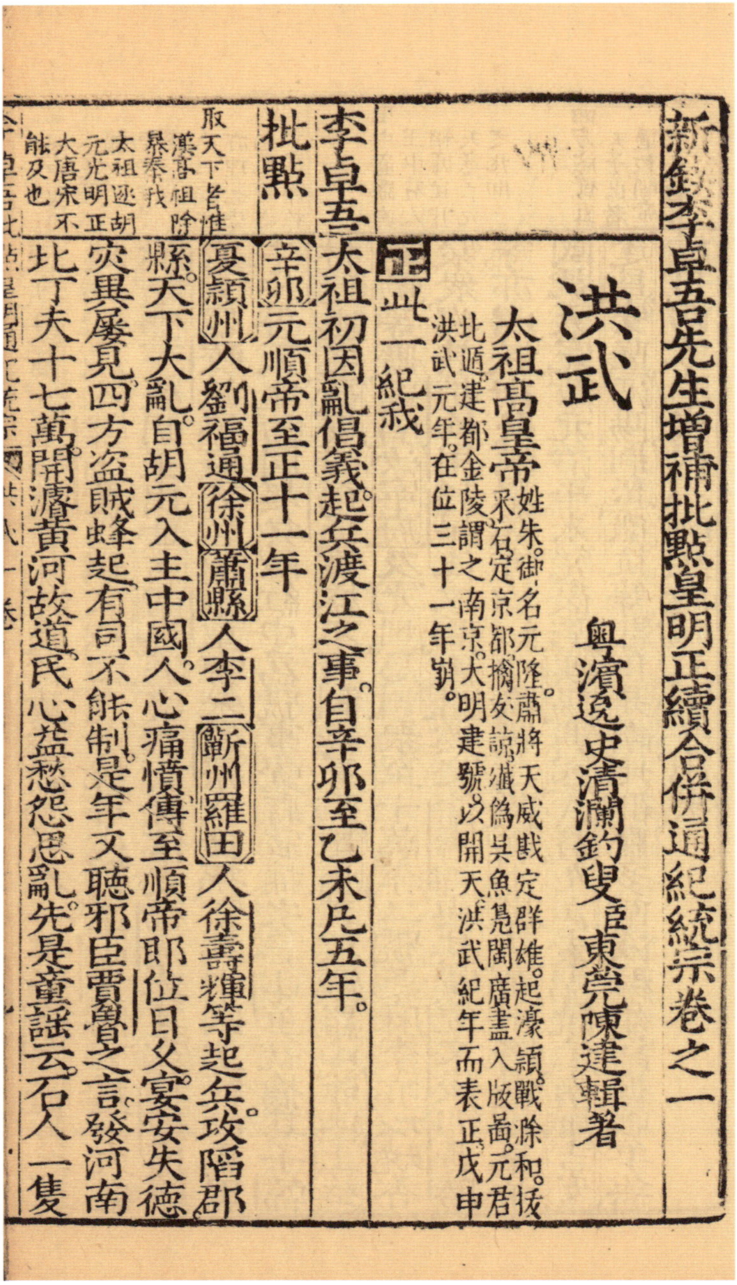

聖駕親征噶爾旦方略一卷　〔清〕聖祖玄燁撰　〔清〕敖福合譯　

清內府寫本　一册

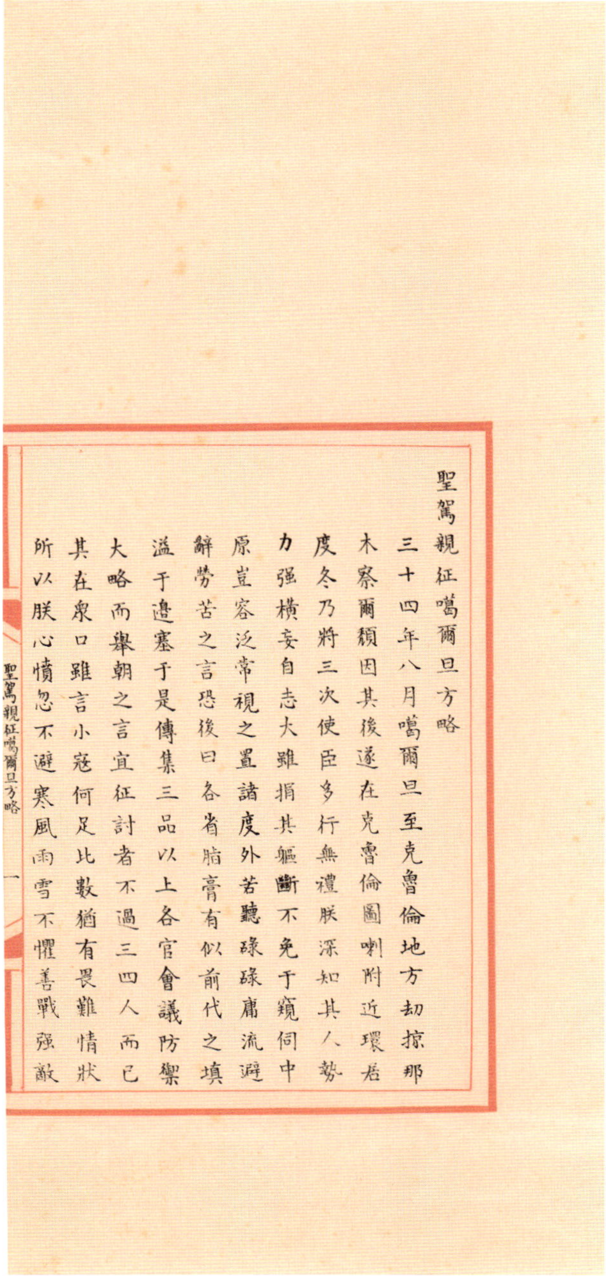
聖駕親征噶爾旦方略
三十四年八月噶爾旦至克魯倫地方劫掠那
木察爾額因其後遂在克魯倫圖喇附近環居
度冬乃將三次使臣多行無禮朕深知其人勢
力強橫妄自志大雖捐其軀斷不免于窺伺中
原豈容泛常視之置諸度外若聽碌碌庸流避
辭勞苦之言恐後曰各省脂膏有似前代之填
溢于邊塞于是傳集三品以上各官會議防禦
大略而舉朝之言宜征討者不過三四人而已
其在衆口雖言小寇何足比數猶有畏難情狀
所以朕心憤忽不避寒風雨雪不懼善戰強敵
聖駕親征噶爾旦方略　一

國語二十一卷札記一卷 〔春秋〕左丘明撰 〔三國吴〕韋昭解 〔清〕黄丕烈札記

2526/4566g

清嘉慶五年（1800）吴門黄氏讀未見齋刻本 二册

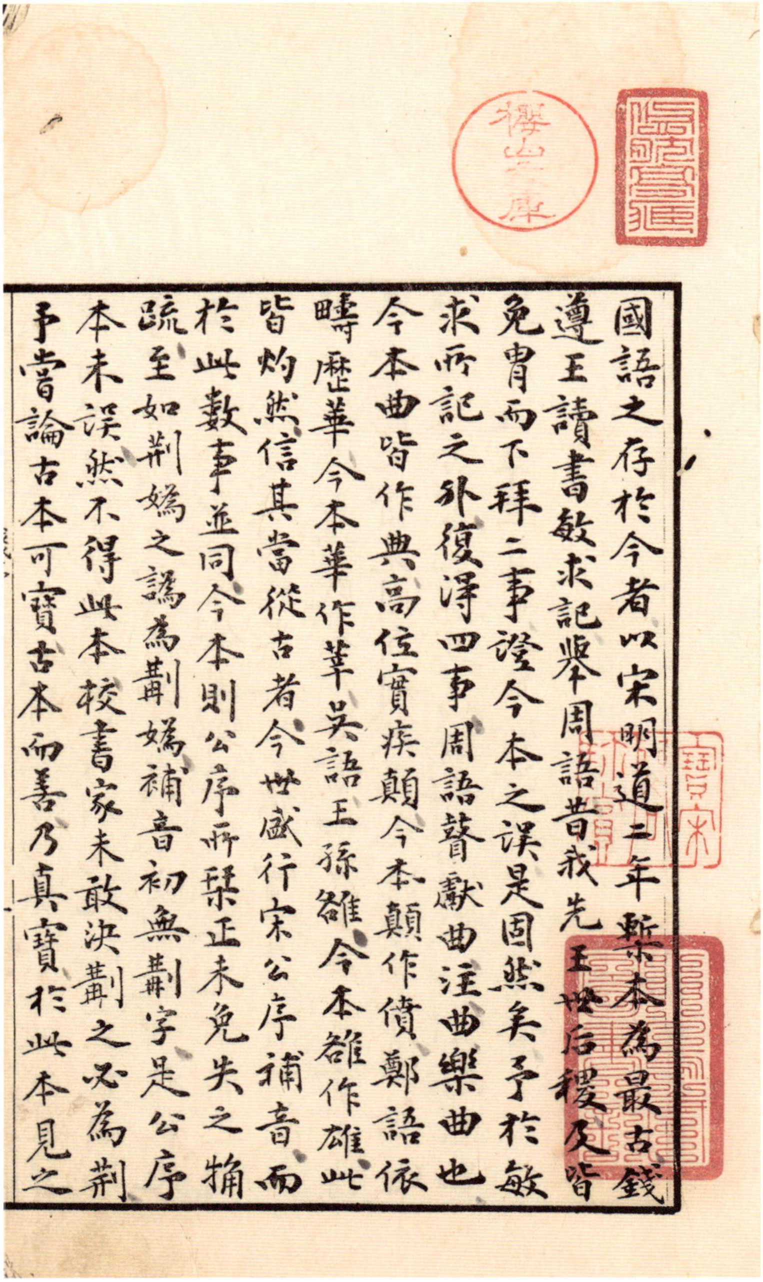
國語之存於今者以宋明道二年槧本爲最古錢
遵王讀書敏求記舉周語昔我先王世后稷及皆
免胄而下拜二事證今本之誤是固然矣予於敏
求所記之外復得四事周語贊獻曲注曲樂曲也
今本曲皆作典高位實疾顛今本顛作僨鄭語依
疇歷華今本華作莘吳語王孫雒今本雒作雄此
皆灼然信其當從古者今世盛行宋公序補音而
於此數事並同今本則公序所槧正未免失之揃
疏至如荆嬀之譌爲蔛嬀補音初無蔛字是公序
本未誤然不得此本校書家未敢決蔛之必爲荆
予嘗論古本可寶古本而善乃真寶於此本見之

諸家紛錯載述爲煩是以時有所見庶幾頗近事情裁有補益猶恐人之多言未詳其故欲世覽者必察之也

周一二三上中下 魯四五上下 齊六一 晉武七獻八惠九文十襄十一厲十二悼十三平十四昭十五
鄭十六 楚十七上十八下 吳十九 越二十上二十一下

國語卷第一

周語上　韋氏解

穆王將征犬戎穆王周康王之孫昭王之子穆王滿也征正也上討下之稱犬戎西戎之别名也在荒服之中祭公謀父諫曰不可祭畿內之國周公之後也爲王卿士謀父字也傳曰凡蔣邢茅胙祭周公之胤矣先王耀德不觀兵耀明也觀示也明德尚道化也不示兵者有大罪惡然後致誅不以小小示威武也夫兵戢而時動動則威戢聚也威畏也時動謂三時務農一時講武守則有財征則有威觀則玩玩則無震玩黷也震懼也是故周

武昌紀事二卷附録一卷陳烔齋遺詩一卷 〔清〕陳徽言撰 2875/7920

清咸豐七年（1857）章門刻同治四年（1865）槜李吴昌言補修本　一册

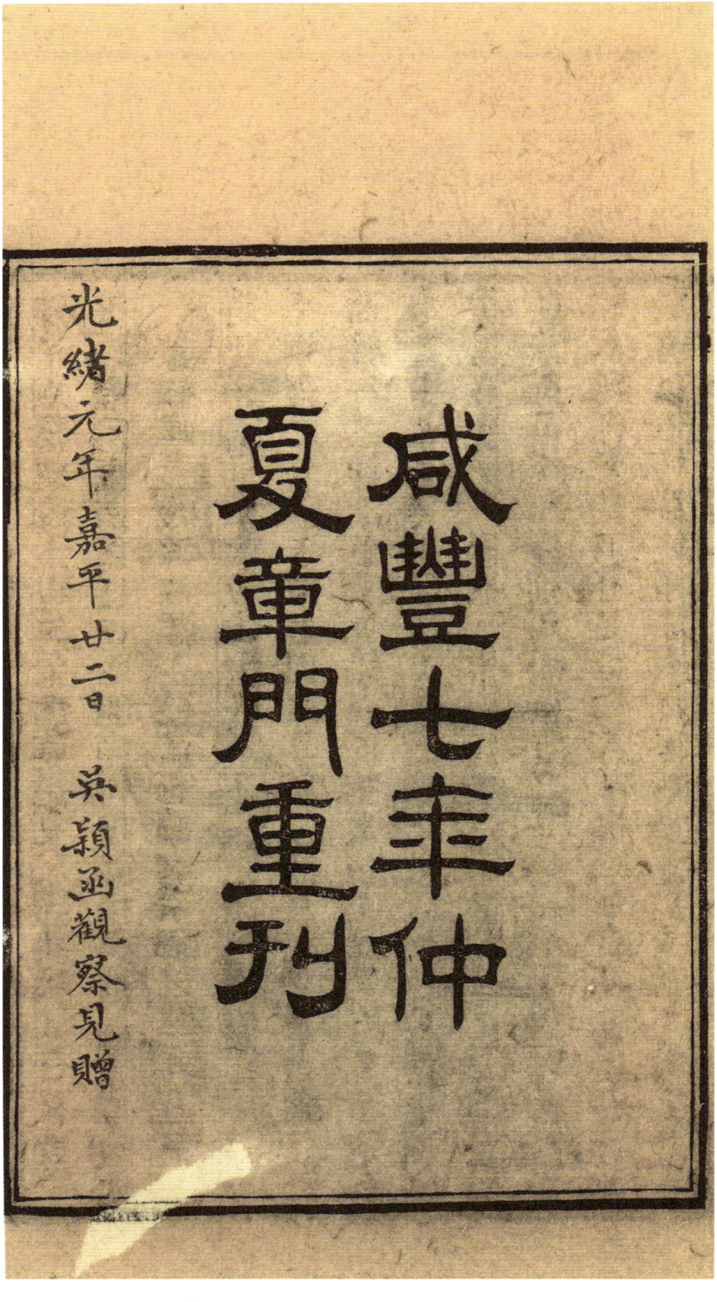
咸豐七年仲
夏章門重刊
光緒元年嘉平廿二日　吳頴函觀察見贈

武昌紀事卷一

歙川　陳徽言　炯齋撰

咸豐二年壬子五月粤匪僞太平王洪秀全攻陷湖南道州江華等處分遣賊黨遠近散布僞示是月杪武昌城內外所在亦多有之巡撫龔裕大索姦人先後捕獲斬之乃請徵鄰兵奏發帑金三十萬以爲防堵費報可　江夏知縣繡麟會同漢陽知縣常懿麟統查江上划船按船戶名氏取保人編列字號書牌釘於船舷以杜藏姦　淸戶口行十家牌法

六月十八日設防堵總局於布政司署　諭紳士募人團練城內外計四十八堡得勇千四百有奇

新出南昌大教案紀略初集二卷　〔日本〕町村格藤編録　〔清〕效董生校訂

2883/6448

清光緒三十二年（1906）石印本　一册

新出南昌大教案記略卷上

町村格藤氏編錄、　豫章致重堂校訂

第一節　龔族衆勢成排外　江大令冒險解和

按江令召棠號雲卿安徽桐城縣人也。幼篤孝友。禀性過人。強記博聞。究心經世之學。不幸小試未第。乃思納粟。之心由文童出身出宰於上高縣邑。清廉正直。所至有聲。平日調和民教。辦理不遺餘力。素為下民所欽佩。其與上高之交界者新昌人民亦均甚愛戴。故龔姓之巨禍。有非江令莫能排解者也。江令之功不亦偉哉詎知新昌縣汪培大令意圖敷衍。案懸莫結。以致法教士王安之每以龔姓未受懲創。事不滿意。適於上年四月間。法國天主堂方神甫遂志病故。後將王調至南昌為該堂之神甫。守信教士而江大令召棠。亦於上年九月間調補南昌縣。奚有教民劉宗堯。提舊

越絶書十五卷　〔漢〕袁康撰　

清咸豐至同治間刻本　一册

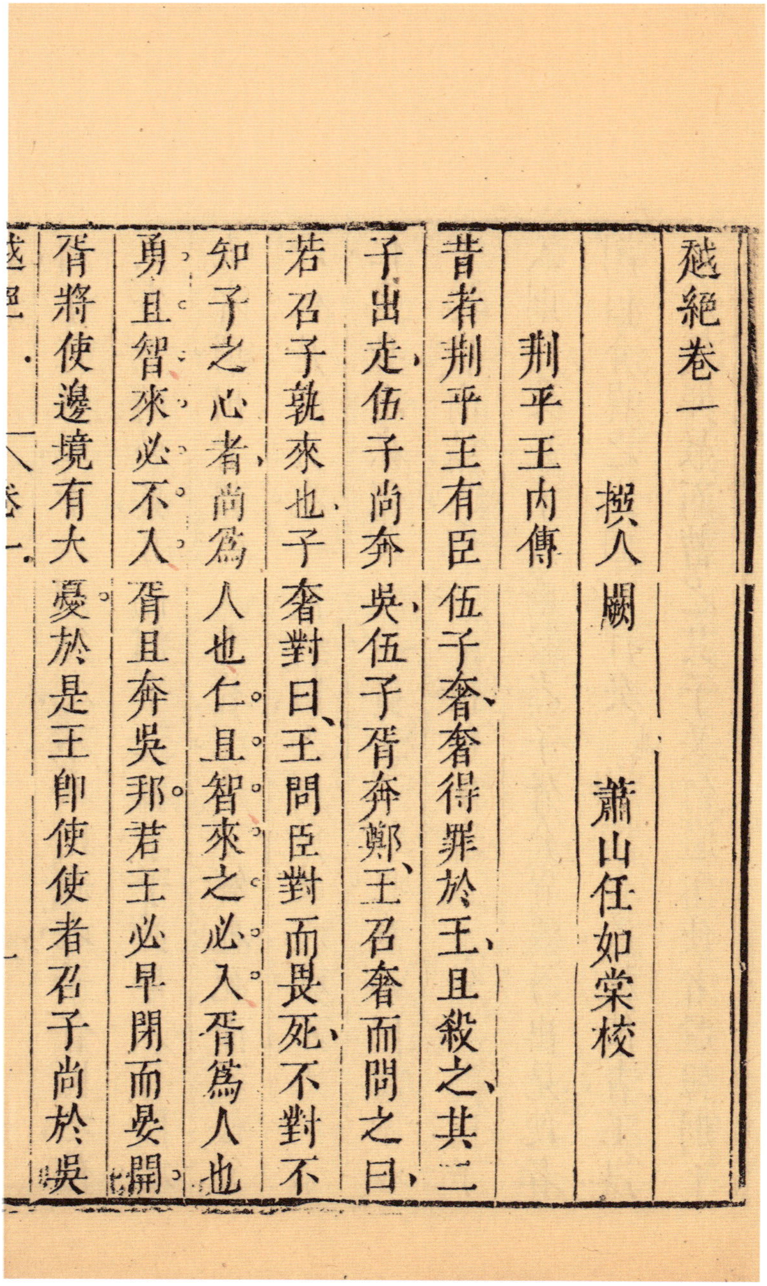
越絕卷一

撰人闕　蕭山任如棠校

荆平王內傳

昔者荆平王有臣伍子奢奢得罪於王且殺之其二子出走伍子尚奔吳伍子胥奔鄭王召奢而問之曰若召子孰來也子奢對曰王問臣對而畏死不對不知子之心者尚爲人也仁且智來之必入胥爲人也勇且智來必不入胥且奔吳邦君王必早閉而晏開胥將使邊境有大憂於是王即使使者召子尚於吳

越絕　卷一　一

三國志纂八卷　〔明〕張毓睿撰　　T2560/1382

明崇禎刻本　八册

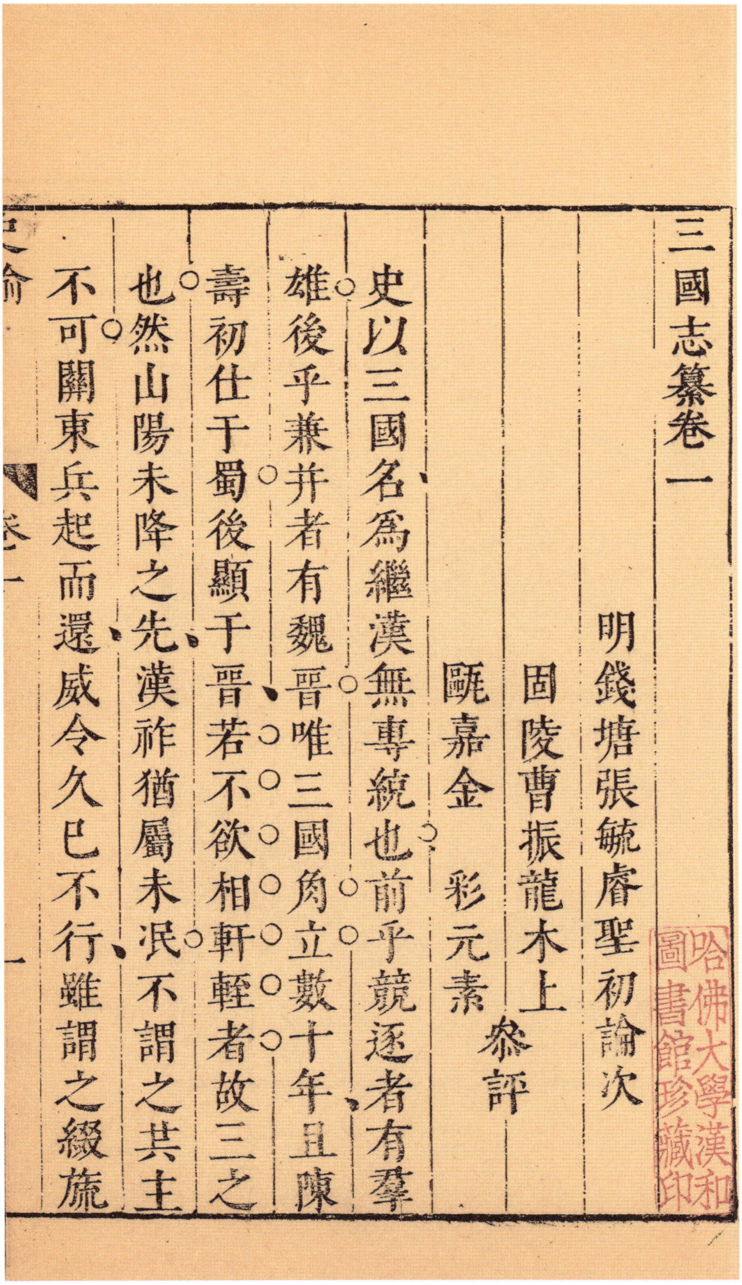
三國志纂卷一

明錢塘張毓睿聖初論次

固陵曹振龍木上

甌嘉金　彩元素　參評

史以三國名爲繼漢無專統也前乎競逐者有羣雄後乎兼并者有魏晉唯三國角立數十年且陳壽初仕于蜀後顯于晉若不欲相軒輊者故三之也然山陽未降之先漢祚猶屬未泯不謂之共主不可關東兵起而還威令久已不行雖謂之綴旒

志論　卷一　一

欽定元承華事略補圖六卷 〔元〕王惲撰 〔清〕徐郙等繪圖

清光緒二十二年（1896）内府刻本 一册

廣孝

禮記文王世子篇曰文王之爲世子朝於王季日三雞初鳴而至於寢門外問內臣曰今日安否內臣曰安文王乃喜及日中又至亦如之及莫又至亦如之食上必在視寒暖之節食下問所膳命膳宰曰末有原（末無也原再也無令使先進之物再進恐臭味惡也）應曰諾然後退武王帥而行之不敢有加

貞觀政要十卷　〔唐〕吴競撰　〔元〕戈直集論　T4683/2301

明成化元年（1465）内府刻本　六册

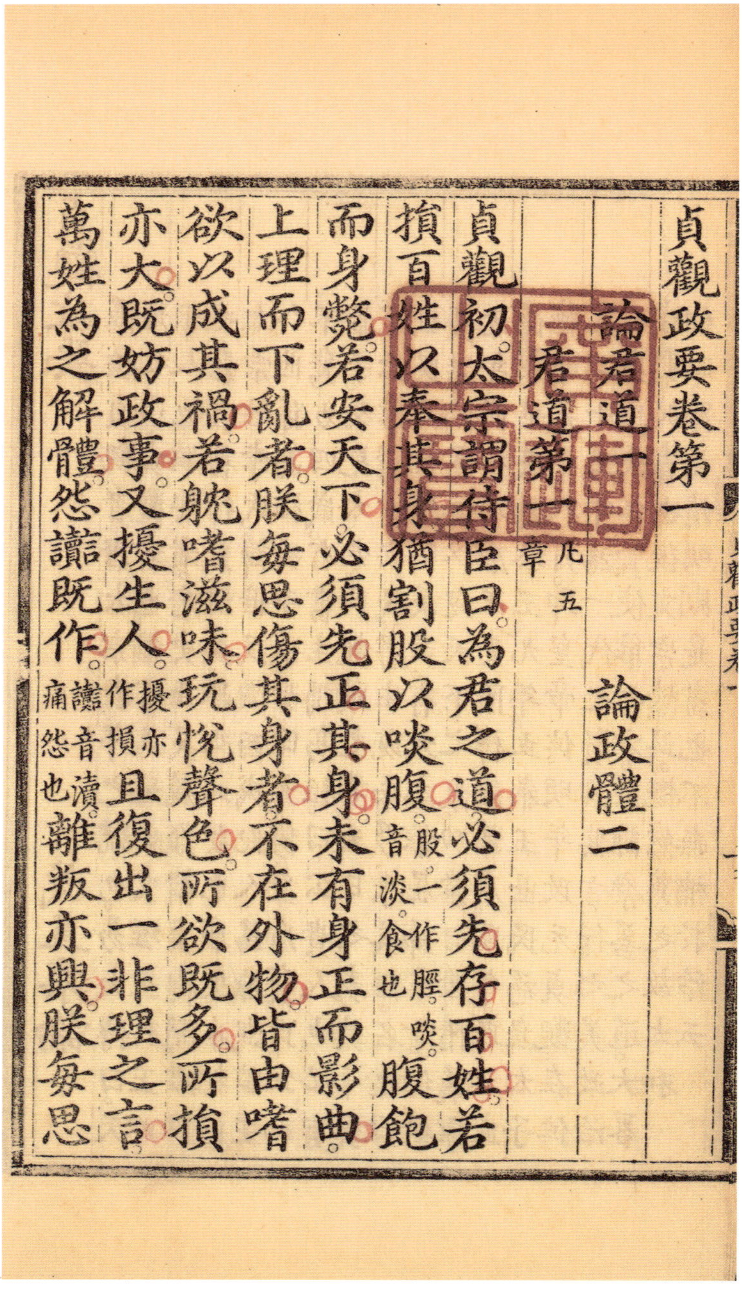

貞觀政要卷第一

論君道第一 凡五章　論政體二

貞觀初太宗謂侍臣曰爲君之道必須先存百姓若損百姓以奉其身猶割股以啖腹 股音一作脛啖音淡食也 腹飽而身斃若安天下必須先正其身未有身正而影曲上理而下亂者朕每思傷其身者不在外物皆由嗜欲以成其禍若躭嗜滋味玩悦聲色所欲既多所損亦大既妨政事又擾生人擾亦作損且復出一非理之言萬姓爲之解體怨讟既作讟音瀆痛怨也離叛亦興朕每思

史記綜芬評林三卷　〔明〕焦竑輯　〔明〕李廷機釋　

明萬曆建興書軒魏畏所刻本　三册

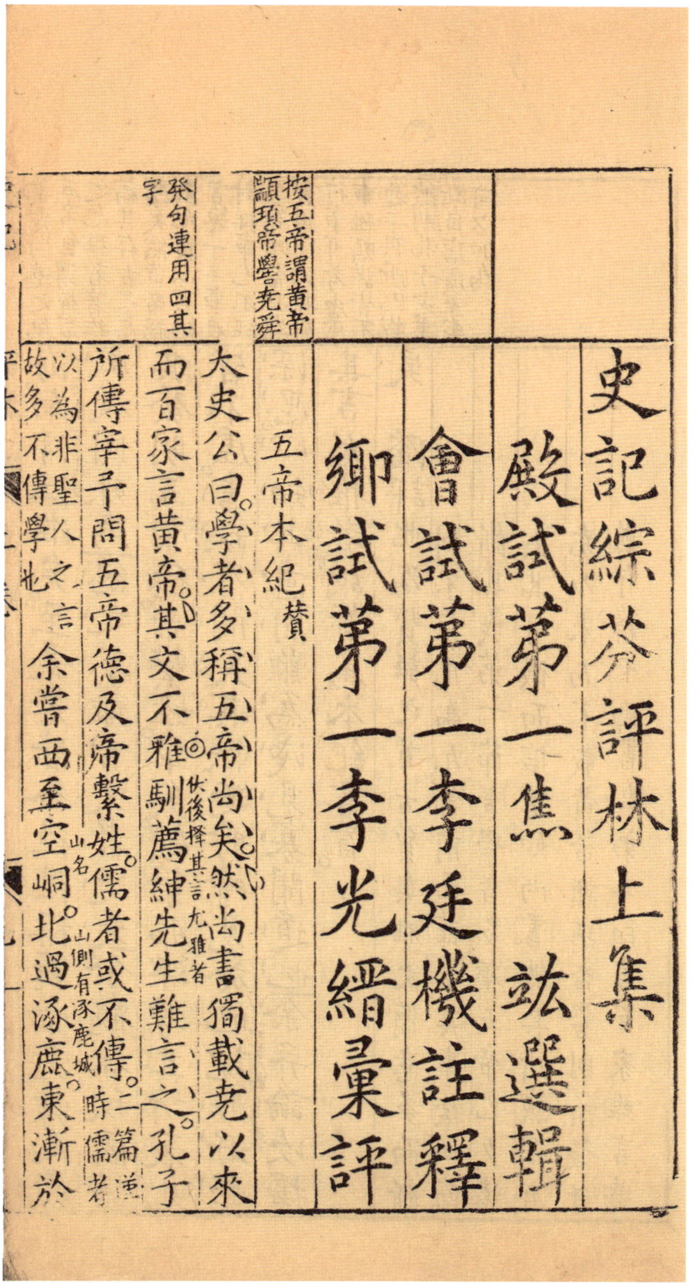

宋史筆斷十二卷　〔明〕正誼齋編集　

明刻本　六册

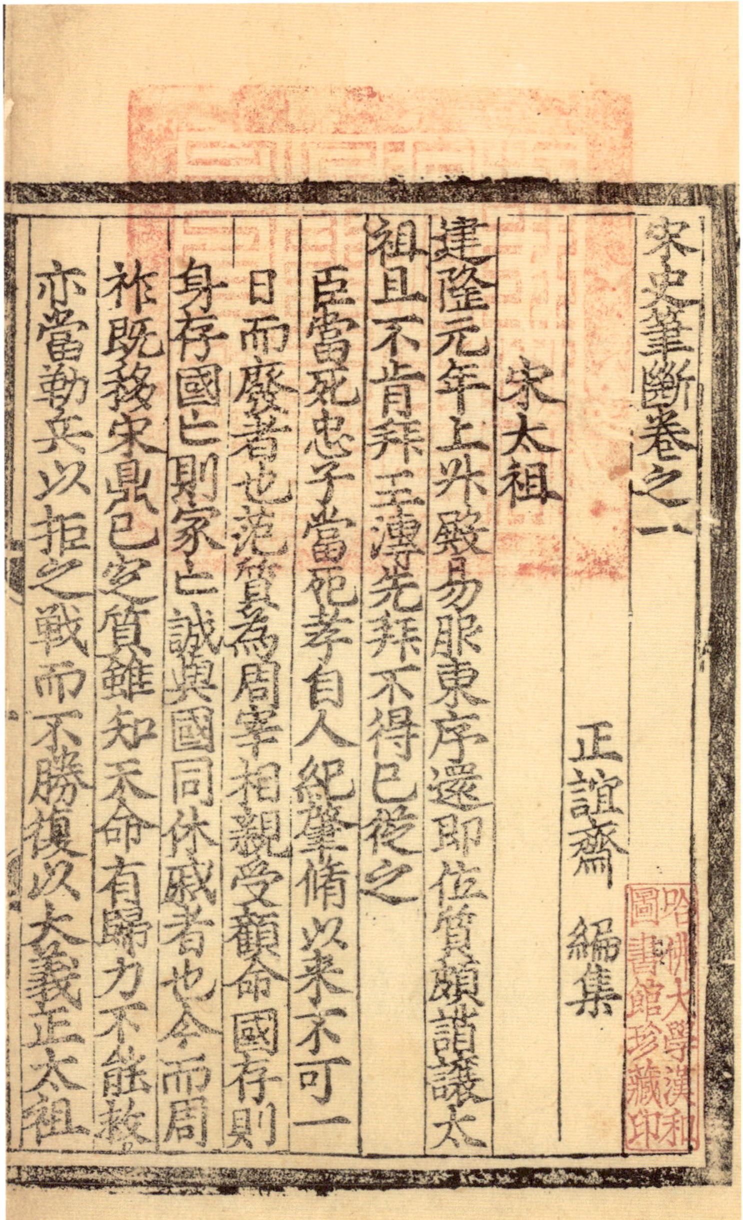
宋史筆斷卷之一
正誼齋　編集
宋太祖
建隆元年上外殿易服東序還即位質頗請讓太
祖且不肯拜王溥先拜不得已從之
臣當死忠子當死孝自人紀肇脩以來不可一
日而廢者也范質爲周宰相親受顧命國存則
身存國亡則家亡誠與國同休戚者也今而周
祚既移宋鼎已定質雖知天命有歸力不能救
亦當勒兵以拒之戰而不勝復以大義正太祖

新刊名臣碑傳琬琰之集上集二十七卷中集五十五卷下集二十五卷　〔宋〕杜大珪編

明刻本　三十册

缺《上集》卷一至五。

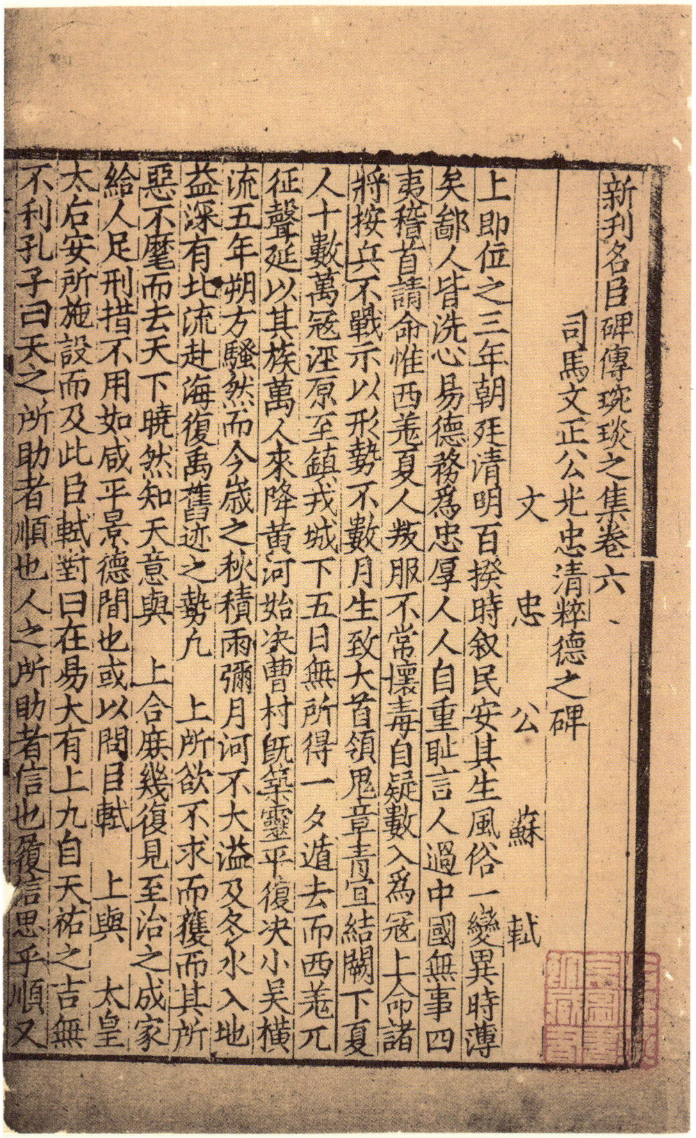

新刊名臣碑傳琬琰之集卷六
司馬文正公光忠清粹德之碑
文忠公蘇軾
上即位之三年朝廷清明百揆時叙民安其生風俗一變異時薄夫鄙人皆洗心易德務爲忠厚人人自重耻言人過中國無事四夷稽首請命惟西羌夏人叛服不常懷毒自疑數入爲寇上命諸將按兵不戰示以形勢不數月生致大首領鬼章青宜結闕下夏人十數萬寇涇原至鎮戎城下五日無所得一夕遁去而西羌兀征聲延以其族萬人來降黄河始決曹村既築靈平復決小吴横流五年朔方騷然而今歲之秋積雨彌月河不大溢及冬水入地益深有北流赴海復禹舊迹之勢凡上所欲不求而獲而其所惡不麾而去天下曉然知天意與上合庶幾復見至治之成家給人足刑措不用如咸平景德間也或以問臣軾上與太皇太后安所施設而及此臣軾對曰在易大有上九自天祐之吉無不利孔子曰天之所助者順也人之所助者信也履信思乎順又

武威耆舊傳四卷　〔清〕潘挹奎撰　

清刻本　一册

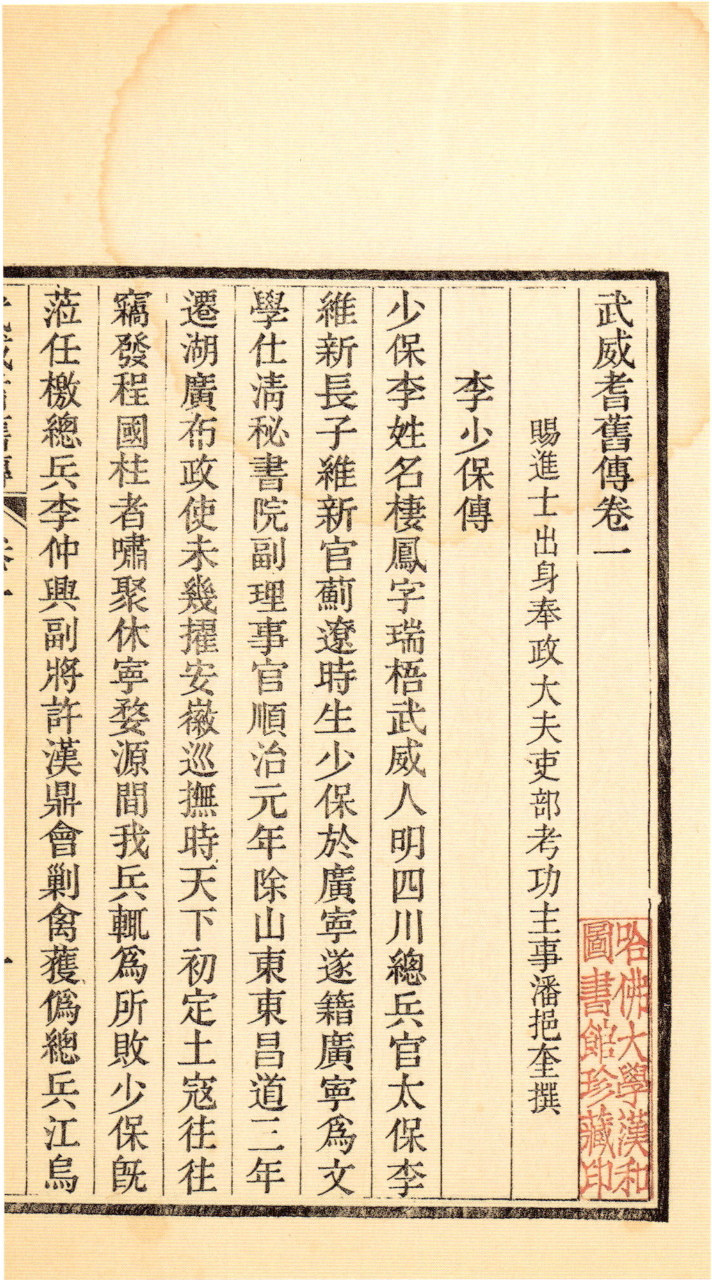

武威耆舊傳卷一
賜進士出身奉政大夫吏部考功主事潘挹奎撰
李少保傳
少保李姓名棲鳳字瑞梧武威人明四川總兵官太保李
維新長子維新官薊遼時生少保於廣寧遂籍廣寧爲文
學仕清秘書院副理事官順治元年除山東東昌道三年
遷湖廣布政使未幾擢安徽巡撫時天下初定土寇往往
竊發程國柱者嘯聚休寧婺源間我兵輒爲所敗少保旣
蒞任檄總兵李仲與副將許漢鼎會剿禽獲僞總兵江烏

（安徽休寧）休寧蓀浯二溪程氏宗譜四卷　〔明〕程典等纂修　

明嘉靖休寧程氏刻本　四册

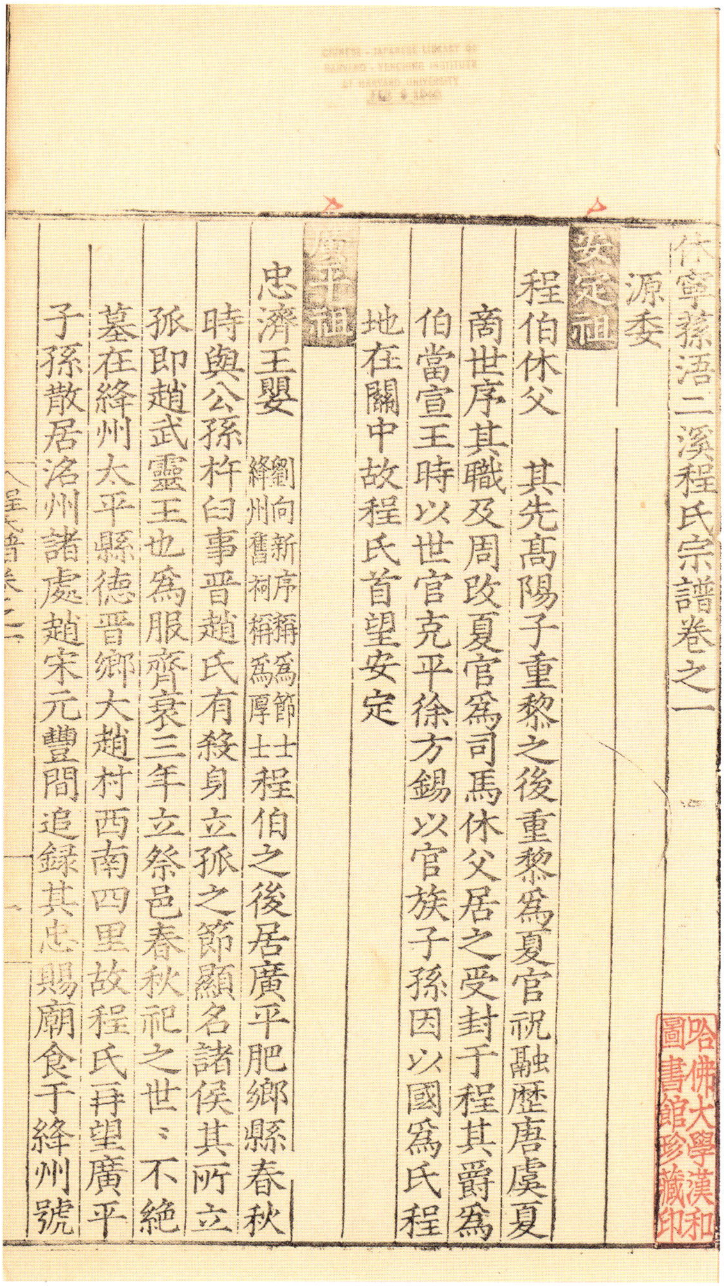

休寧蓀浯二溪程氏宗譜卷之一

源委

安定祖

程伯休父　其先高陽子重黎之後重黎爲夏官祝融歷唐虞夏商世序其職及周改夏官爲司馬休父居之受封于程其爵爲伯當宣王時以世官克平徐方錫以官族子孫因以國爲氏程地在關中故程氏首望安定

廣平祖

忠濟王嬰　劉向新序稱爲節士　絳州舊祠稱爲厚士　程伯之後居廣平肥鄉縣春秋時與公孫杵臼事晉趙氏有殺身立孤之節顯名諸侯其所立孤即趙武靈王也爲服齊衰三年立祭邑春秋祀之世〻不絶墓在絳州太平縣德晉鄉大趙村西南四里故程氏再望廣平子孫散居洺州諸處趙宋元豐間追録其忠賜廟食于絳州號

程氏譜卷之一　一

（安徽休寧）梯山汪氏家譜十五卷 〔清〕汪國蔚纂修

清乾隆十二年（1747）抄本　四册

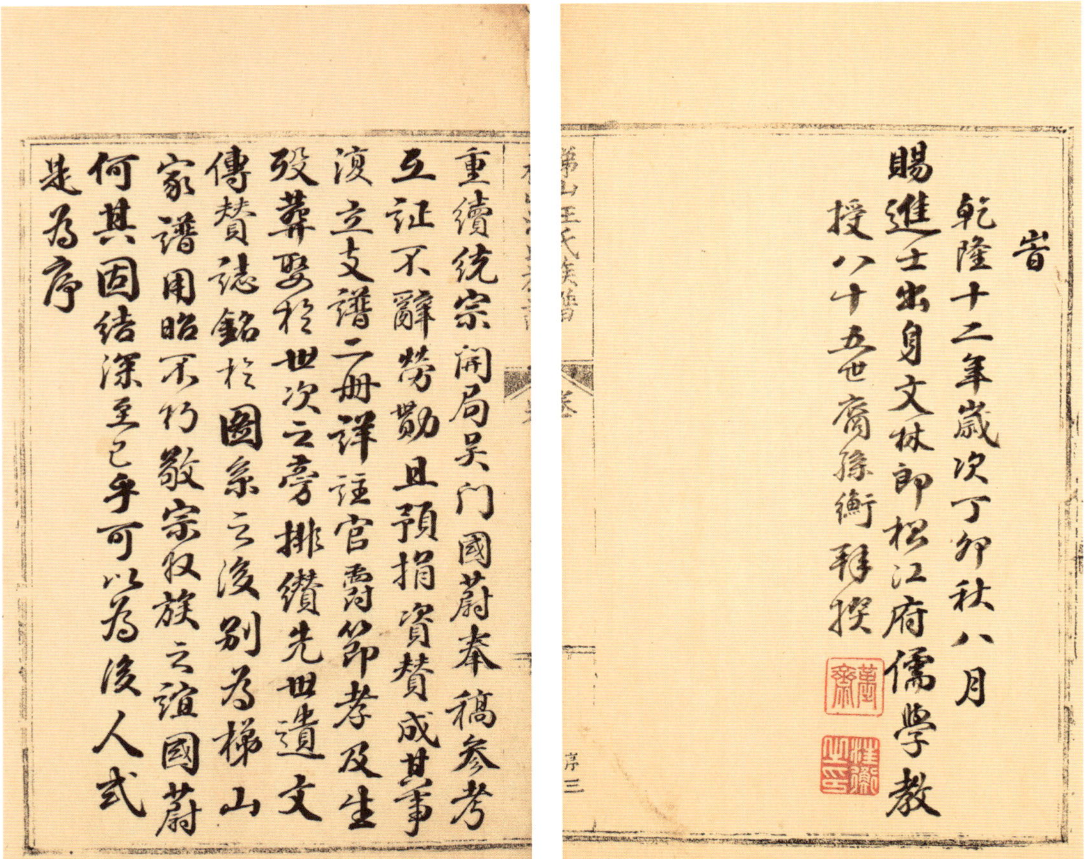

重續統宗開局吳門國蔚奉稿參考
互証不辭勞勩且預捐資贊成其事
復立支譜二冊詳註官爵節孝及生
歿葬娶於世次之旁排纘先世遺文
傳贊誌銘於圖系之後别為梯山
家譜用昭不朽敬宗收族之誼國蔚
何其因結深至已乎可以為後人式
是為序

梯山汪氏家譜 卷 序 三

旨
乾隆十二年歲次丁卯秋八月
賜進士出身文林郎松江府儒學教
授八十五世裔孫衡拜撰

梯山汪氏家譜卷之一

本姓原始圖

謹按祚土命氏惟始祚潁川侯汪而舊譜所載始自軒轅以及文王周公至魯成公方系以潁川侯此傳志所共見本不足録緣後世有汪芒汪野汪氏魚龍國之論淆亂匪真故存舊譜所録并存正心淵源録所論辨于後次録淮安侯旭表志越國公序述以見其源之有自胚胎於斯云

本姓原始之圖

黄帝—玄囂—玄嶠—帝嚳—后稷—不窋—鞠—公劉—慶節

皇僕—差弗—毀隃—公非—高圉—亞圉—公叔祖類—古公亶父—季歷

文王昌—周公旦—魯公伯禽—考公酉 / 煬公熙—幽公宰 / 魏公濆—厲公擢 / 獻公具—慎公濞 / 武公敖—孝公稱 / 懿公戲—惠公弗湟

隱公息姑 / 桓公允—莊公同—僖公申 / 閔公啓—文公興—宣公倭—成公黑肱—襄公午 / 潁川侯汪 圖見二卷

（浙江杭州）平陽汪氏第九十二世小宗譜六卷　〔清〕汪曾立纂修　

清光緒六年（1880）刻本　二册

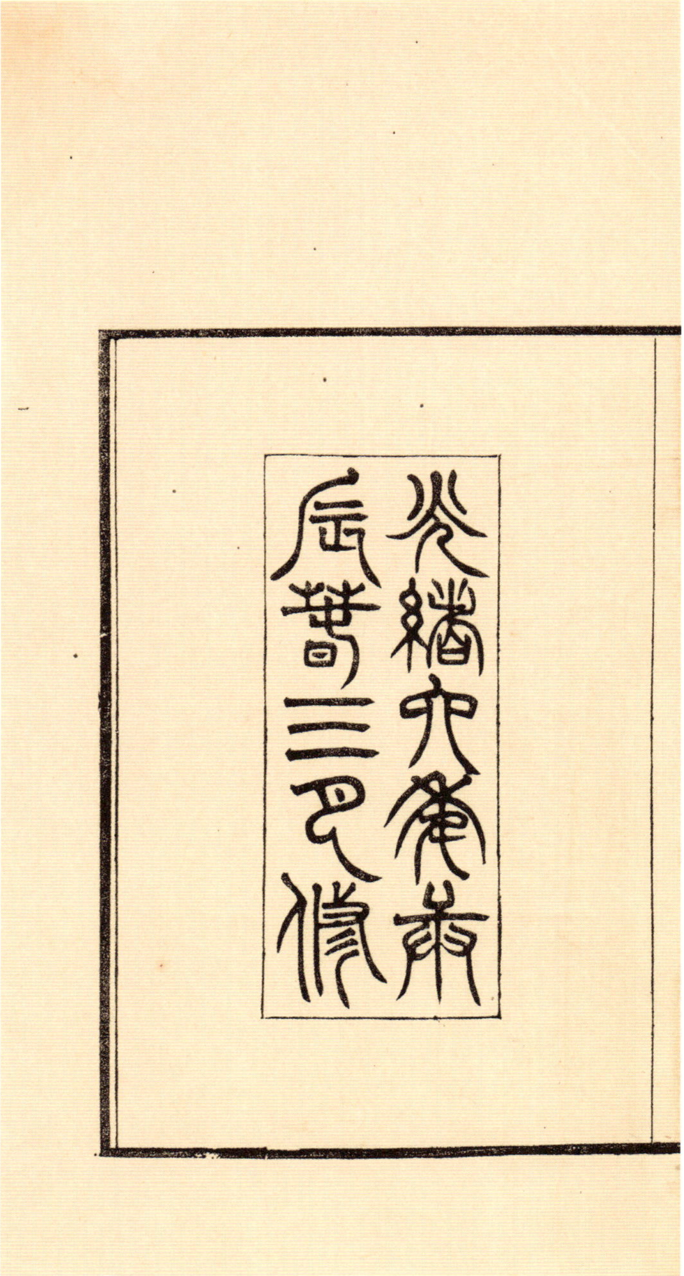

第壹號九十二世曾立收藏

汪氏小宗譜凡例

一徽有宏村舊譜杭有遷杭支譜詳載分明數典者考譜瞭然玆曰小宗譜蓋仿宋蘇明允氏族譜之法也

一世系自一世　潁川侯至八十一世　汝器公於名下詳載某第幾子字某配某氏八十二世　文宇公以後名下祇貫系綫餘詳譜內

一世系標　魯潁川侯者重始祖也標　漢龍驤將軍者重渡江祖也標　齊軍司馬者重遷新安祖也標　唐越國公者重崇祀祖也標　宋處士舜先公者重始遷黟北祖也標　宋處士公楫公者重始遷宏村祖也標　元處士佳一公者

歷朝忠義彙編二十二卷　〔明〕郭良翰編輯　

明萬曆三十九年（1611）刻本　十二册

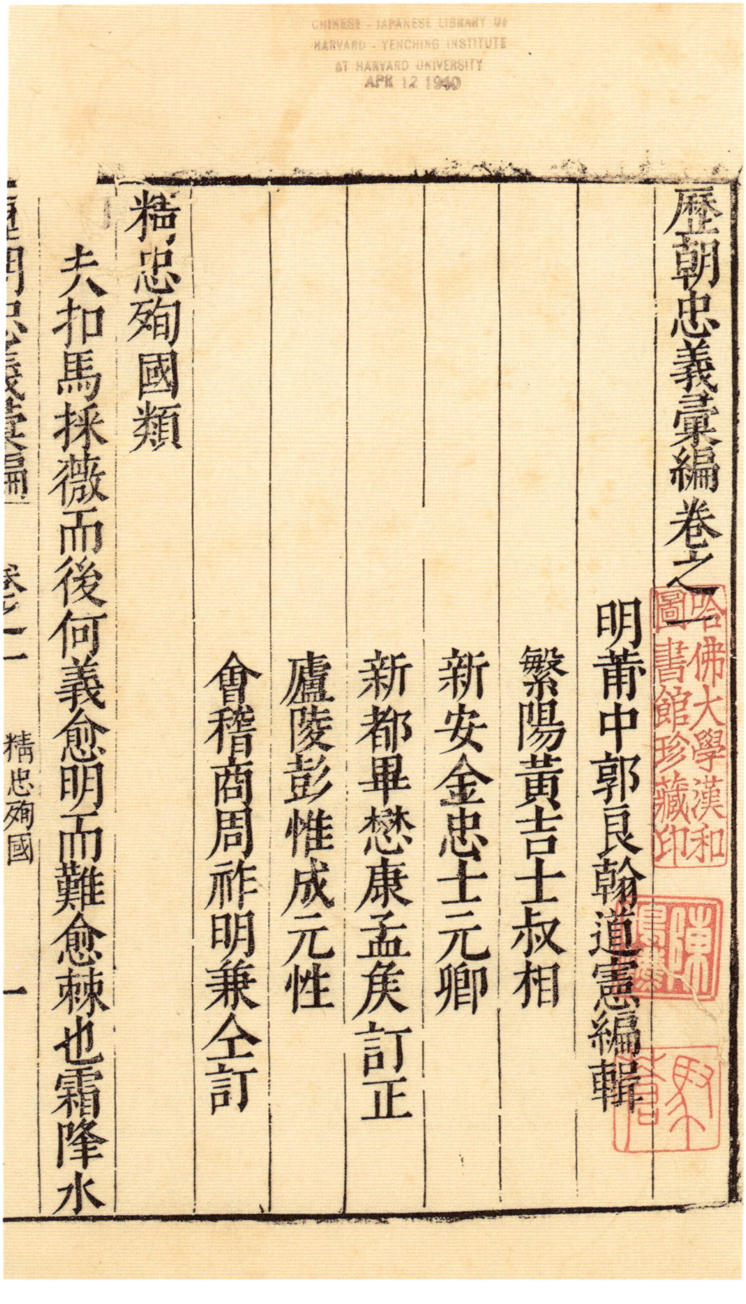

歷朝忠義彙編卷之一

明莆中郭良翰道憲編輯

繁陽黃吉士叔相

新安金忠士元卿

新都畢懋康孟侯訂正

盧陵彭惟成元性

會稽商周祚明兼仝訂

精忠殉國類

夫扣馬採薇而後何義愈明而難愈棘也霜降水

歷朝忠義彙編　卷之一　精忠殉國　一

宮閨小名録五卷後録一卷　〔清〕尤侗撰　（後録）〔清〕余懷輯　

清乾隆四十九年（1784）長洲尤氏刻本　四册

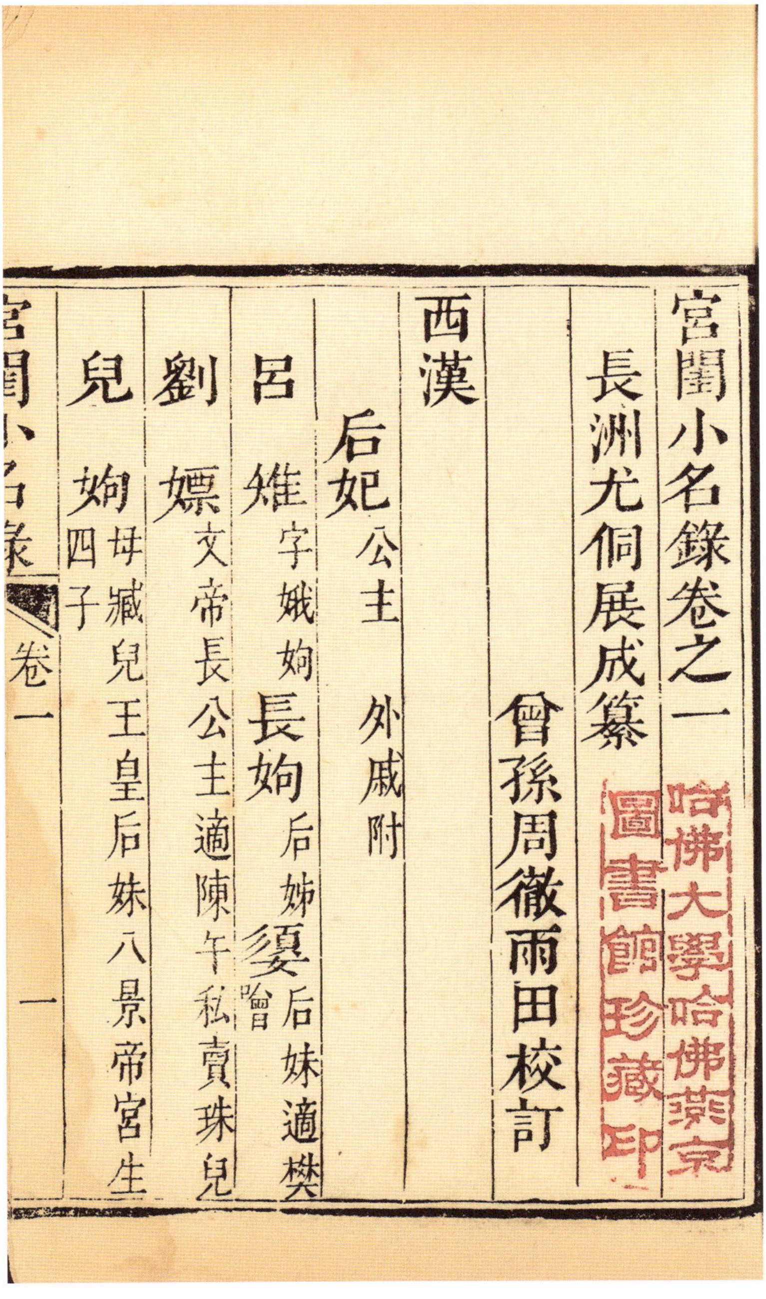
宮閨小名錄卷之一
長洲尤侗展成纂
曾孫周徹雨田校訂
西漢
后妃公主　外戚附
呂　雉字娥姁　長姁后姊　嬃后妹適樊噲
劉　嫖文帝長公主適陳午私賣珠兒
兒　姁母臧兒王皇后妹入景帝宮生四子

宮閨小名錄　卷一　一

呂祖全傳一卷　〔清〕汪象旭撰

清康熙汪氏蜩寄刻本　二册

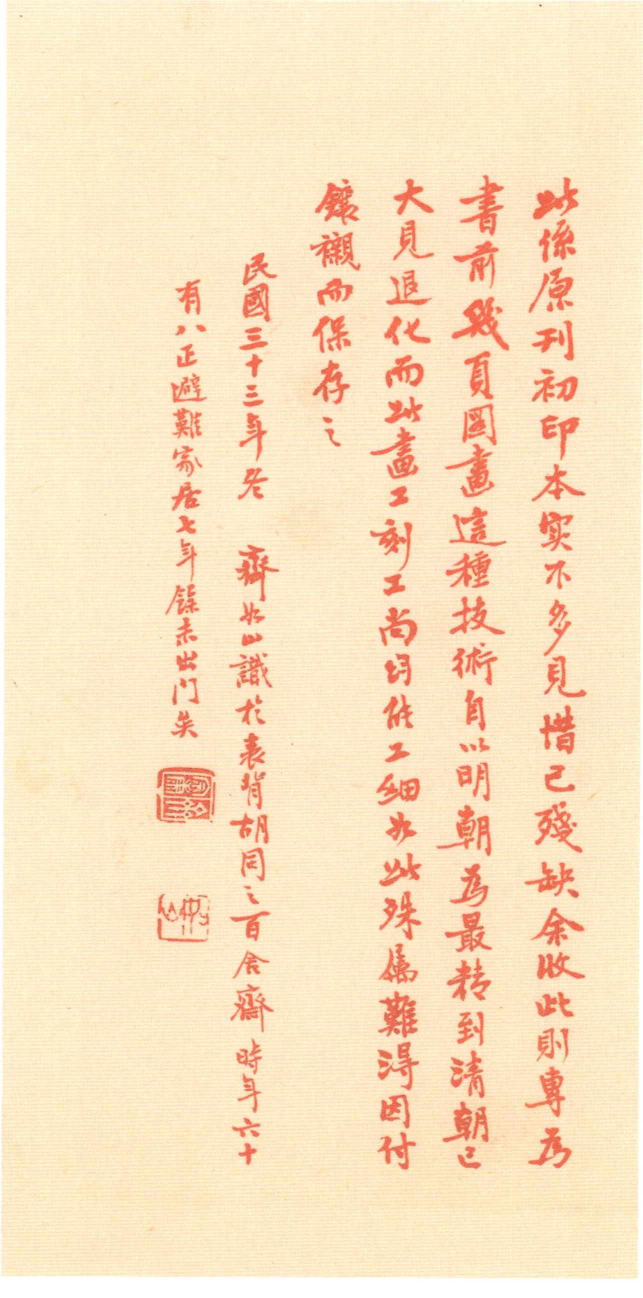
此係原刊初印本實不多見惜已殘缺余收此則專為
書前幾頁圖畫這種技術自以明朝為最精到清朝已
大見退化而此畫工刻工尚均能工細如此殊屬難得因付
鑲襯而保存之
民國三十三年冬　齊如山識於表背胡同之百舍齋　時年六十
有八正避難家居七年餘未出門矣

呂祖全傳

唐弘仁普濟孚佑帝君純陽呂仙撰

奉道弟子憺漪子汪象旭重訂 原名淇字右子

同道 何應春 費欽 鍾山
吳道隆 鄭汝承 查宗起 同校

余呂姓。諱巖。字洞賓。別號純陽。其初河南洛下人也。大父諱。因亂避居粵中。襄陽活水村。生顯。及著。顯生巖。著蚤亡。巖父幼習舉子事。不偶。營家人業。課子經。巖生時。先一宿。有道者黃巾皁服。虬髯鶴髮。手持鐵塵杖。挂葫蘆。行歌於市途。

先聖生卒年月日考二卷 〔清〕孔廣牧撰

清光緒四年（1878）旌陽湯明林寫刻本　二册

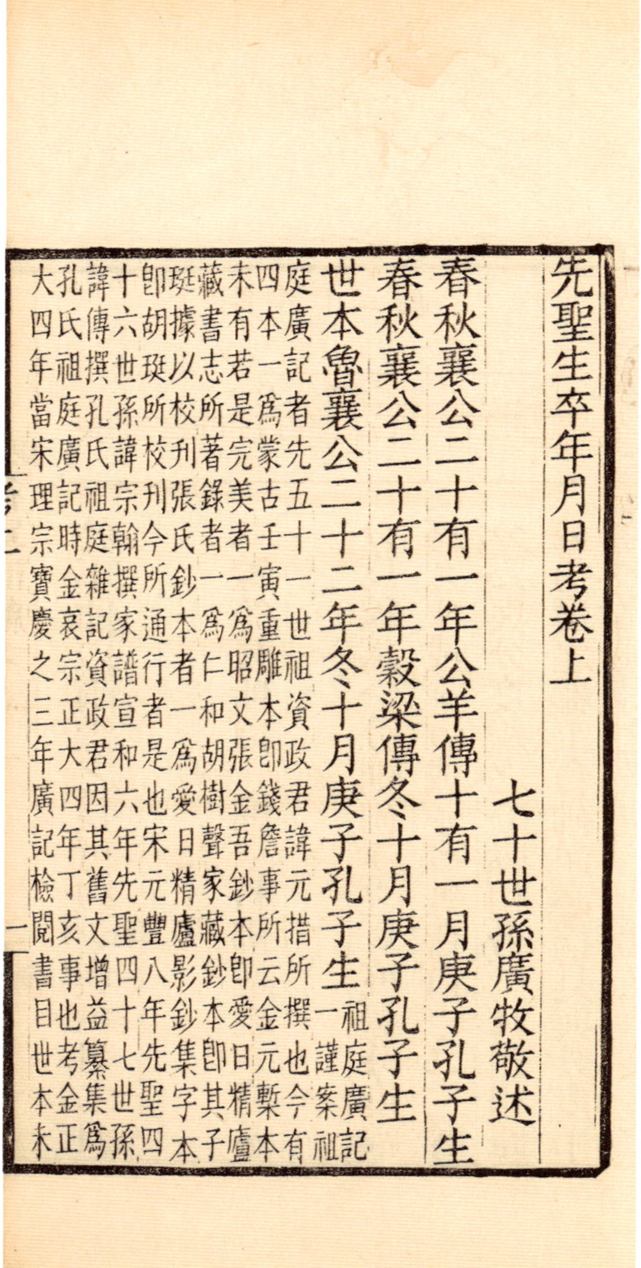

先聖生卒年月日考卷上

七十世孫廣牧敬述

春秋襄公二十有一年公羊傳十有一月庚子孔子生

春秋襄公二十有一年穀梁傳冬十月庚子孔子生

世本魯襄公二十二年冬十月庚子孔子生祖庭廣記一謹案祖庭廣記者先五十一世祖資政君諱元措所撰也今有四本一爲蒙古壬寅重雕本卽錢詹事所云金元槧本末有若是完美者一爲昭文張金吾鈔本卽愛日精廬藏書志所著錄者一爲仁和胡樹聲家藏鈔本卽其子斑據以校刋張氏鈔本者一爲愛日精廬影鈔集字本卽胡斑所校刋今所通行者是也宋元豐八年先聖四十六世孫諱宗翰撰家譜宣和六年先聖四十七世孫諱傳撰孔氏祖庭雜記資政君因其舊文增益纂集爲孔氏祖庭廣記時金哀宗正大四年丁亥事也考金正大四年當宋理宗寶慶三年廣記檢閱書目世本末

觀妙居日記不分卷　〔清〕李鋭撰　　

清嘉慶十四年（1809）稿本　一册

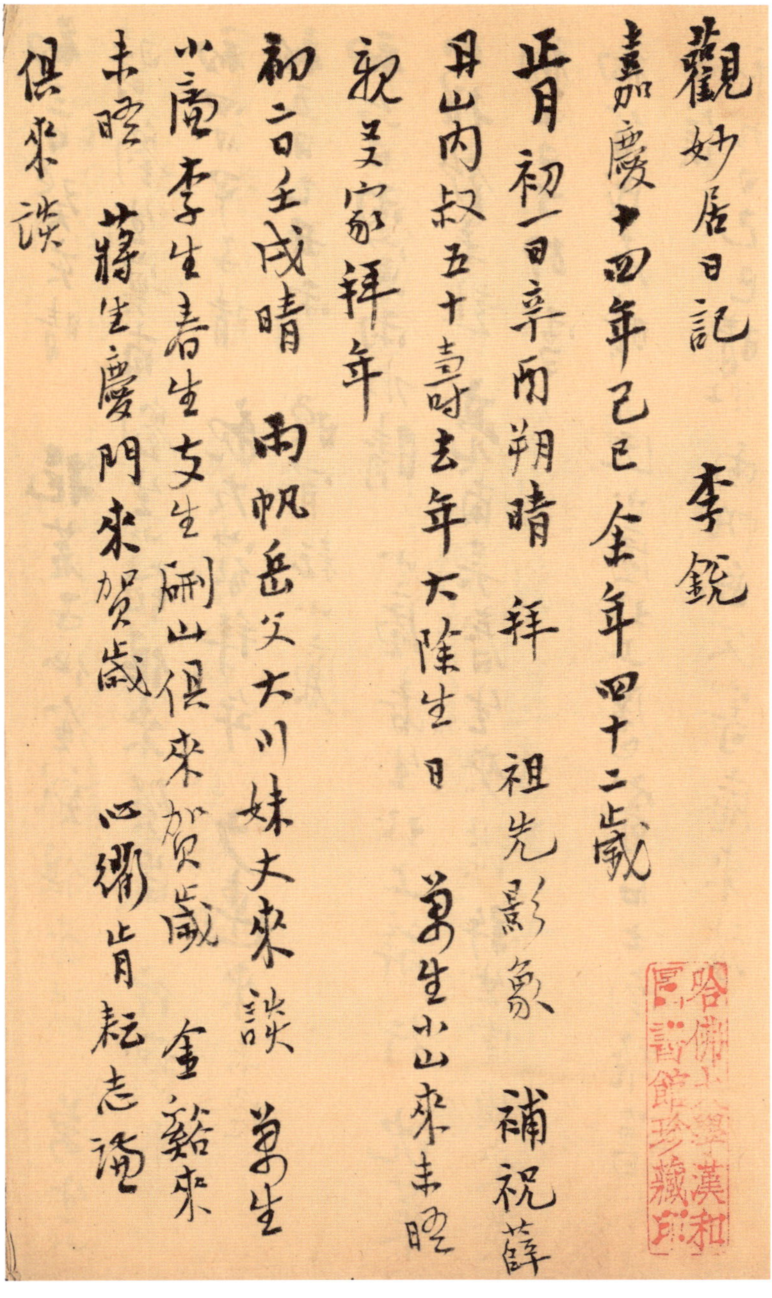
觀妙居日記　李鋭
嘉慶十四年己巳　余年四十二歲
正月初一日辛酉朔晴　拜　祖先影象　補祝薛
丹山内叔五十壽去年大陸生日　萬生小山來未晤
祝叟家拜年
初二日壬戌晴　雨帆岳丈大川妹丈來談　萬生
小庵李生春生支生翩山俱來賀歲　金谿來
未晤　蔣生慶門來賀歲　心卿肯耘志滄
俱來談

清宗室敬徵日記不分卷　〔清〕敬徵撰　　TNC2268/4424

清稿本　十二册

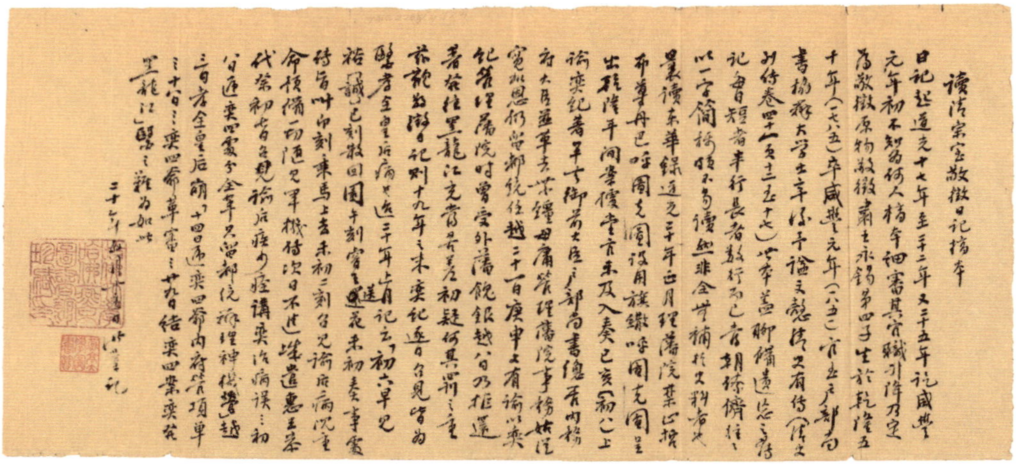
讀清宗室敬徵日記稿本
日記起道光十七年至二十二年又二十五年訖咸豐
元年初不知為何人稿本細審其官職升降乃定
為敬徵原物敬徵肅王永錫第四子生於乾隆五
十年（一七八五）卒咸豐元年（一八五一）官至戶部尚
書協辦大學士卒諡文慤清史有傳（清史
列傳卷四十一頁十二至十七）此本蓋聊備遺忘之
記自短者半行長者數行而已言胡孫濟往往
以一字簡稱頗不易讀然非全無補於史料者也
最讀東華錄道光二十年正月理藩院奏以控
布尊丹巴呼圖克圖設用旗纖呼圖克圖呈
出乾隆年間掌[illegible]未及入奏己亥（初八）上
諭奕紀著革去御前大臣戶部尚書總管內務
府大臣並革去[illegible]理藩院事務[illegible]
寬其恩仍留鄉統任越二十一日庚申又有諭以奕
紀前管理藩院時曾受外藩饋銀越八日乃拒還
者發往黑龍江充當苦差初疑何其罰之重
旋讀道光日記則十九年之末奕紀逐日召見皆為
醫者全皇后病也逾二十年正月記云「初六早見
諭「議」已刻撤回圍午刻宮己崩遂衣未初奏事處
傳旨叫巾刻乘馬上去未初二刻召見諭后病沉重
命續備一切隨見軍機待次日不出遲進惠王奕
代祭初七日召見諭后病由醫錯誤之初
八日進衣召寄予全年只留鄉統治理神機營」越
三日孝全皇后崩「十四日酉時」奕四爺內務府項單
二十六日奕四爺革掌之廿九日結奕四案奕紀
黑龍江」醫之難為如此
二十七年[illegible]記

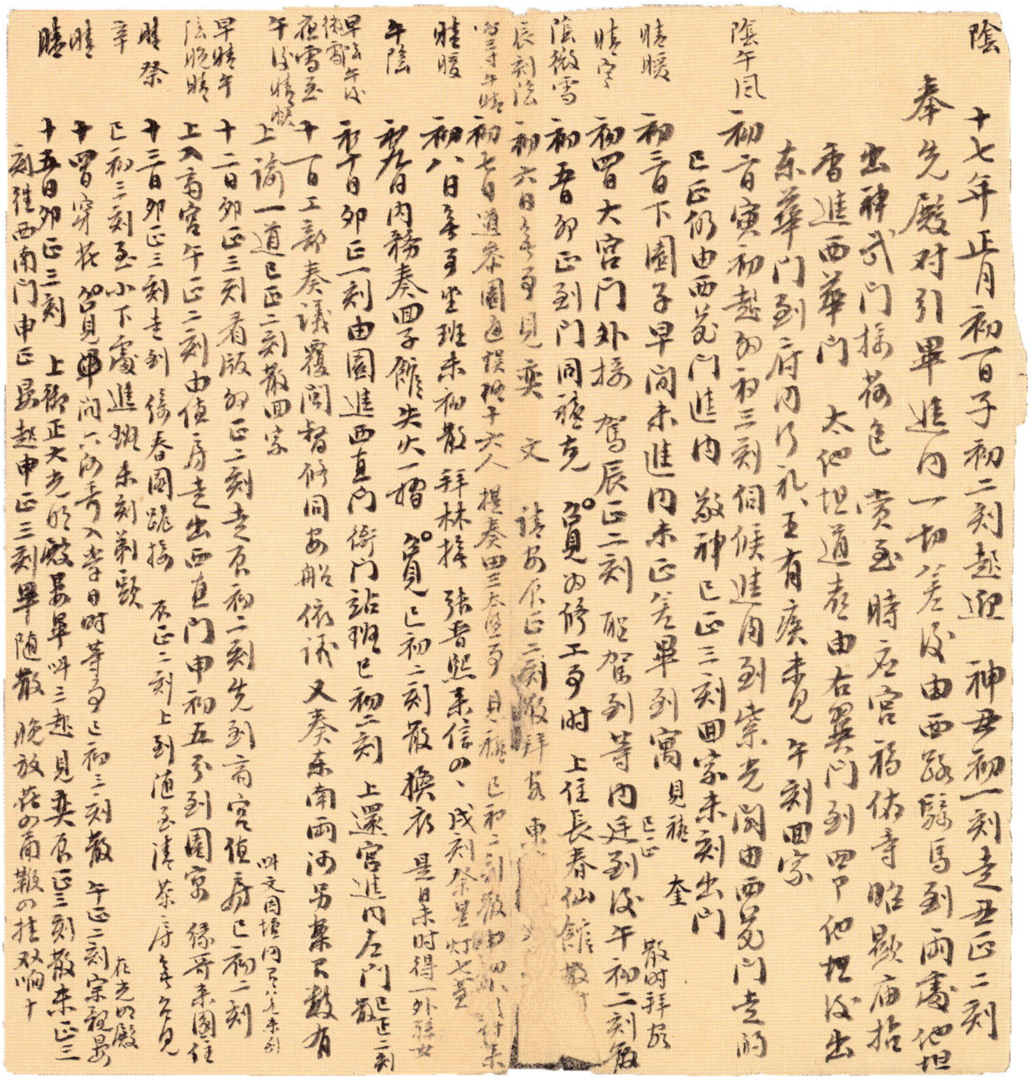
陰 十七年正月初一日子初二刻起迎 神 丑初一刻走丑正二刻
奉先殿对引畢進內一切差使由西路騎馬到兩處佛堂
出神武门換褂色 賞丑時至宮裡依寺睢歡廟拈
香進西華门 太和殿道表由右翼门到四门仙坦以出
东華门到府内行礼王有庚来見午刻回家
陰午風 初二日寅初起卯初三刻伺候進內到寧壽宮由西角門走的
巳正仍由西苑门進內 敬神巳正三刻回家未刻出门
晴暖 初三日下園子早間未進內未正差畢到寓 見藉 奎
晴寒 初四日大宮门外換 駕辰正二刻 脏賀到等內廷到此午初二刻府
陰微雪 初五日卯正到门同聽戲 賀見內務工部附 上住長春仙館 敬時拜客 巳正
辰刻陰 初六日午前見奕 文 請安辰正二刻散 拜客 東
晴 初七日道奉園過撲捉十六人 提奏四三太監与月 巳初二刻散
晴暖 初八日午前坐班未初散 拜林椿 張普照来信四、戌刻恭星灯七盏
午陰 初九日內務奏四子館失火一檔 賀見巳初二刻散換衣 是日未时得一外孫女
早陰午後雪 初十日卯正一刻由園進西直門 衙门諸稱巳初二刻 上還宮進內右門散 巳正二刻
夜雪至午後晴 十一日工部奏議覆閩浙同安船依議 又奏东南兩河另案工程有
上諭一道巳正二刻散回家
早晴午陰晚晴 十二日卯正三刻看版卯正二刻走之原初二刻先到壽宮值房巳初二刻 以文同壇內...未刻
上入壽宮午正二刻由值房走出西直门申初五刻到園寓 綠哥来園住
晴 祭 十三日卯正三刻走到 綺春園蹕撫 原正二刻上到隨至清茶房 ...見
辛 巳初二刻至小下處進摺未刻到款
晴 十四日穿褂 賀見畢問六阿哥入學日时等事巳初三刻散 午正二刻宗祀晏 在...殿
晴 十五日卯正三刻 上御正大光明殿晏畢叫三起見奕原巳正三刻散未正三
刻往西南门申正晏起申正三刻畢隨散 晚放花四齣四挂双响十

北洋海軍來遠兵船管駕日記不分卷 〔清〕邱寶仁等撰

清光緒二十年（1894）稿本　一册

北洋海軍兵船

管駕日記

北洋海軍來遠兵船

光緒十一年　月　日開工　十一月　日上骨

十三年　月　日下水　五月　日試洋

鑲配槍礮

克虜卜二十一生特三十五倍身長後膛鋼砲二尊

克虜卜十五生特三十五倍身長後膛鋼砲二尊

哈乞開司四十七密里五管砲二尊

哈乞開司三十七密里五管砲五尊

後膛快放砲四十七密里一尊

毛瑟後膛兵槍五十桿

威布烈六响手槍四十桿

刀十把

德國卧機雙暗輪

鐵脅

馬力虛八百實五千　匹

船身長二百七十英尺　舨寬三十九英尺四寸五分

船頭高十五英尺四寸　尾高十四英尺九寸

吃水頭十五英尺　船尾十六英尺七寸

船中深二十五英尺四寸

桅杆一　枝

魚雷艇　號

小輪船二　號

舢舨五　號

風帆面積

全船儎重二千九百

裝煤三百三十六噸供三　日半

每點行十五海里半　里

每點用煤三噸十七會

留火每點用煤

鍋爐四座汽力八倍天汽

汽鼓大二中二小二個徑大三十中四十五小六十七英寸零四分寸之三

受火面積九千六百八十七英平方尺

爐承面積三百四十三英平方尺

額設各項人等共二百二　員名

月支俸薪口糧

月支公費京平銀五百五十兩

管帶官升用總兵北洋海軍右翼左營副將喀勒崇依巴圖魯邱寶仁

福建鄉試録(乾隆十七年壬申恩科) 4668.931/1752

清乾隆十七年(1752)刻本　一册

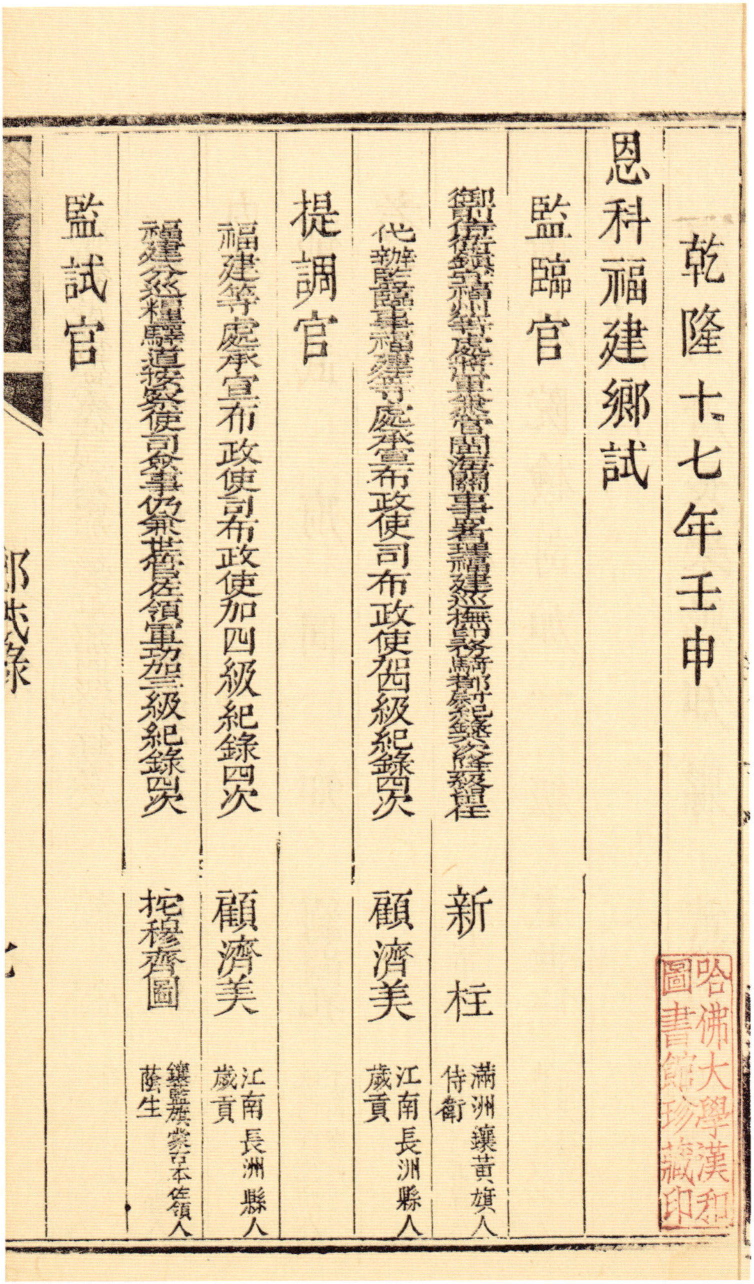
乾隆十七年壬申
恩科福建鄉試
監臨官
欽命鎮守福州等處將軍兼管閩海關事署福建巡撫事務騎都尉紀錄三次降二級留任 新柱 滿洲鑲黄旗人 侍衛
提調官
代辦監臨事福建等處承宣布政使司布政使加四級紀錄四次 顧濟美 江南長洲縣人 歲貢
福建等處承宣布政使司布政使加四級紀錄四次 顧濟美 江南長洲縣人 歲貢
監試官
福建分巡糧驛道按察使司僉事仍兼蒙古佐領軍功加三級紀錄四次 托穆齊圖 鑲藍旗蒙古本佐領人 廕生
鄉試録

各省優貢同年齒録（光緒三十二年丙午科）

清光緒三十二年（1906）京都文德齋刻本　五册

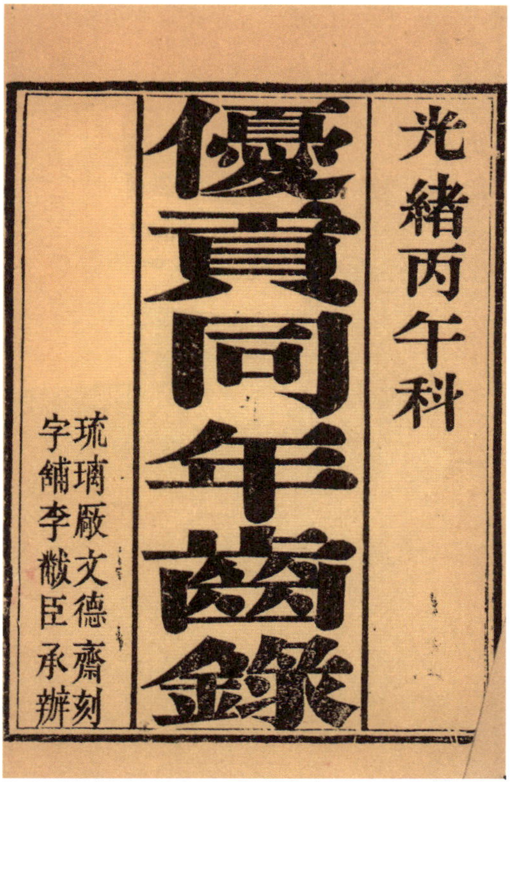
光緒丙午科

優貢同年齒錄

琉璃廠文德齋刻
字舖李黻臣承辦

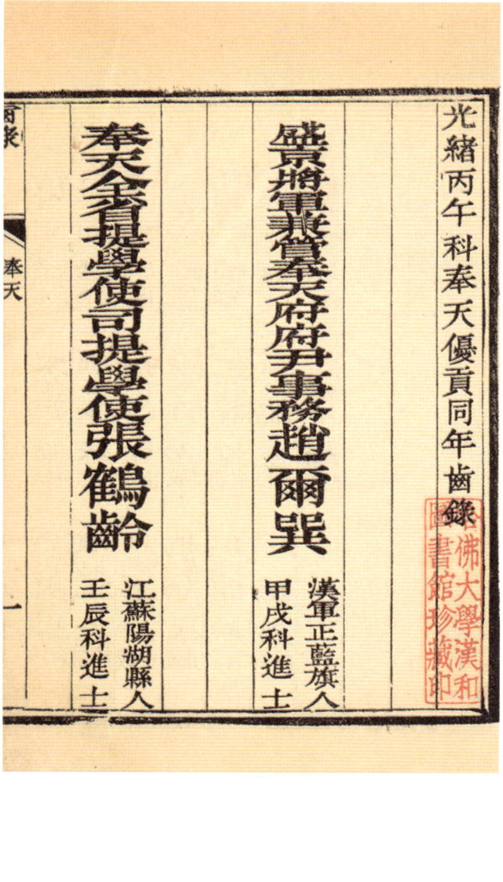
光緒丙午科奉天優貢同年齒錄

盛京將軍兼管奉天府府尹事務趙爾巽　漢軍正藍旗人　甲戌科進士

奉天全省提學使司提學使張鶴齡　江蘇陽湖縣人　壬辰科進士

齒錄　奉天　一

宗室王公章京世襲爵秩冊四卷　〔清〕宗人府編　

清光緒内府朱墨寫本　四冊

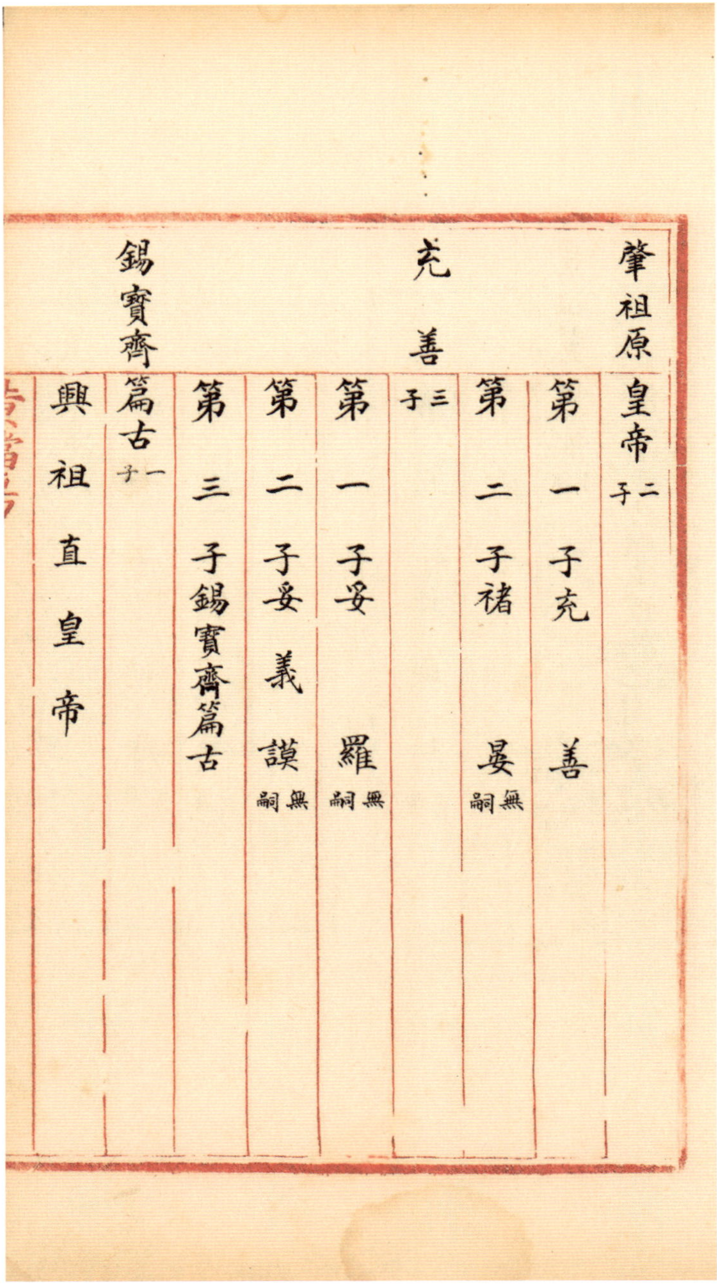
肇祖原皇帝 二子
第一子充善
第二子褚晏 無嗣
充善 三子
第一子妥羅 無嗣
第二子妥義謨 無嗣
第三子錫寶齊篇古
錫寶齊篇古 一子
興祖直皇帝

大清職官遷除全書不分卷 T4726.9/4352（1757）

清乾隆二十二年（1757）寶明堂刻本 三册

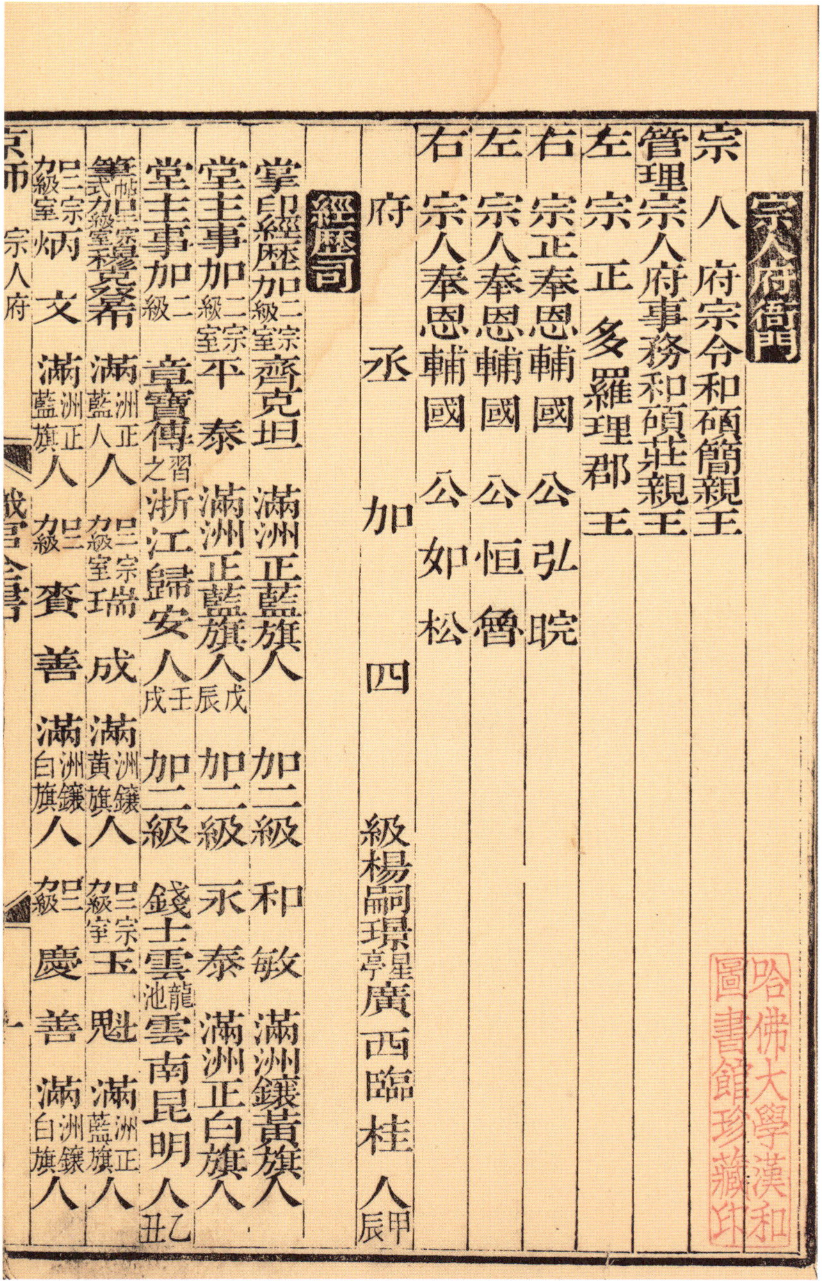
宗人府衙門

宗人府宗令和碩簡親王

管理宗人府事務和碩莊親王

左宗正多羅理郡王

右宗正奉恩輔國公弘晥

左宗人奉恩輔國公恒魯

右宗人奉恩輔國公如松

府丞加四級楊嗣璟星亭廣西臨桂人甲辰

經歷司

掌印經歷加二級宗室齊克坦滿洲正藍旗人 加二級和敏滿洲鑲黃旗人

堂主事加二級宗室平泰滿洲正藍旗人戊辰 加二級永泰滿洲正白旗人

堂主事加二級章寶傳之習浙江歸安人壬戌 加二級錢士雲龍池雲南昆明人乙丑

筆帖式加三級宗室穆克齊滿洲正藍人 加三級宗室瑞成滿洲鑲黃旗人 加三級宗室玉魁滿洲正藍旗人

加三級宗室炳文滿洲正藍旗人 加三級賚善滿洲鑲白旗人 加三級慶善滿洲鑲白旗人

宗人府 宗人府 職官全書 一

八旗奉直宦浙同鄉録（畿輔宦浙同鄉録） 〔清〕德馨輯

清光緒七年（1881）刻本　一册

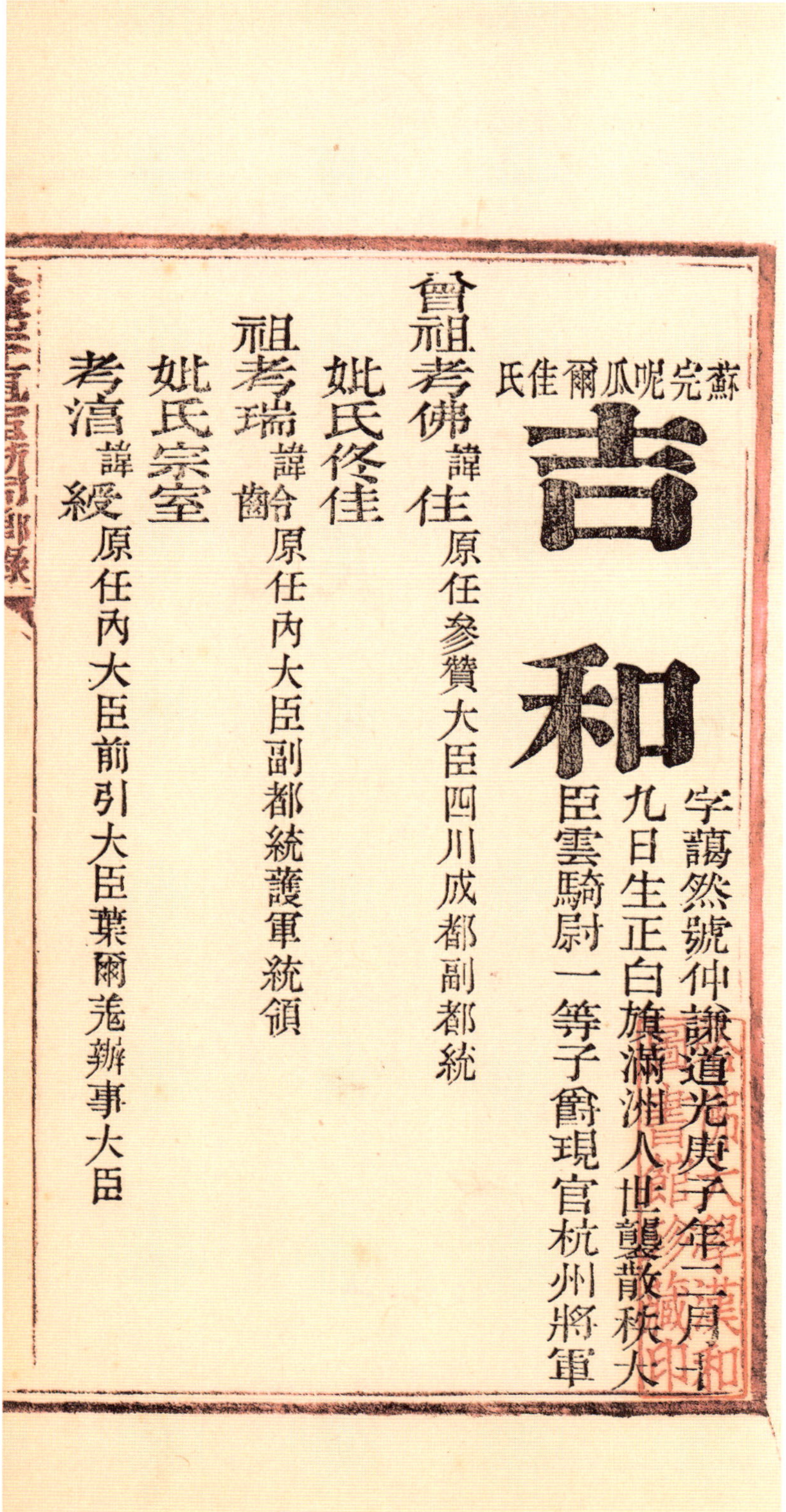
蘇完呢瓜爾佳氏

吉和

字藹然號仲謙道光庚子年二月十
九日生正白旗滿洲人世襲散秩大
臣雲騎尉一等子爵現官杭州將軍

曾祖考佛諱住原任參贊大臣四川成都副都統
妣氏佟佳
祖考瑞諱齡原任內大臣副都統護軍統領
妣氏宗室
考濬諱綬原任內大臣前引大臣葉爾羌辦事大臣

大清搢紳全書（光緒二十年甲午秋季） T4726.9/4352（1894C）

清光緒二十年（1894）京都榮録堂刻本　四册

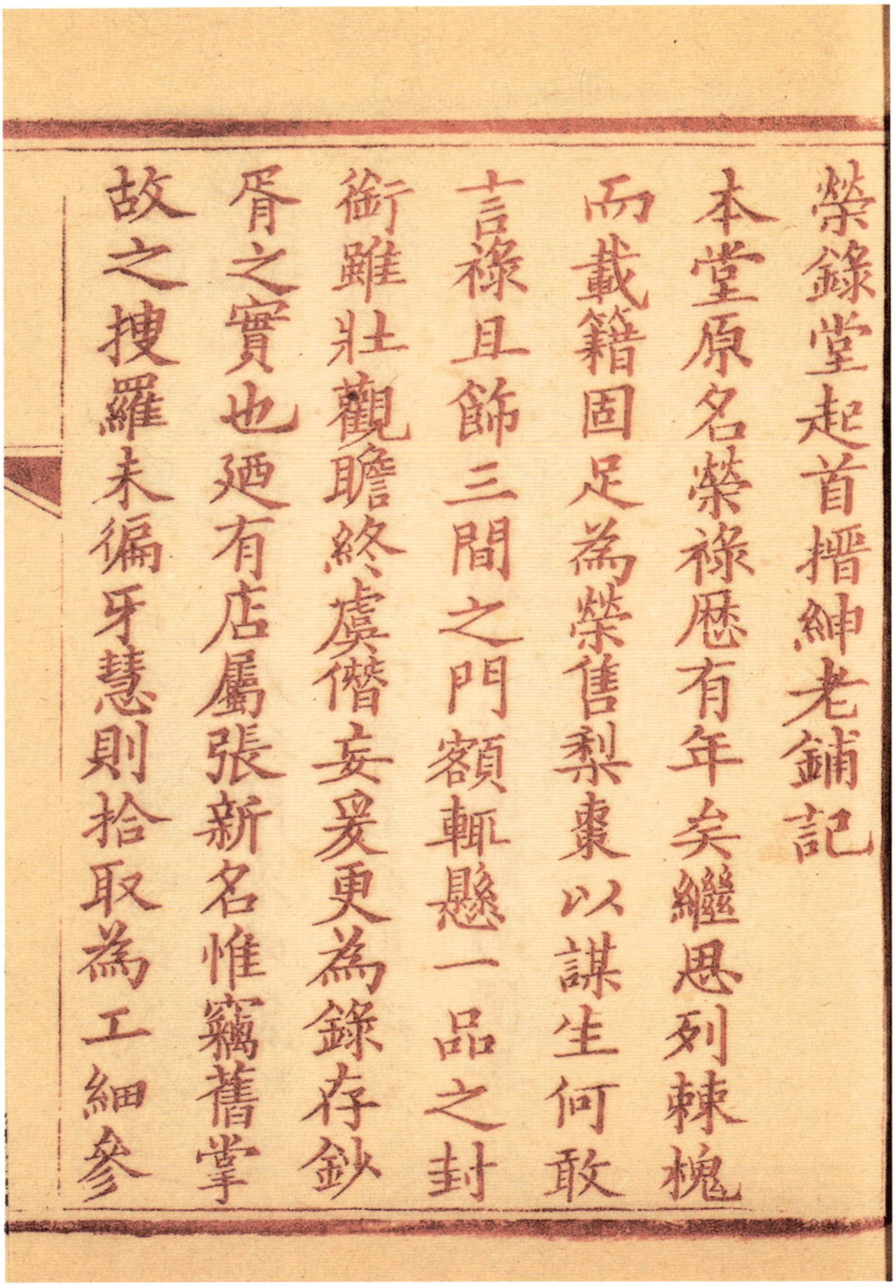
榮錄堂起首搢紳老鋪記
本堂原名榮祿歷有年矣繼恩列棘槐
而載籍固足為榮售梨棗以謀生何敢
言祿且飾三間之門額輒懸一品之封
銜雖壯觀瞻終虞僭妄爰更為錄存欽
胥之實也廼有店屬張新名惟竊舊掌
故之搜羅未徧牙慧則拾取為工細參

宗人府

賞食親王雙俸宗令 和碩禮親王世鐸

左宗正 和碩慶親王奕劻

賞穿四團正龍補服右宗正親王銜 多羅克勤郡王晉祺

左宗人 多羅端郡王載漪

賞穿黃馬褂右宗人貝勒銜 固山貝子奕謨

欽加頭品頂戴宗人府府丞 沈恩嘉 鹿華 直隸天津縣人 丁卯

經歷

經歷 宗室頤勛 正黃旗人

堂主事 宗室溥定 正藍旗人

漢堂主事 汪朝模 江蘇長洲縣人 丁丑

經歷 宗室阿棠 仲權 正紅旗人 舉人

堂主事 宗室桂劭 正藍旗人

漢堂主事 郭鵠俊 四川清溪縣人 丙子

左司

俱係宗室人員

理事官 宣烈 正藍旗人

理事官 英蕊 竹農 廂紅旗人

主事 榮晉 正藍旗人

理事官 經文泰 仲琛 正藍旗人

副理事官 錫照 正藍旗人

主事 恩元 正紅旗人 舉人

通志二百卷　〔宋〕鄭樵撰　T2511/8243

元大德三山郡庠刻元明遞修本　三百十二册

缺卷一百二十六至一百二十九。又一部，T2511/8243 c.2，三册，存卷七、七十三、一百三十二。

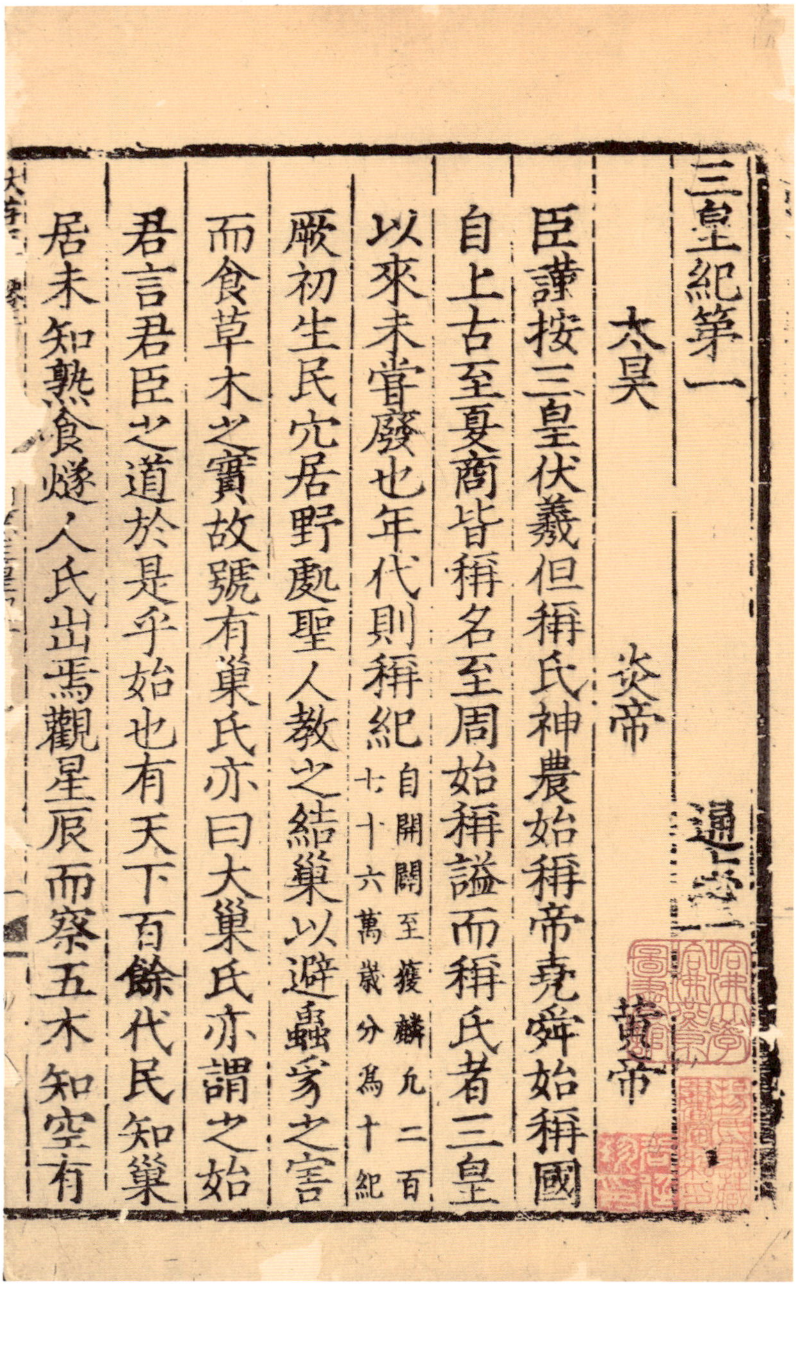

三皇紀第一　　通志一

太昊　炎帝　黃帝

臣謹按三皇伏羲但稱氏神農始稱帝堯舜始稱國

自上古至夏商皆稱名至周始稱謚而稱氏者三皇

以來未嘗廢也年代則稱紀自開闢至獲麟二百七十六萬歲分為十紀

厥初生民穴居野處聖人教之結巢以避蟲豸之害

而食草木之實故號有巢氏亦曰大巢氏亦謂之始

君言君臣之道於是乎始也有天下百餘代民知巢

居未知熟食燧人氏出焉觀星辰而察五木知空有

文獻通考三百四十八卷　〔元〕馬端臨撰　

明嘉靖三年（1524）司禮監刻本　一百册

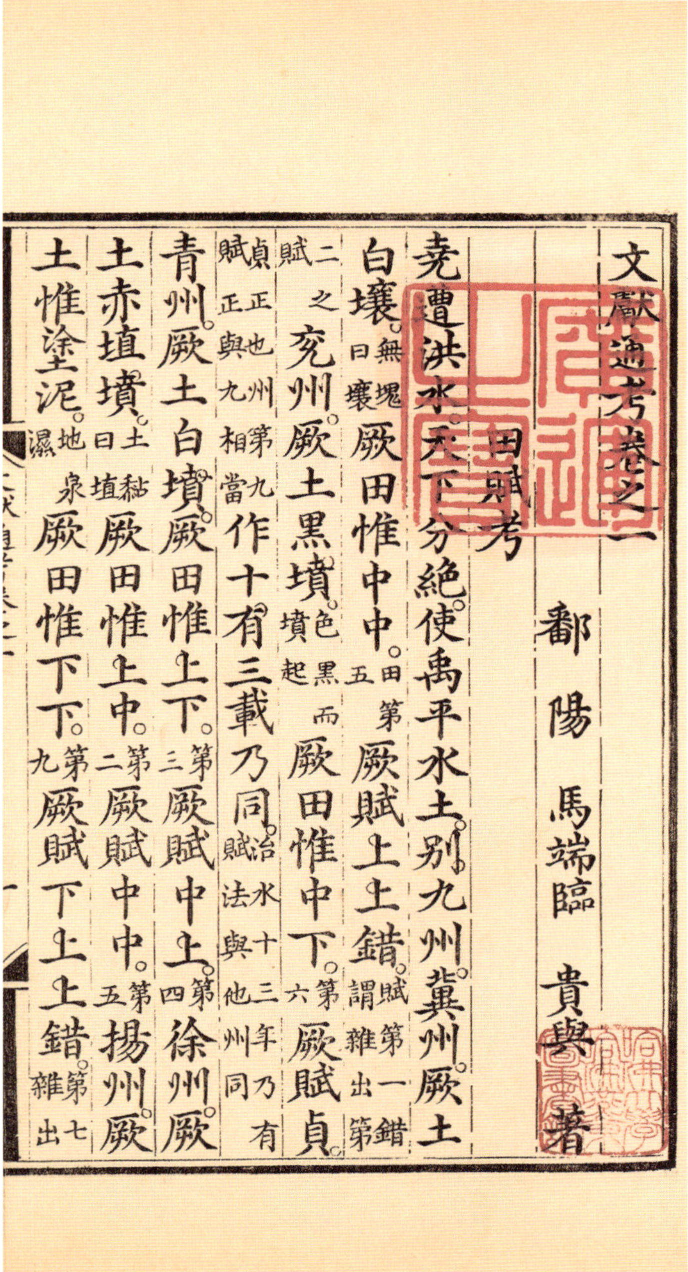
文獻通考卷之二
鄱陽　馬端臨　貴與著
田賦考
堯遭洪水天下分絶。使禹平水土。別九州。冀州厥土
白壤。無塊曰壤 厥田惟中中。田第五 厥賦上上錯。賦第一錯謂雜出第
二之賦 兖州厥土黑墳。色黑而墳起 厥田惟中下。第六 厥賦貞。
貞正也州第九賦正與九州相當 作十有三載乃同。治水十三年乃有賦法與他州同
青州厥土白墳。厥田惟上下。第三 厥賦中上。第四 徐州厥
土赤埴墳。土黏曰埴 厥田惟上中。第二 厥賦中中。第五 揚州厥
土惟塗泥。地泉濕 厥田惟下下。第九 厥賦下上上錯。第七雜出

文廟舞譜一卷附一卷 〔清〕清江禮樂局輯

清光緒三十三年（1907）清江禮樂局刻本 二册

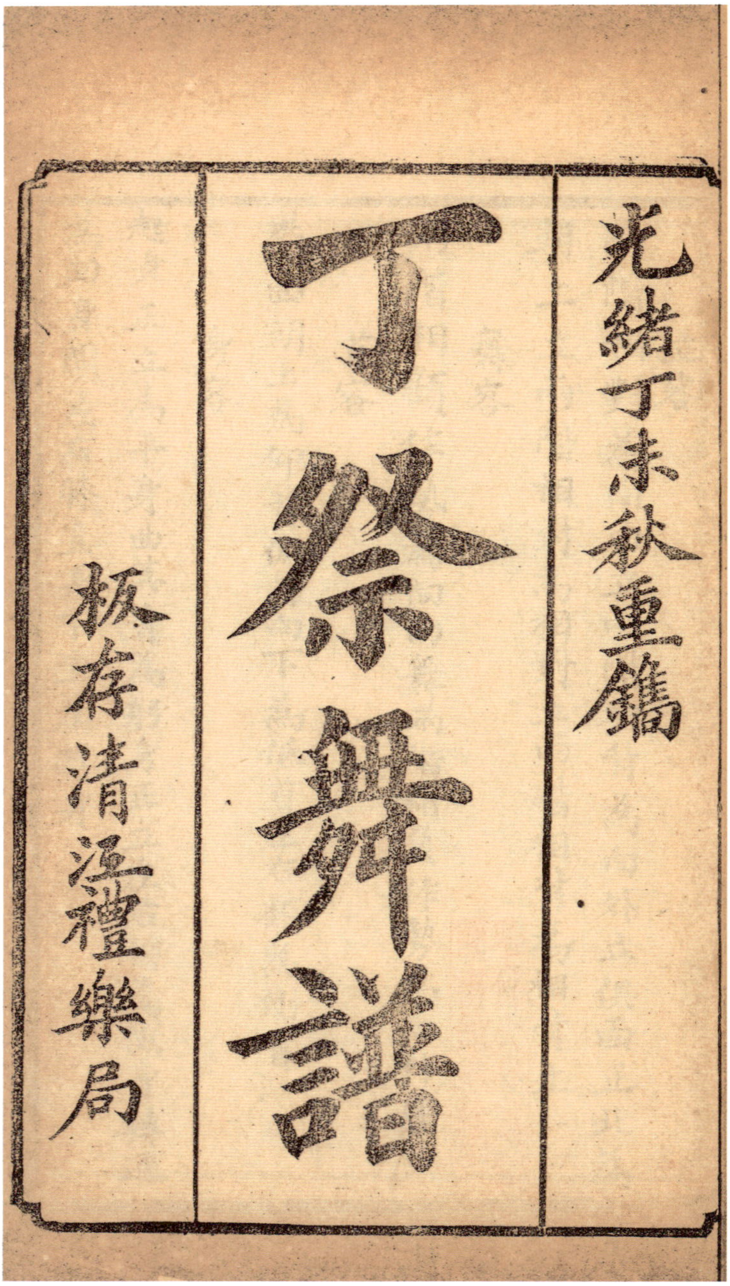

光緒丁未秋重鐫

丁祭舞譜

板存清江禮樂局

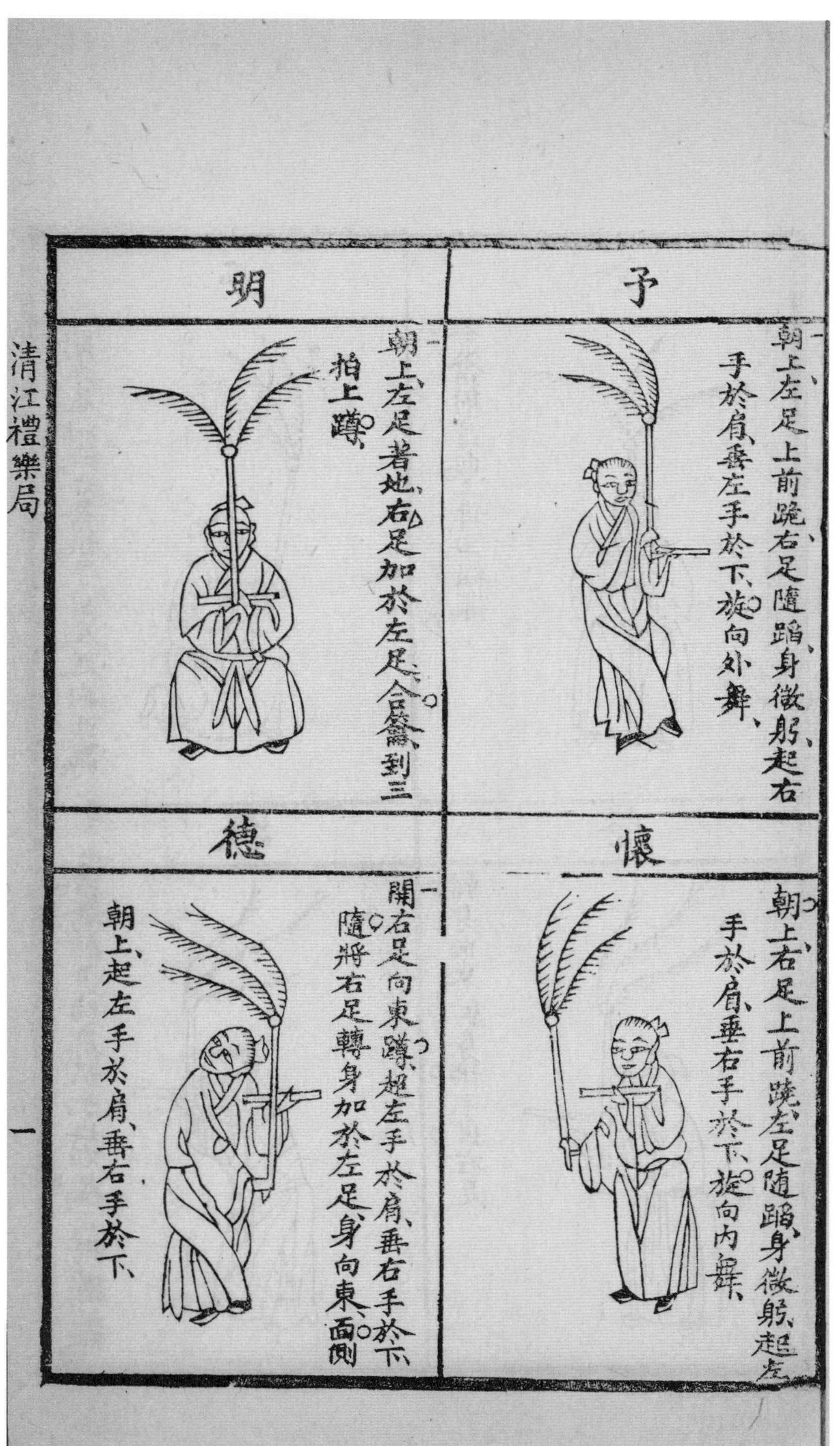

清江禮樂局

予

朝上、左足上前跪、右足隨蹈、身微躬、起右手於肩、垂左手於下、旋向外舞、

明

朝上、左足著地、右足加於左足、合籥到三拍上蹲、

懷

朝上、右足上前跪、左足隨蹈、身微躬、起左手於肩、垂右手於下、旋向內舞、

德

開右足向東蹲、起左手於肩、垂右手於下、隨將右足轉身加於左足、身向東面側

朝上、起左手於肩、垂右手於下、

一

聖門禮樂統八卷　〔清〕張行言撰　

清康熙四十一年（1702）萬松書院刻本　四册

督學部院張大宗師鑒定
太史劉大宗師鑒正
聖門禮樂統
江浦張躬先纂輯
萬松書院藏板

聖門禮樂統卷之一

陽穀劉琰閲正　江浦後學張行言纂輯

祀典通攷一

魯

魯哀公十六年誄孔子曰天不憖遺耆老莫相予位焉嗚呼哀哉尼父　檀弓　左傳

鄭康成曰尼父者因其字以爲之謚也

丘瓊山曰此後世追謚孔子之始蓋孔子儒教之宗師所謂爲天地立心爲生民立命爲往聖繼絶學爲萬世

文廟思源録考二卷　〔清〕葉慶禔輯　〔清〕麻兆慶考訂　1787/0930

清光緒二十年（1894）燕平書院刻本　二册

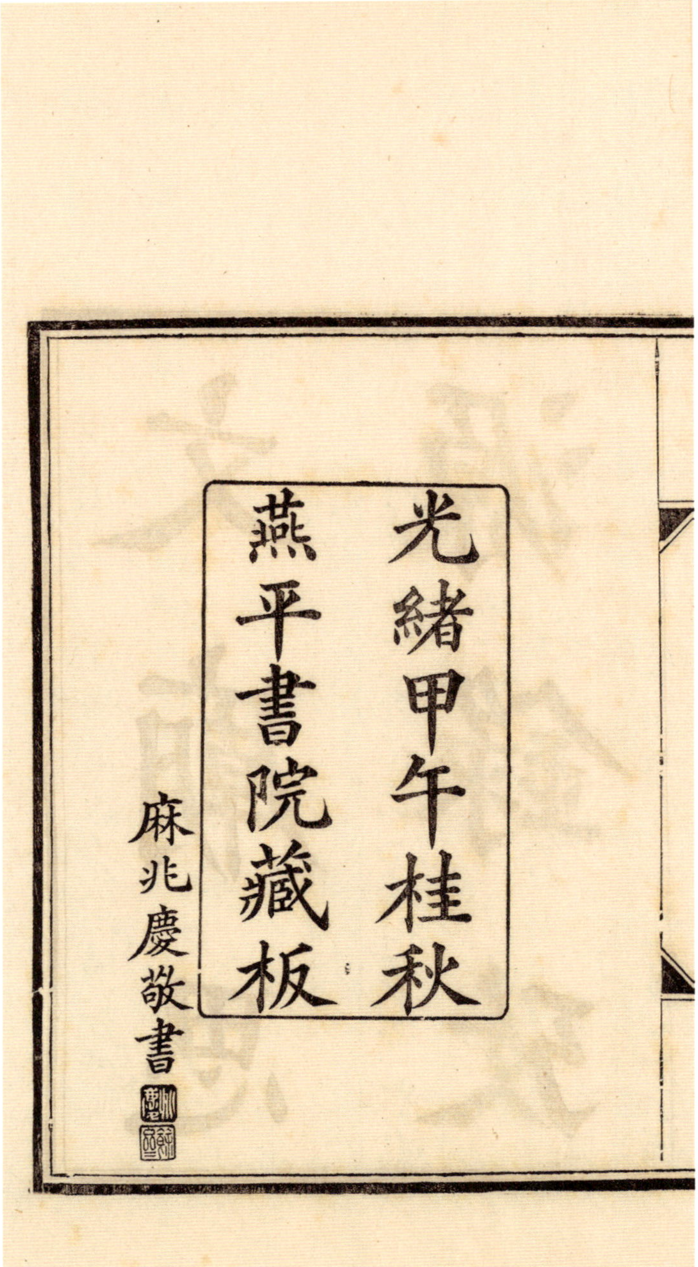
光緒甲午桂秋
燕平書院藏板
麻兆慶敬書

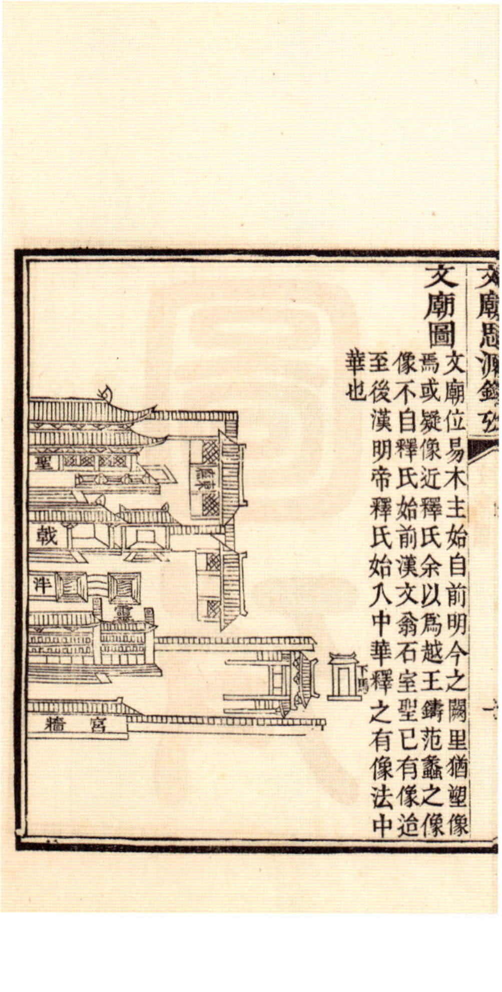
文廟圖
文廟位易木主始自前明今之闕里猶塑像焉或疑像近釋氏余以爲越王鑄范蠡之像像不自釋氏始前漢文翁石室聖已有像迨至後漢明帝釋氏始入中華釋之有像法中華也
聖
戟
泮
下馬
宮牆

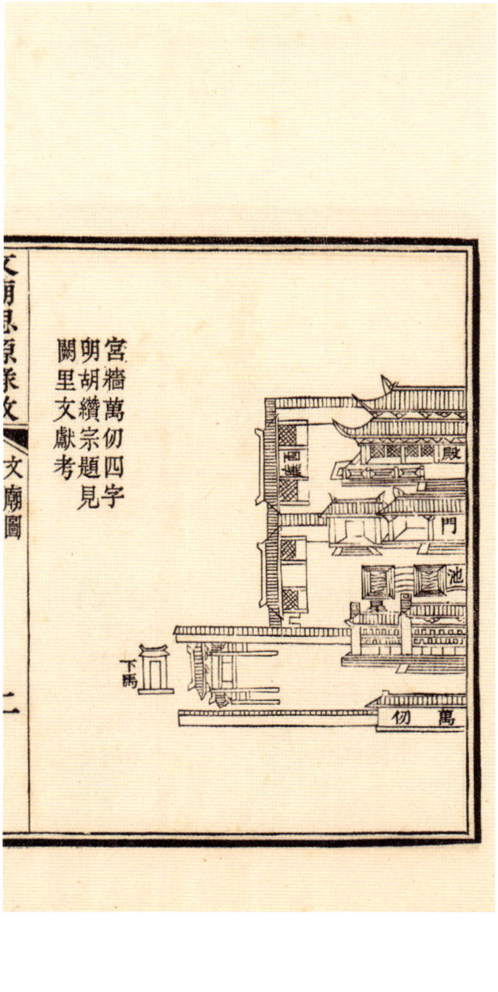
宮牆萬仞四字明胡纘宗題見闕里文獻考
文廟圖
殿
門
池
下馬
萬仞

謚法通考十八卷　〔明〕王圻撰　　T4675/1142

明萬曆二十四年（1596）趙氏刻本　二十册

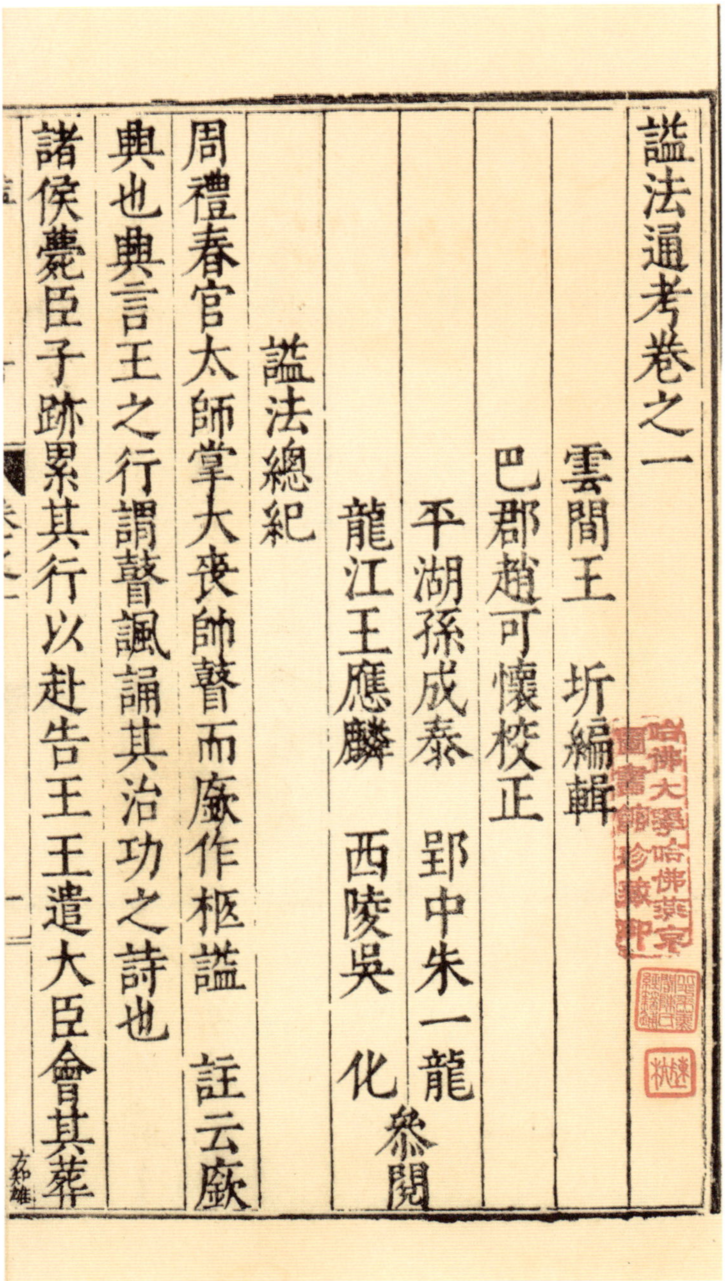

謚法通考卷之一
雲間王　圻編輯
巴郡趙可懷校正
平湖孫成泰　郢中朱一龍
龍江王應麟　西陵吳　化　參閱
謚法總紀
周禮春官太師掌大喪帥瞽而廞作柩謚　註云廞
興也興言王之行謂讆諷誦其治功之詩也
諸侯薨臣子跡累其行以赴告王王遣大臣會其葬

畿輔條鞭賦役全書（光緒九年）不分卷

清光緒間刻本　一百三十八册

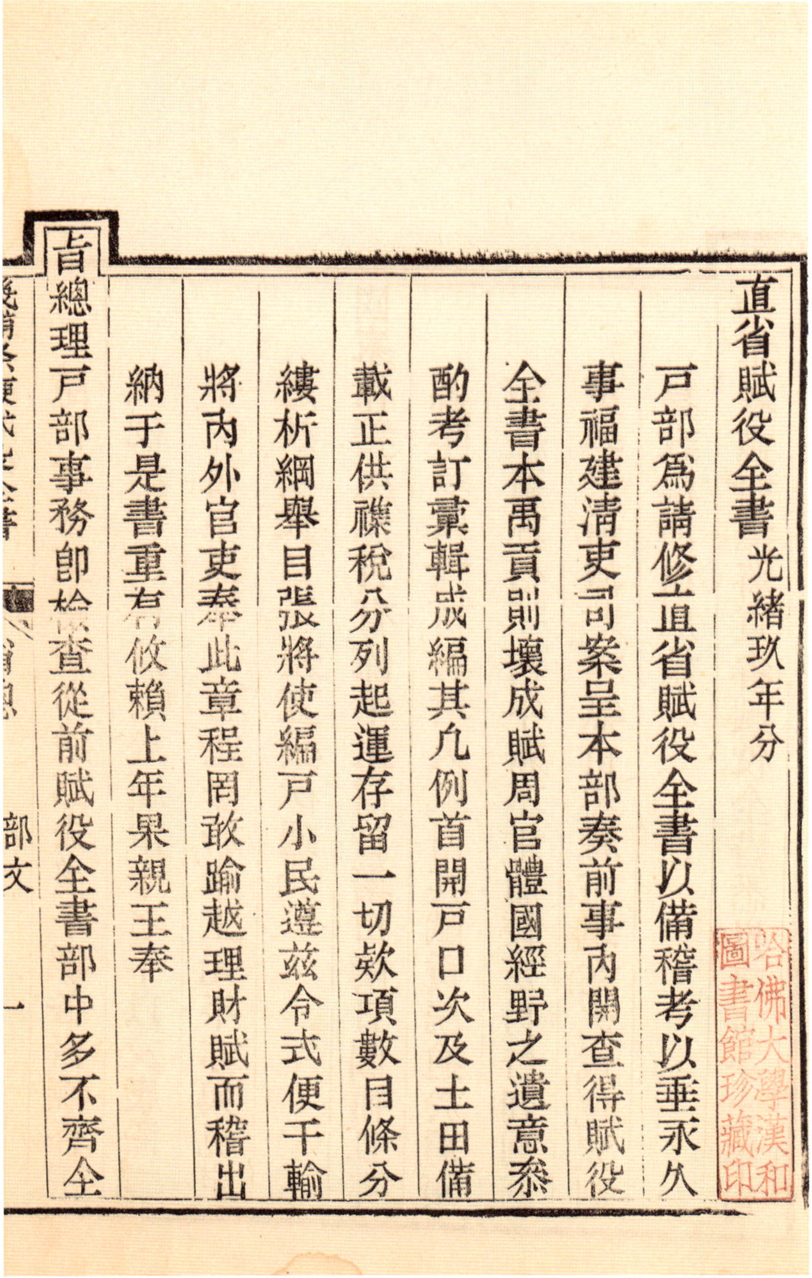
直省賦役全書 光緒玖年分

戶部為請修直省賦役全書以備稽考以垂永久事福建清吏司案呈本部奏前事內開查得賦役全書本禹貢則壤成賦周官體國經野之遺意參酌考訂彙輯成編其凡例首開戶口次及土田備載正供雜稅分列起運存留一切款項數目條分縷析綱舉目張將使編戶小民遵茲令式便于輸將內外官吏奉此章程罔敢踰越理財賦而稽出納于是書重有攸賴上年果親王奏

旨總理戶部事務卽檢查從前賦役全書部中多不齊全

部文　一

奏准工賑事例 〔清〕户部編

清嘉慶六年（1801）刻本 一册

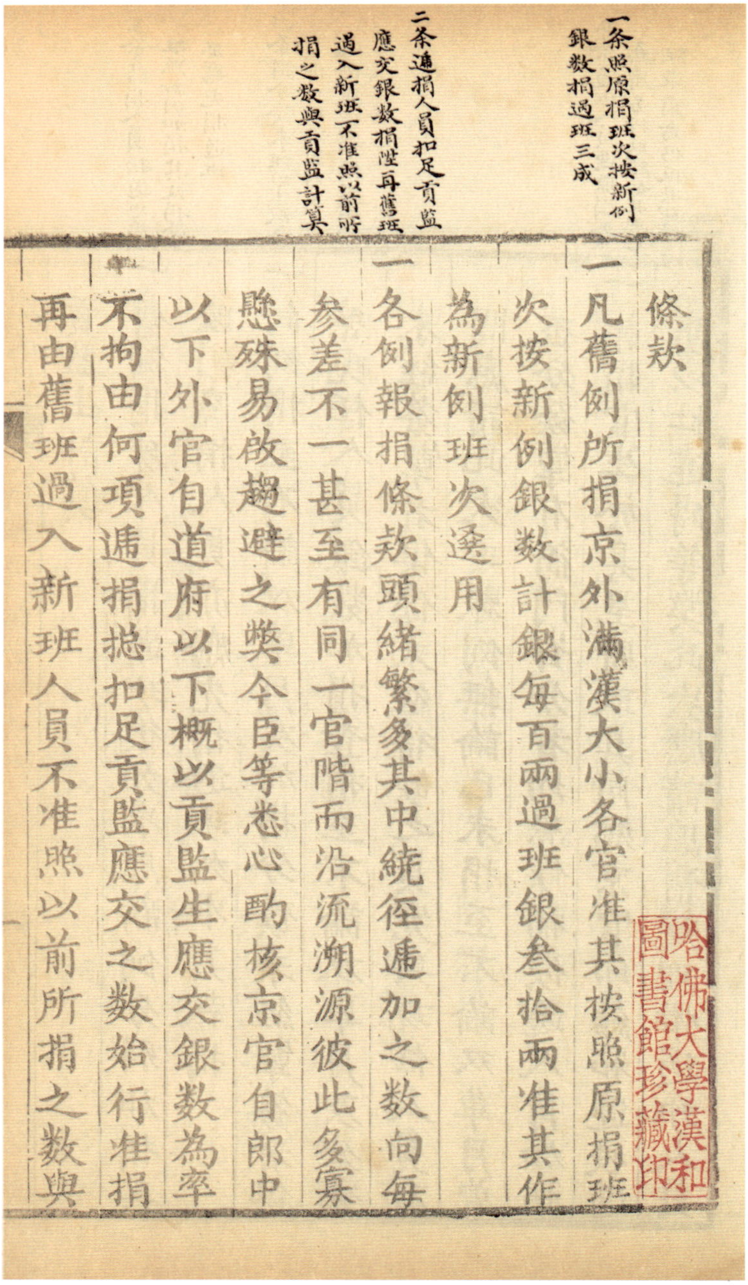
一条照原捐班次按新例銀数捐過班三成
二条通捐人員扣足貢監應交銀数捐陞再舊班過入新班不准照以前所捐之数與貢監計算

條款
一凡舊例所捐京外滿漢大小各官准其按照原捐班次按新例銀數計銀每百兩過班銀叁拾兩准其作為新例班次遴用
一各例報捐條款頭緒繁多其中統徑遞加之數向每參差不一甚至有同一官階而沿流溯源彼此多寡懸殊易啟趨避之弊今臣等悉心酌核京官自郎中以下外官自道府以下概以貢監生應交銀數為率不拘由何項遞捐摠扣足貢監應交之數始行准捐再由舊班過入新班人員不准照以前所捐之數與

經國雄略四十八卷　〔明〕鄭大郁撰　T8917/8244

明隆武潭陽王介爵觀社刻本　三十册

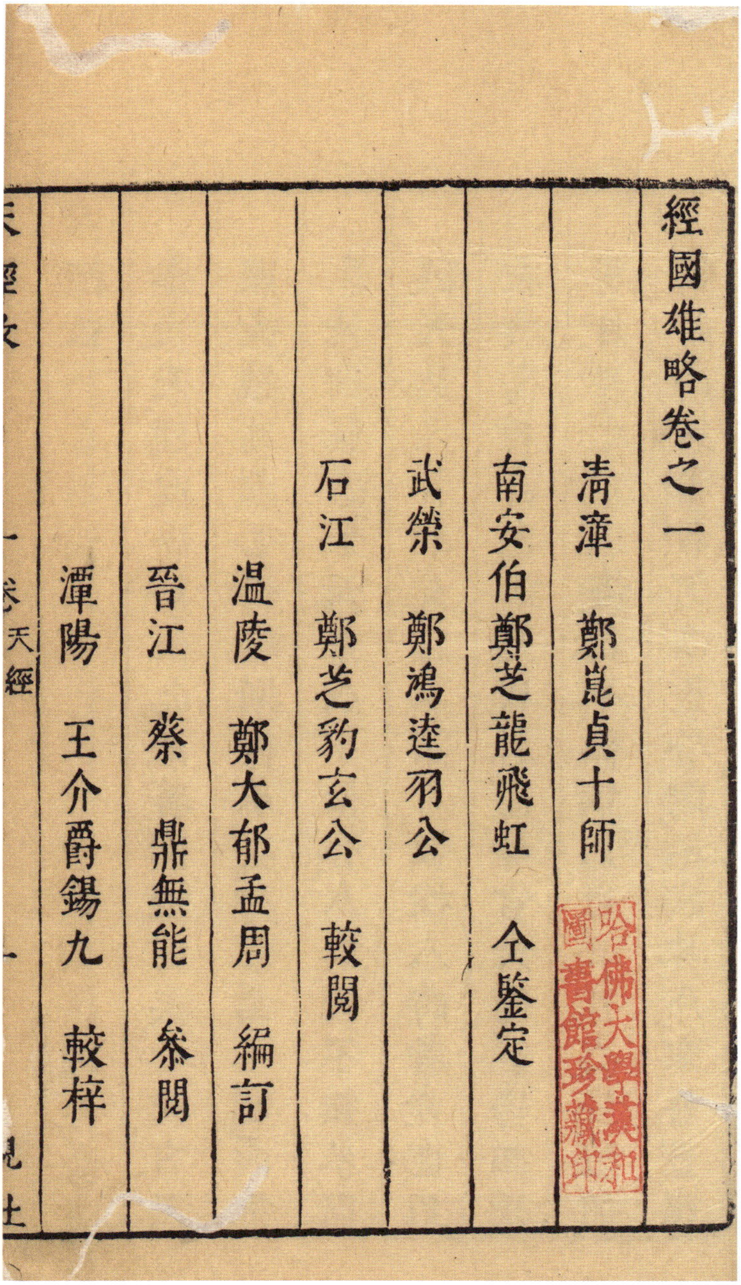
經國雄略卷之一
清漳　鄭崑貞十師
南安伯鄭芝龍飛虹　仝鑒定
武榮　鄭鴻逵羽公
石江　鄭芝豹玄公　較閱
溫陵　鄭大郁孟周　編訂
晉江　蔡　鼎無能　參閱
潭陽　王介爵錫九　較梓

萬家密電一卷　〔清〕羅臻禄輯　4525/4331

清光緒二十五年（1899）南海縣署刊朱墨套印本　一册

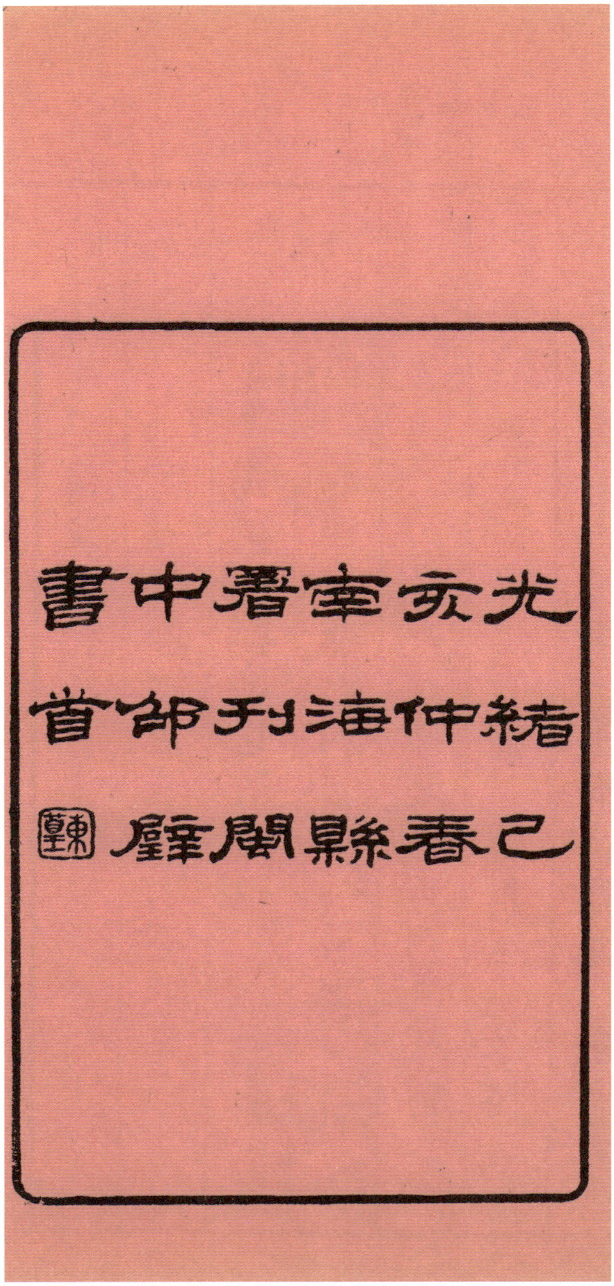

○千
○百

萬[illegible][illegible][illegible]

一丨丶丿乙亅二亠人

〇〇 一	一〇 丑	二〇 个	三〇 丹	四〇 乎	五〇 乩	六〇 二	七〇 亞	八〇 享	九〇 仁
〇一 丁	一一 且	二一 中	三一 主	四一 乏	五一 乳	六一 于	七一 亟	八一 京	九一 仃
〇二 七	一二 丕	二二 丰	三二 丼	四二 乖	五二 乾	六二 云	七二	八二 亭	九二 仄
〇三 丈	一三 世	二三 丱	三三	四三 乘	五三 亂	六三 互	七三 亠	八三 亮	九三 仆
〇四 三	一四 丙	二四 串	三四 丿	四四	五四	六四 五	七四 亡	八四 亳	九四 仇
〇五 上	一五 丞	二五 丳	三五 乂	四五 乙	五五 亅	六五 井	七五 亢	八五 亶	九五 今
〇六 下	一六 丟	二六	三六 乃	四六 乜	五六 了	六六 亙	七六 交	八六 亹	九六 介
〇七 万	一七 並	二七 丶	三七 乆	四七 九	五七 予	六七 亘	七七 亥	八七	九七 仍
〇八 不	一八	二八 凡	三八 之	四八 乞	五八 事	六八 况	七八 亦	八八 人	九八 仂
〇九 丏	一九 丨	二九 丸	三九 乍	四九 也	五九	六九 些	七九 亨	八九 什	九九 仉

一

讀律佩觿八卷附讀律八法一卷 〔清〕王明德輯 T4894/1162

清康熙十五年（1676）王氏冷然閣刻本 十册

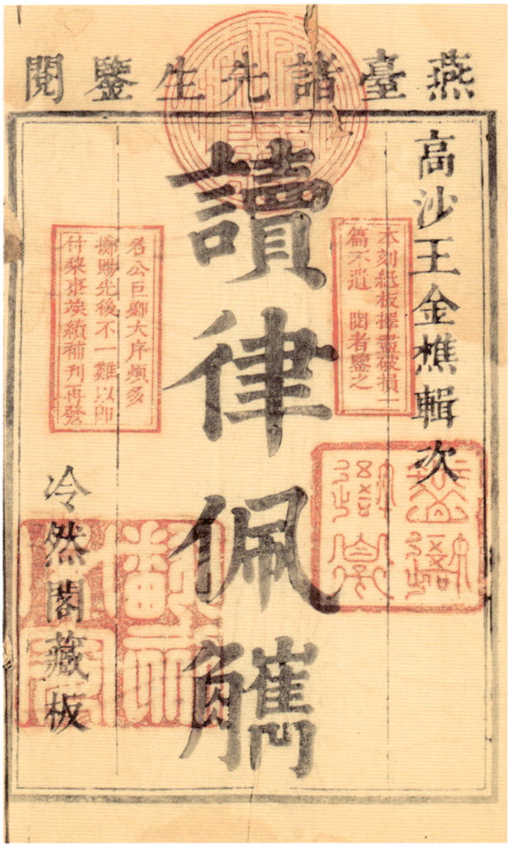

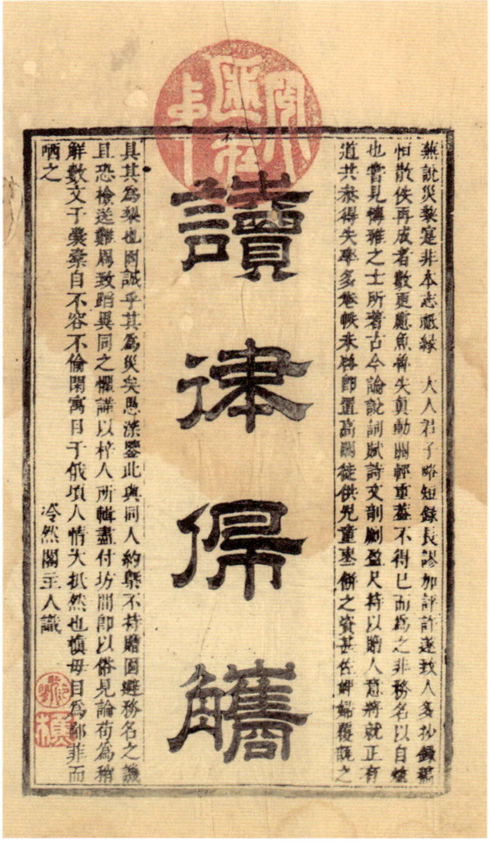

讀律佩觿卷之一

奉　差督理通惠河道刑部陝西清吏司郎中王明德私輯

次男　心湛較字

八字廣義

律有以准皆各其及即若八字各爲分註冠於律首標曰八字之義相傳謂之律母宋儒蘇子瞻曰讀書不讀律致君堯舜終無術若先賢指示讀律之法又云必於八字之義先爲會通融貫而後可與言讀法心竊誌之未

欽明大獄録二卷　〔明〕張璁輯

明抄本　二册

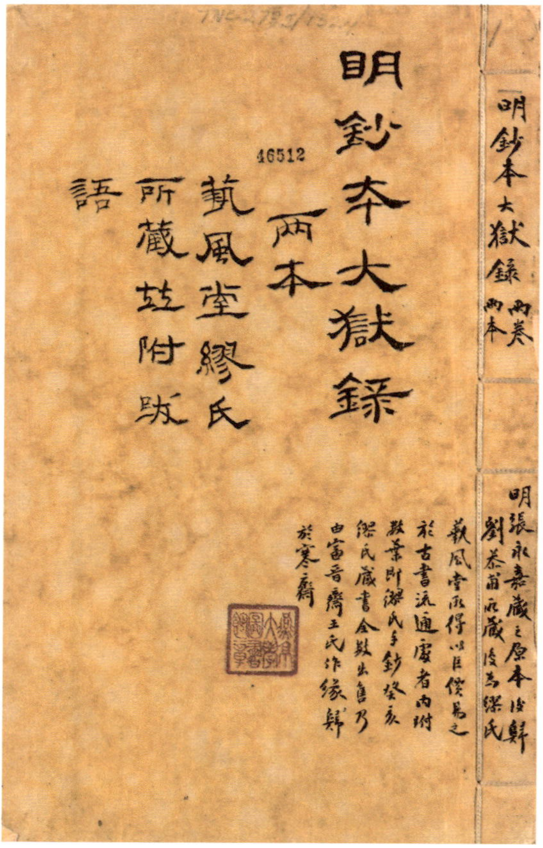

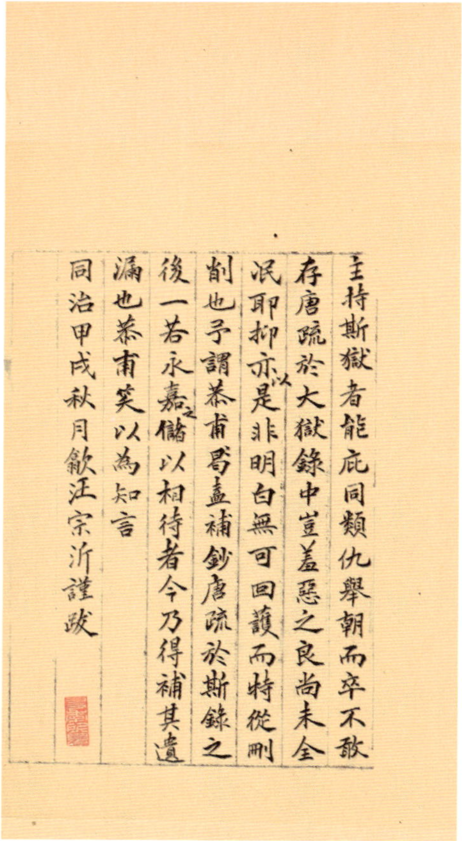

欽明大獄錄上卷

都察院

題爲劾武職重臣恃勢囑託重情罪犯事山西道

監察御史呈刑科抄出

欽差提督鴈門等關兼巡撫山西地方都察院右副

都御史江潮奏據山西按察司等衙門按察使

等官李珏等會呈問得犯人張寅即李福達年

六十六歲係山西太原府崞縣在城坊民籍狀

招福達自幼頭禿起名李福達娶本縣已省發

民杜文住未到姐杜氏爲妻生未獲長男李大

[梁誠書啓簿及函電文牘]不分卷 〔清〕梁誠撰

清光緒二十九至三十三年(1903—1907)抄本 十册

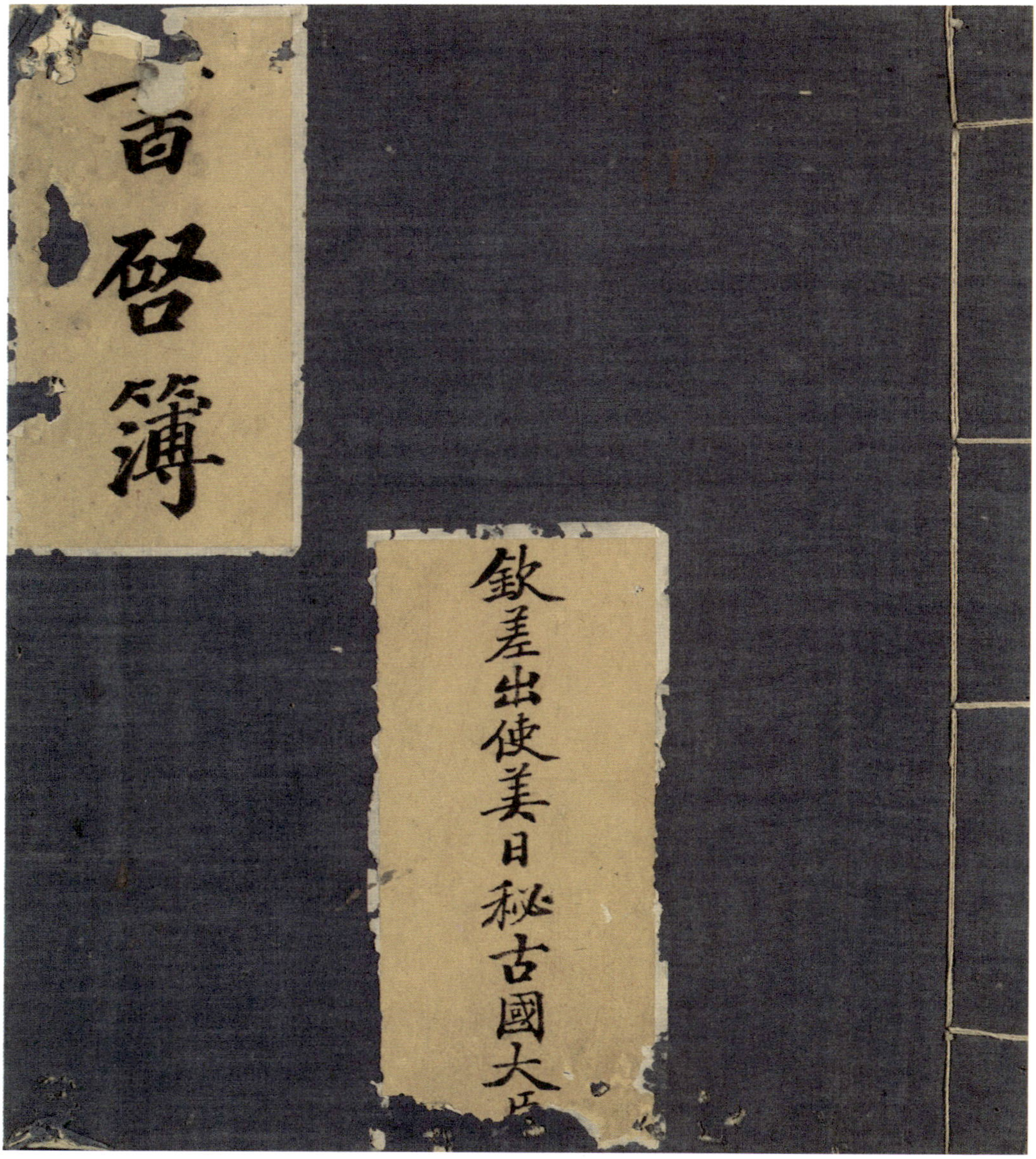

致 北洋大臣袁 四月十二日

宮保憲台大人閣下敬肅者竊△抵美後曾上寸緘計登

記室伏維

蓋畫賢勞

褆躬休鬯引詹

槃戩遠貢頌忱△查接管卷內中美商約加稅一案迭經前任與美外部

磋商彼堅持抽十二就以為英美商務最多環球視為進退英允抽十二五

而美獨允抽十德法有所藉詞必將次第請減微特商約難於就緒抑且

免釐不得實行國計商情所關甚鉅不能不爭以全力使就範圍因往晤

美外部辯論再三外部初以免釐未必辦到為疑△告以釐金助餉實[illegible]家

南城召對一卷　〔明〕李時撰　

明抄本　一册

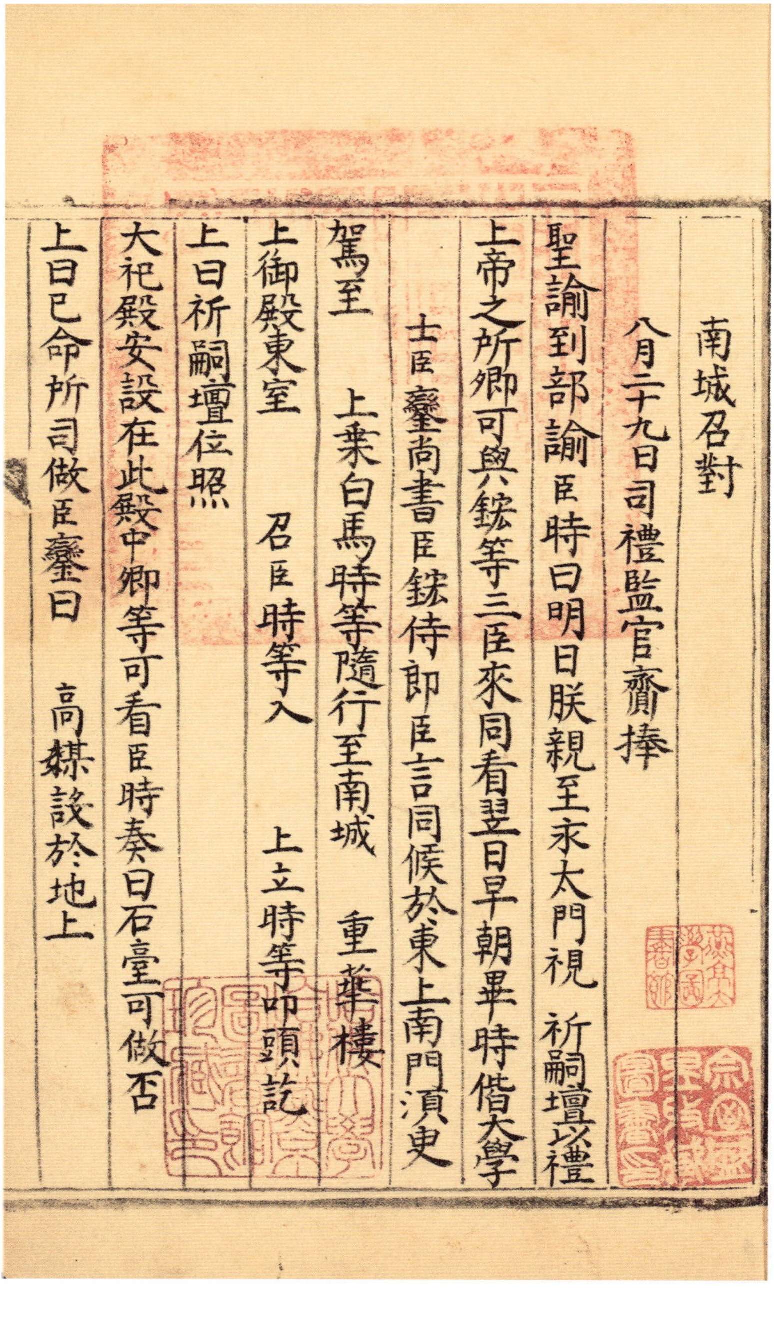
南城召對
八月二十九日司禮監官齎捧
聖諭到部諭臣時曰明日朕親至永太門視　祈嗣壇以禮
上帝之所卿可與鉉等三臣來同看翌日早朝畢時偕大學
士臣鑾尚書臣鉉侍郎臣言同候於東上南門須臾
駕至　上乘白馬時等隨行至南城　重華樓
上御殿東室　召臣時等入　上立時等叩頭訖
上曰祈嗣壇位照
大祀殿安設在此殿中卿等可看臣時奏曰石臺可做否
上曰已命所司做臣鑾曰　高禖設於地上

江南製造總局賬簿不分卷

清光緒寫本　一册

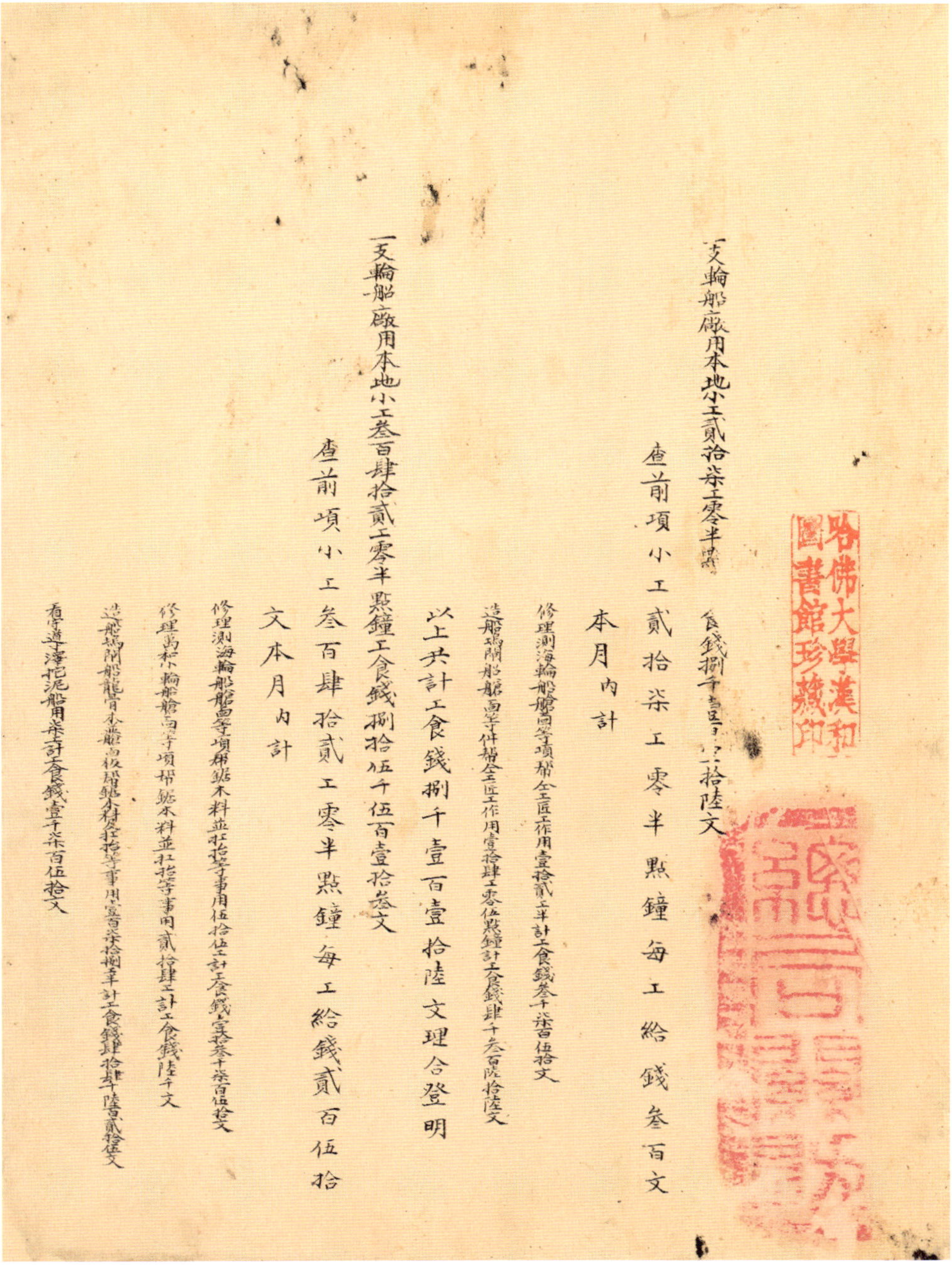

一支輪船廠用本地小工貳拾柒工零半點 食錢捌千壹百壹拾陸文
查前項小工貳拾柒工零半點鐘每工給錢叁百文
本月内計
修理測海輪船艙面等項幫仝匠工作用壹拾貳工半計工食錢叁千柒百伍拾文
造船塢閘船艙面等件幫仝匠工作用壹拾肆工零伍點鐘計工食錢肆千叁百陸拾陸文
以上共計工食錢捌千壹百壹拾陸文理合登明
一支輪船廠用本地小工叁百肆拾貳工零半點鐘工食錢捌拾伍千伍百壹拾叁文
查前項小工叁百肆拾貳工零半點鐘每工給錢貳百伍拾
文本月内計
修理測海輪船艙面等項幫鋸木料並扛抬等事用伍拾伍工計工食錢壹拾叁千柒百伍拾文
修理萬年輪船艙面等項幫鋸木料並扛抬等事用貳拾肆工計工食錢陸千文
造船塢閘船龍骨木並艙面板幫鋸木料及扛抬等事用壹百柒拾捌工半計工食錢肆拾肆千陸百貳拾伍文
看守導海挖泥船用柒工計工食錢壹千柒百伍拾文

康熙拾伍年分奉旨丈量銷圩魚鱗清册不分卷 T8086/7332

清康熙十五年（1676）寫本　六册

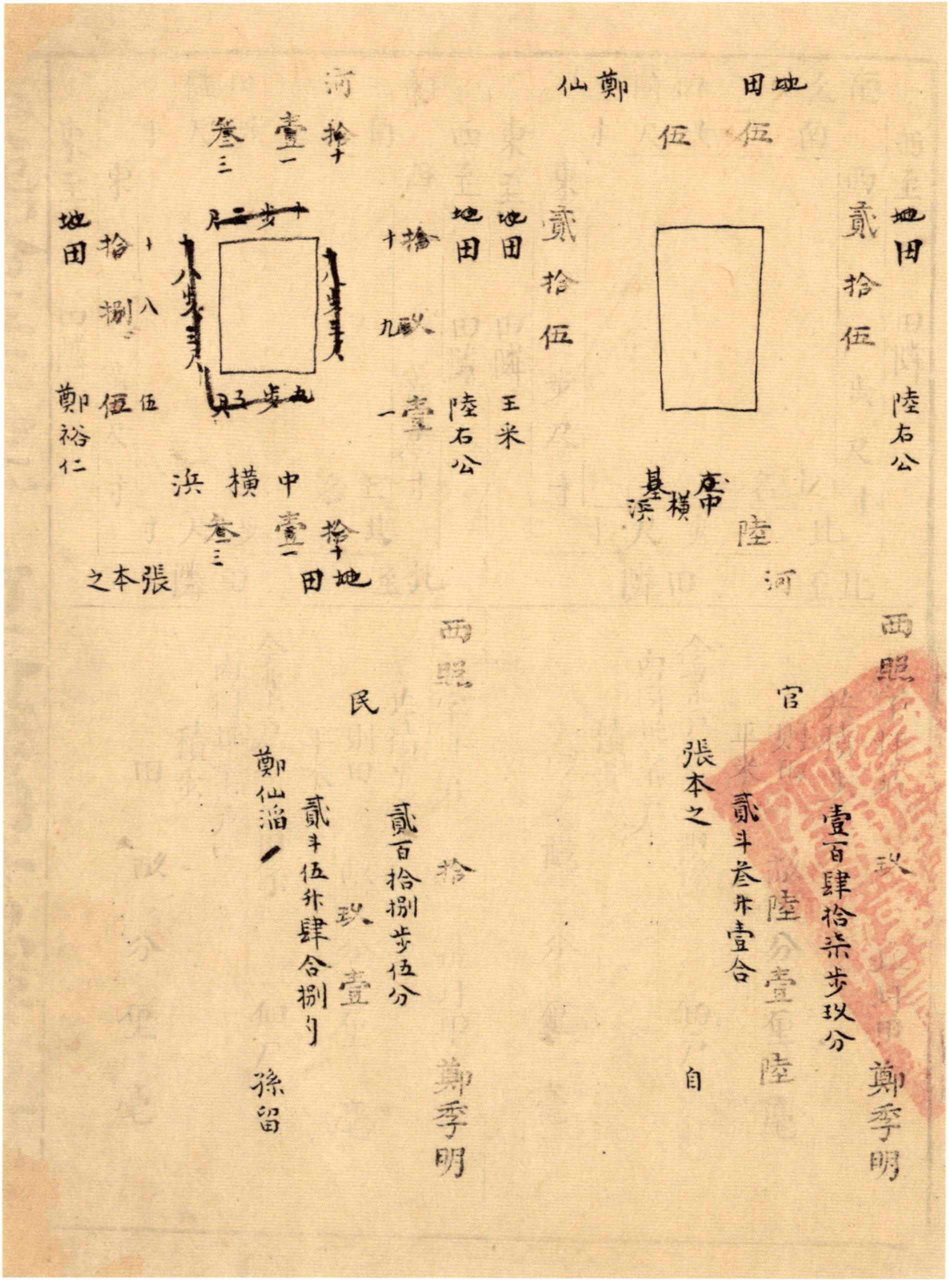

會通館校正宋諸臣奏議一百五十卷　〔宋〕趙汝愚輯　

明弘治三年（1490）錫山華氏會通館銅活字印本　一百十四册

缺目録、卷一、卷八至十。

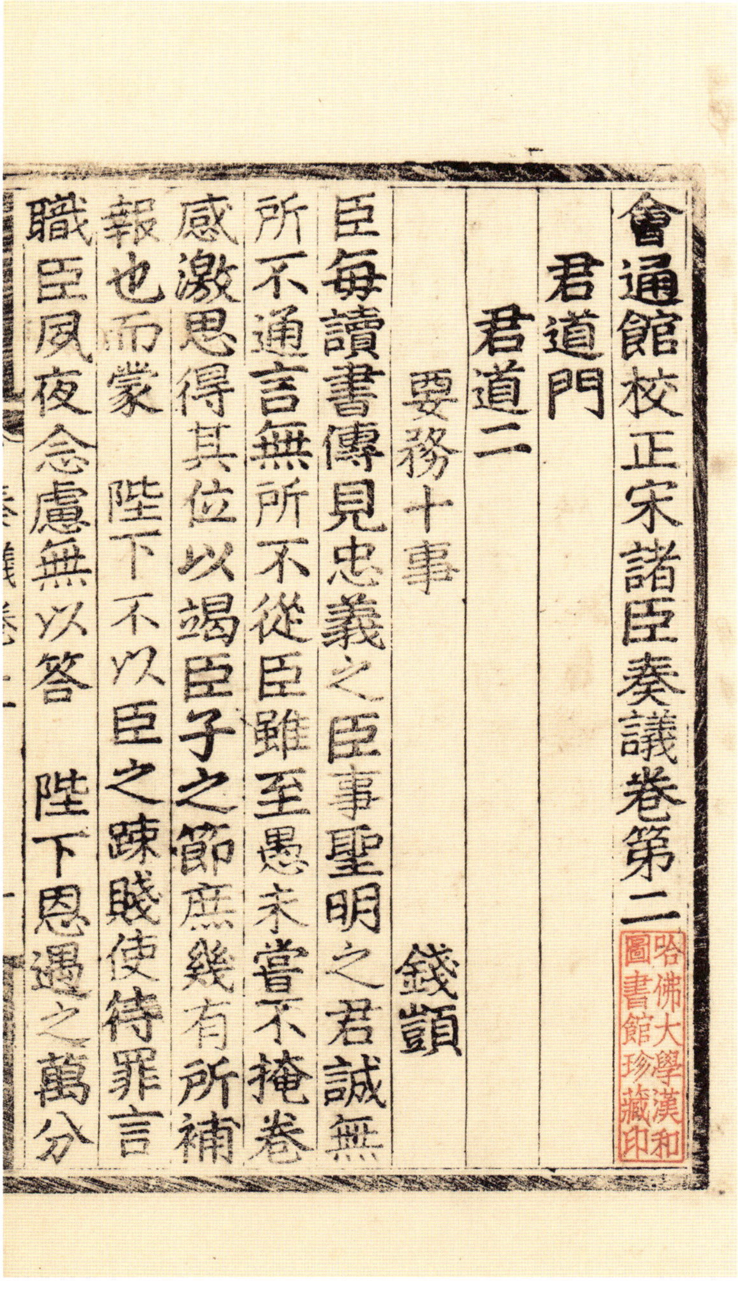
會通館校正宋諸臣奏議卷第二
哈佛大學漢和圖書館珍藏印
君道門
君道二
要務十事　錢顗
臣每讀書傳見忠義之臣事聖明之君誠無
所不通言無所不從臣雖至愚未嘗不掩卷
感激思得其位以竭臣子之節庶幾有所補
報也而蒙　陛下不以臣之疎賤使待罪言
職臣夙夜念慮無以答　陛下恩遇之萬分

朝野申捄疏六卷

明刻本　六册

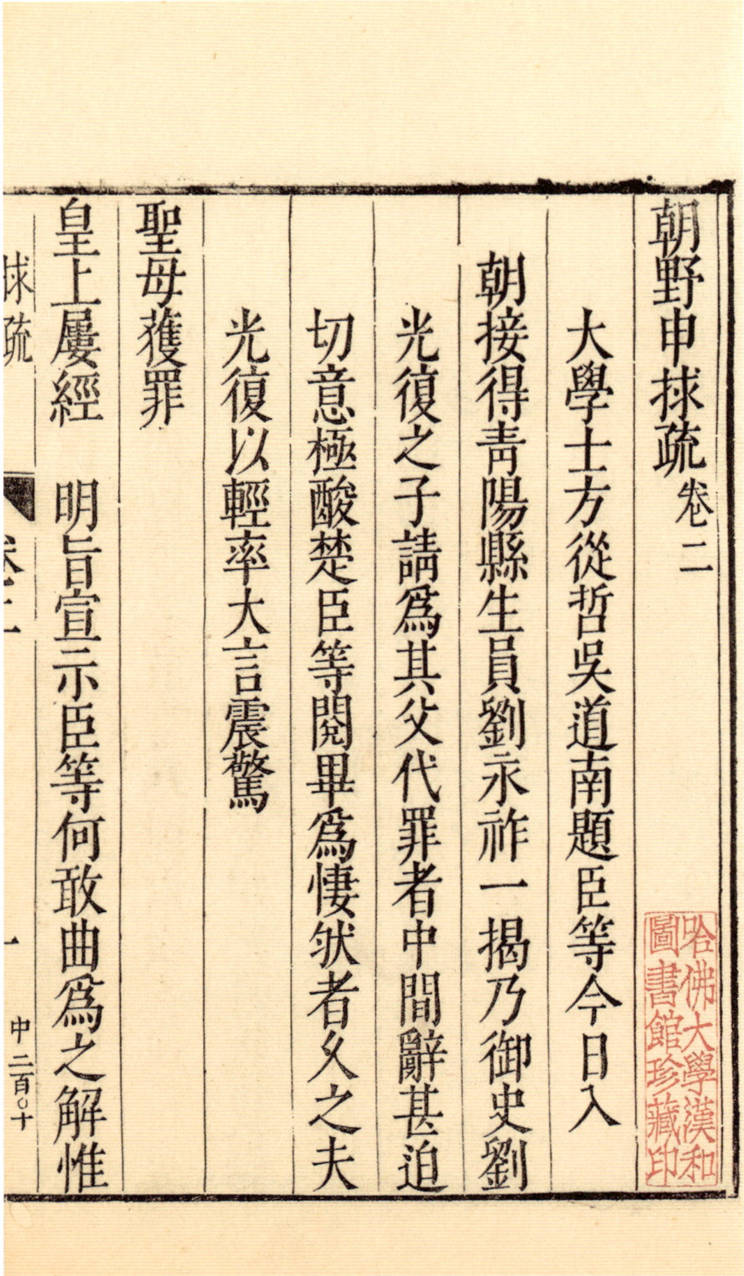

朝野申捄疏卷二

大學士方從哲吳道南題臣等今日入

朝接得青陽縣生員劉永祚一揭乃御史劉

光復之子請爲其父代罪者中間辭甚迫

切意極酸楚臣等閱畢爲悽然者久之夫

光復以輕率大言震驚

聖母獲罪

皇上屢經　明旨宣示臣等何敢曲爲之解惟

捄疏　卷二　一　中二百〇十

諫垣奏草四卷　〔明〕毛憲撰　

明嘉靖十七年（1538）刻本　二册

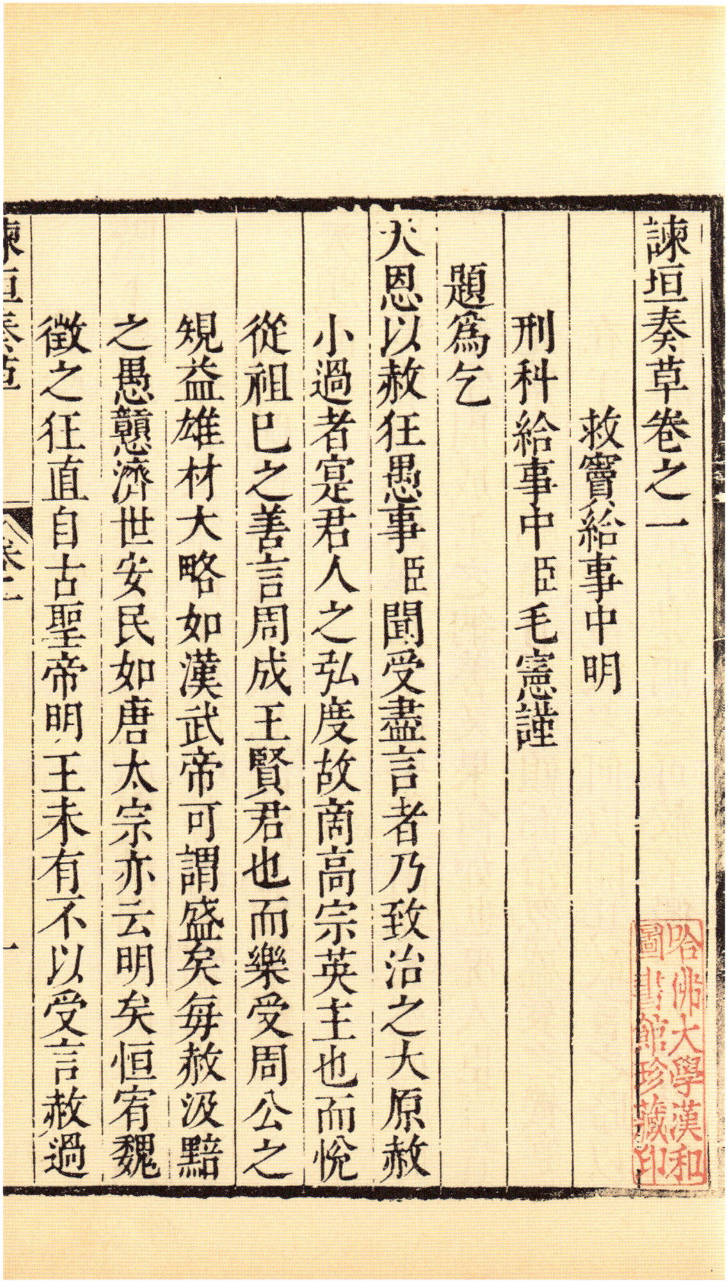
諫垣奏草卷之一
救齋給事中明
刑科給事中臣毛憲謹
題爲乞
天恩以赦狂愚事臣聞受盡言者乃致治之大原赦
小過者寔君人之弘度故商高宗英主也而恱
從祖巳之善言周成王賢君也而樂受周公之
規益雄材大略如漢武帝可謂盛矣每赦汲黯
之愚戇濟世安民如唐太宗亦云明矣恒宥魏
徵之狂直自古聖帝明王未有不以受言赦過

諫垣奏草　卷之一　一

明楊繼盛奏疏草稿　〔明〕楊繼盛撰　　

明嘉靖三十一年（1552）楊繼盛稿本　一册

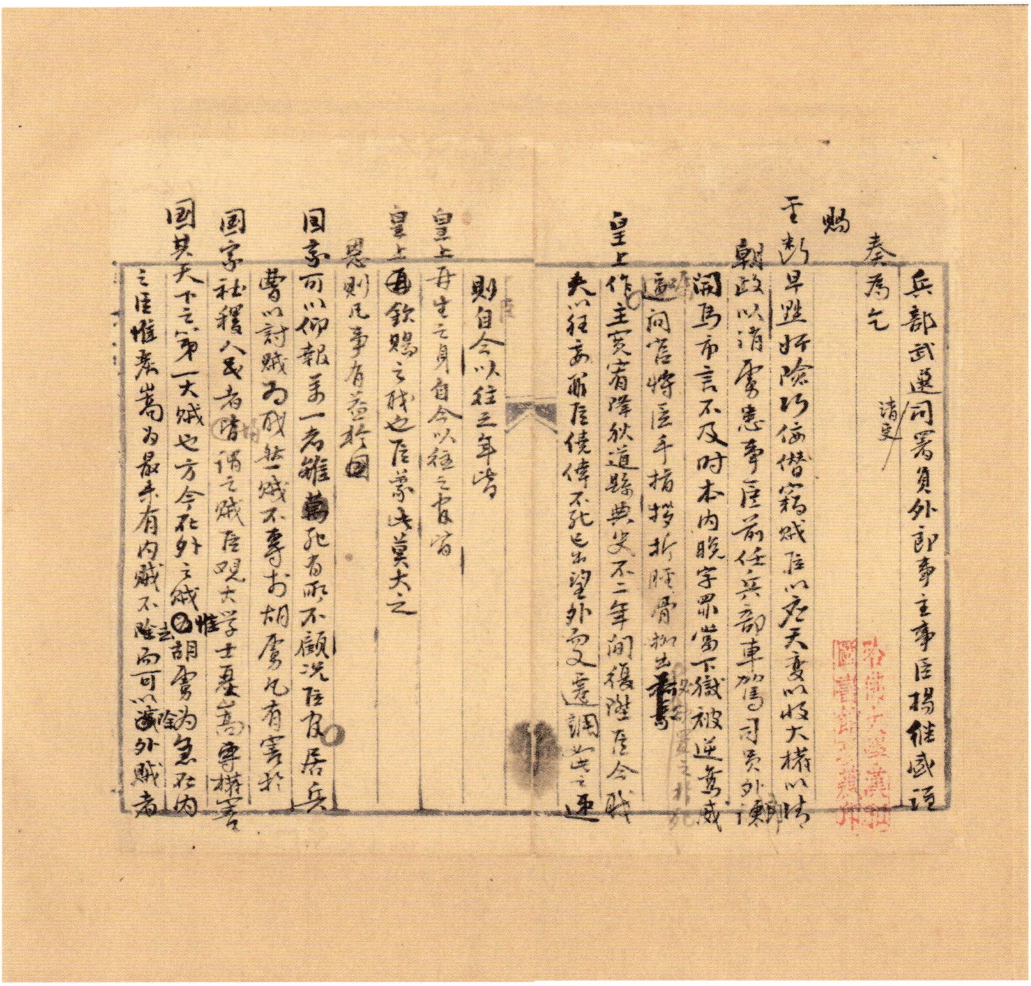

兵部武選清吏司署員外郎事主事臣楊繼盛謹
奏為乞
賜
聖斷早黜奸險巧佞僭竊賊臣以定天變以收大權以清
朝政以消外患事臣前任兵部車駕司員外郎
開馬市言不及時本內脫字眾當下獄被逆鸞威
逼問官將臣手指拶折脛骨
皇上作主寬宥降狄道縣典史不二年間復陞臣今職
夫以往者臣僥倖不死已出望外
則自今以往之年皆
皇上再生之身自今以往之官皆
皇上再欽賜之職也臣蒙此莫大之
恩則凡事有益於國
國家可以仰報萬一者雖萬死有所不顧況臣官居兵
曹以討賊為職然一賊不專於胡虜凡有害於
國家社稷人民者皆謂之賊臣觀大學士嚴嵩專權害
國其天下之第一大賊也方今在外之賊惟胡虜為急在內
之臣惟嚴嵩為最未有內賊不除而可以除外賊者

秦蜀兼籌二卷附贈言　〔清〕鄂海撰　

清康熙寬恕堂刻本　八册

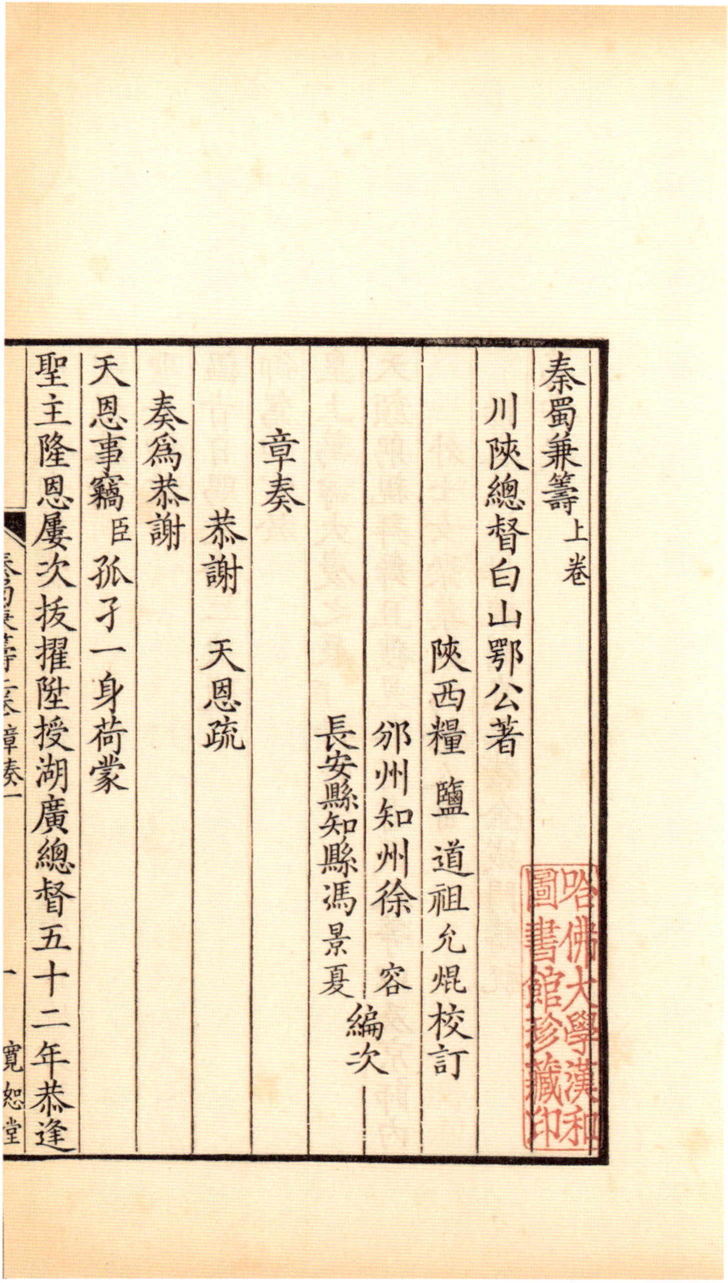
秦蜀兼籌上卷

川陝總督白山鄂公著

陝西糧鹽道祖允焜校訂

邠州知州徐容

長安縣知縣馮景夏編次

章奏

恭謝天恩疏

奏爲恭謝

天恩事竊臣孤子一身荷蒙

聖主隆恩屢次援擢陞授湖廣總督五十二年恭逢

秦蜀兼籌上卷　章奏一　一　寬恕堂

嵩年奏檔不分卷 〔清〕嵩年撰

清抄本　二十六册

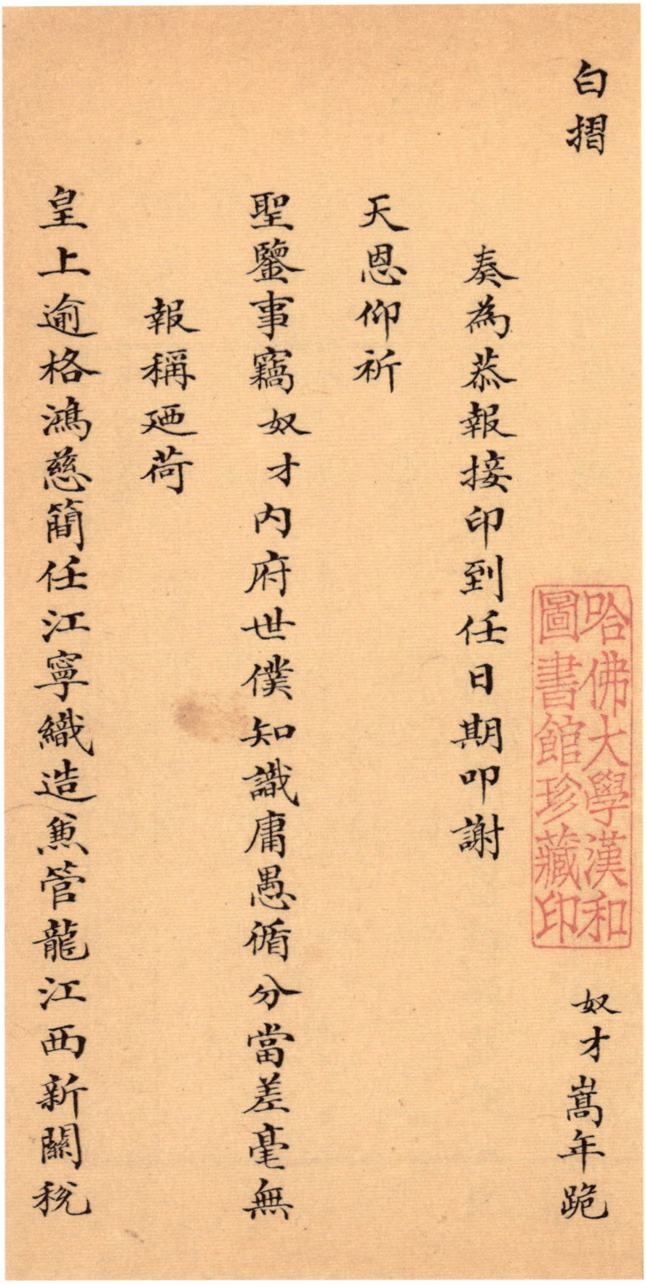
白摺
奴才嵩年跪
奏為恭報接印到任日期叩謝
天恩仰祈
聖鑒事竊奴才內府世僕知識庸愚循分當差毫無
報稱廼荷
皇上逾格鴻慈簡任江寧織造兼管龍江西新關稅

（正德）姑蘇志六十卷 〔明〕王鏊等纂 〔明〕林世遠修 T3204/4649.7

明正德元年（1506）刻嘉靖間增修本 二十册

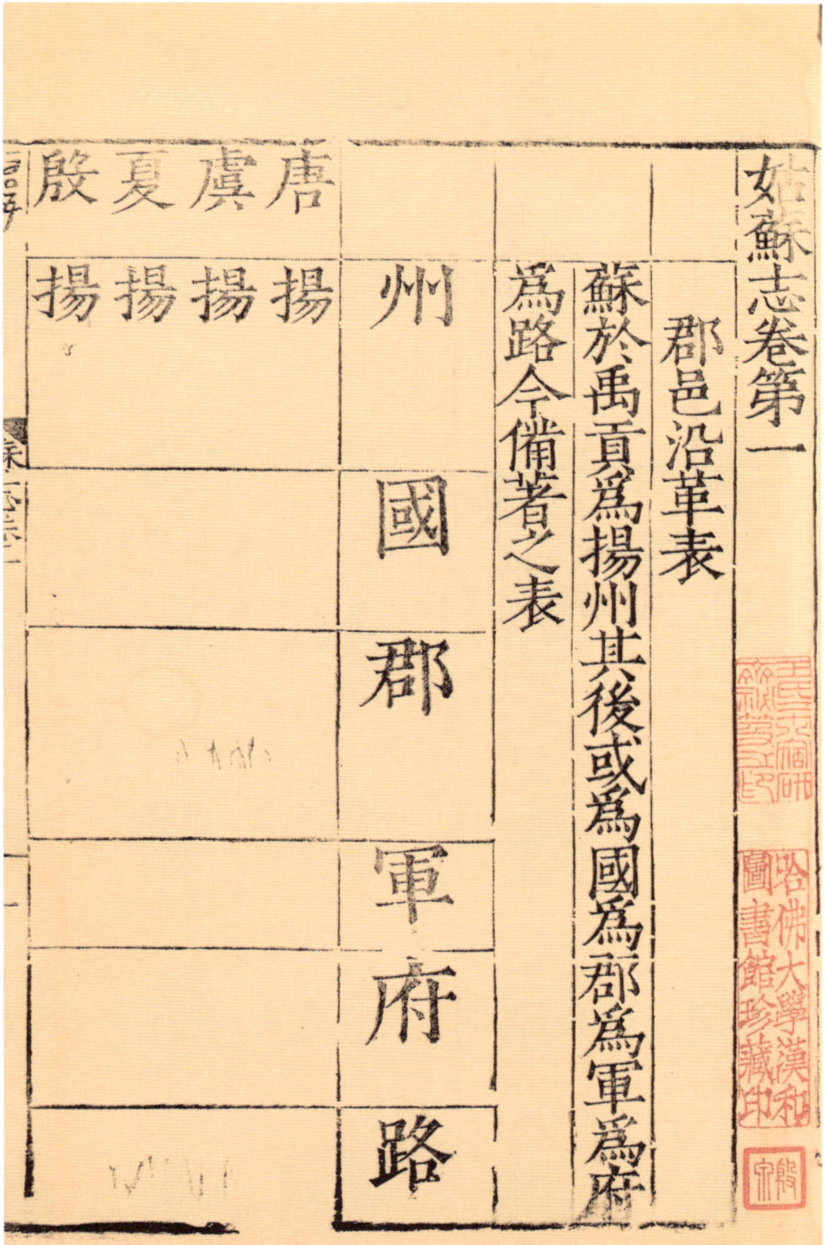
姑蘇志卷第一

郡邑沿革表

蘇於禹貢爲揚州其後或爲國爲郡爲軍爲府爲路今備著之表

	州	國	郡	軍	府	路
唐	揚					
虞	揚					
夏	揚					
殷	揚					

（嘉靖）廣西通志六十卷　〔明〕黄佐纂　〔明〕林富修　

明嘉靖十四年（1535）刻本　三十册

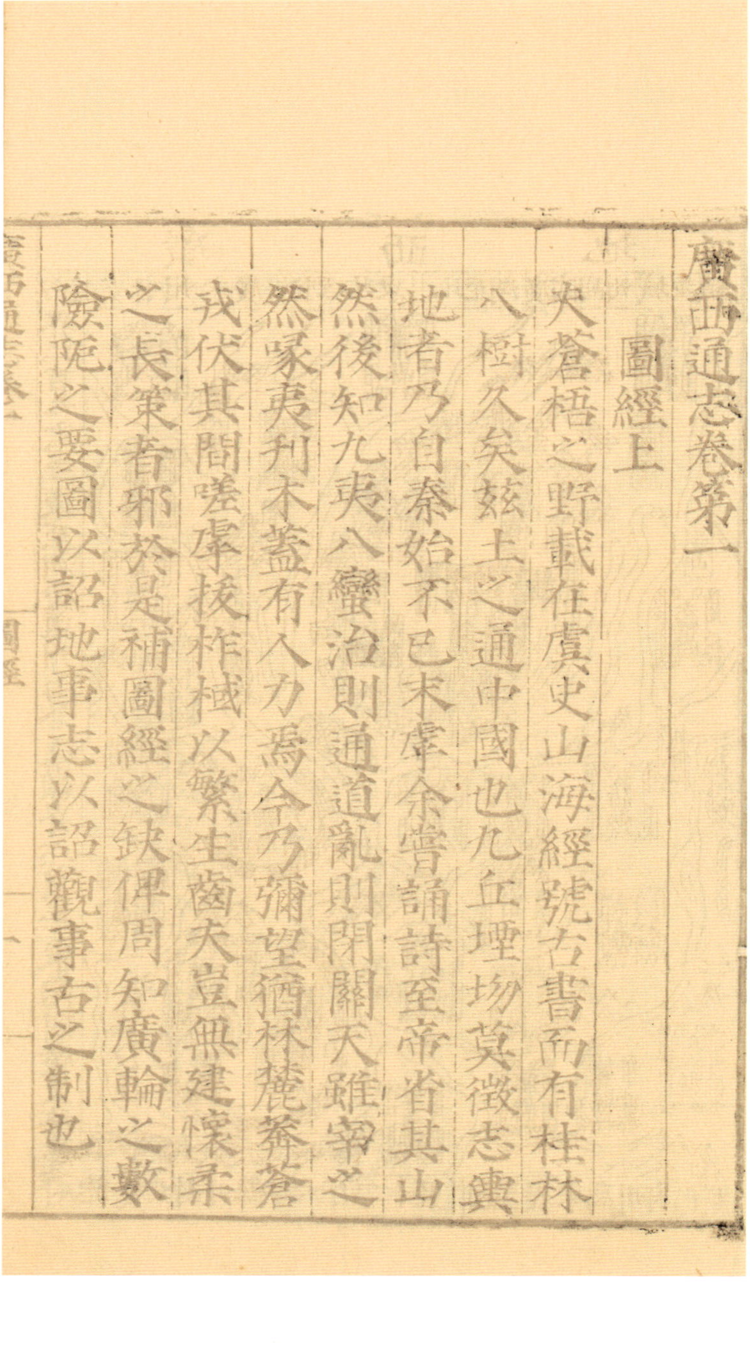

廣西通志卷第一

圖經上

夫蒼梧之野載在虞史山海經號古書而有桂林八樹久矣兹土之通中國也九丘堙埸莫徵志輿地者乃自秦始不已末虖余嘗誦詩至帝省其山然後知九夷八蠻治則通道亂則閉關天雖宰之然豕夷刋木蓋有人力為今乃彌望猶林麓莽蒼戎伏其間嗟虖拔柞棫以繁生齒夫豈無建懷柔之長策者邪於是補圖經之缺俾周知廣輪之數險阨之要圖以詔地事志以詔觀事古之制也

廣西通志卷一　圖經　一

（嘉靖）宣府鎮志四十二卷　〔明〕孫世芳纂　〔明〕欒尚約修　T3269/3104.7

明嘉靖四十年（1561）刻本　二十四册

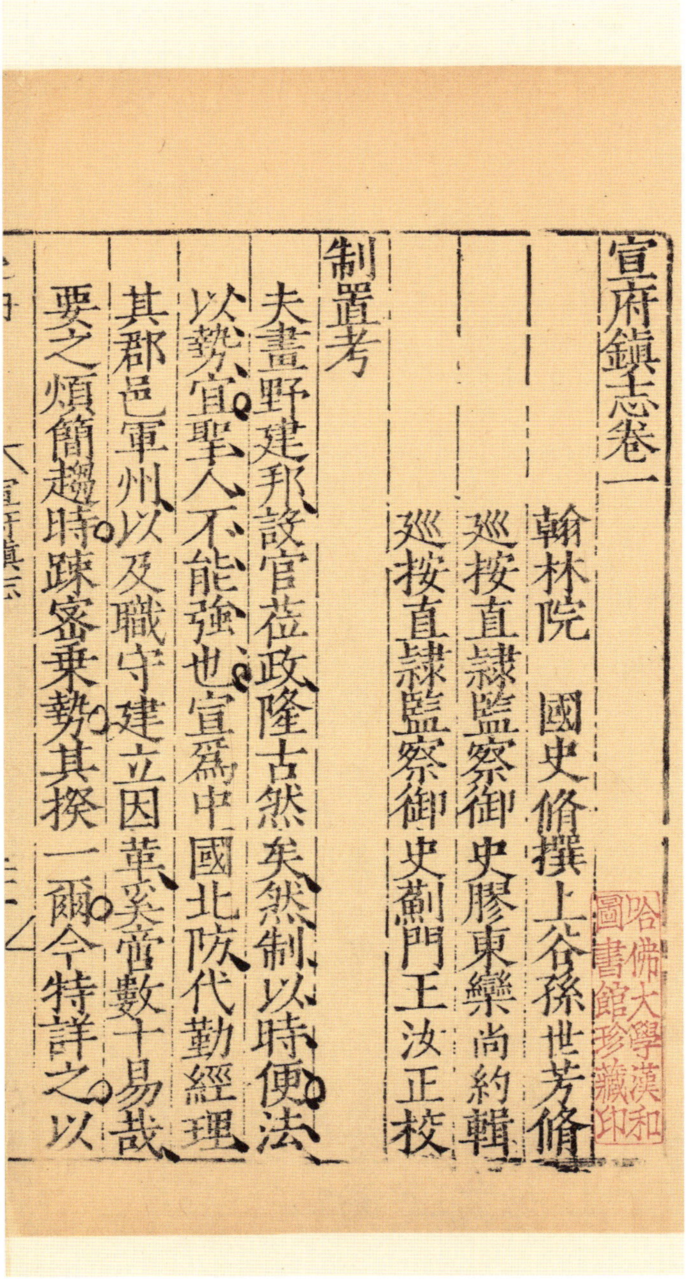
宣府鎮志卷一
翰林院　國史脩撰上谷孫世芳脩
巡按直隸監察御史膠東欒尚約輯
巡按直隸監察御史薊門王汝正校
制置考
夫畫野建邦設官莅政隆古然矣然制以時便法以勢宜聖人不能強也宣爲中國北防代勤經理其郡邑軍州以及職守建立因革奚啻數十易哉要之煩簡趨時疎密乗勢其揆一爾今特詳之以

哈佛大學漢和圖書館珍藏印

(萬曆)崑山縣志八卷 〔明〕周世昌編輯 〔明〕王體升補遺 〔明〕陳王道等考訂

明萬曆四年(1576)申恩科刻本 八册

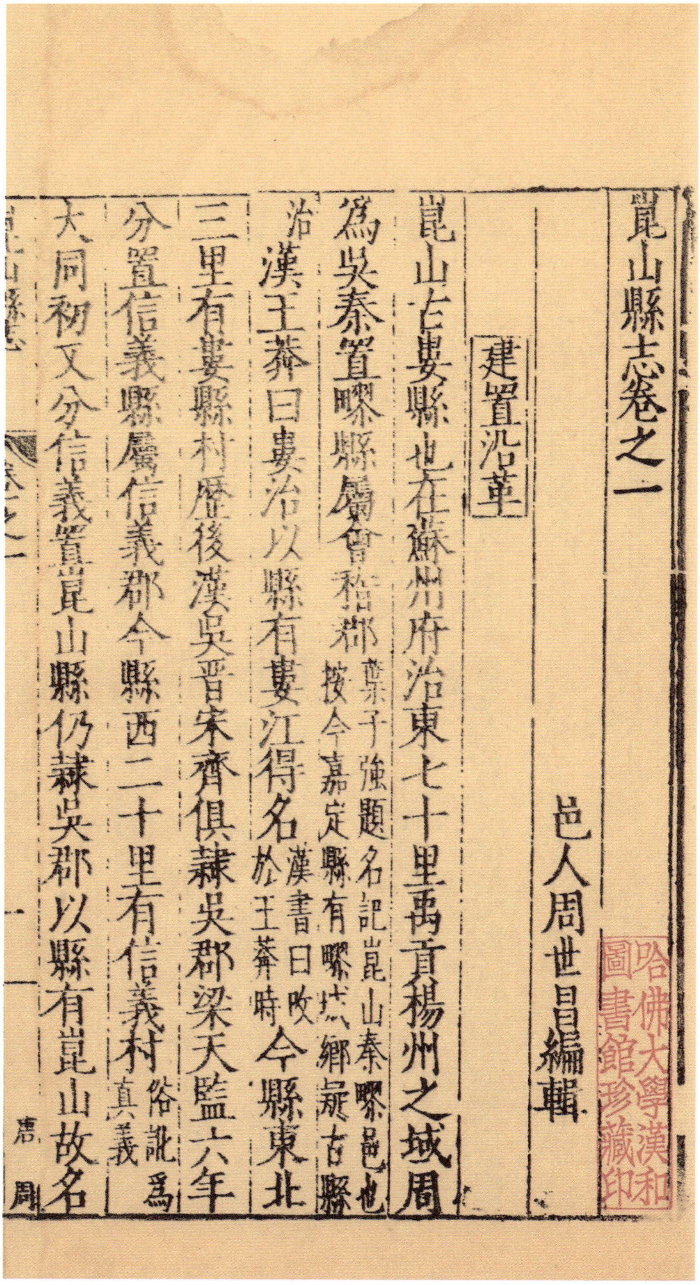
崑山縣志卷之一
邑人周世昌編輯
建置沿革
崑山古婁縣也在蘇州府治東七十里禹貢揚州之域周
爲吳秦置婁縣屬會稽郡袁子強題名記崑山秦婁邑也按今嘉定縣有婁縣鄉疑古縣
治漢王莽曰婁治以縣有婁江得名漢書曰改於王莽時今縣東北
三里有婁縣村歷後漢吳晉宋齊俱隸吳郡梁天監六年
分置信義縣屬信義郡今縣西二十里有信義村俗訛爲真義
大同初又分信義置崑山縣仍隸吳郡以縣有崑山故名
崑山縣志 卷之一 一

（康熙）常熟縣志二十六卷首一卷末一卷　〔清〕錢陸燦等纂　〔清〕高士巘　楊振藻修

清康熙二十六年（1687）刻本　十册

缺卷首。

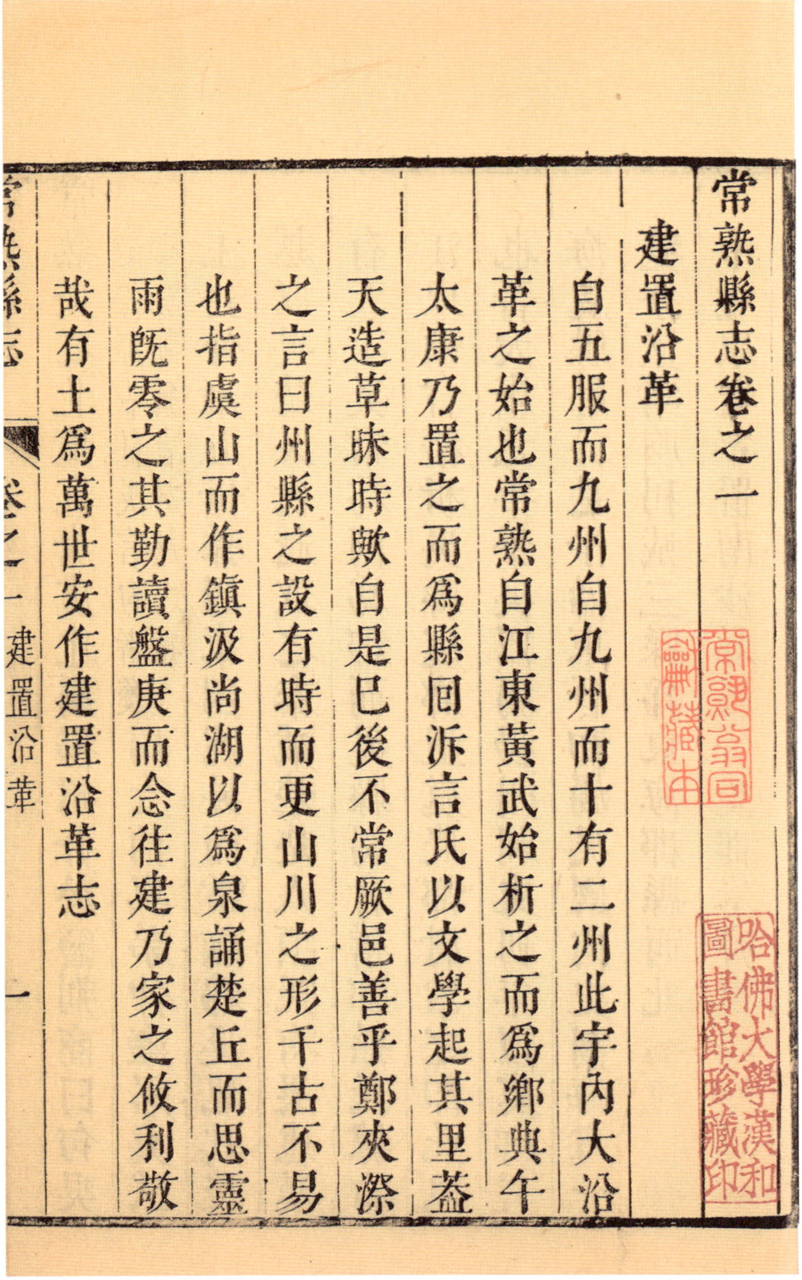
常熟縣志卷之一
建置沿革
自五服而九州自九州而十有二州此宇內大沿
革之始也常熟自江東黄武始析之而爲鄉典午
太康乃置之而爲縣回泝言氏以文學起其里蓋
天造草昧時歟自是巳後不常厥邑善乎鄭夾漈
之言曰州縣之設有時而更山川之形千古不易
也指虞山而作鎮汲尚湖以爲泉誦楚丘而思靈
雨旣零之其勤讀盤庚而念往建乃家之攸利敬
哉有土爲萬世安作建置沿革志
常熟縣志　卷之一　建置沿革　一

（崇禎）江陰縣志八卷首一卷　〔明〕馮士仁　張鳳翮纂修　

明崇禎十三年（1640）刻本　十册

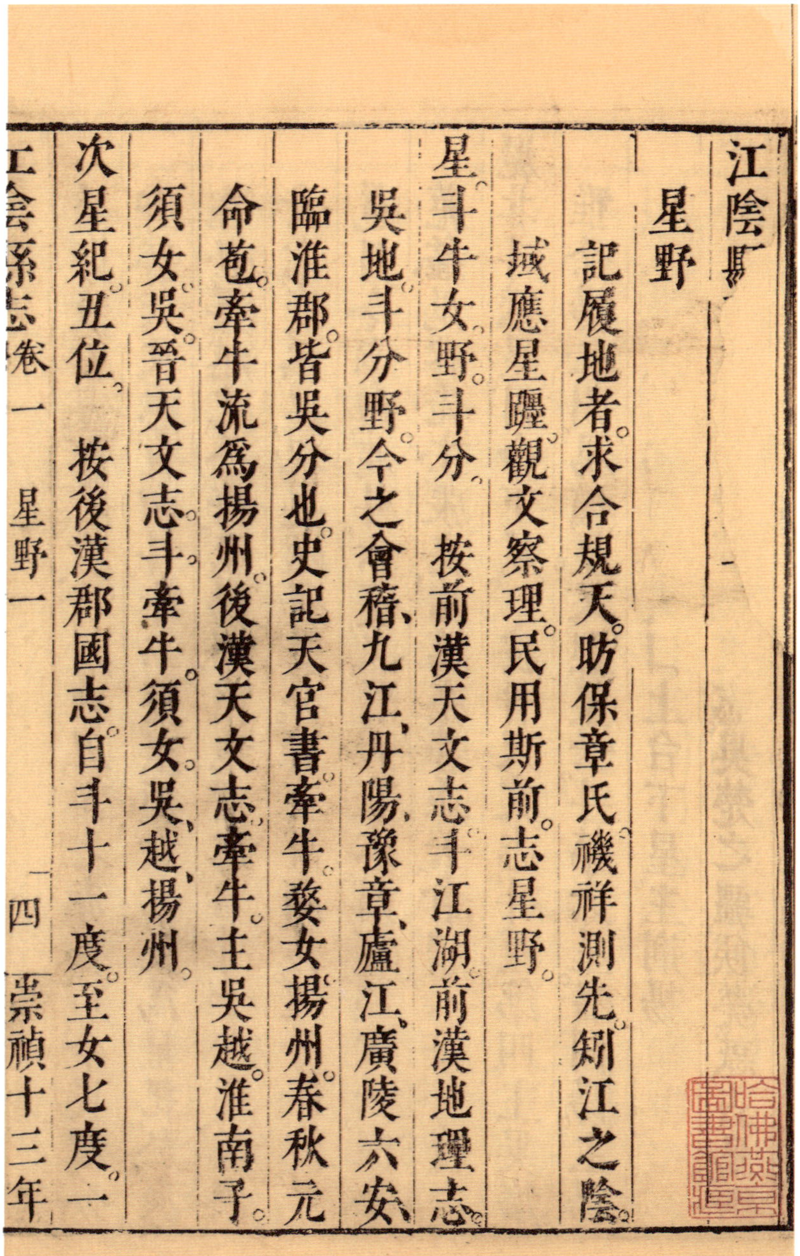
江陰縣

星野

記履地者求合規天昉保章氏禨祥測先剏江之陰域應星躔觀文察理民用斯前志星野

星斗牛女野斗分　按前漢天文志斗江湖前漢地理志吳地斗分野今之會稽九江丹陽豫章廬江廣陵六安臨淮郡皆吳分也史記天官書牽牛婺女揚州春秋元命苞牽牛流爲揚州後漢天文志牽牛主吳越淮南子須女吳晉天文志斗牽牛須女吳越揚州次星紀丑位　按後漢郡國志自斗十一度至女七度一

江陰縣志卷一　星野一　四　崇禎十三年

（萬曆）潞城縣志八卷　〔明〕馮惟賢纂修　〔明〕王溥增修　　T3150/3645.7

明萬曆十九年（1591）刻天啓五年（1625）增修本（卷四至六抄配）　六册

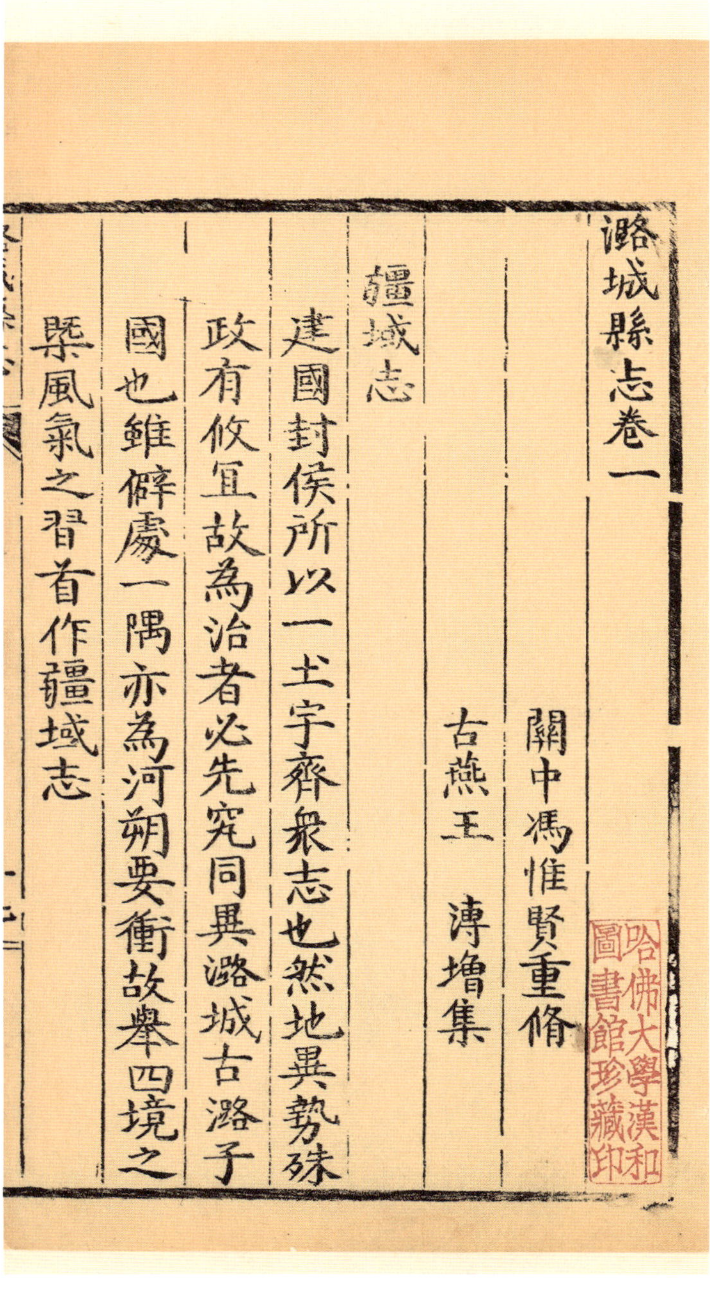
潞城縣志卷一
關中馮惟賢重脩
古燕王　溥增集
疆域志
建國封侯所以一土宇齊衆志也然地異勢殊
政有攸宜故為治者必先究同異潞城古潞子
國也雖僻處一隅亦為河朔要衝故舉四境之
槩風氣之習首作疆域志

（乾隆）婺源縣志三十九卷首一卷　〔清〕藩繼善纂　〔清〕俞雲耕修

清乾隆二十二年（1757）刻本　三十二册

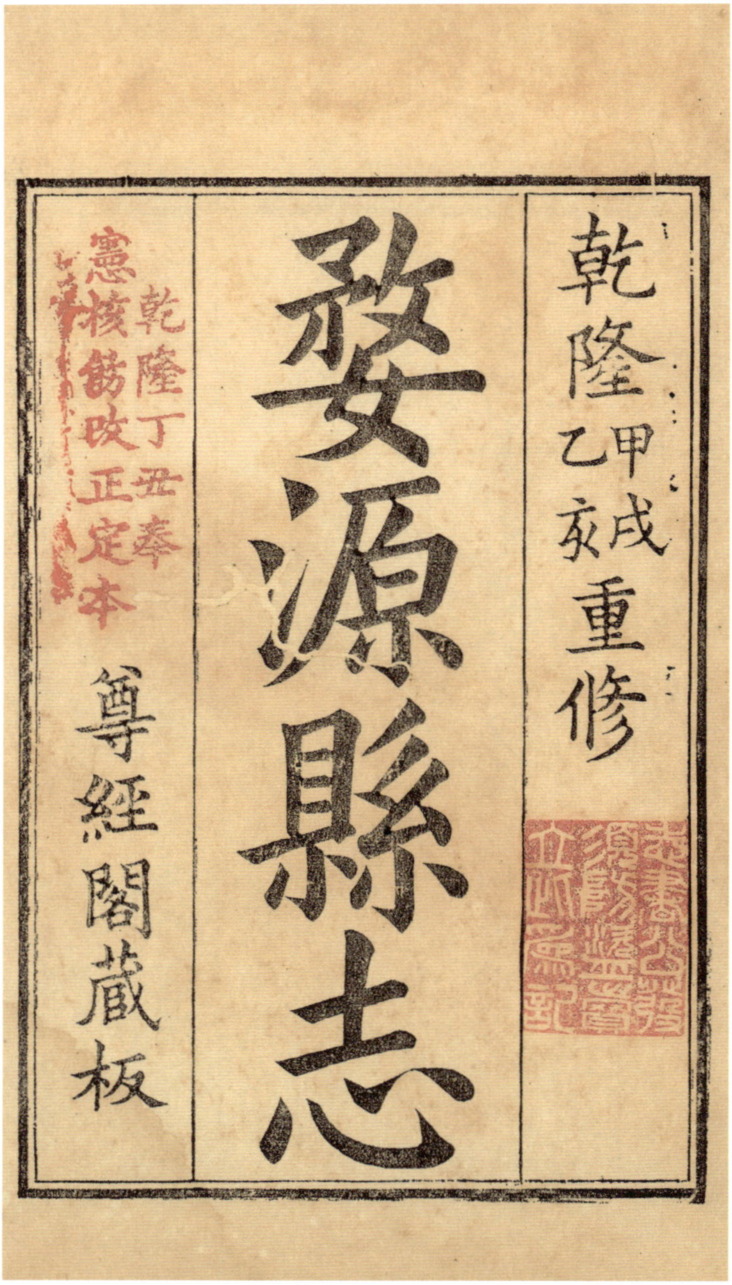

婺源縣志卷之一

疆域志

圖考　沿革　分野北極高度及候占附　坊都

山川形勝附　風俗　地產

周官有職方氏掌天下之圖地亦有𢒈方氏正一國之封疆廣狹不同其道一也婺之封域則有大鄣雄峙盧浙二江出焉禹桑之經志之厥跡最古幅幀修廣視他邑爲遼闊山阜宅其中者衆也諸象有圖列肴指掌由是稽沿革考星緯覽坊都山川詢風俗地產皆守土者所當先故志以疆域爲首

（光緒）漢川圖記徵實不分卷　〔清〕田宗漢纂修　3185/3320.88

清光緒二十一年（1895）漢川對古樓刻朱印本　六册

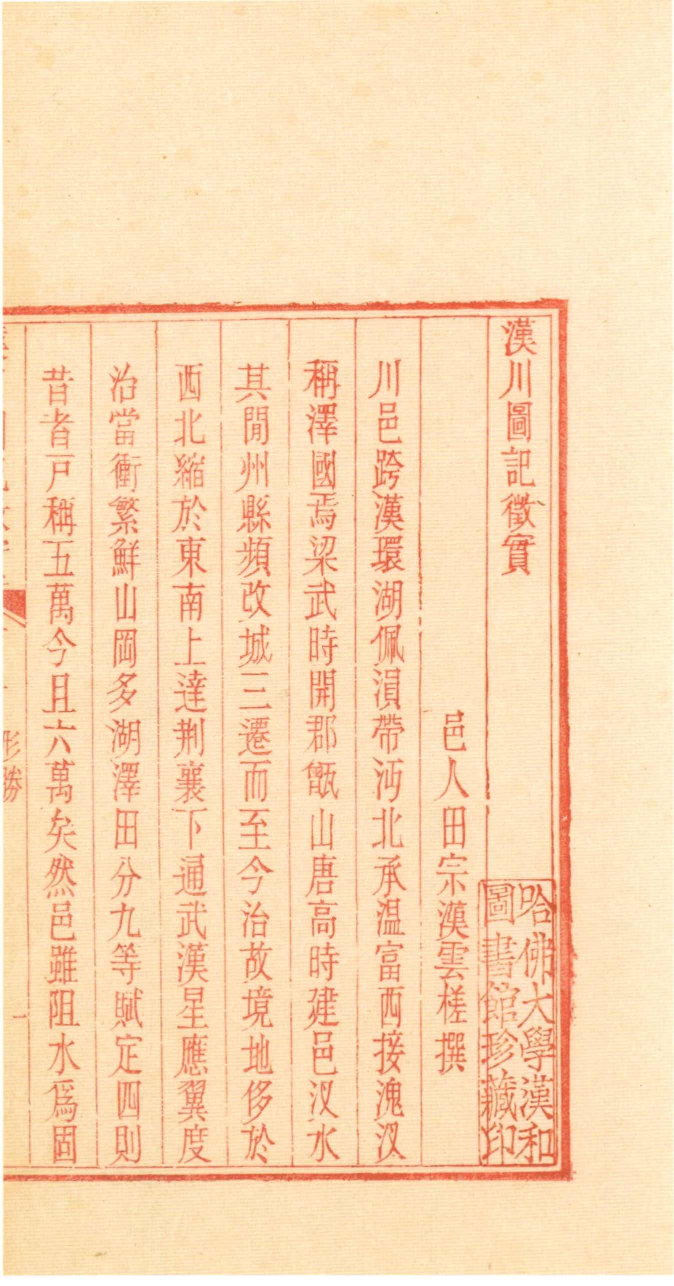
漢川圖記徵實
邑人田宗漢雲槎撰

川邑跨漢環湖佩涓帶沔北承溫富西接溾汊
稱澤國焉梁武時開郡甑山唐高時建邑汊水
其閒州縣頻改城三遷而至今治故境地侈於
西北縮於東南上達荆襄下通武漢星應翼度
治當衝繁鮮山岡多湖澤田分九等賦定四則
昔者戶稱五萬今且六萬矣然邑雖阻水爲固
形勝　一

堯陵考二卷　〔清〕李文藻撰　〔清〕段松苓續補　

清高氏辨蟫居抄本　一册

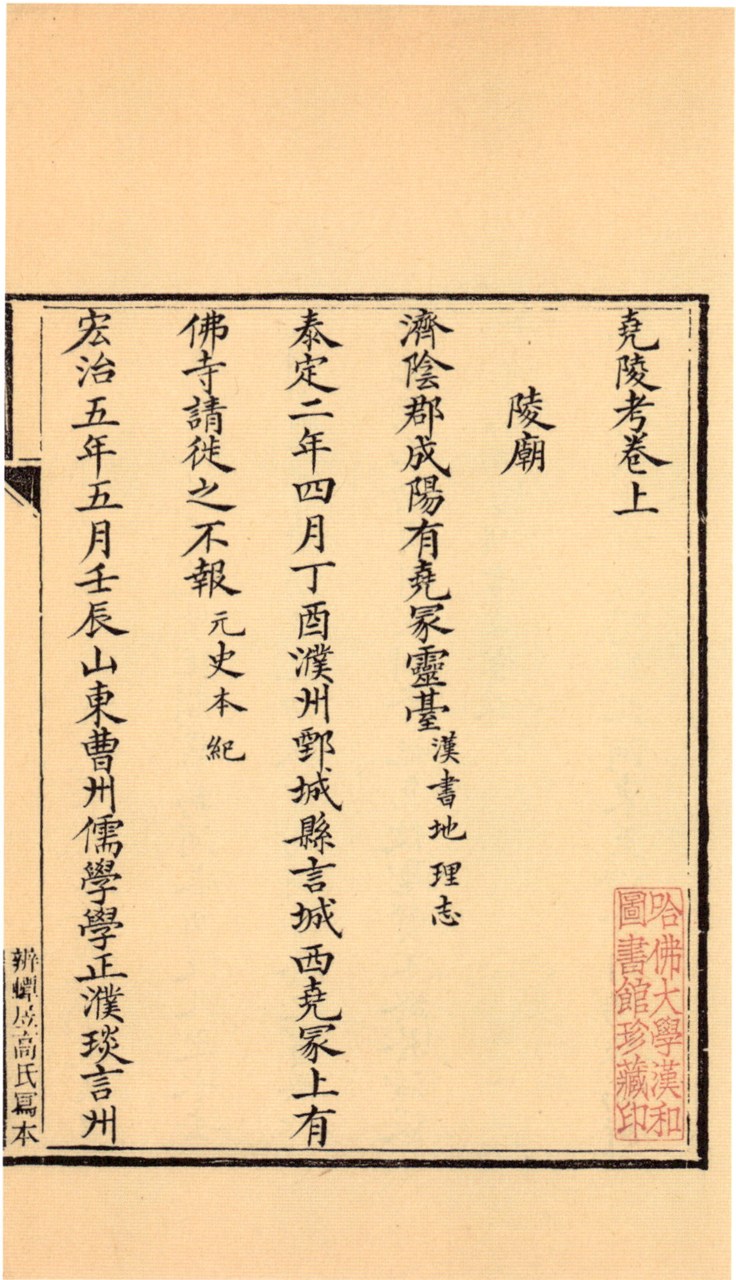
堯陵考卷上

陵廟

濟陰郡成陽有堯冢靈臺 漢書地理志

泰定二年四月丁酉濮州鄄城縣言城西堯冢上有

佛寺請徙之不報 元史本紀

宏治五年五月壬辰山東曹州儒學學正濮琰言州

辨蟫居高氏寫本

苗蠻圖説一卷 T6178/4260

清彩繪本　一册

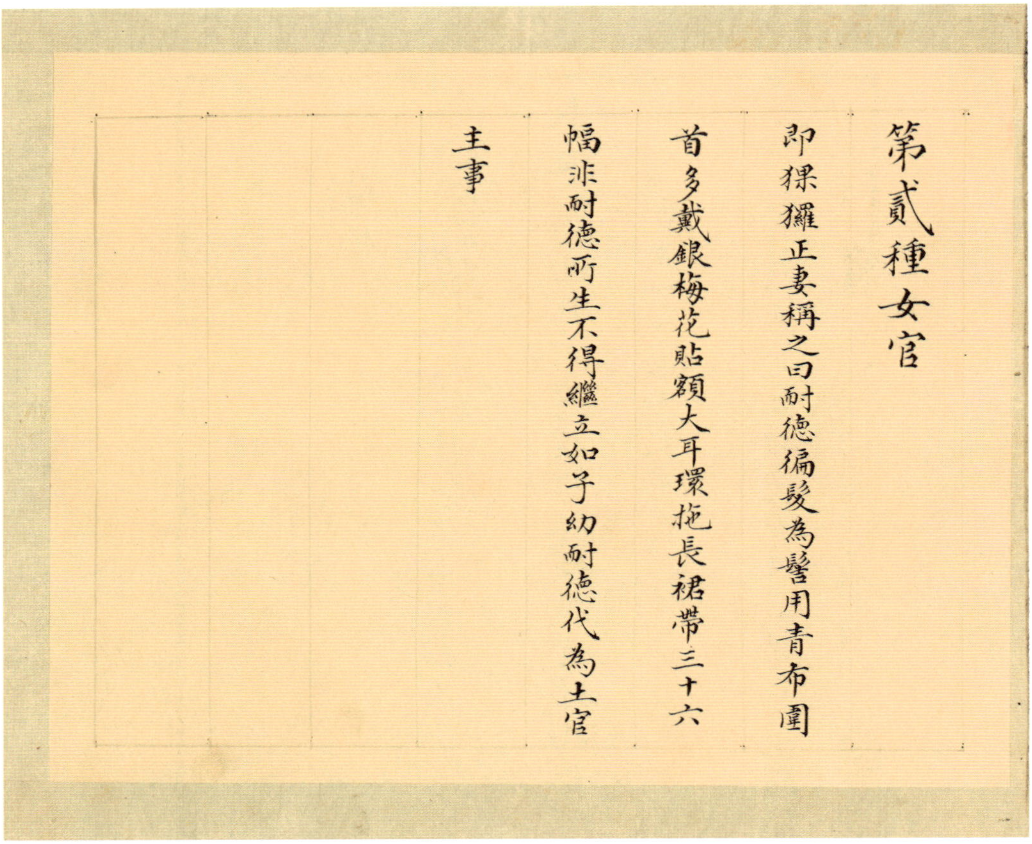
第貳種女官
即猓玀正妻稱之曰耐德徧髮為髻用青布圍
首多戴銀梅花貼額大耳環拖長裙帶三十六
幅非耐德所生不得繼立如子幼耐德代為土官
主事

夷人圖説一卷 T6178/5860

清彩繪本 二册

直隷五道成規五卷　〔清〕高斌輯　　4746/4422

清乾隆八年（1743）直隷總督衙門刻本　五册

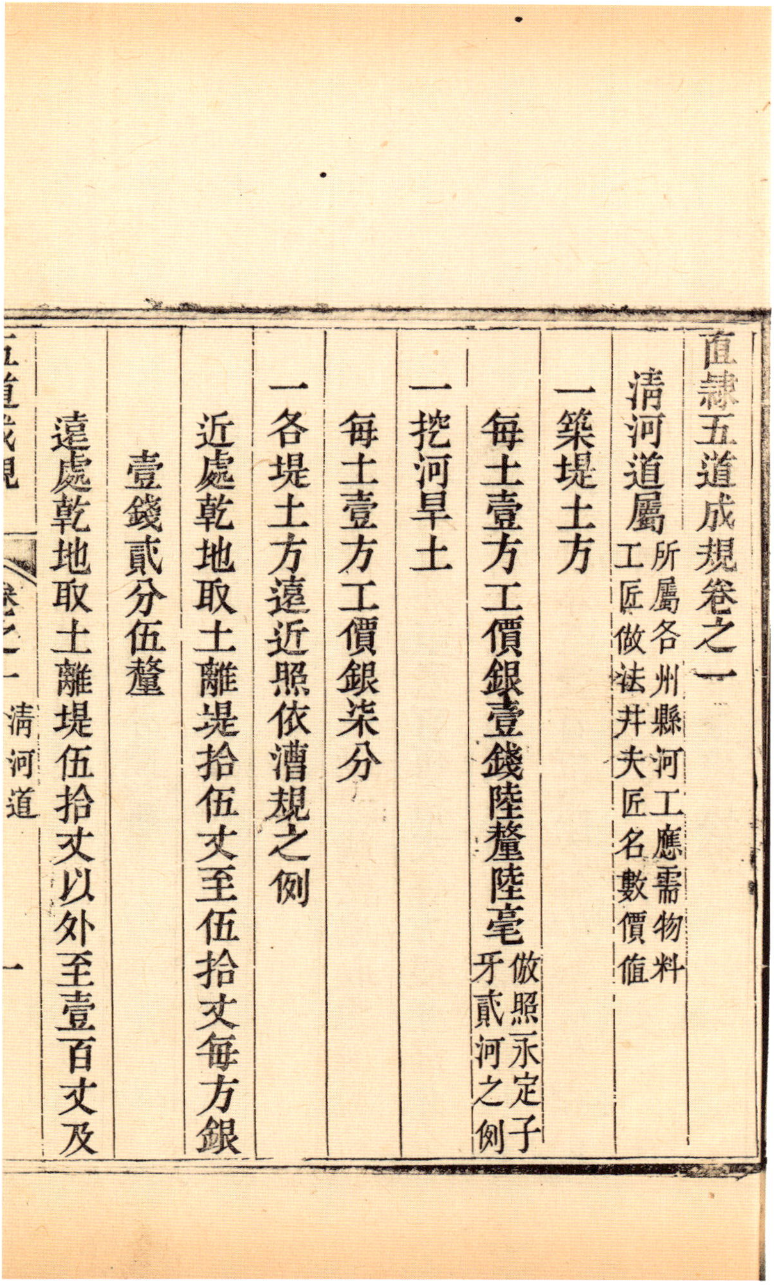
直隷五道成規卷之一
清河道屬 所屬各州縣河工應需物料工匠做法并夫匠名數價值
一築堤土方
每土壹方工價銀壹錢陸釐陸毫 倣照永定子牙貳河之例
一挖河旱土
每土壹方工價銀柒分
一各堤土方遠近照依漕規之例
近處乾地取土離堤拾伍丈至伍拾丈每方銀
壹錢貳分伍釐
遠處乾地取土離堤伍拾丈以外至壹百丈及
直隷五道成規　卷之一　清河道　一

全修海塘録十卷續修海塘録二卷 〔明〕仇俊卿編 （續修）〔明〕喬拱璧編

明刻清修補印本 二册

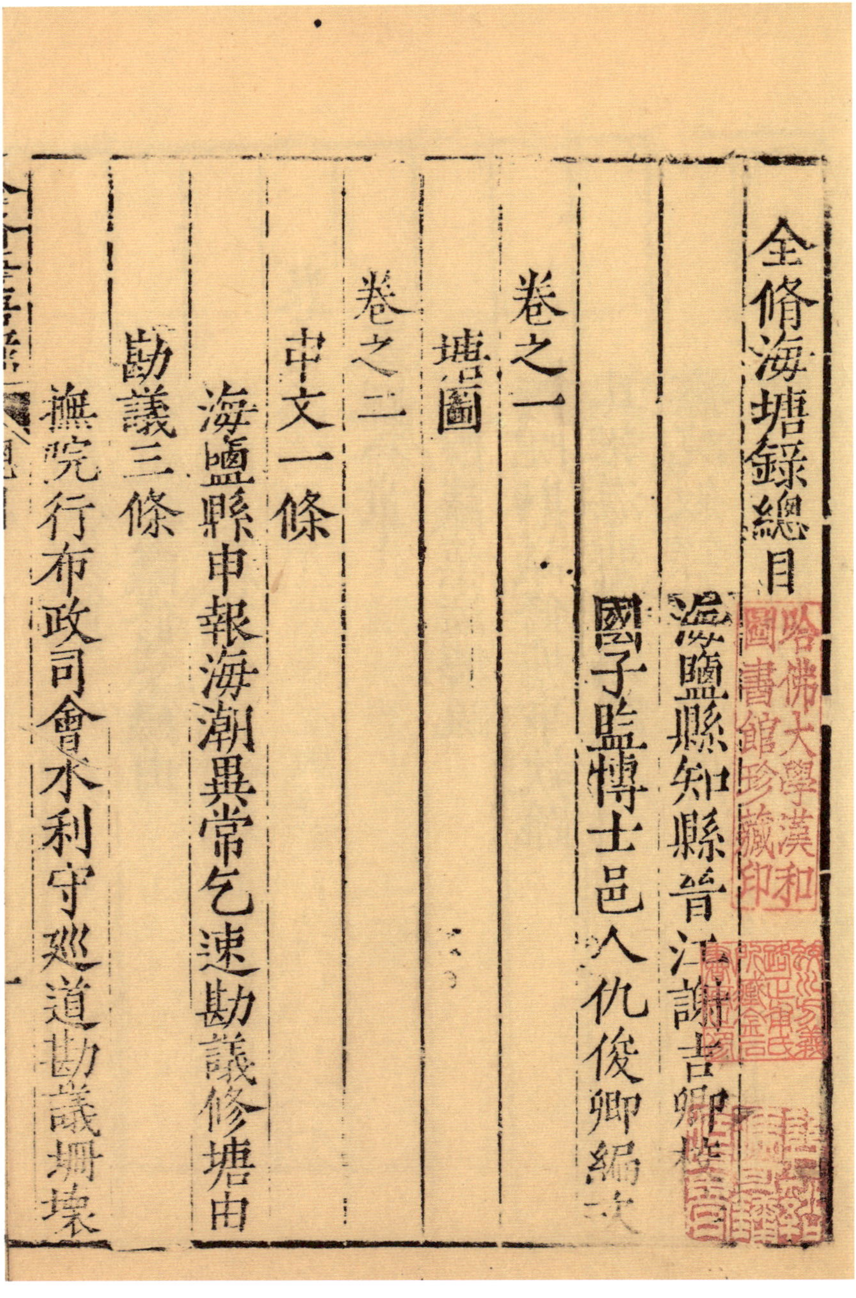
全脩海塘録總目
海鹽縣知縣晉江謝吉卿校
國子監博士邑人仇俊卿編次
卷之一
塘圖
卷之二
申文一條
海鹽縣申報海潮異常乞速勘議修塘由
勘議三條
撫院行布政司會水利守巡道勘議坍壞

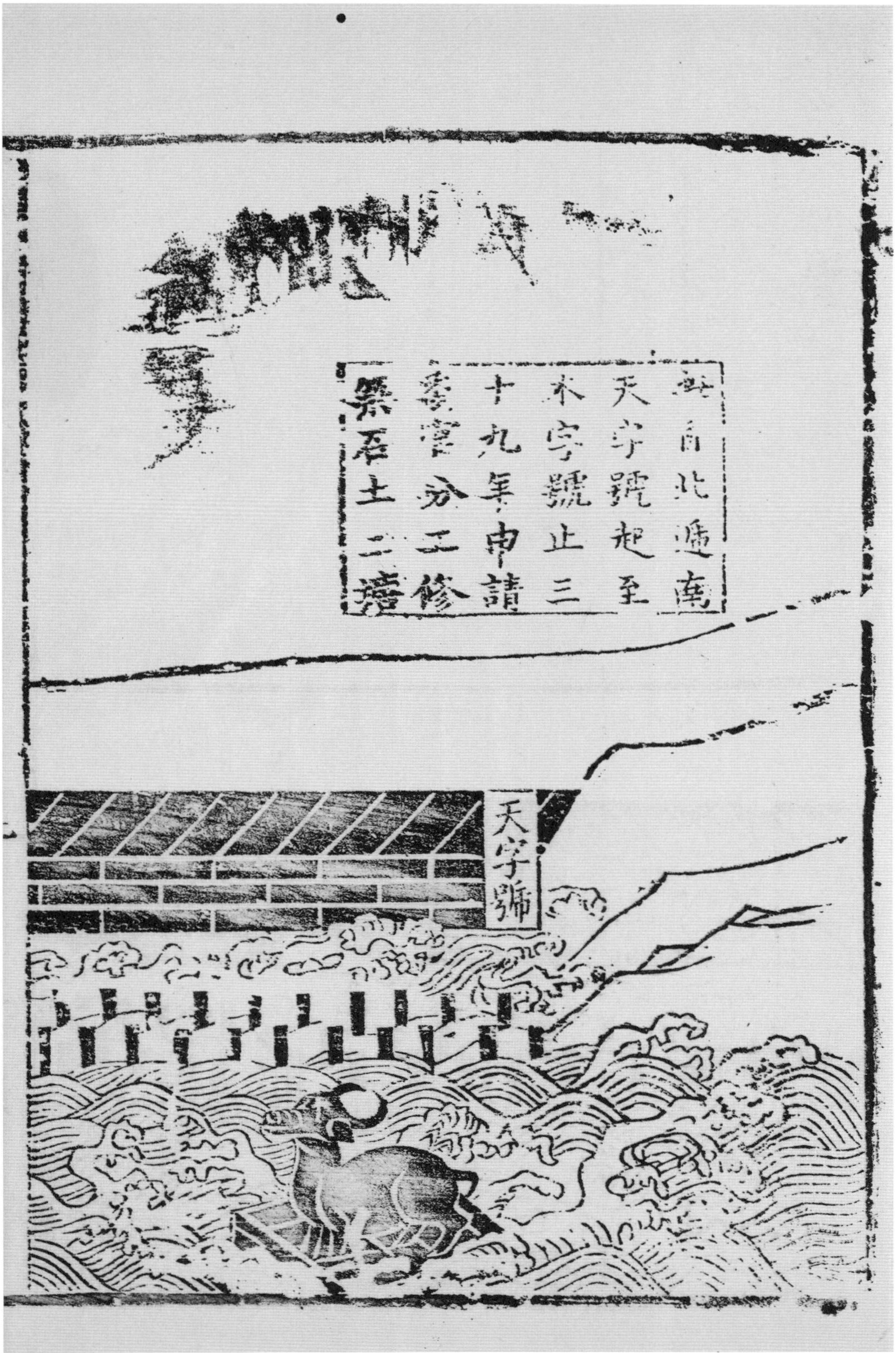
塘自北迤南
天字號起至
木字號止三
十九年申請
發帑分工修
築石土二塘
天字號

天下山河兩戒考十四卷圖一卷 〔清〕徐文靖撰

清雍正元年（1723）當塗徐氏刻本 四册

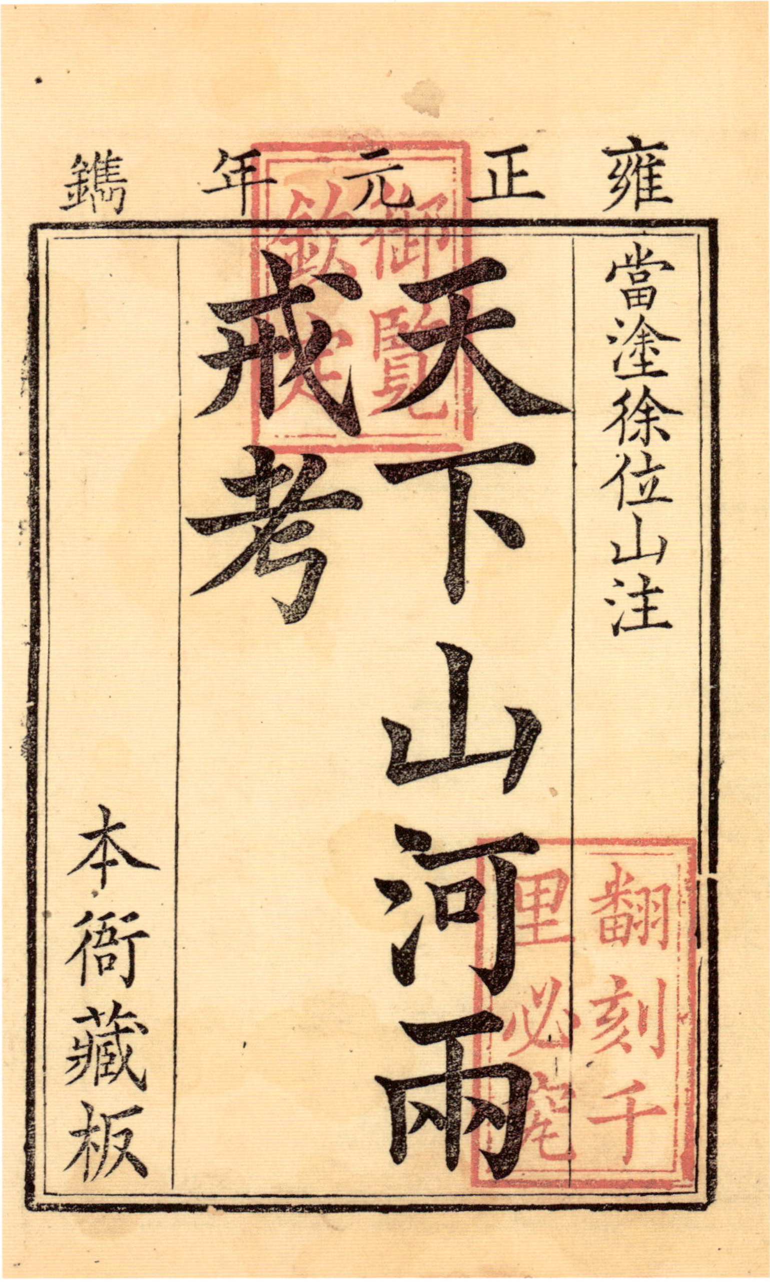
雍正元年鐫
當塗徐位山注
天下山河兩戒考
本衙藏板
翻刻千里必究

天下山河兩戒考卷一 錄唐天文志

當塗徐文靖註

天下山河之象易在天成象鄭康成曰象光耀形體貌後漢天文志曰形成于下象見于上存乎兩戒史記天官書曰朝鮮之拔星茀於河戒石氏星經兩戒之間天闕門韓陽天文要集曰兩戒間爲天道日月五星常出南北戒間戒一作戍漢書天文志曰元封中星孛於河戍此天以南北河爲兩戒地亦云兩戒者以山河南北分也戒界也荊州占作兩界

北戒王希明太乙金鏡經曰昔燧人氏仰觀斗極而定方名東西南北是也自三危禹貢三危既宅注三危在雍州之西南境山有三峯高嵸甚危故曰三危山海經三危之山員廣百里河圖括地象曰三危山上爲天苑星在鳥鼠之西南與汶山相接呂氏春秋三危之露注三危西極國名後漢西

九疑山志九卷　〔明〕蔣鑛輯　

明崇禎刻本　六册

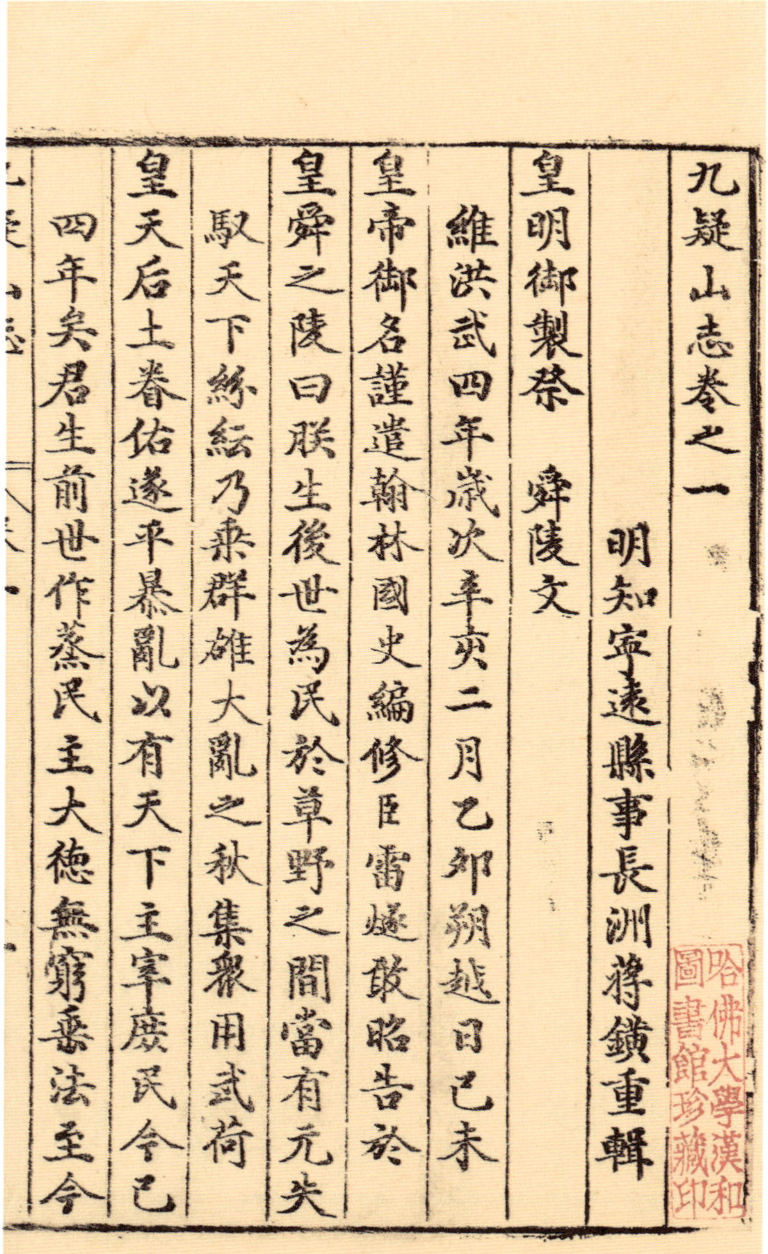

九疑山志卷之一

明知寧遠縣事長洲蔣鑛重輯

皇明御製祭　舜陵文

維洪武四年歲次辛亥二月乙卯朔越日己未

皇帝御名謹遣翰林國史編修臣雷燧敢昭告於

皇舜之陵曰朕生後世為民於草野之間當有元失

馭天下紛紜乃乘群雄大亂之秋集衆用武荷

皇天后土眷佑遂平暴亂以有天下主宰庶民今已

四年矣君生前世作蒸民主大德無窮垂法至今

新鐫海内奇觀十卷　〔明〕楊爾曾撰　

明萬曆三十七年（1609）楊爾曾夷白堂刻本　六册

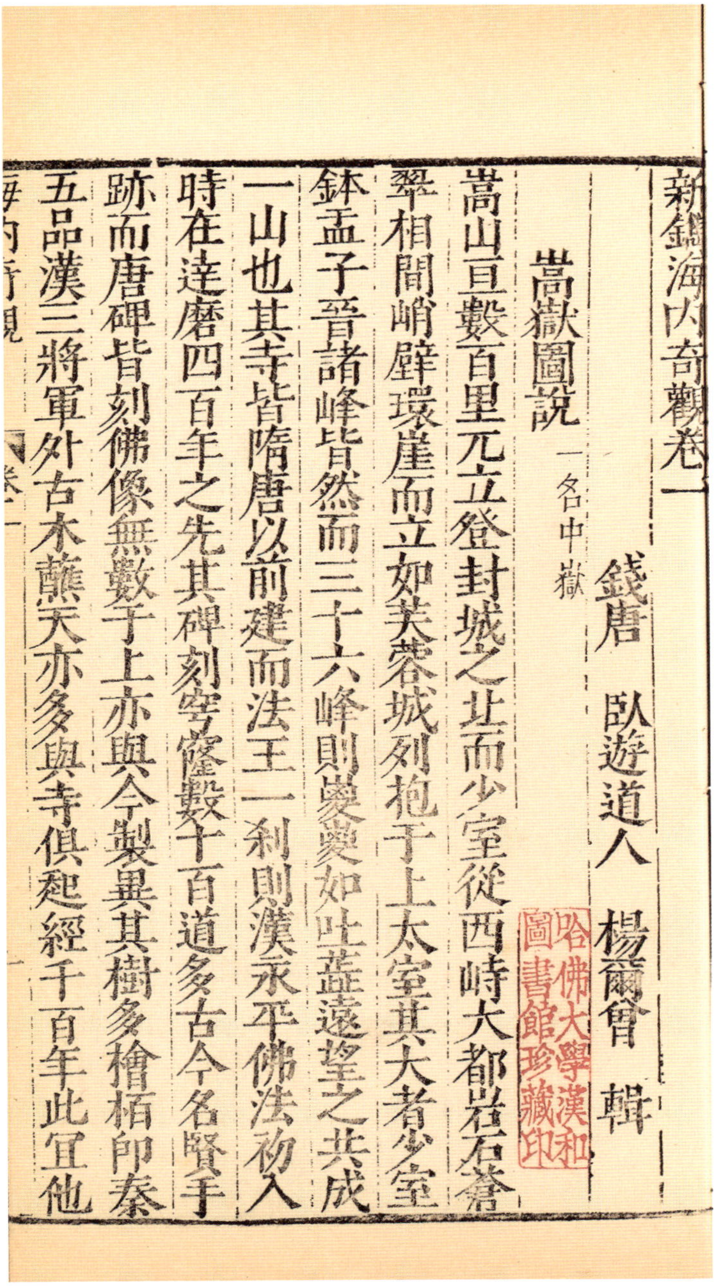
新鐫海內奇觀卷一　錢唐　臥遊道人　楊爾曾　輯

嵩嶽圖說　一名中嶽

嵩山亘數百里兀立登封城之北而少室從西峙大都岩石蒼翠相間峭壁環崖而立如芙蓉城列抱于上太室其大者少室鉢盂子晉諸峰皆然而三十六峰則嵏嵏如吐蕋遠望之共成一山也其寺皆隋唐以前建而法王一刹則漢永平佛法初入時在達磨四百年之先其碑刻窣窿數千百道多古今名賢手跡而唐碑皆刻佛像無數于上亦與今製異其樹多檜栢卬秦五品漢三將軍外古木蘸天亦多與寺俱起經千百年此宜他

海內奇觀　卷一　一

哈佛大學漢和圖書館珍藏印

西湖佳景一卷 〔清〕湖上扶摇子輯

清乾隆刻套印本 一册

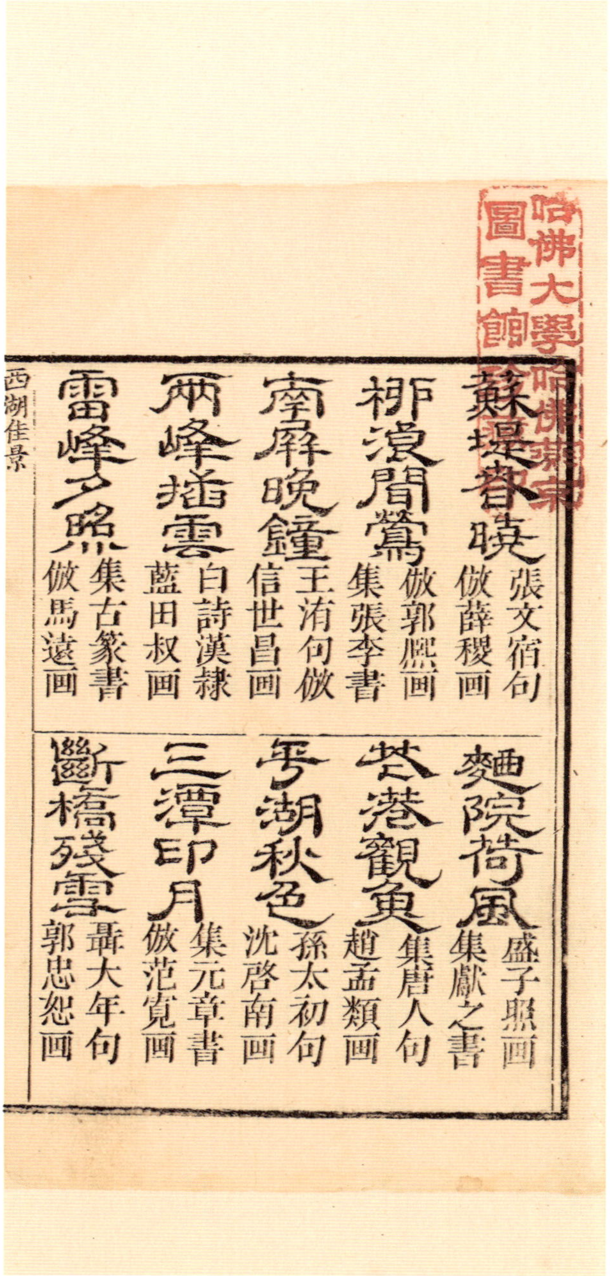

蘇堤春曉 張文宿句 倣薛稷画
柳浪聞鶯 倣郭熙画 集張李書
南屏晚鐘 王洧句倣 信世昌画
兩峰插雲 白詩漢隸 藍田叔画
雷峰夕照 集古篆書 倣馬遠画
麯院荷風 盛子照画 集獻之書
花港觀魚 集唐人句 趙孟類画
平湖秋色 孫太初句 沈啓南画
三潭印月 集元章書 倣范寬画
斷橋殘雪 聶大年句 郭忠恕画
西湖佳景

西湖佳景
十一

使琉球記六卷 〔清〕李鼎元撰

清嘉慶七年（1802）序師竹齋刊本　四册

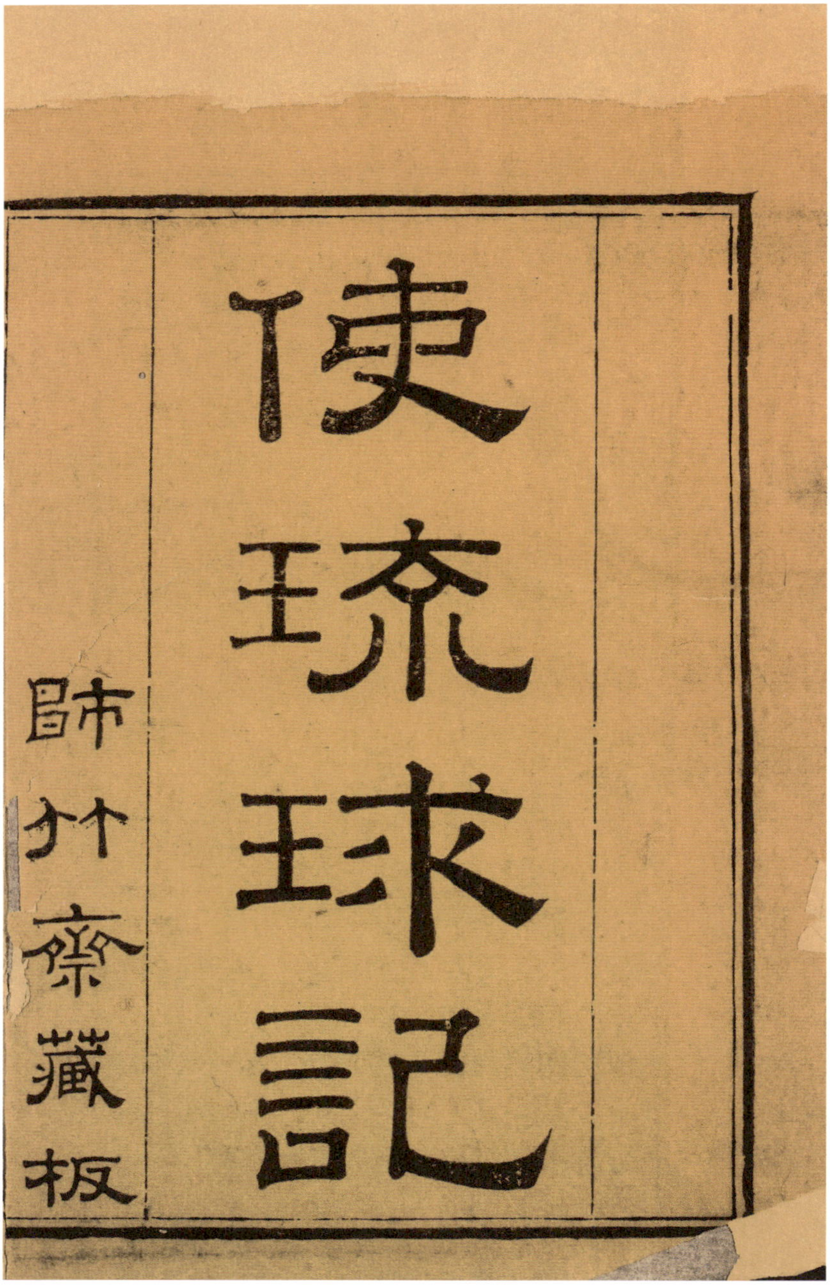

使琉球記卷一

欽命冊封琉球副使賜正一品麟蟒服內閣中書前翰林院檢討綿州李鼎元撰

乾隆五十有九年甲寅四月八日琉球國中山王尚穆薨世子尚哲先七年卒世孫尚溫取具通國臣民結狀於嘉慶三年戊午八月遣正使耳目官向國垣副使正議大夫曾謨進例貢表請襲封四年二月福建巡撫臣汪志伊以

聞禮部上其議

天子特命內閣大學士翰林院掌院都察院禮部堂官選舉學問優長儀度修偉者為正副使時選得內閣中

環游地球軍商行船備要不分卷 〔清〕丁獄譯

清稿本　十三册

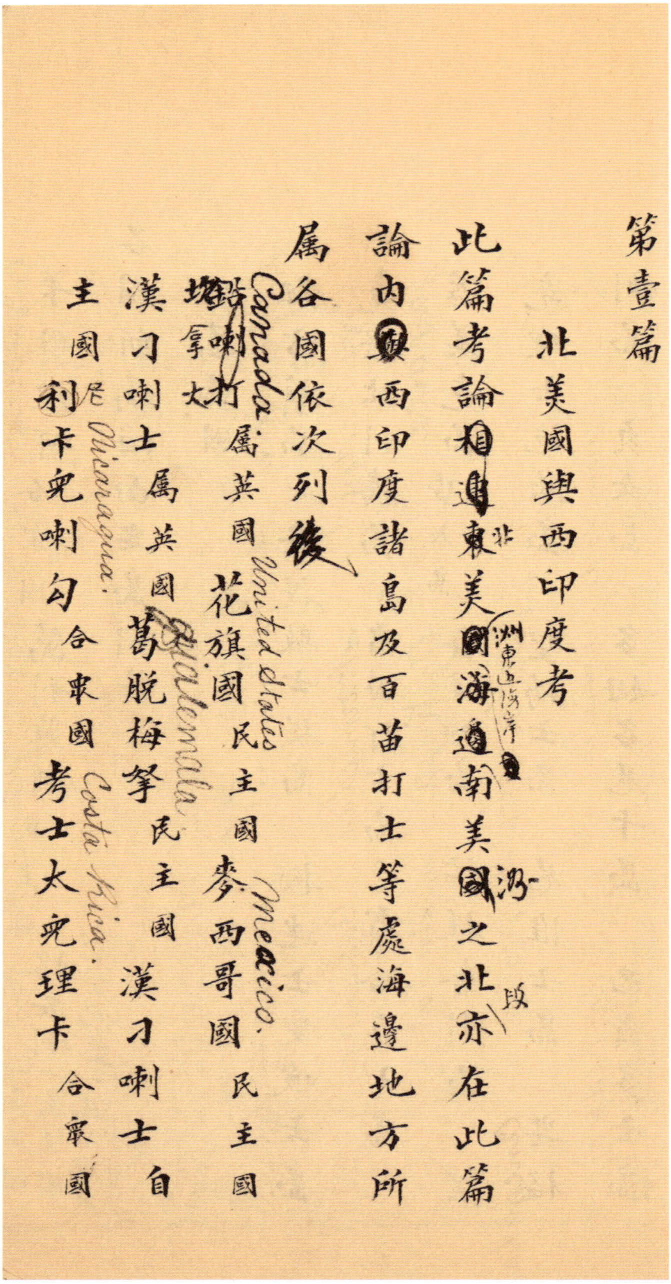
第壹篇
北美國與西印度考
此篇考論相連東北美國海邊南美國洲之北亦在此篇
論內西印度諸島及百苗打士等處海邊地方所
屬各國依次列後
坎拿大屬英國　花旗國民主國　麥西哥國民主國
漢刁喇士屬英國　葛脫梅拏民主國　漢刁喇士自主國
主國　尼利卡兜喇勾合衆國　考士太兜理卡合衆國

皇輿考十卷　〔明〕張天復撰　

明嘉靖三十六年（1557）刻本　四册

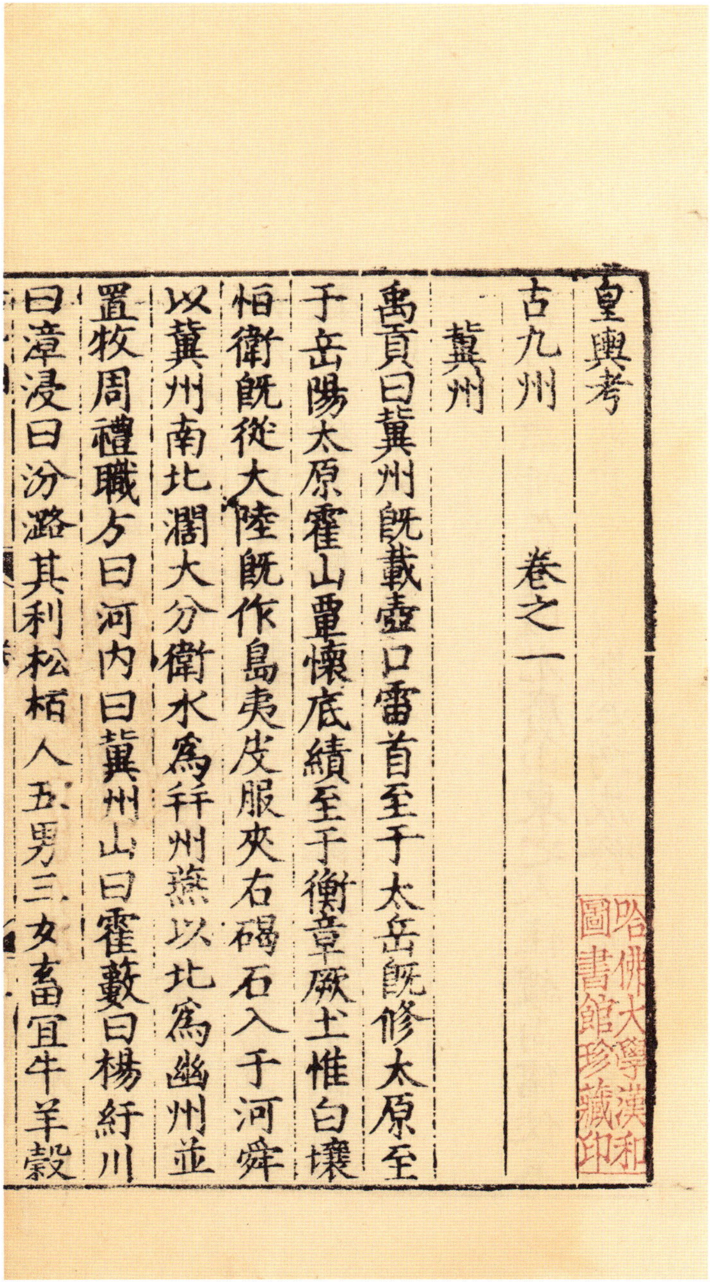
皇輿考
古九州　卷之一
冀州
禹貢曰冀州既載壺口雷首至于太岳既修太原至
于岳陽太原霍山覃懷底績至于衡章厥土惟白壤
恒衛既從大陸既作島夷皮服夾右碣石入于河舜
以冀州南北濶大分衛水爲幷州燕以北爲幽州並
置牧周禮職方曰河內曰冀州山曰霍藪曰楊紆川
曰漳浸曰汾潞其利松柏人五男三女畜宜牛羊穀

皇明職方地圖不分卷 〔明〕陳組綬撰

清彩繪本 二册

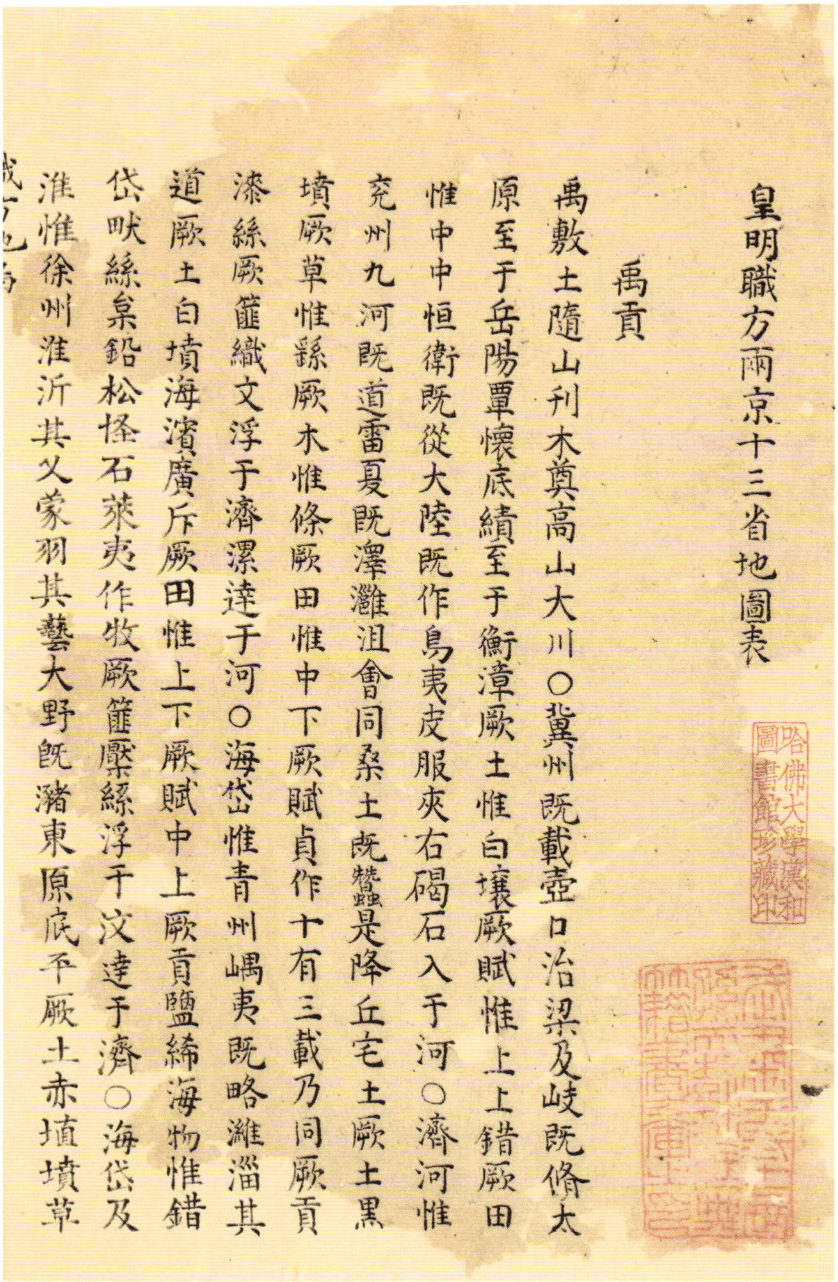
皇明職方兩京十三省地圖表

禹貢

禹敷土隨山刊木奠高山大川○冀州既載壺口治梁及岐既脩太
原至于岳陽覃懷底績至于衡漳厥土惟白壤厥賦惟上上錯厥田
惟中中恒衛既從大陸既作鳥夷皮服夾右碣石入于河○濟河惟
兖州九河既道雷夏既澤灉沮會同桑土既蠶是降丘宅土厥土黑
墳厥草惟繇厥木惟條厥田惟中下厥賦貞作十有三載乃同厥貢
漆絲厥篚織文浮于濟漯達于河○海岱惟青州嵎夷既略濰淄其
道厥土白墳海濱廣斥厥田惟上下厥賦中上厥貢鹽絺海物惟錯
岱畎絲枲鉛松怪石萊夷作牧厥篚檿絲浮于汶達于濟○海岱及
淮惟徐州淮沂其乂蒙羽其藝大野既豬東原底平厥土赤埴墳草

北京地圖

寰宇貞石圖六卷 〔清〕楊守敬撰 2003/4234

清宣統元年（1909）宜都楊守敬飛青閣影印剪貼本　六册

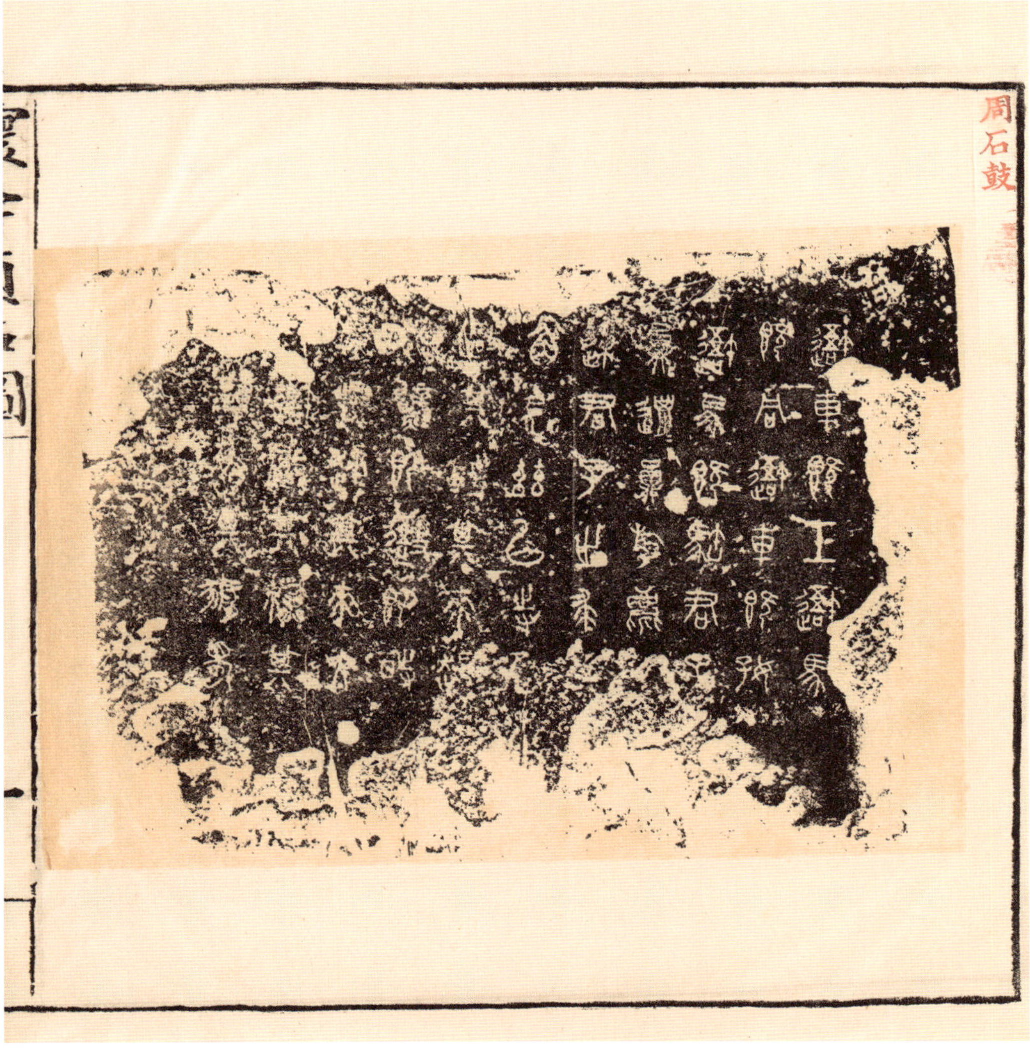
周石鼓

重修宣和博古圖録三十卷　〔宋〕王黼等撰　

明萬曆二十七年（1599）于承祖刻崇禎九年（1636）于道南重修本　六册

存卷五至三十。

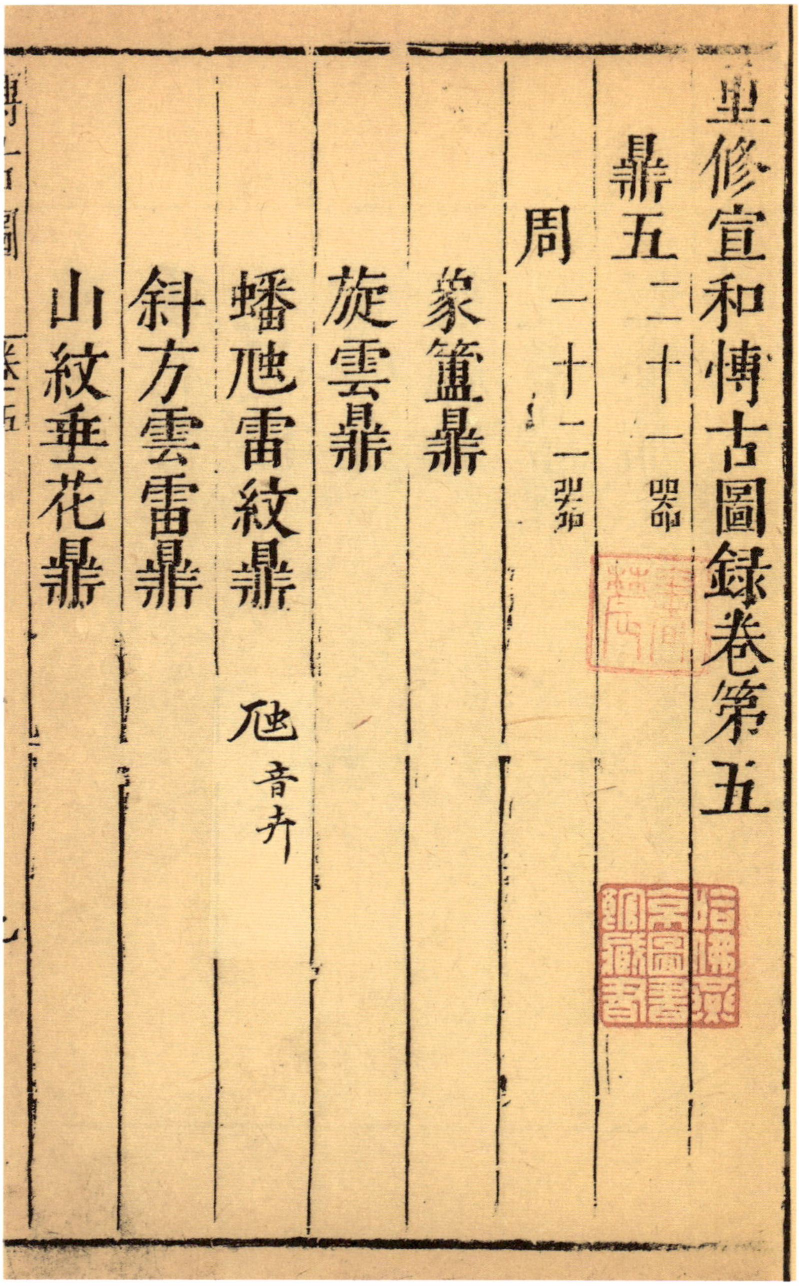
重修宣和博古圖録卷第五
鼎五 二十一器
周 一十二器
象簠鼎
旋雲鼎
蟠虺雷紋鼎 虺音卉
斜方雲雷鼎
山紋垂花鼎

周象籚鼎

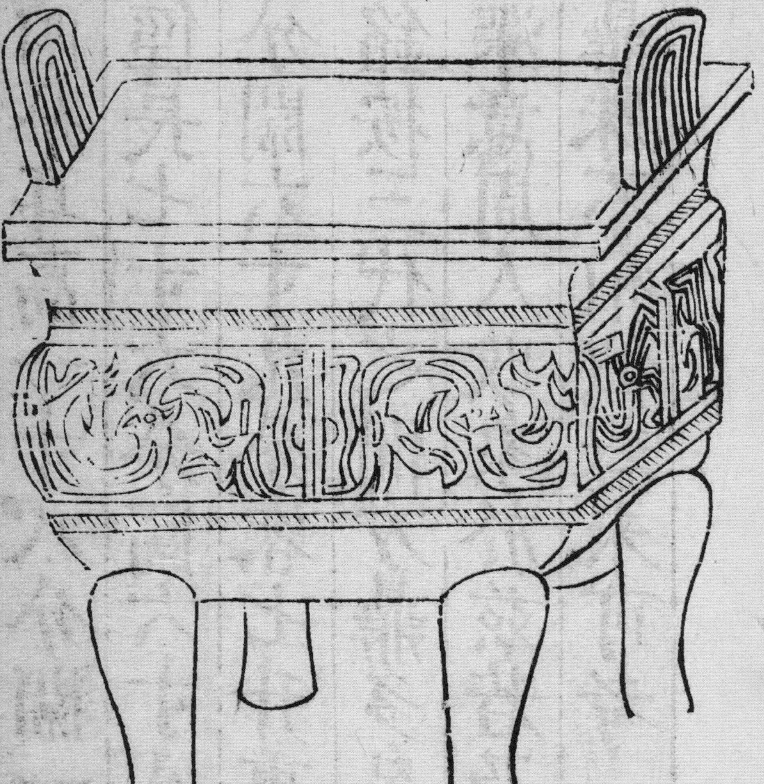

翰苑印林四卷　〔明〕吴日章編輯　

明崇禎七年（1634）刻本　四册

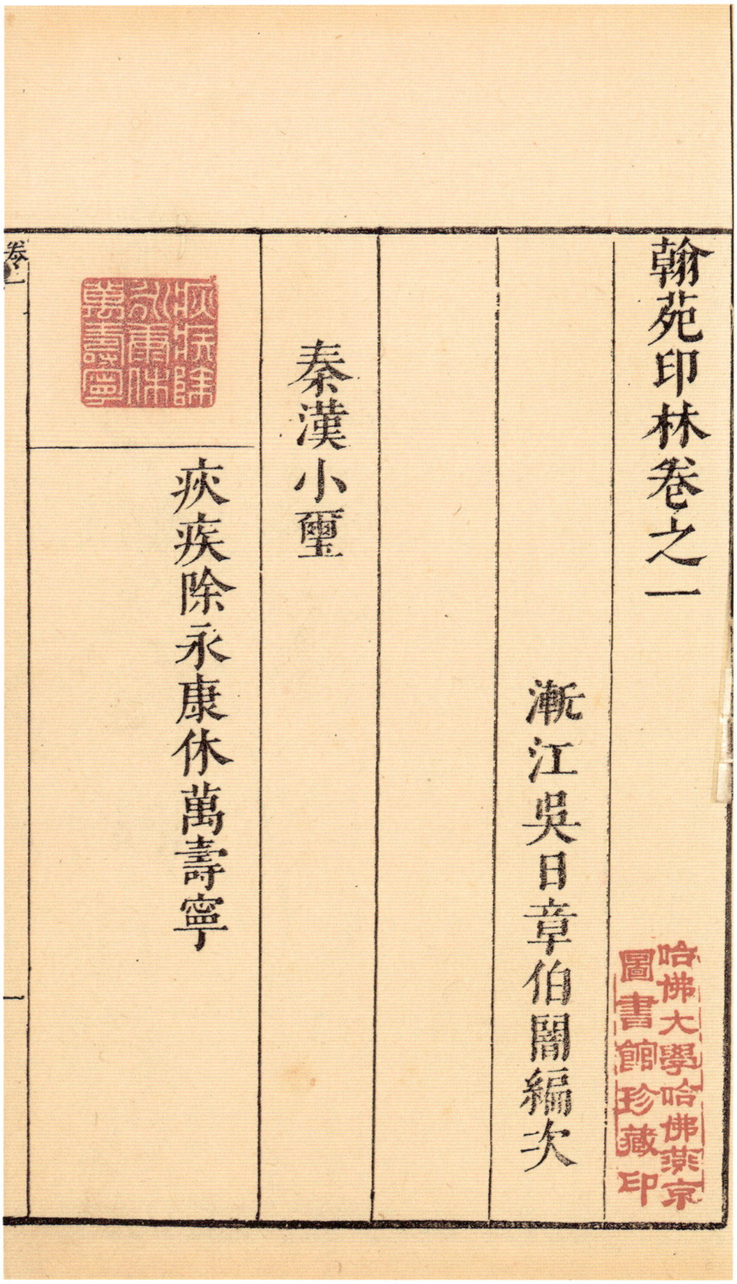
翰苑印林卷之一
漸江吳日章伯闇編次
秦漢小璽
疢疾除永康休萬壽寧

校碑隨筆不分卷　〔清〕方若撰　　T2100/0246

清宣統二年（1910）天津中東石印局石印本　一册

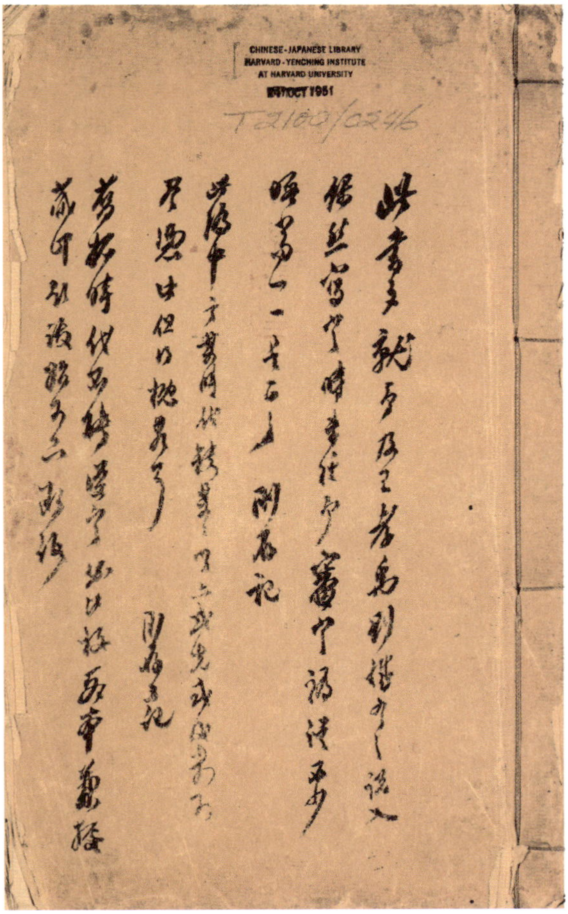

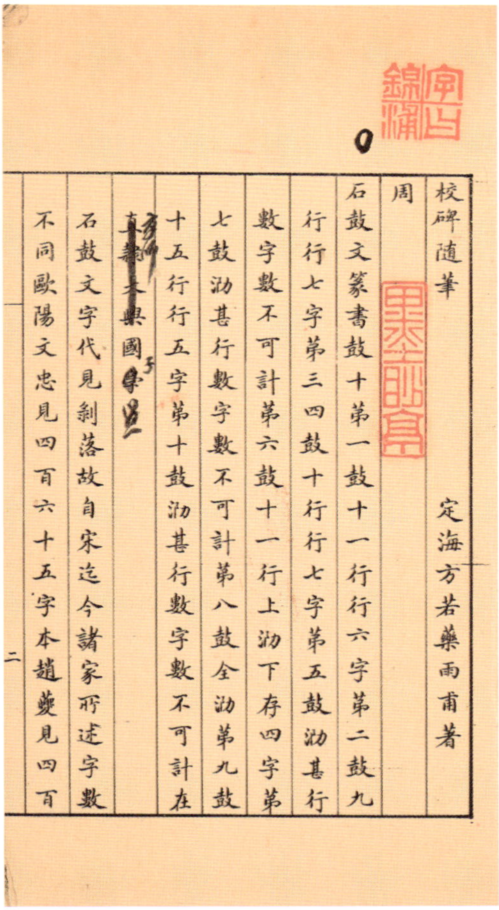
校碑隨筆　　定海方若藥雨甫著
周
石鼓文篆書鼓十第一鼓十一行行六字第二鼓九
行行七字第三四鼓十行行七字第五鼓泐甚行
數字數不可計第六鼓十一行上泐下存四字第
七鼓泐甚行數字數不可計第八鼓全泐第九鼓
十五行行五字第十鼓泐甚行數字數不可計在
石鼓文字代見剝落故自宋迄今諸家所述字數
不同歐陽文忠見四百六十五字本趙夔見四百
二

藏書紀事詩六卷　葉昌熾撰　　　9718/4969b

清光緒二十三年（1897）長沙學使署刻朱印本　六册

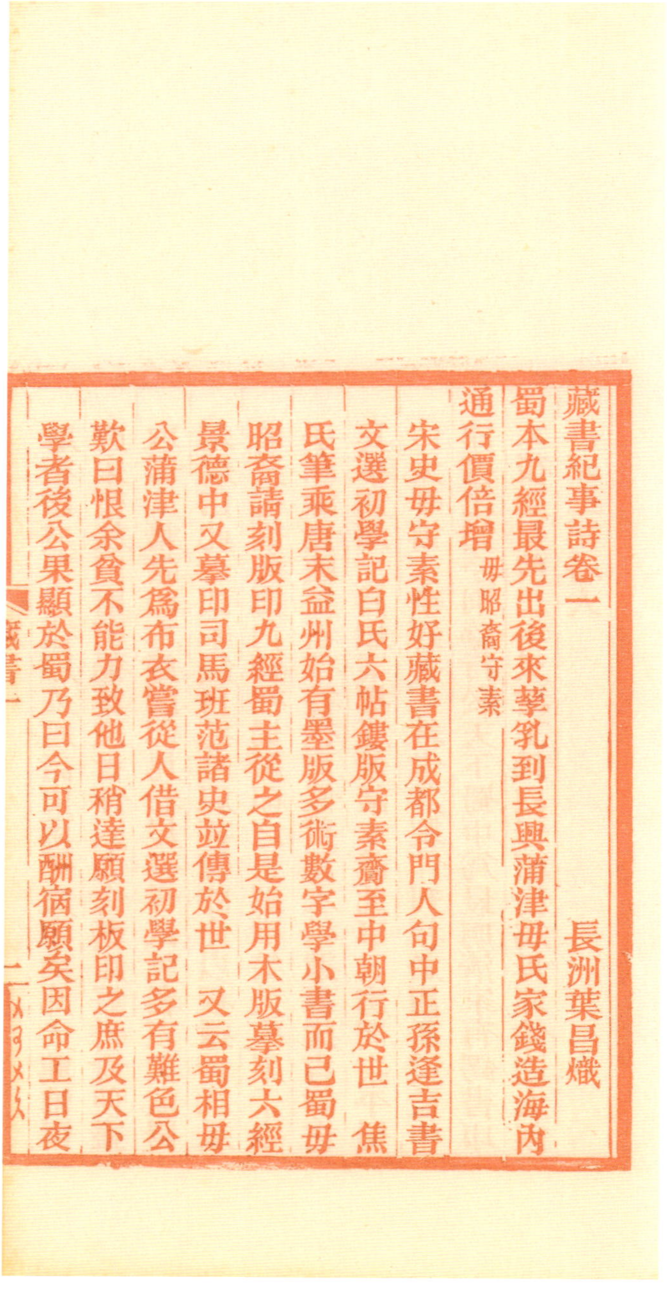
藏書紀事詩卷一　　長洲葉昌熾
蜀本九經最先出後來孳乳到長興蒲津毋氏家錢造海內
通行價倍增　毋昭裔守素
宋史毋守素性好藏書在成都令門人句中正孫逢吉書
文選初學記白氏六帖鏤版守素齎至中朝行於世　焦
氏筆乘唐末益州始有墨版多術數字學小書而已蜀毋
昭裔請刻版印九經蜀主從之自是始用木版摹刻六經
景德中又摹印司馬班范諸史竝傳於世　又云蜀相毋
公蒲津人先爲布衣嘗從人借文選初學記多有難色公
歎曰恨余貧不能力致他日稍達願刻板印之庶及天下
學者後公果顯於蜀乃曰今可以酬宿願矣因命工日夜
藏書一　一

四庫書目庋藏表　〔清〕四庫全書館編　T9608/2162.04

清乾隆四庫全書館朱絲欄稿本　四册

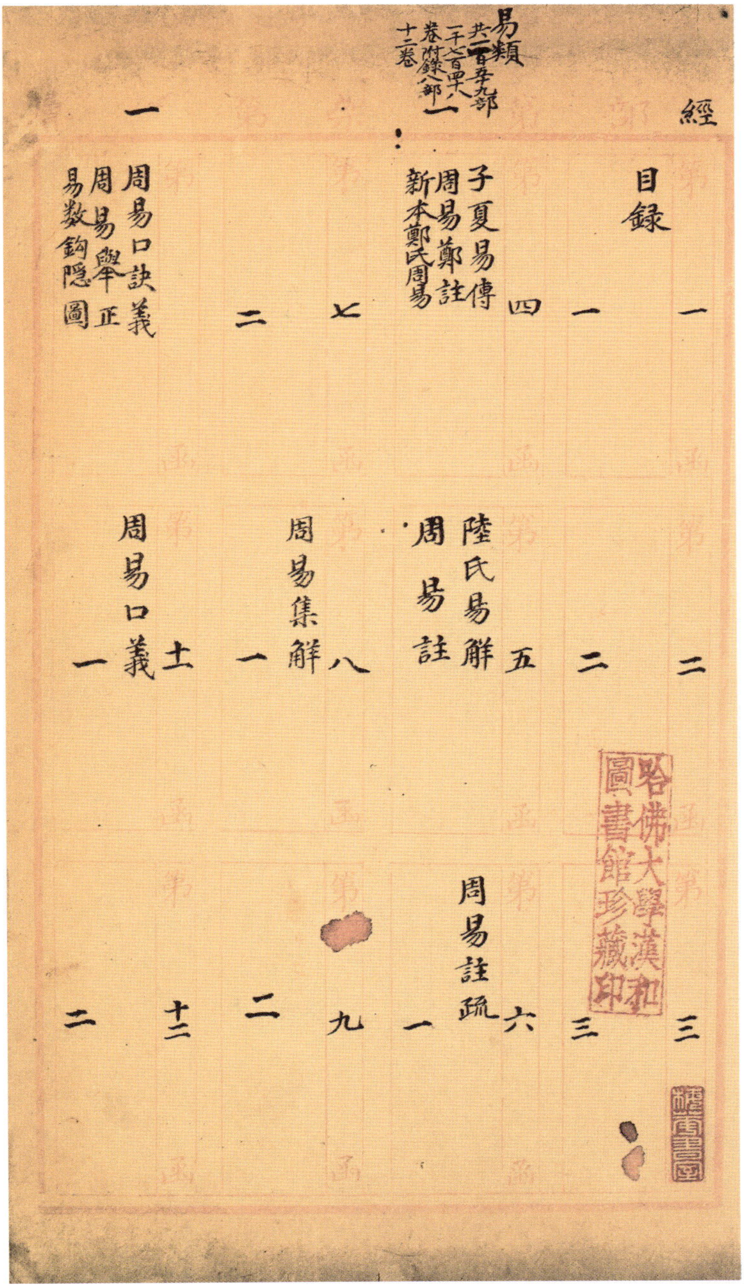

牧齋書目不分卷　〔清〕錢謙益撰　T9628/2140

清初抄本　四册

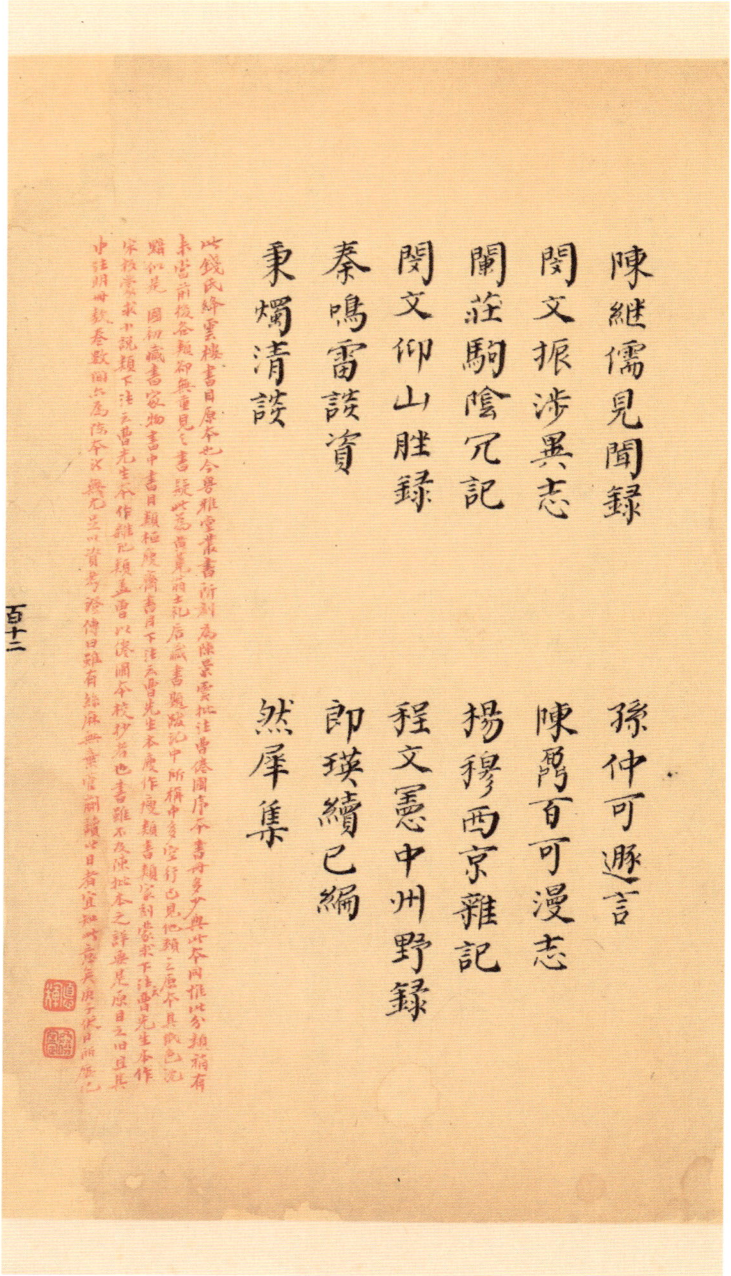
陳繼儒見聞録　孫仲可遯言
閔文振涉異志　陳霆百可漫志
闌莊駒陰冗記　楊穆西京雜記
閔文仰山脞録　程文憲中州野録
秦鳴雷談資　郎瑛續巳編
秉燭清談　然犀集

此錢氏絳雲樓書目原本也今粤雅堂叢書所刻爲陳景雲批注曹倦圃序本書有多少與此本同惟此分類稍有未當前後卷類仰無重見之書疑此爲當是稿本乱后藏書題跋記中所稱中多空行已見他類之原本具衹色沉賴似是　國初藏書家物書中書目類絳廣齋書目下注云曹先生本廣作廣類書類宋刻安家求下注云曹先生本作宋板蒙求小說類下注云曹先生本作雜記類是曹以倦圃本校抄者也書雖不及陳批本之詳要是原目之旧且其中注明册數卷數回亦爲陳本所無凡此足以資考證傳曰雖有絲麻無棄菅蒯讀此目者宜知之庚子伏日俯厥已

百十二

牧齋書目

經總類

陝西石刻十三經一百張　五經文字四冊

冊 傪

唐玄宗書孝經一冊（綘雲目入孝經類）　漢篆石經四冊

宋高宗石經　易　書　詩　論語　中庸　孟子各一

八冊

六經篆文二十冊　監本十三經註疏七十冊

內府版四書五經大全　坊版五經四書大全

四書五經集註二十六冊　宋刻周易註疏十二冊

宋刻周易王弼註五冊　宋刻尚書正義二十冊

一

八千卷樓藏書志不分卷 〔清〕丁丙撰

清光緒抄本 十一册

存甲、乙二部。

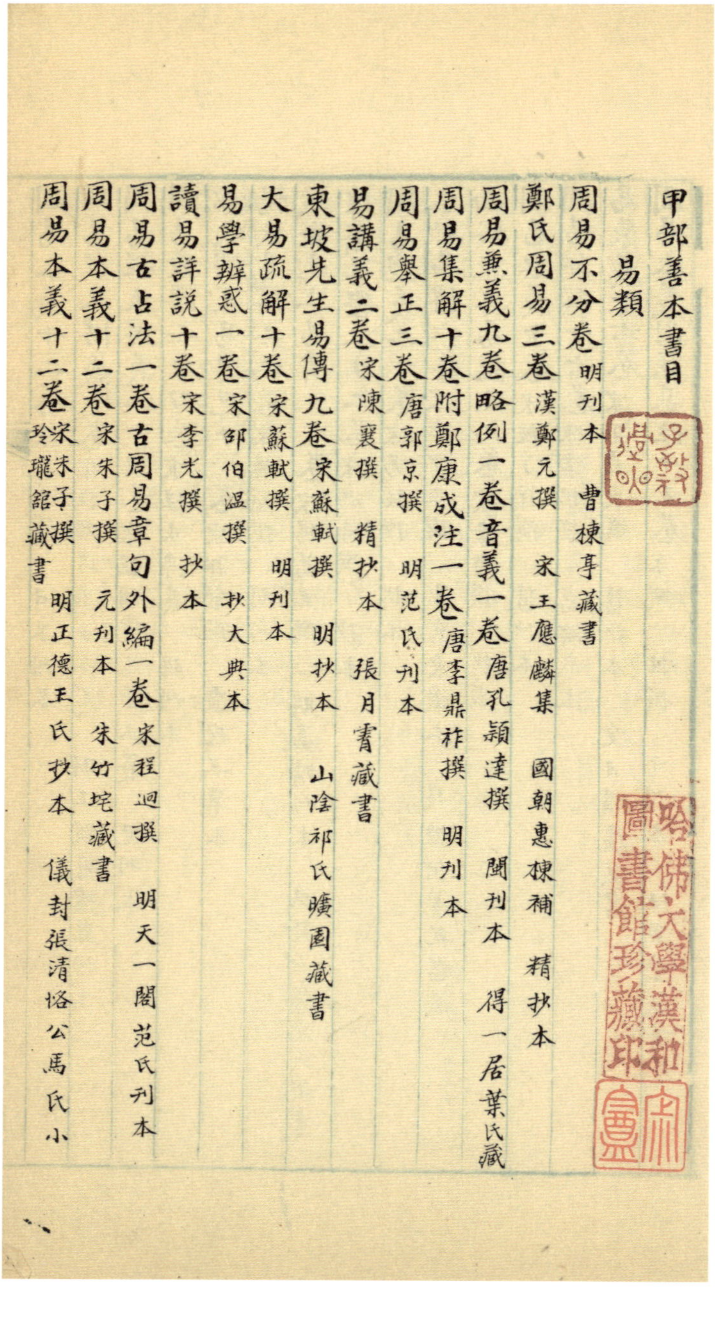

甲部善本書目

易類

周易不分卷 明刊本 曹棟亭藏書

鄭氏周易三卷 漢鄭元撰 宋王應麟集 國朝惠棟補 精抄本

周易兼義九卷略例一卷音義一卷 唐孔穎達撰 閩刊本 得一居葉氏藏

周易集解十卷附鄭康成注一卷 唐李鼎祚撰 明刊本

周易舉正三卷 唐郭京撰 明范氏刊本

易講義二卷 宋陳襄撰 精抄本 張月霄藏書

東坡先生易傳九卷 宋蘇軾撰 明抄本 山陰祁氏曠園藏書

大易疏解十卷 宋蘇軾撰 明刊本

易學辨惑一卷 宋邵伯温撰 抄大典本

讀易詳說十卷 宋李光撰 抄本

周易古占法一卷古周易章句外編一卷 宋程迥撰 明天一閣范氏刊本

周易本義十二卷 宋朱子撰 元刊本 朱竹垞藏書

周易本義十二卷 宋朱子撰 明正德王氏抄本 儀封張清恪公馬氏小玲瓏館藏書

哈佛大學漢和圖書館珍藏印

經義考補正十二卷　〔清〕翁方綱撰　　120/2928.8

清抄本　二册

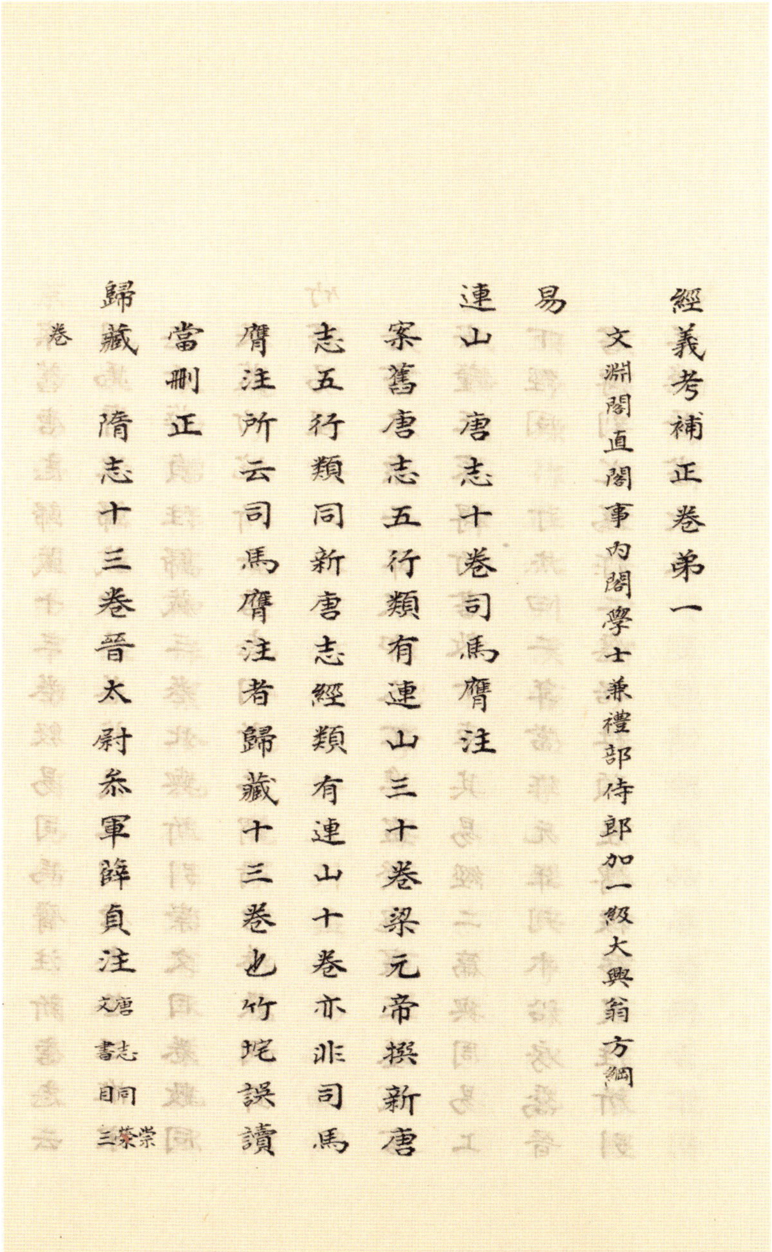
經義考補正卷弟一
文淵閣直閣事内閣學士兼禮部侍郎加一級大興翁方綱
易
連山　唐志十卷司馬膺注
案舊唐志五行類有連山三十卷梁元帝撰新唐
志五行類同新唐志經類有連山十卷亦非司馬
膺注所云司馬膺注者歸藏十三卷也竹垞誤讀
當删正
歸藏　隋志十三卷晉太尉參軍薛貞注唐志同崇文書目三
卷

西學書目答問一卷　〔清〕趙惟熙編　

清光緒二十七年（1901）貴陽學署刻本　一册

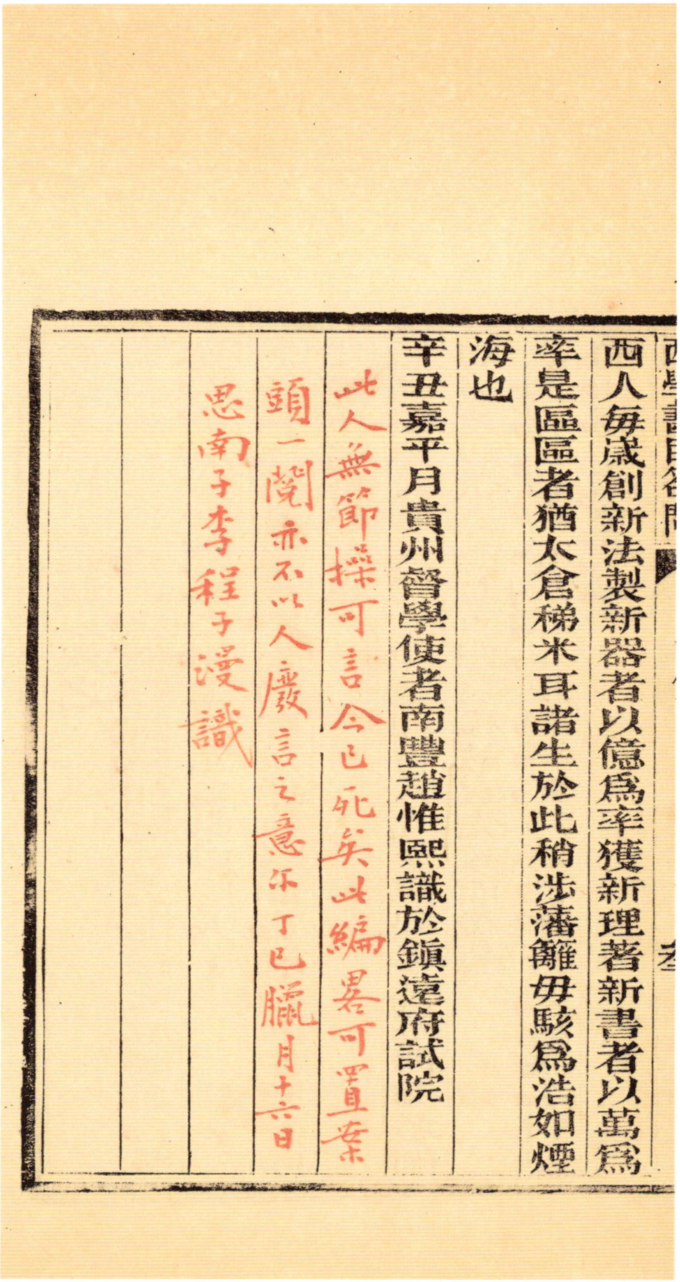
西人每歲創新法製新器者以億爲率獲新理著新書者以萬爲
率是區區者猶太倉稊米耳諸生於此稍涉藩籬毋駭爲浩如煙
海也
辛丑嘉平月貴州督學使者南豐趙惟熙識於鎮遠府試院
此人無節操可言今已死矣此編畧可置案
頭一閱亦不以人廢言之意尔丁巳臘月十六日
思南子李程子漫識

政學第一泰西政治整齊嚴肅頗得我周官遺意惜譯本無
多茲就涉獵所及者略分十二門如左附載三門

史志學此門先著外國國史中人論外國政治及紀述藩部者附及

萬國史記二十卷訂十冊 日本岡本監輔撰 上海本 是書
以二十卷包舉全球數十國古今事蹟其略而弗詳不
問可知且與吾華爲同文之國乃記載亦多失實並牖誤不
遺餘力尤失傳信之體本無足取姑以譯本別無全史收之

歐洲史略十三卷訂一冊 英艾約瑟譯 稅
務司本 是書體例頗似紀事本末

希臘志略七卷訂一冊 英艾約瑟譯 稅務司本

羅馬志略十三卷訂一冊 英艾約瑟譯 稅務司本 以上三
書均在西學啟蒙十六種中泰西古史之最佳者希羅
二國爲歐洲聲名文物舊邦今之政藝各學率導源於此
考西事者不可不讀惜譯筆出自西人故行文未能盡善

泰西新史攬要二十四卷訂八冊 英馬懇西撰 英李提摩太
譯 蔡爾康述 上海廣學會本 是書原名十

子部

鹽鐵論十卷 〔漢〕桓寬撰 〔明〕張袤校

明萬曆十四年（1586）張袤星聚堂刻本 四册

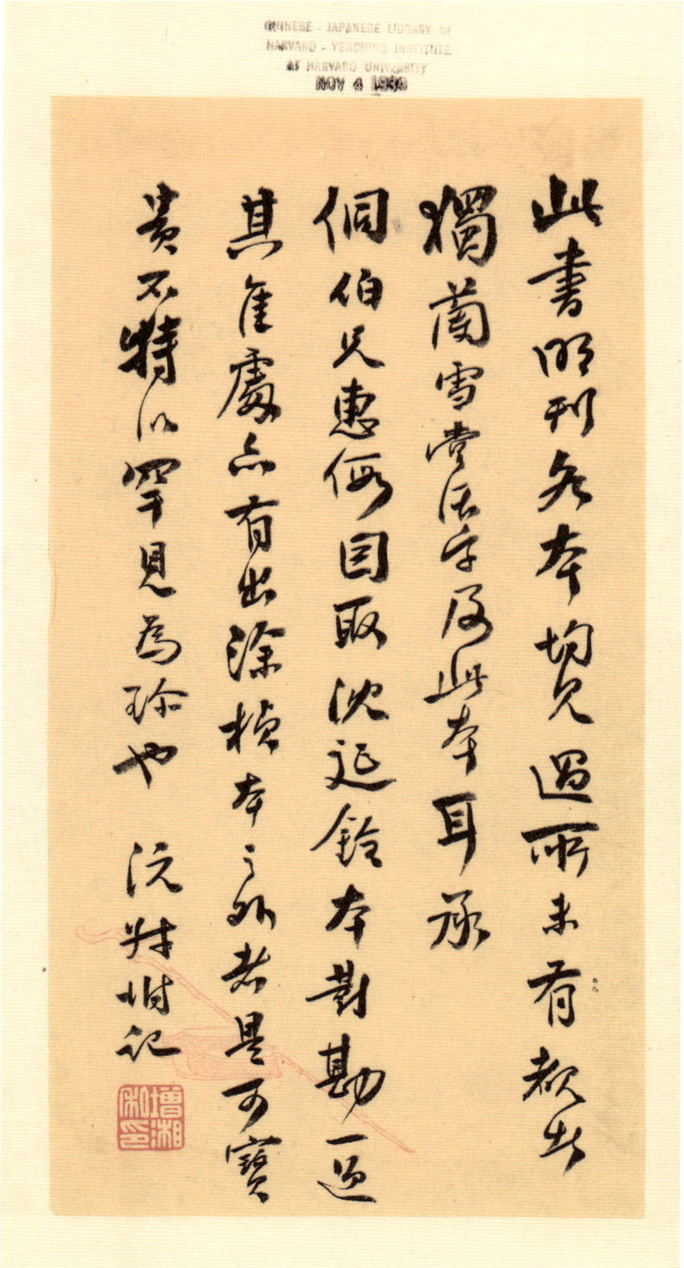

鹽鐵論卷第一

漢桓　寛　撰

明張　泰　校

黄金　色　訂正

本議第一

惟始元六年有詔書使丞相御史與所舉賢良文學語問民間所疾苦文學對曰竊聞治人之道防淫佚之原廣道德之端抑末利而開仁義毋示以利然後教化可興而風俗可移也今郡國有鹽鐵酒榷均輸與民爭利散敦厚之樸成貪鄙之化是以百姓就本

榕村講授三卷 〔清〕李光地撰 T1035/4494

清刻本 三册

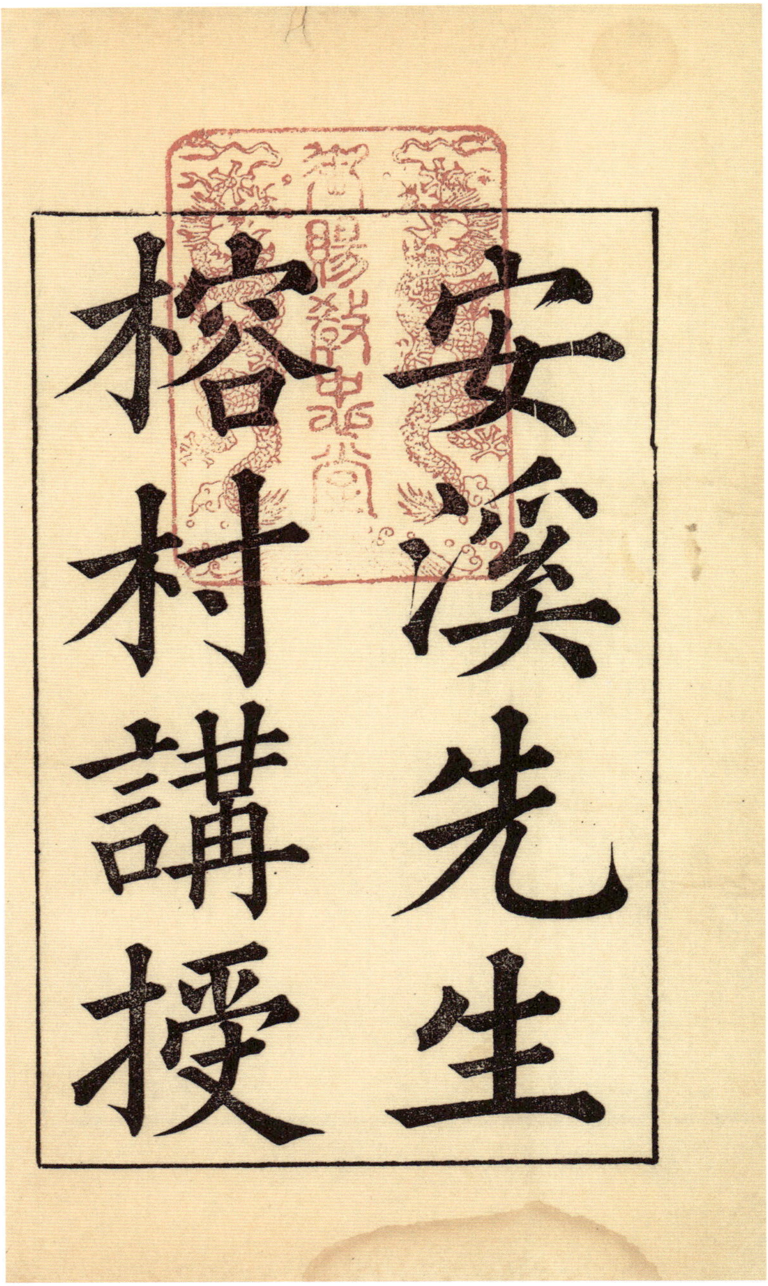

榕村講授上編

太極圖說

周子濂溪

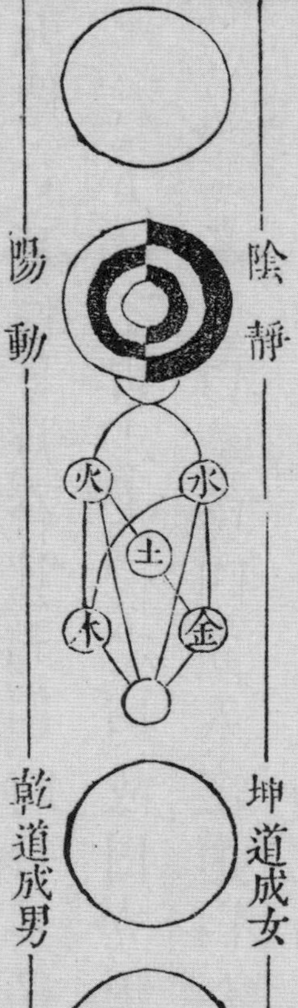

無極而太極太極動而生陽動極而靜靜而生陰靜極復動一動一靜互爲其根分陰分陽兩儀立焉陽變陰合而生水火木金土五氣順布四時行焉五行一陰陽也陰陽一太極也太極本無極也五行之生

典業須知一卷　〔清〕惟善堂編　

清光緒浙江新安惟善堂抄本　一册

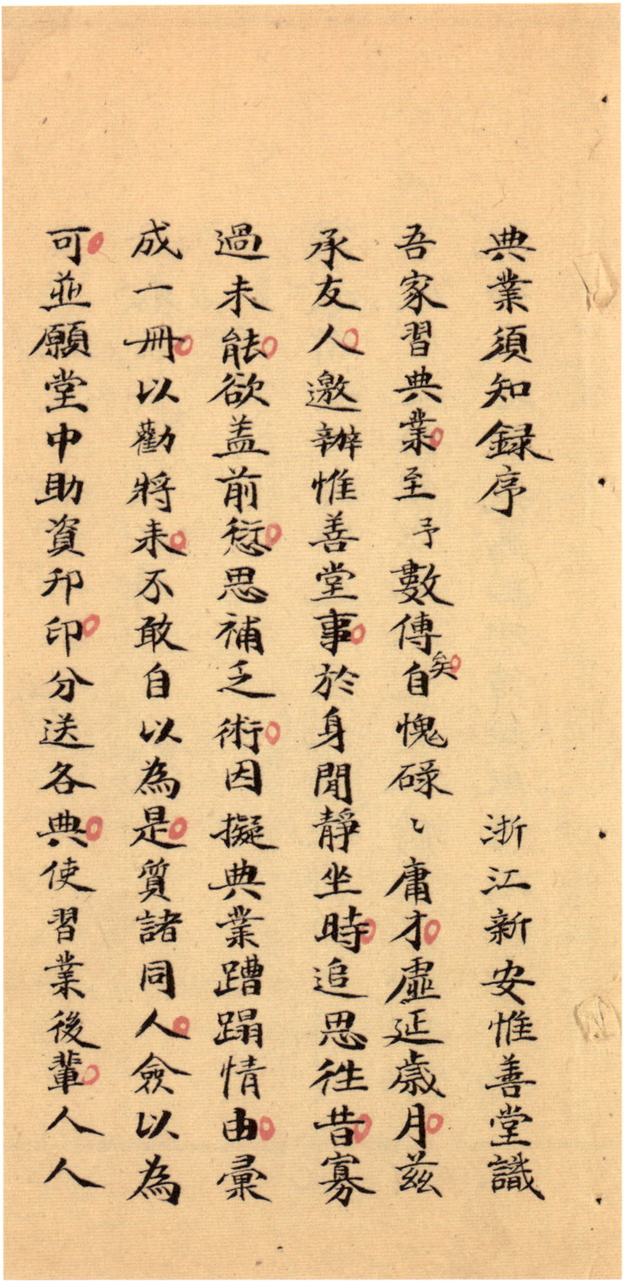
典業須知錄序
浙江新安惟善堂識
吾家習典業至予數傳矣自愧碌碌庸才虛延歲月茲
承友人邀辦惟善堂事於身閒靜坐時追思往昔寡
過未能欲蓋前愆思補乏術因擬典業蹭蹬情由彙
成一冊以勸將來不敢自以為是質諸同人僉以為
可並願堂中助資刋印分送各典使習業後輩人人

御世仁風四卷　〔明〕金忠撰　〔明〕王安校訂　T1685/8153

明萬曆四十八年（1620）鳳陽刻本　八册

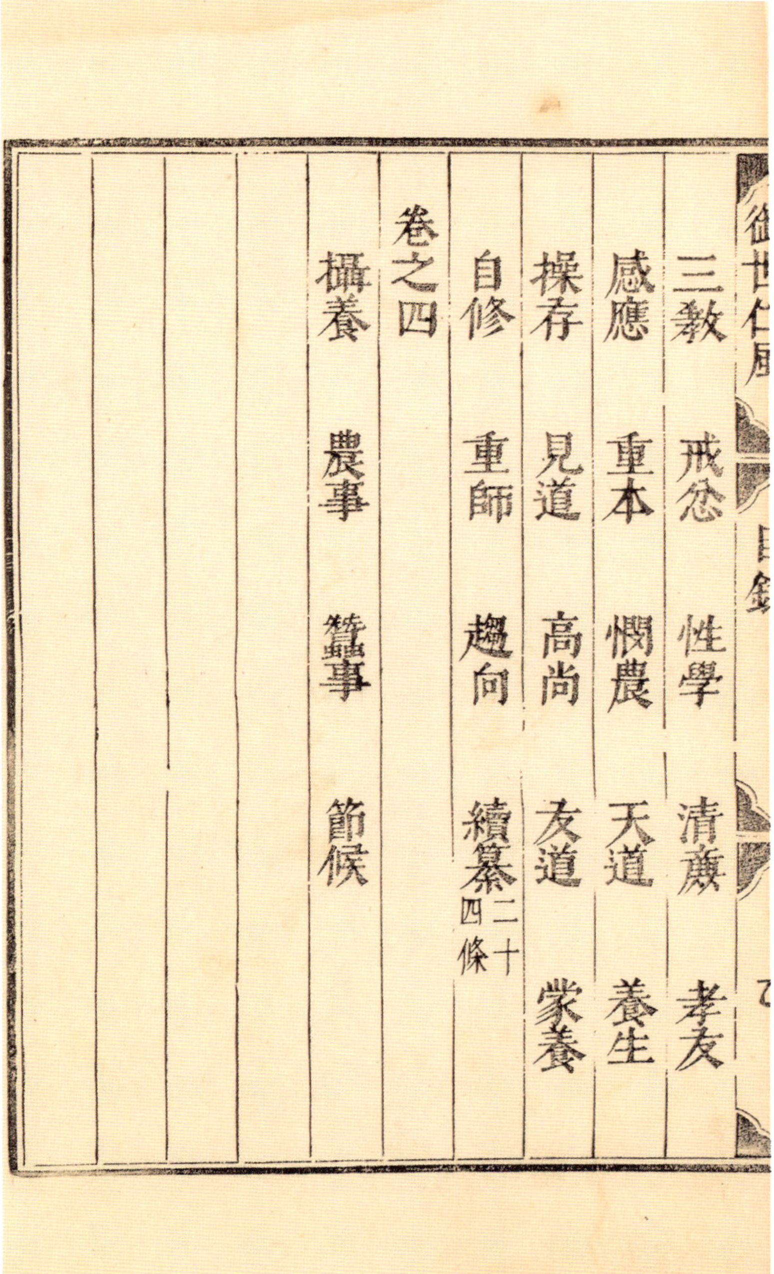

御世仁風　目錄

三教　戒忿　性學　清廉　孝友
感應　重本　憫農　天道　養生
操存　見道　高尚　友道　蒙養
自修　重師　趨向　續纂二十四條
卷之四
攝養　農事　蠶事　節候

增訂遏淫敦孝篇二卷　〔清〕石璿撰　1681/1616

清嘉慶元年（1796）蘇州刻本　一册

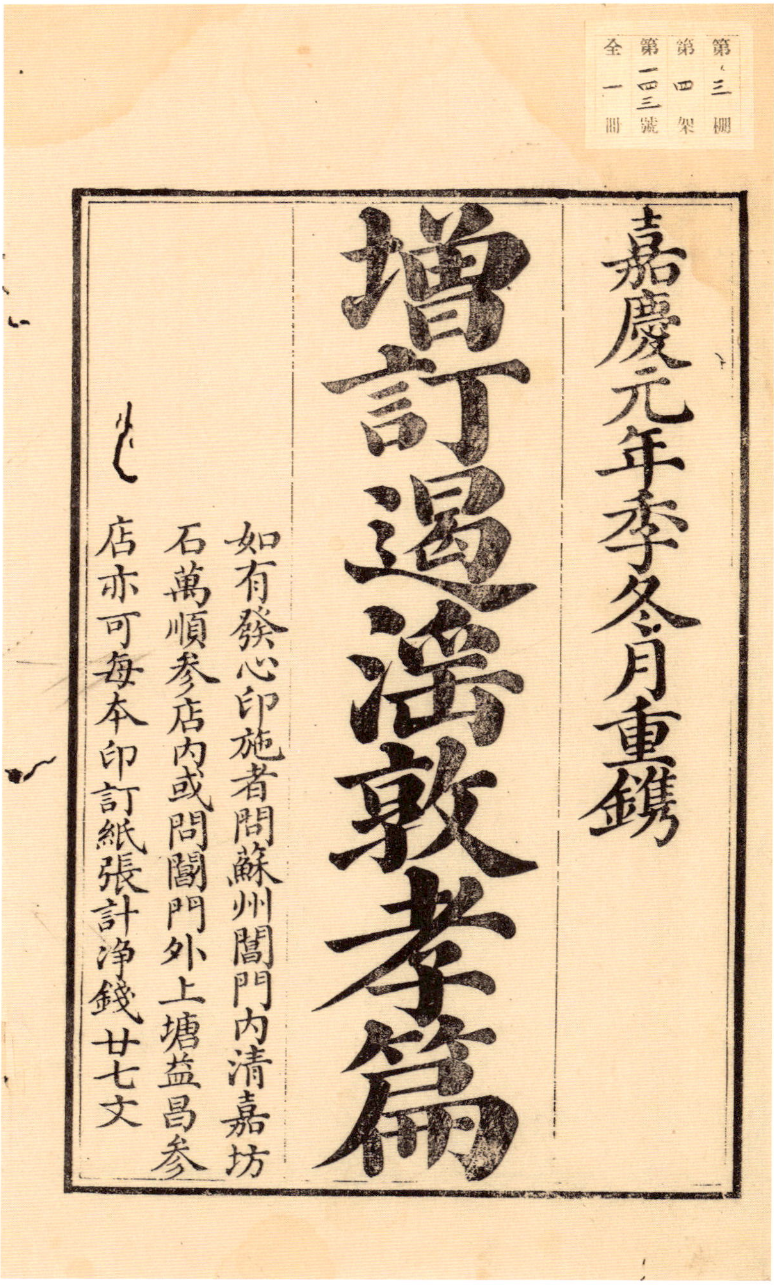
第三棚 第四架 第一四三號 全一冊

嘉慶元年季冬月重鐫

增訂遏淫敦孝篇

如有發心印施者問蘇州閶門内清嘉坊石萬順參店内或問閶門外上塘益昌參店亦可每本印訂紙張計淨錢廿七文

遏淫篇

閨女

吳趍石璿恂齋氏著

凡人為女子之日。一生名節攸關。不可見其色美。而誘之也。我見好淫之人。乘其情竇方開之際。不勝行姦賣俏之思。彼女子之能以貞信自守者。當不為强暴所辱。外此女流無識。非惜貌。即憐才。非為情誘。即為利移。雖伸皦日之盟。共誓白頭之約。一朝失守。盟誓皆虛。漫云惜玉憐香。鍾情當推我輩。誰料蹂香躪玉。負心即係斯人。致使閨中艷質。追悔無門。欲誓志守身。而親難容此不肖之女。欲投繯

鄧析子二卷　〔周〕鄧析撰　

清同治九年（1870）江山劉履芬影宋抄本　一册

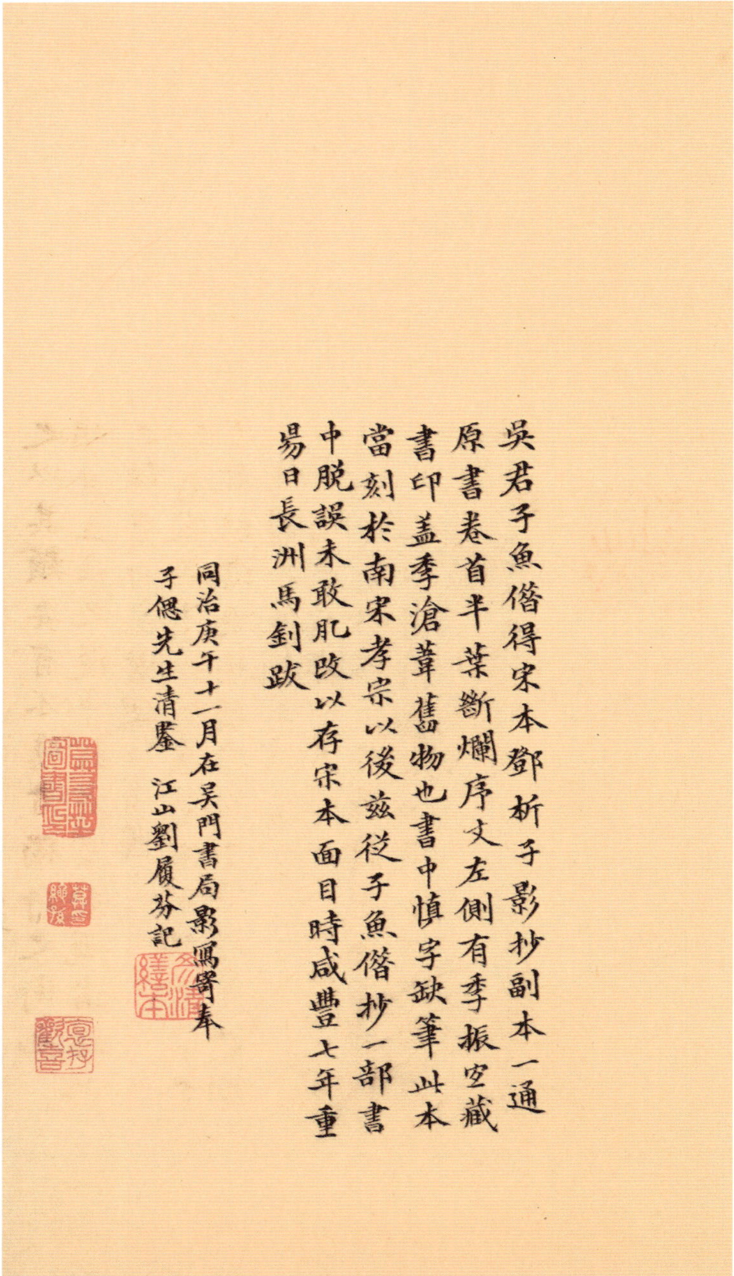
吳君子魚偕得宋本鄧析子影抄副本一通
原書卷首半葉斷爛序文左側有季振宜藏
書印蓋季滄葦舊物也書中慎字缺筆此本
當刻於南宋孝宗以後茲從子魚偕抄一部書
中脫誤未敢肊改以存宋本面目時咸豐七年重
昜日長洲馬釗跋
同治庚午十一月在吳門書局影寫寄奉
子偲先生清鑒　江山劉履芬記

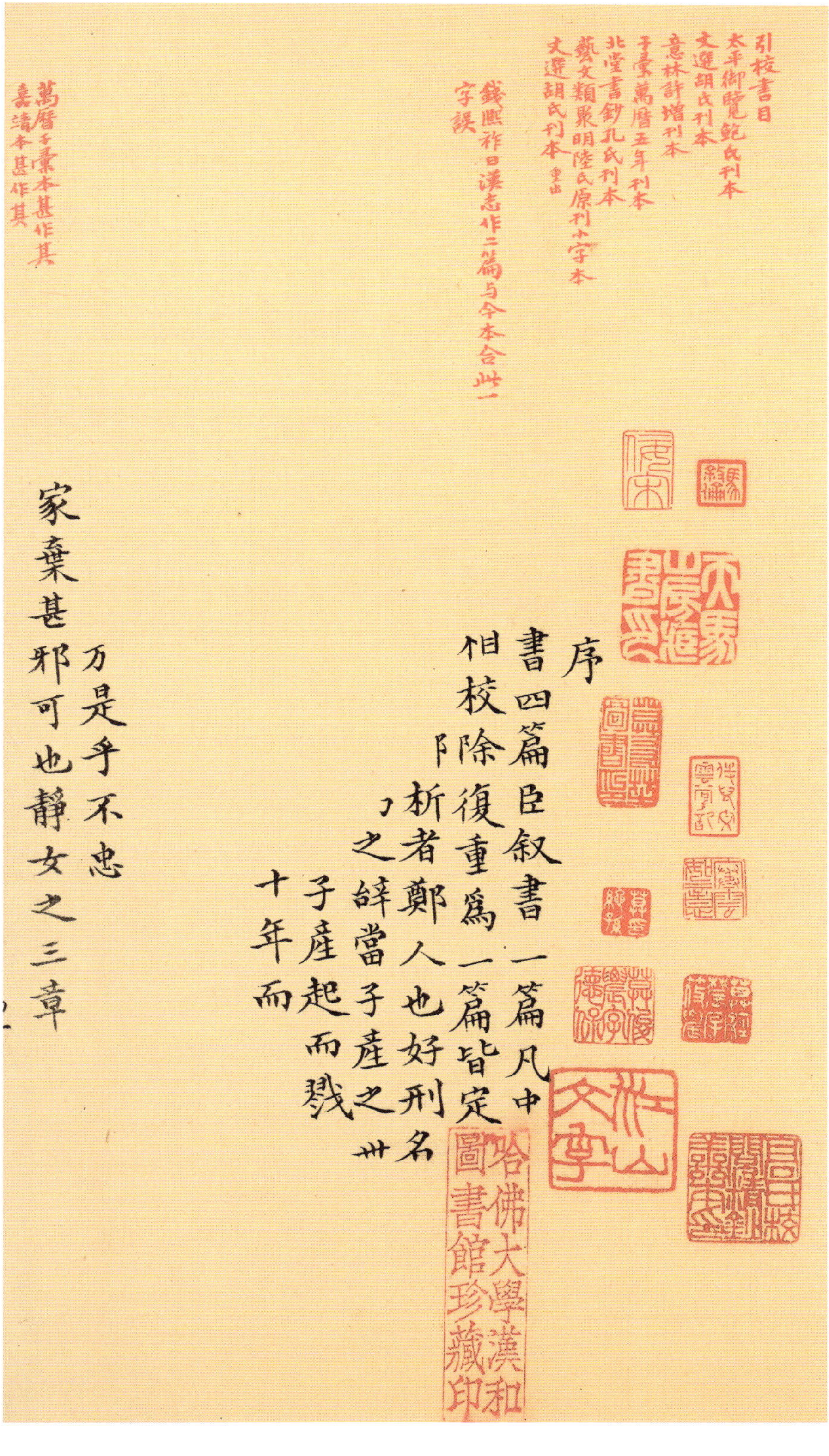
引校書目
太平御覽鮑氏刊本
文選胡氏刊本
意林許增刊本
子彙萬曆五年刊本
北堂書鈔孔氏刊本
藝文類聚明陸氏原刊小字本
文選胡氏刊本 重出
錢熙祚曰漢志作二篇与今本合此一
字誤
萬曆子彙本甚作其
嘉靖本甚作其
序
書四篇臣敘書一篇凡中
相校除復重爲一篇皆定
阝析者鄭人也好刑名
刂之辭當子產之卅
子產起而戮
十年而
万是乎不忠
家棄甚邪可也靜女之三章
哈佛大學漢和圖書館珍藏印

武經入學第一明解七卷武經七書集注七卷 〔清〕陳裕撰 （集注）〔清〕陳裕輯

清康熙吴門黄子敬五車樓刻本 三册

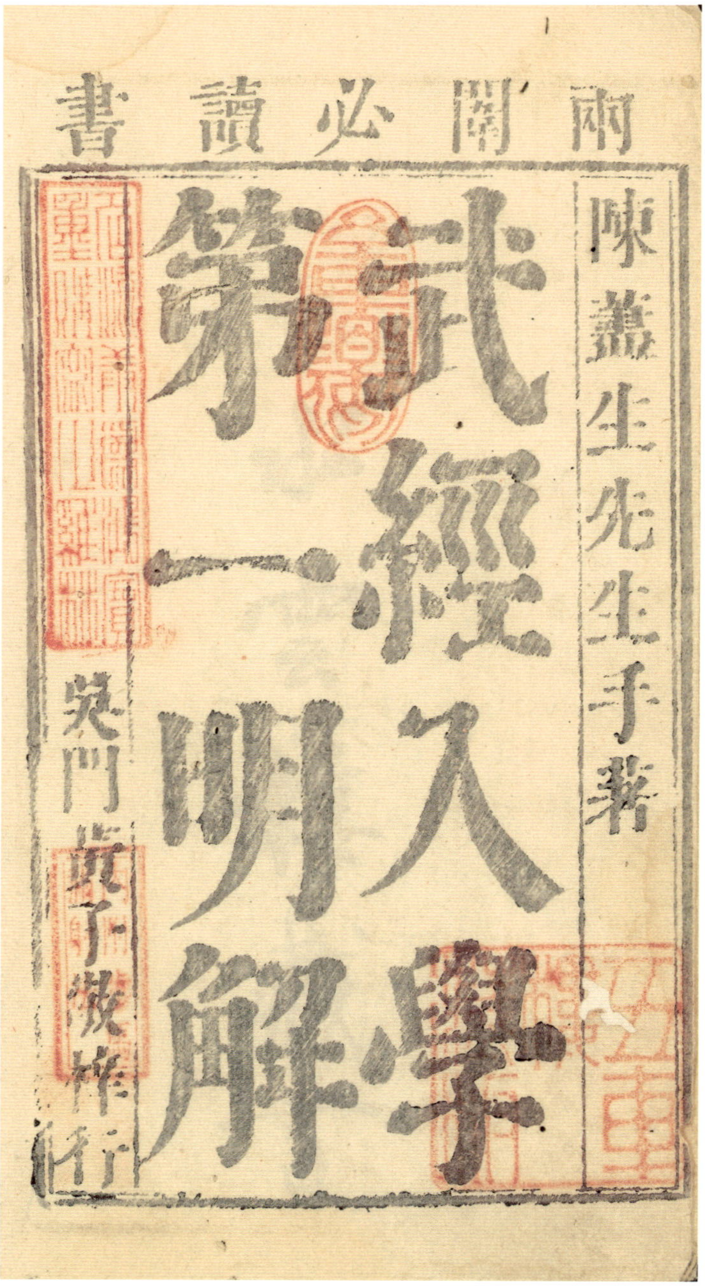

武經入學第一則解

江寧陳 裕藎生 纂訂
上元孫龍輿介菴
江都蔡金章珮珂 仝參
江寧李 言德育

始計全旨 通章見得興師動衆必先定計於廟堂之上然後遣將篇中五事七計選將度勢皆計也凡作此中題切勿忘計字

孫子節 孫子開章首言兵者戡禍定亂轉危為安國之所賴者甚大然其用之者又不可不慎蓋以衆之死生國之存亡係焉識不可不深察也

故經之節 察之當何如言為主將者有一定不可易之經在焉經常也常以五事為用兵之本然不可徒紐于事蹟須為出七計以相校量務必得其彼此勝負之情而戡可必其勝矣

一曰節 五事維何道天地將法此乃五事之目故次第言之夫所謂道者孝弟忠信之謂上以是道而從民民知親上死長之義自與上同心同德可與從死生之地而不畏危也天道莫外乎陰陽寒暑陰陽者

武經七書集註卷一

江寧陳 裕藎生輯

孫子 名武齊人漢藝文志稱武子兵法八十二篇今之十三篇乃魏武帝註之所刪定者武以伍員薦入吳為上將伐楚入郢及秦人救楚乃班師後見闔廬荒遊無度辭官歸齊數年而亡

始計第一

孫子曰兵者國之大事死生之地存亡之道不可不察也 言君將不可不善其謀之意蓋以兵為國之大事人之死生國之存亡俱係於此為主將者不可不謹慎而詳察也 故經之以五事校

砲録十卷砲録後編一卷軍火雜録一卷　〔清〕丁日昌編輯　

清同治元年（1862）稿本　十二册

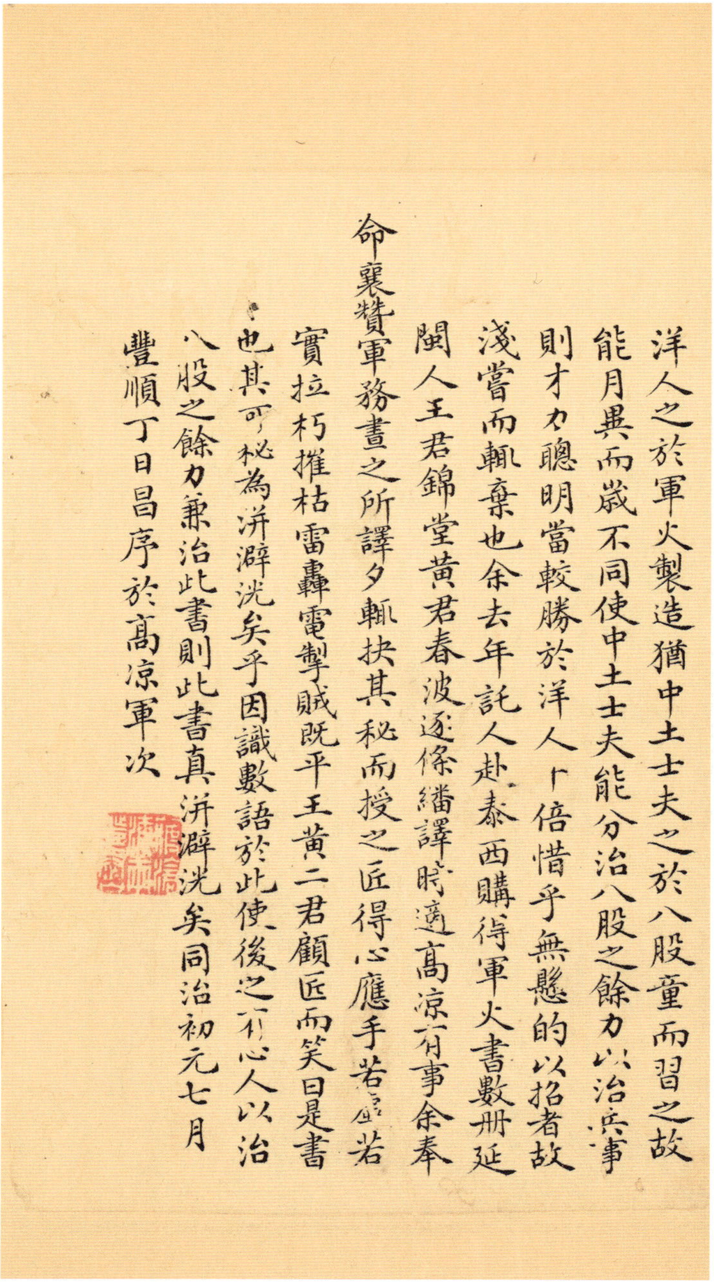
洋人之於軍火製造猶中土士夫之於八股童而習之故能月異而歲不同使中土士夫能分治八股之餘力以治兵事則才力聰明當較勝於洋人〃倍惜乎無懸的以招者故淺嘗而輒棄也余去年託人赴泰西購得軍火書數册延閩人王君錦堂黄君春波逐條繙譯時適高涼有事余奉
命襄贊軍務晝之所譯夕輒抉其秘而授之匠得心應手若虛若實拉朽摧枯雷轟電掣賊既平王黄二君顧匠而笑曰是書也其可秘為洴澼洸矣乎因識數語於此使後之有心人以治八股之餘力兼治此書則此書真洴澼洸矣同治初元七月
豊順丁日昌序於高涼軍次

論長砲之形有五節各節立名開列

砲之身由頭節之帽形算起而如帽形乃外頭節也

此頭節也A字至C止至得力之處名曰乏氏利因好氏

此二節也C字至F字亦得力也名曰西堅利因好氏

此三節也D字至E止名曰祭上氏

此四節也E字至B止名曰馬熱女

此外頭節也E字A止名曰加氏雜勿女

此砲腹也G字至H止名曰某仔

女訓一卷　〔明〕興獻皇后蔣氏撰　　T1682/0182

明嘉靖九年（1530）内府刻本　二册

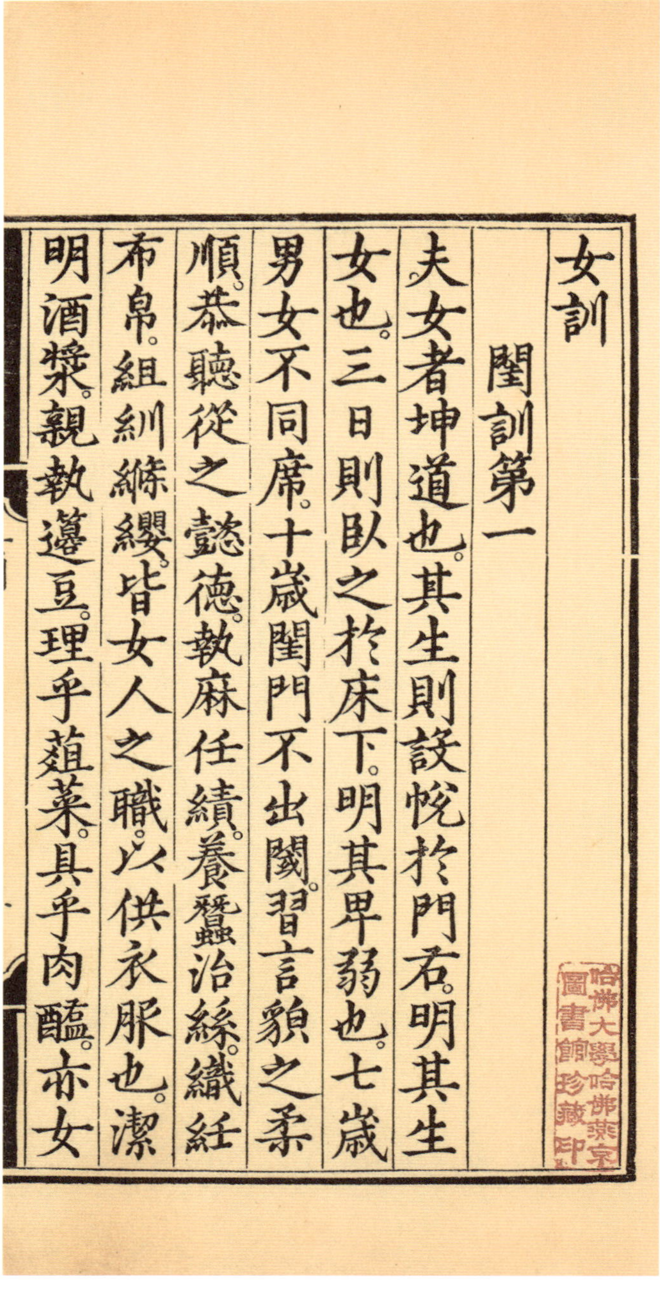
女訓
閨訓第一
夫女者坤道也。其生則設帨於門右。明其生
女也。三日則臥之於床下。明其卑弱也。七歲
男女不同席。十歲閨門不出閫。習言貌之柔
順。恭聽從之懿德。執麻任績。養蠶治絲。織紝
布帛。組紃絛纓。皆女人之職。以供衣服也。潔
明酒漿。親執籩豆。理乎葅菜。具乎肉醢。亦女

農政全書六十卷 〔明〕徐光啓撰 T8037/2993

明崇禎十二年（1639）陳子龍平露堂刻本　二十册

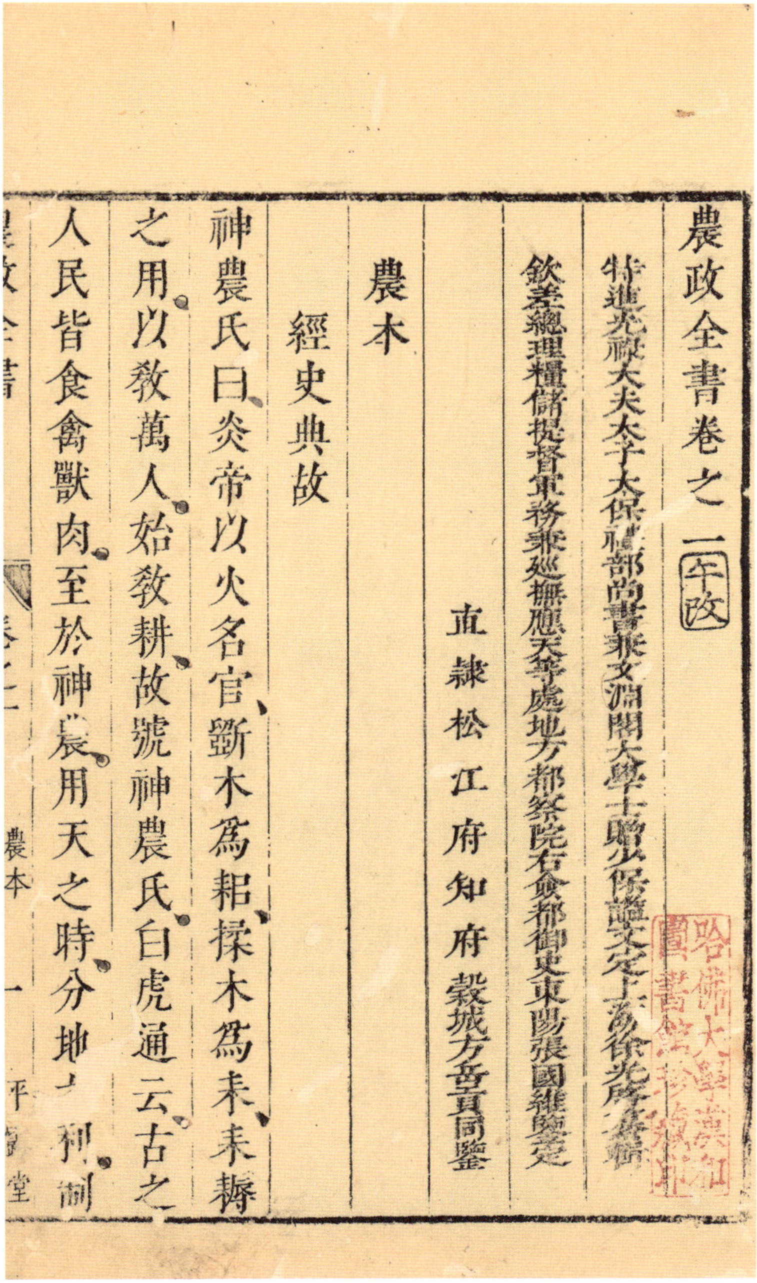
農政全書卷之一 午改
特進光祿大夫太子太保禮部尚書兼文淵閣大學士贈少保謚文定上海徐光啓纂輯
欽差總理糧儲提督軍務兼巡撫應天等處地方都察院右僉都御史東陽張國維鑒定
直隸松江府知府穀城方岳貢同鑒
農本
經史典故
神農氏曰炎帝以火名官斲木為耜揉木為耒耒耨之用以教萬人始教耕故號神農氏白虎通云古之人民皆食禽獸肉至於神農用天之時分地之利制
農政全書 卷之一 農本 一 平露堂

御題棉花圖不分卷 〔清〕高宗弘曆題 〔清〕方觀承輯

清乾隆三十年(1765)拓印本 二册

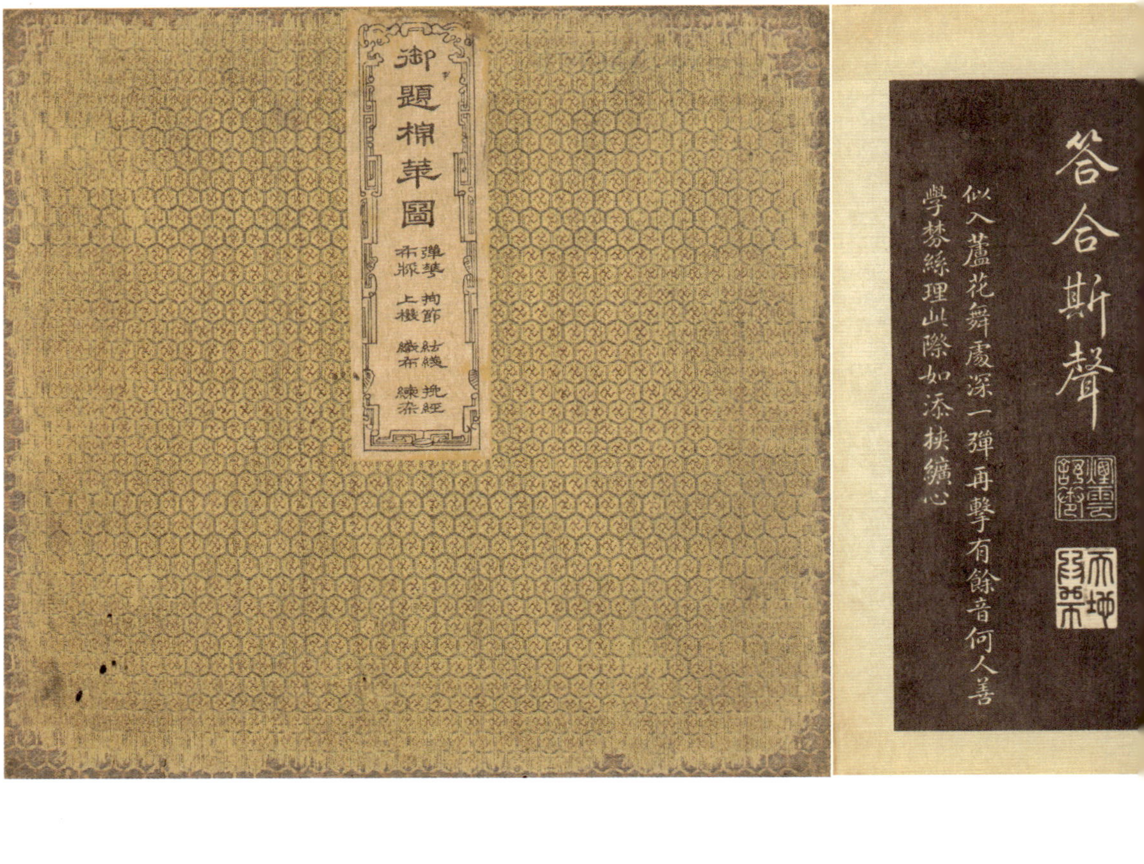

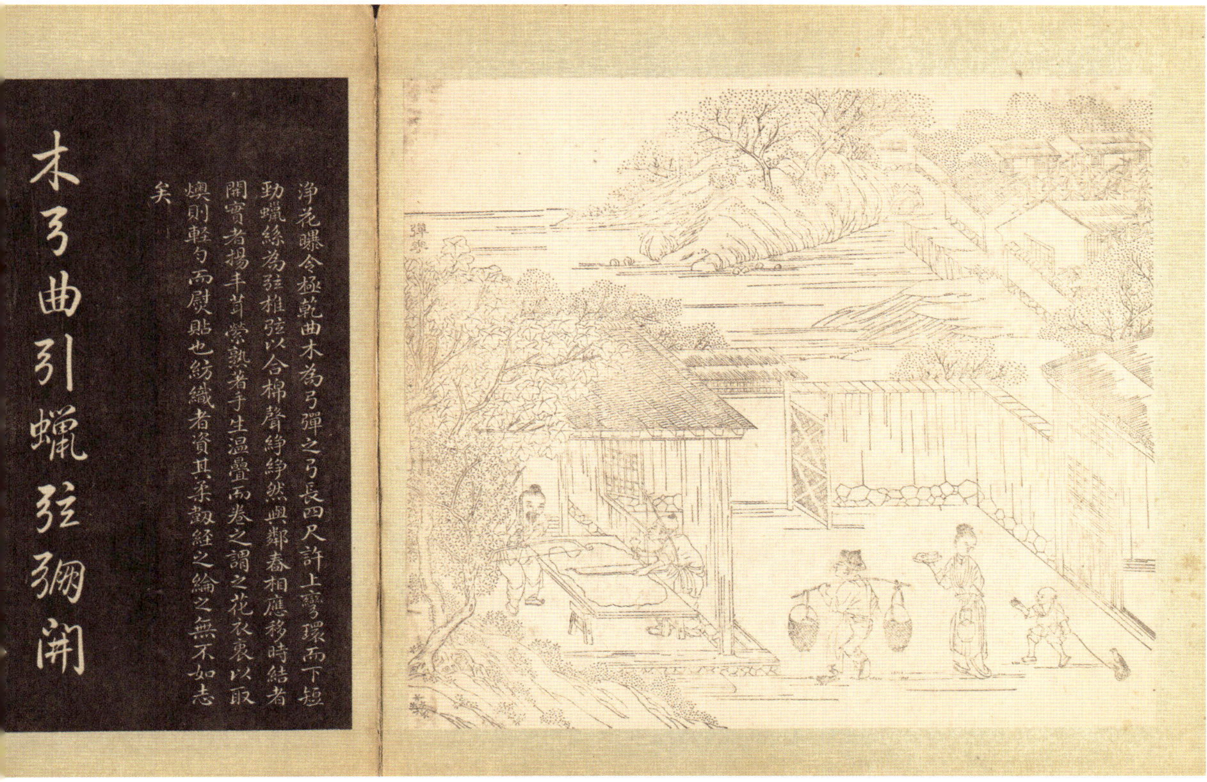

木弓曲引蠟弦彌開

淨花曝令極乾曲木為弓彈之弓長四尺許上彎環而下短勁蠟絲為弦椎弦以合棉聲錚錚然與鄰舂相應移時結者開實者揚手茸鬆熟着手生温疊而卷之謂之花衣衣以取煖則輕匀而熨貼也紡織者資其柔靭經之綸之無不如志矣

華夷花木鳥獸珍玩考十二卷　〔明〕愼懋官撰　T9299/9843

明萬曆九年（1581）刻本　十册

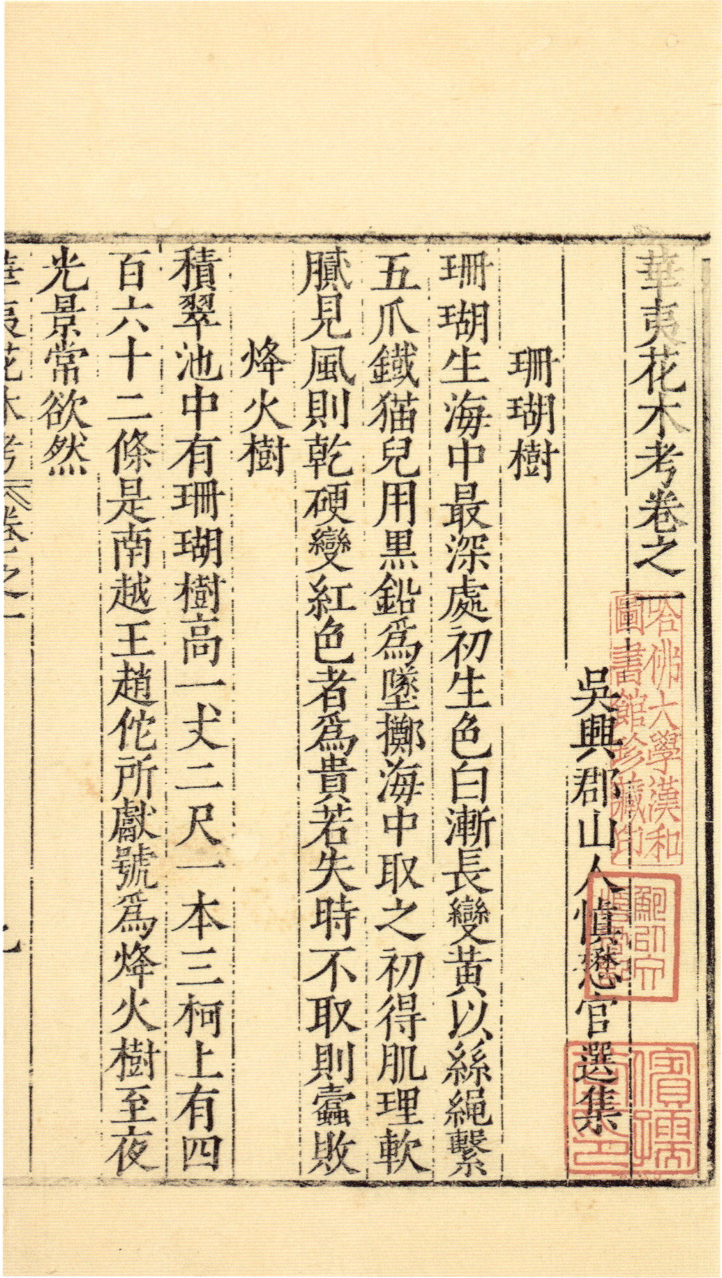
華夷花木考卷之一
吳興郡山人愼懋官選集
珊瑚樹
珊瑚生海中最深處初生色白漸長變黃以絲繩繫五爪鐵猫兒用黑鉛爲墜擲海中取之初得肌理軟膩見風則乾硬變紅色者爲貴若失時不取則蠹敗
烽火樹
積翠池中有珊瑚樹高一丈二尺一本三柯上有四百六十二條是南越王趙佗所獻號爲烽火樹至夜光景常欲然

新刻京陵原板參補針醫牛經大全二卷　〔明〕馬師問編輯　

明末書林寶善堂刻本　一册

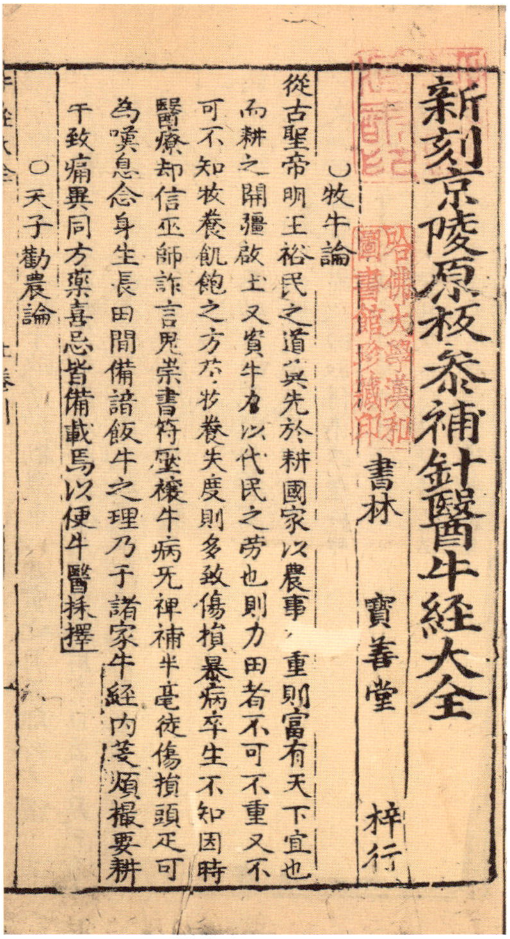
新刻京陵原板參補針醫牛經大全
書林　寶善堂　梓行
〇牧牛論
從古聖帝明王裕民之道莫先於耕國家以農事[illegible]重則富有天下宜也
而耕之闢疆啟土又資牛力以代民之勞也則力田者不可不重又不
可不知牧養飢飽之方苟或牧養失度則多致傷損暴病卒生不知因時
醫療却信巫師詐言鬼祟書符壓禳牛病死禆補牛毫徒傷損頭足可
為嘆息念身生長田間備諳飯牛之理乃于諸家牛經內萃擷要耕
千致痛異同方藥喜忌皆備載焉以便牛醫採擇
〇天子勸農論

合併脉訣難經太素評林六卷 〔明〕王文潔編釋圖注

明萬曆二十七年（1599）書林劉朝琯安正堂刻本　十册

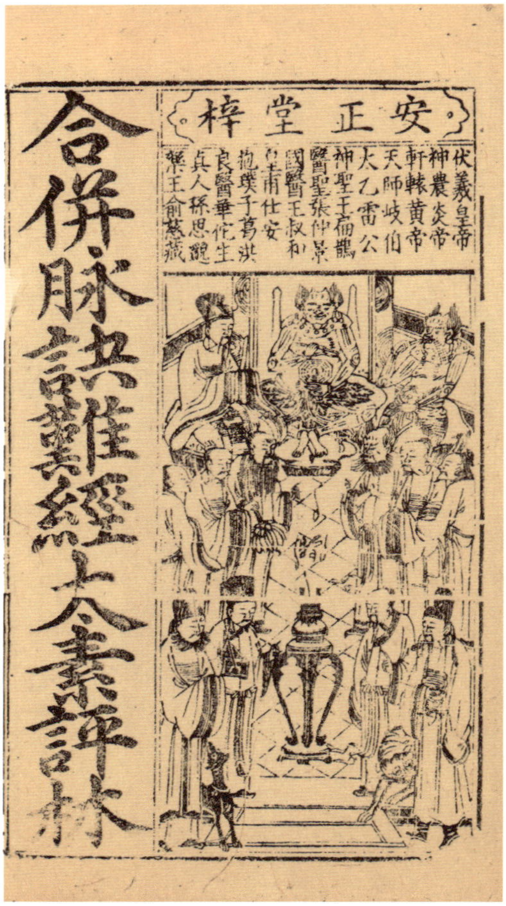

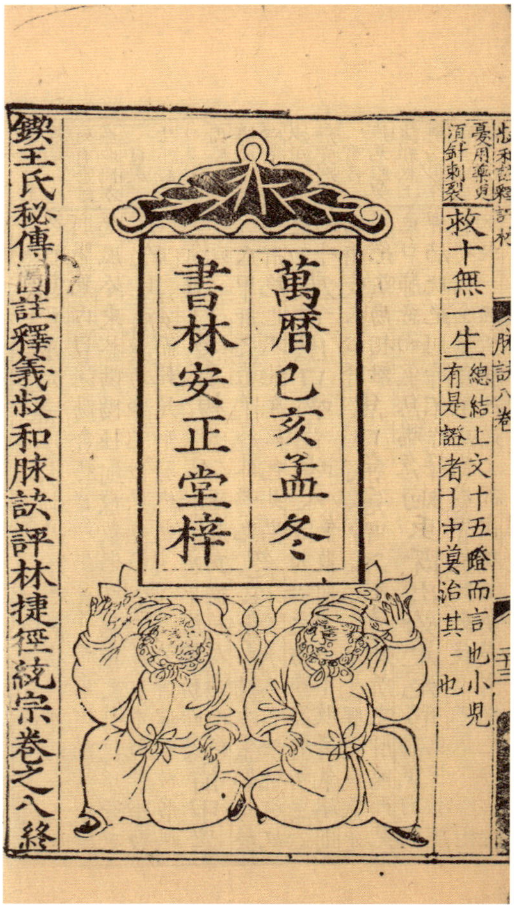

說文云診視驗也診法六字有旨診脉言如脉要精微論之謂有目診病言如絲甚別論之謂身分四十八難診之虛實同陰陽應象大論善診者察色按脉則診六所以審當篇

鐫王氏秘傳叔和圖註釋義脉訣評林捷徑統宗卷之一

○西晉國醫　王叔和　著撰
○撫東後學　冰鑑　王文潔　釋評
○閩建書林　雙松　劉朝琯　鋟梓

○秘傳七診之法

㊀靜其心存其心神也㊁忘其慮無外意也㊂均呼吸定其息氣也㊃輕指於皮膚間探其即浮脉也腑脉㊄微重於肌肉間取其即中脉也胃脉㊅沉指於骨上取其即沉脉也臟脉㊆察病人息數之來以定至數也舊註以獨大獨小獨寒獨熱獨遲獨疾獨濇為七診者所謂消離聖久遠據己見自持者非也予竊究諸家脉訣及黃帝內經未嘗取七診為七脉也

重廣補注黃帝内經素問二十四卷　〔唐〕王冰注　〔宋〕林億等校正　

明嘉靖二十九年（1550）顧從德影宋刻本　十册

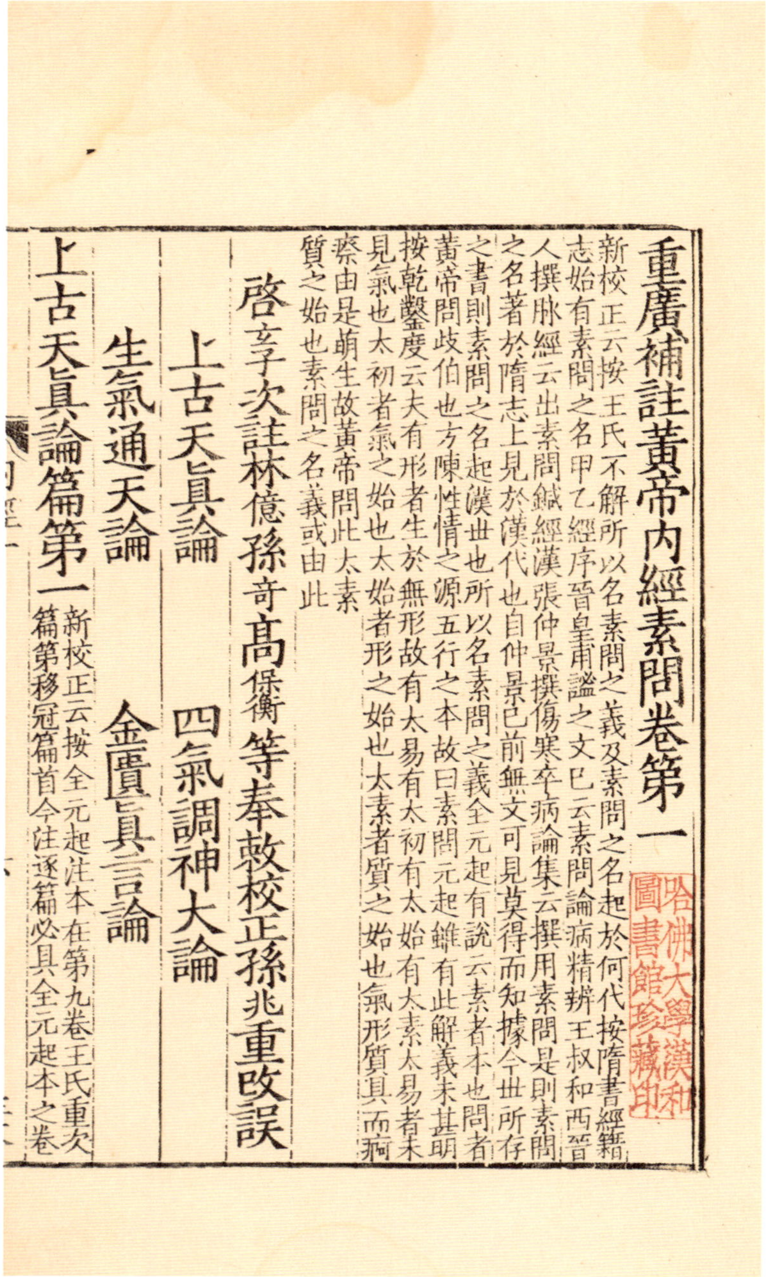
重廣補註黃帝内經素問卷第一
新校正云按王氏不解所以名素問之義及素問之名起於何代按隋書經籍志始有素問之名甲乙經序晉皇甫謐之文已云素問論病精辨王叔和西晉人撰脉經云出素問鍼經漢張仲景撰傷寒卒病論集云撰用素問是則素問之名著於隋志上見於漢代也自仲景已前無文可見莫得而知據今世所存之書則素問之名起漢世也所以名素問之義全元起有説云素者本也問者黃帝問岐伯也方陳性情之源五行之本故曰素問元起雖有此解義未甚明按乾鑿度云夫有形者生於無形故有太易有太初有太始有太素太易者未見氣也太初者氣之始也太始者形之始也太素者質之始也氣形質具而痾瘵由是萌生故黃帝問此太素質之始也素問之名義或由此
啓玄子次註林億孫奇高保衡等奉敕校正孫兆重改誤
上古天眞論　四氣調神大論
生氣通天論　金匱眞言論
上古天眞論篇第一　新校正云按全元起注本在第九卷王氏重次篇第移冠篇首今注逐篇必具全元起本之卷

脉經十卷人元脉影歸指圖説二卷　〔晉〕王叔和撰　

明末金閶龔紹山刻本　三册

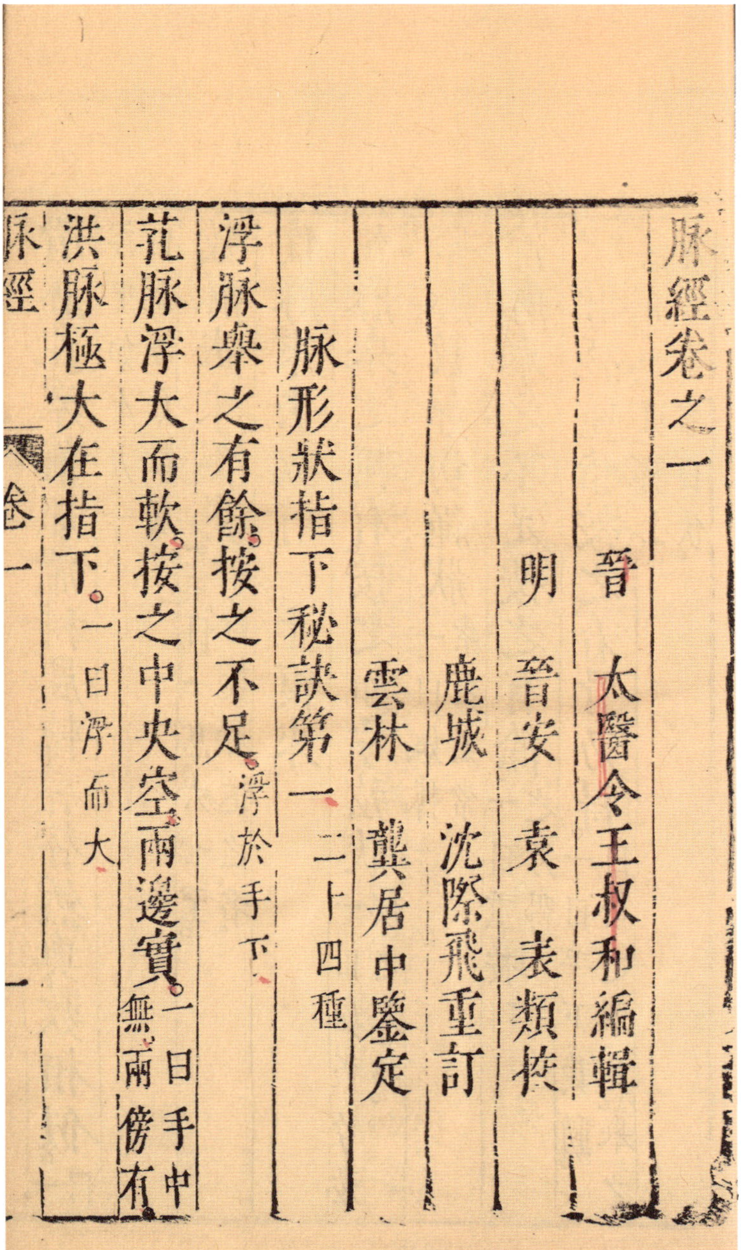

脉經卷之一

晉　太醫令王叔和編輯

明　晉安　袁　表類校

鹿城　沈際飛重訂

雲林　龔居中鑒定

脉形狀指下秘訣第一 二十四種

浮脉舉之有餘按之不足 浮於手下

芤脉浮大而軟按之中央空兩邊實 一曰手中無兩傍有

洪脉極大在指下 一曰浮而大

脉經　卷一　一

食物本草三卷 T7972/8254

明夷白堂刻巾箱本　三册

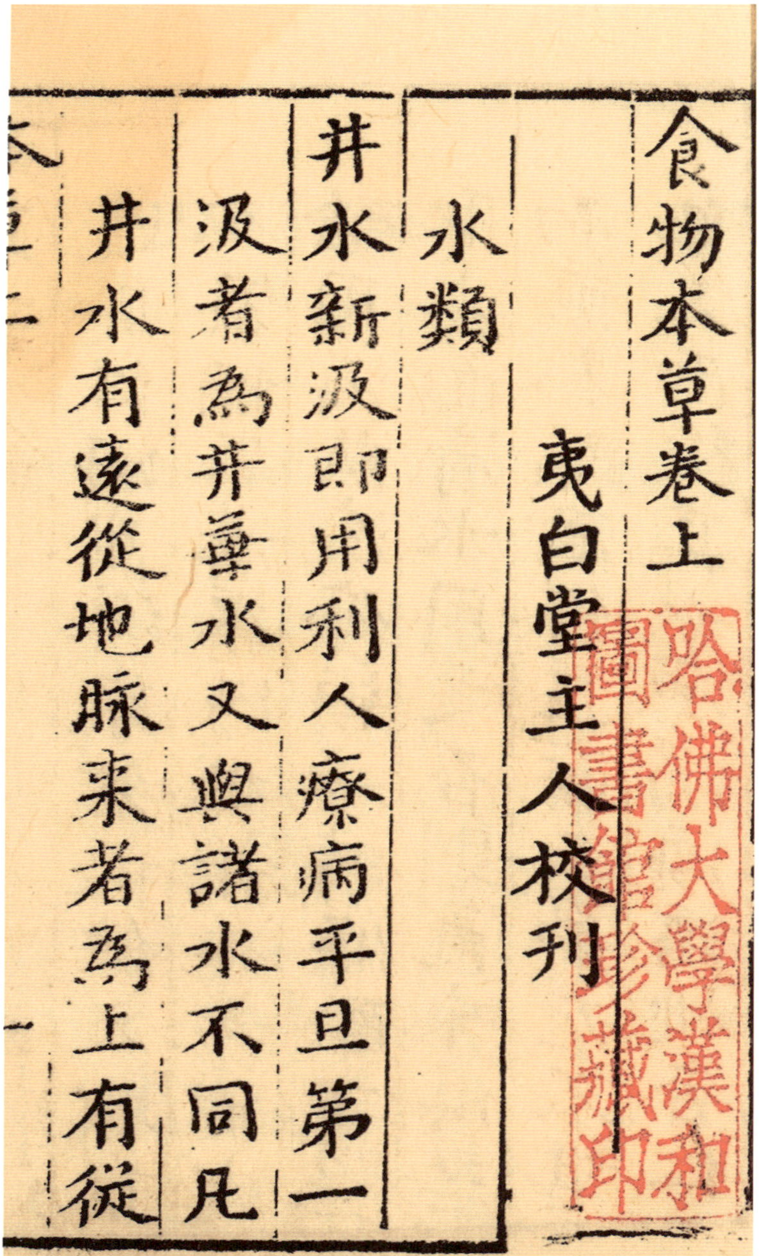
食物本草卷上
夷白堂主人校刊
水類
井水新汲即用利人療病平旦第一
汲着為井華水又與諸水不同凡
井水有遠從地脉来着為上有從

嬰童百問十卷　〔明〕魯伯嗣撰　　T7965/2626

明嘉靖刻本　八册

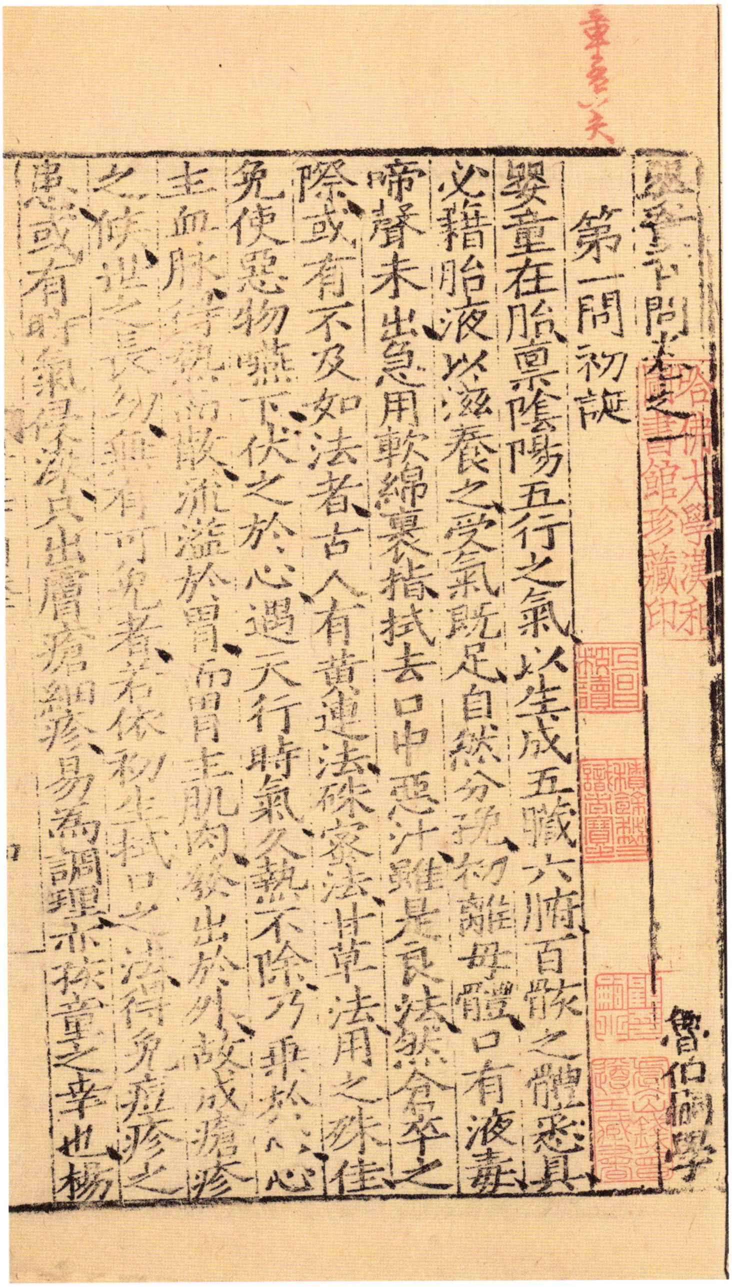
嬰童百問卷之一　　魯伯嗣學

第一問初誕

嬰童在胎稟陰陽五行之氣以生成五臟六腑百骸之體悉具必藉胎液以滋養之受氣既足自然分娩初離母體口有液毒啼聲未出急用軟綿裹指拭去口中惡汁雖是良法然倉卒之際或有不及如法者古人有黃連法硃蜜法甘草法用之殊佳免使惡物嚥下伏之於心遇天行時氣久熱不除乃乘於心心主血脉待熱而散流溢於胃而胃主肌肉發出於外故成瘡疹之候世之嬰幼無有可免者若依初生拭口之法得免瘡疹之患或有時氣侵染只出膚瘡細疹易為調理亦嬰童之幸也楊

容齋隨筆十六卷續筆十六卷三筆十六卷四筆十六卷五筆十卷　〔宋〕洪邁撰

T9150/3838c

明崇禎三年（1630）嘉定馬元調刻本　十二册

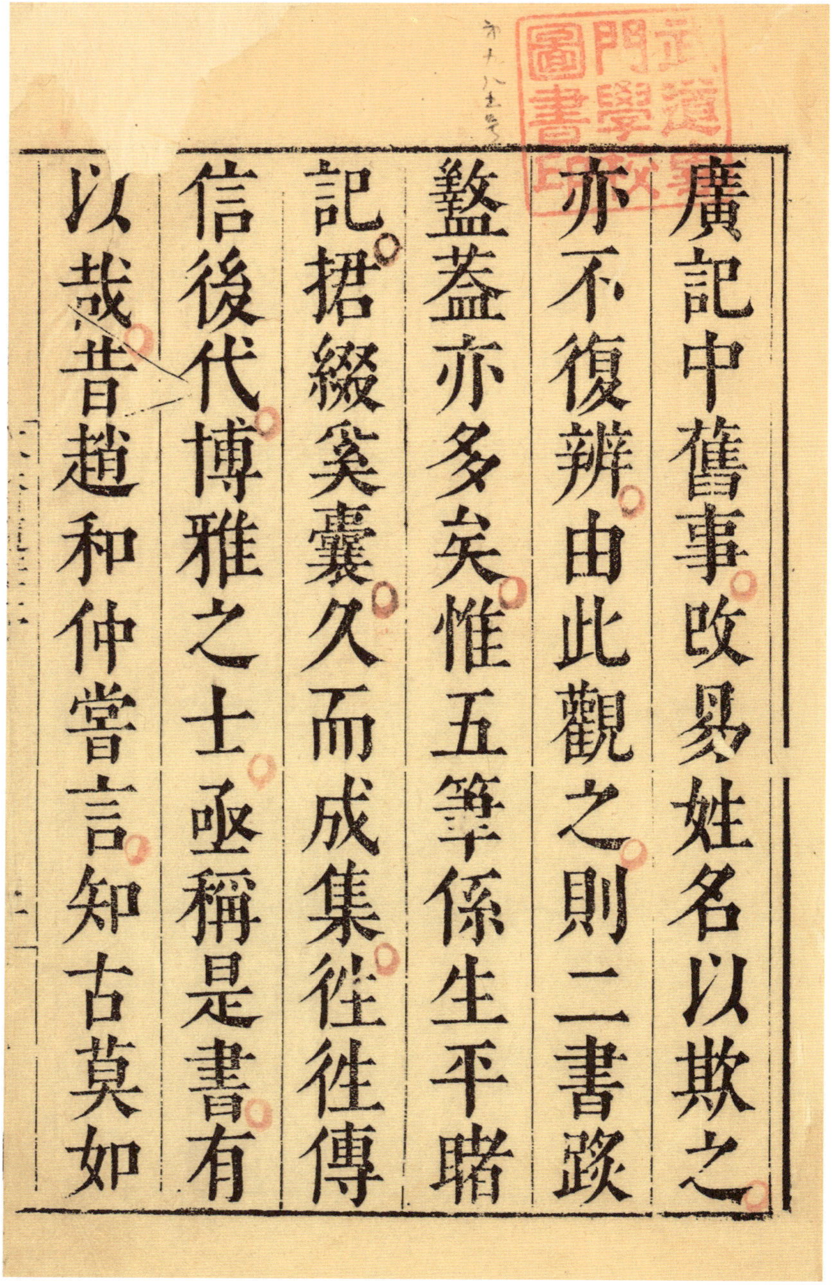
廣記中舊事改易姓名以欺之
亦不復辨由此觀之則二書跋
盭蓋亦多矣惟五筆係生平睹
記捃綴裒囊久而成集往往傳
信後代博雅之士亟稱是書有
以哉昔趙和仲嘗言知古莫如

容齋隨筆卷第一　二十九則

予老去習懶讀書不多意之所之隨即紀録因其後先無復詮次故目之曰隨筆淳熙庚子鄱陽洪邁景盧

歐率更帖

臨川石刻雜法帖一卷載歐陽率更一帖云年二十餘至鄱陽地沃土平飲食豐賤衆士往往湊聚每日賞華恣口所須其二張才華議論一時俊傑殷薛二侯故不可言戴君國士出言便

鶡冠子三卷　〔宋〕陸佃注　〔明〕王宇等評　

明天啓五年（1625）西湖朱氏花齋刻本　二册

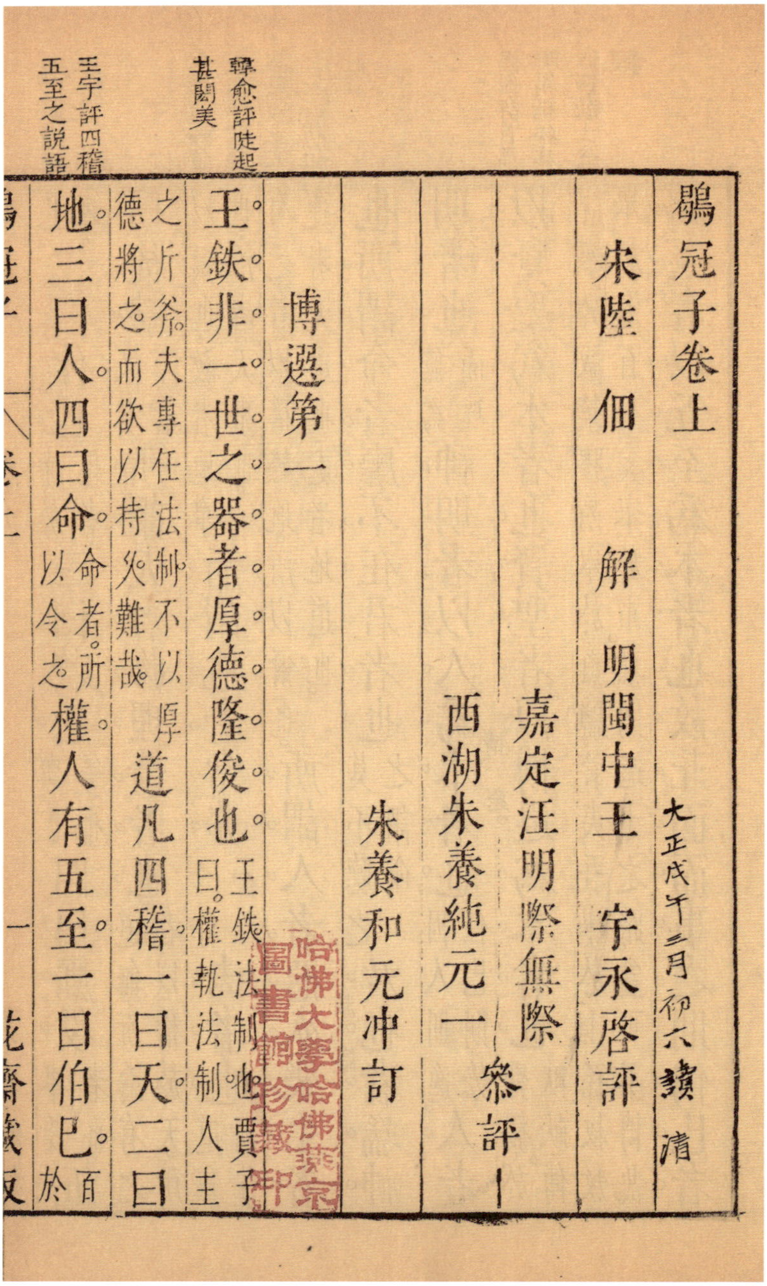

端撫部勸漢人婦女勿再纏足説一卷 〔清〕端方撰

清光緒二十八年（1902）武昌督府刻本 一册

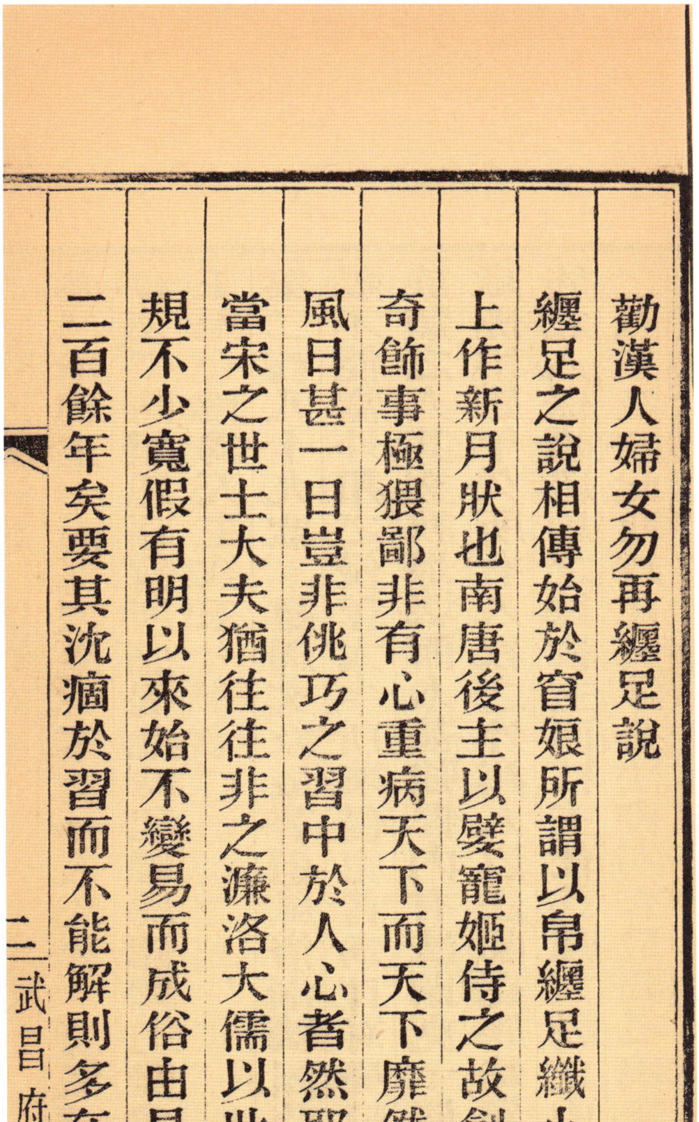
勸漢人婦女勿再纏足說
纏足之說相傳始於窅娘所謂以帛纏足纖小屈上作新月狀也南唐後主以嬖寵姬侍之故創此奇飾事極猥鄙非有心重病天下而天下靡然從風日甚一日豈非佻巧之習中於人心者然耶然當宋之世士大夫猶往往非之濂洛大儒以此相規不少寬假有明以來始不變易而成俗由是又二百餘年矣要其沈痼於習而不能解則多在夫
二 武昌府本

蠹書二卷續篇一卷附録一卷　〔清〕吳之珽撰　

清康熙刻後印本　一册

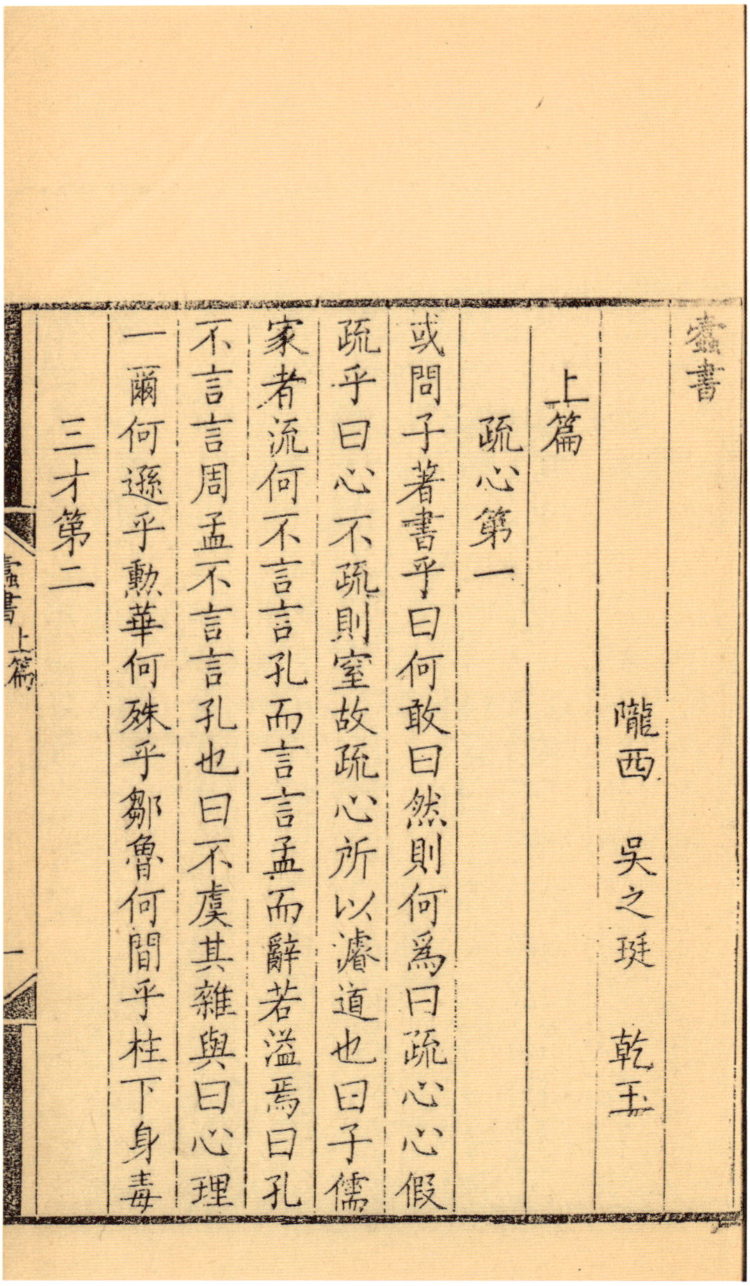
蠹書

隴西　吳之珽　乾玉

上篇

疏心第一

或問子著書乎曰何敢曰然則何爲曰疏心心假疏乎曰心不疏則窒故疏心所以濬道也曰子儒家者流何不言言孔而言言孟而辭若溢焉曰孔不言言周孟不言言孔也曰不虞其雜與曰心理一爾何遜乎勲華何殊乎鄒魯何間乎柱下身毒

三才第二

蠹書　上篇　一

小慧集十二卷續六卷 〔清〕貯香主人輯

清道光十七年（1837）浙寧卍氏希龕銀籐花榭刻袖珍本 六册

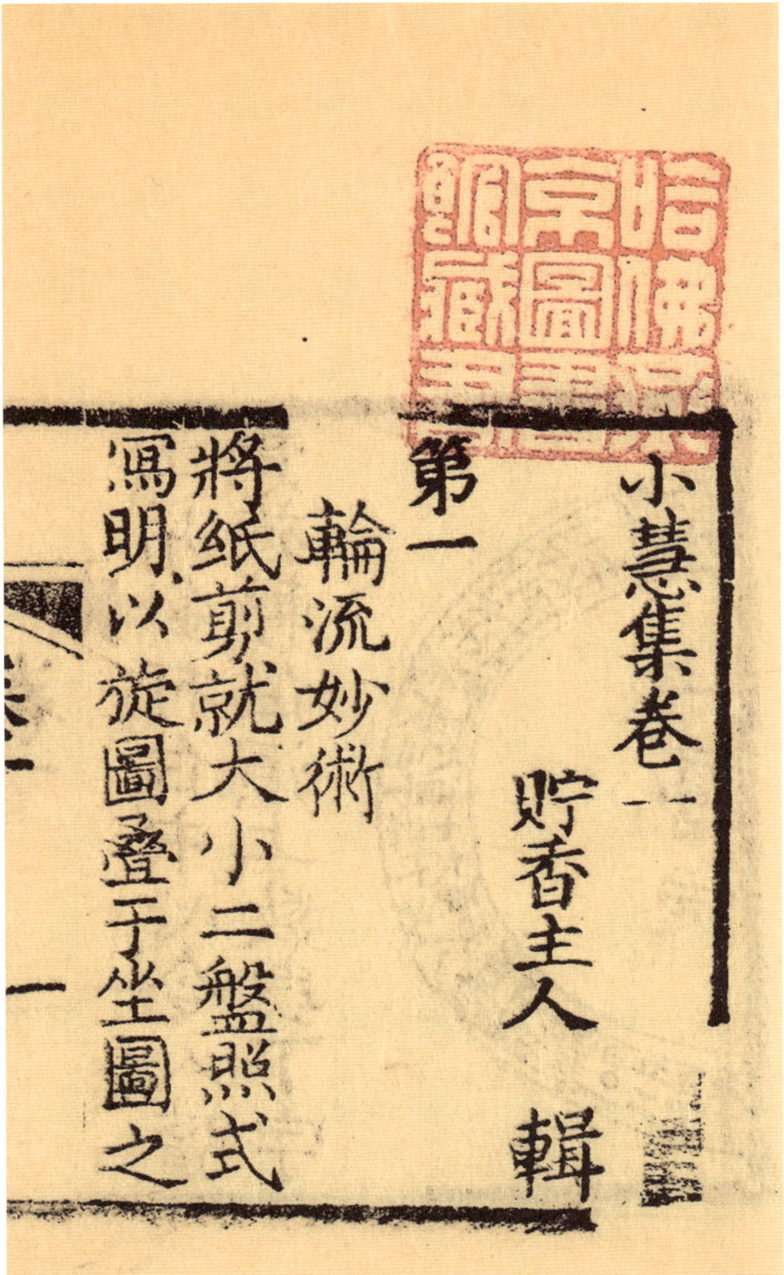
小慧集卷一
貯香主人 輯
第一
輪流妙術
將紙剪就大小二盤照式
寫明以旋圖疊于坐圖之

葫頭集三卷　〔清〕鄭止源編　

清順治十八年（1661）刻本　四册

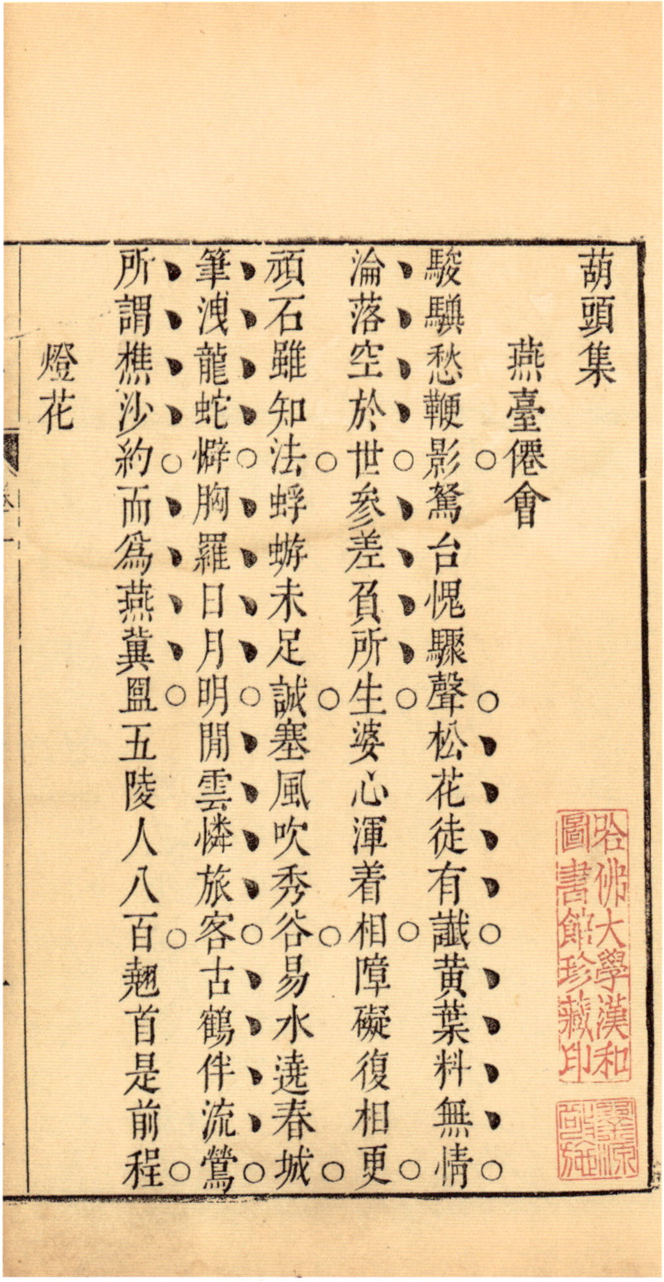
葫頭集
燕臺偎會
駿騏愁鞭影駑台傀驟聲松花徒有識黃葉料無情
淪落空於世參差負所生婆心渾着相障礙復相更
頑石雖知法蜉蝣未足誠塞風吹秀谷易水遶春城
筆洩龍蛇僻胸羅日月明開雲憐旅客古鶴伴流鶯
所謂樵沙約而爲燕冀盟五陵人八百翹首是前程
燈花

新鐫全像一見賞心編十四卷　〔明〕洛源子編　

明萬曆書林萃慶堂刻本　十二册

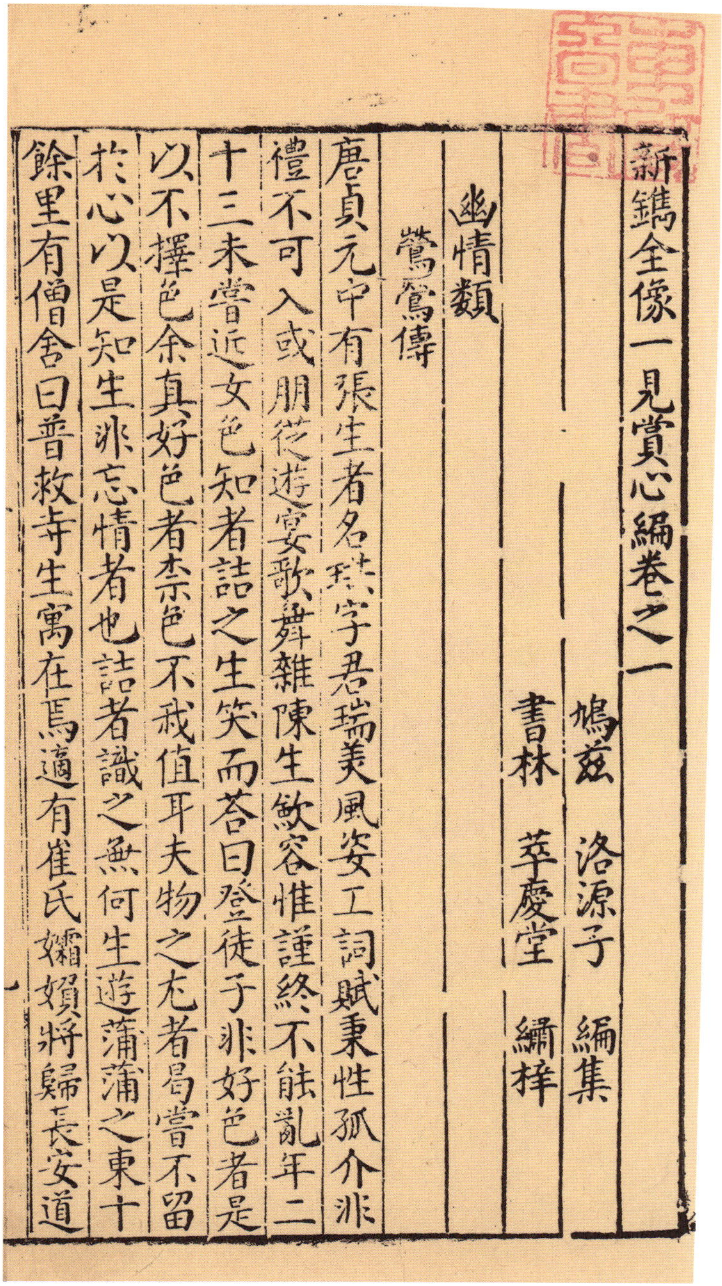
新鐫全像一見賞心編卷之一

鳩茲　洛源子　編集

書林　萃慶堂　繡梓

幽情類

鶯鶯傳

唐貞元中有張生者名珙字君瑞美風姿工詞賦秉性孤介非禮不可入或朋從遊宴歌舞雜陳生歛容惟謹終不能亂年二十三未嘗近女色知者詰之生笑而荅曰登徒子非好色者是以不擇色余真好色者奈色不我值耳夫物之尤者曷嘗不留於心以是知生非忘情者也詰者識之無何生遊蒲蒲之東十餘里有僧舍曰普救寺生寓在焉適有崔氏孀婦將歸長安道

山中一夕話上集七卷下集七卷　〔明〕李贄編　

明末梅墅石渠閣刻清補板印本　六册

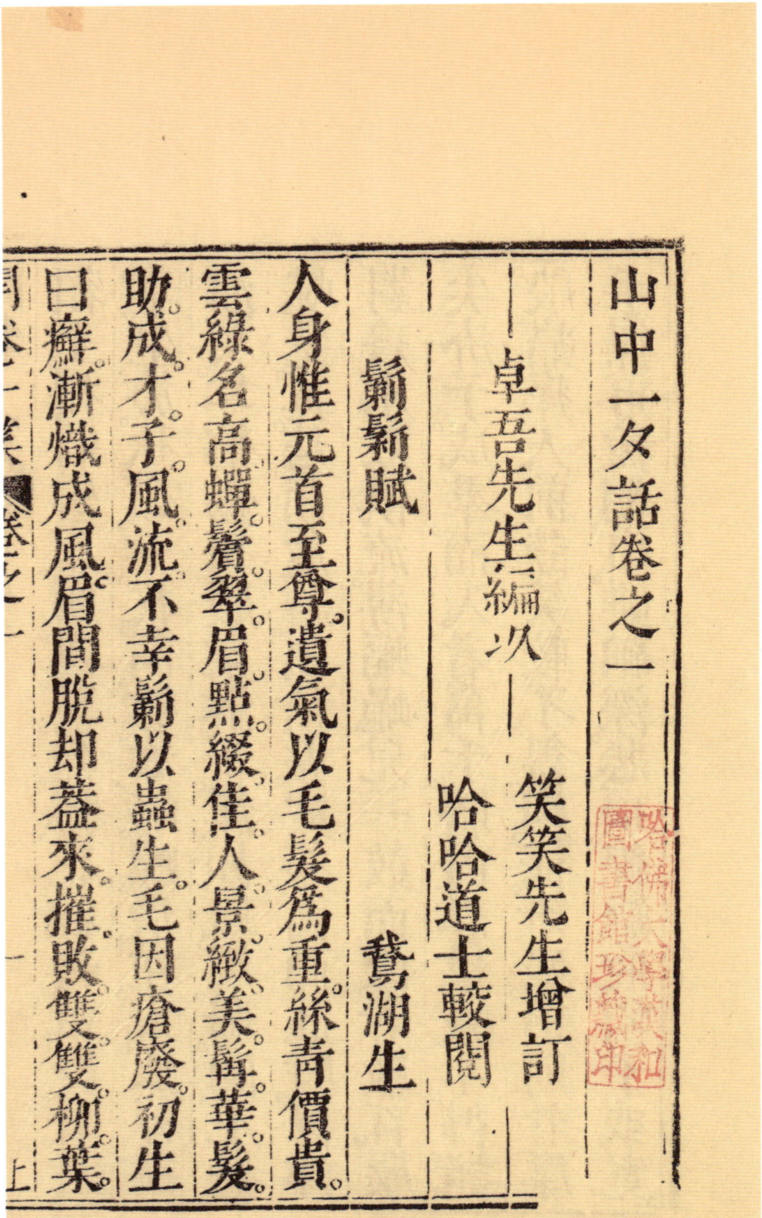
山中一夕話卷之一
卓吾先生編次　笑笑先生增訂
哈哈道士較閲
鬍鬚賦　鴦湖生
人身惟元首至尊遺氣以毛髮爲重絲青價貴
雲綠名高蟬鬢翠眉點綴佳人景緻美髯華髮
助成才子風流不幸鬍以蟲生毛因瘡發初生
曰癬漸熾成風眉間脫却蓋來摧敗雙雙柳葉

花間笑語五卷　〔清〕釀花使者撰　

清嘉慶末年刻巾箱本　五册

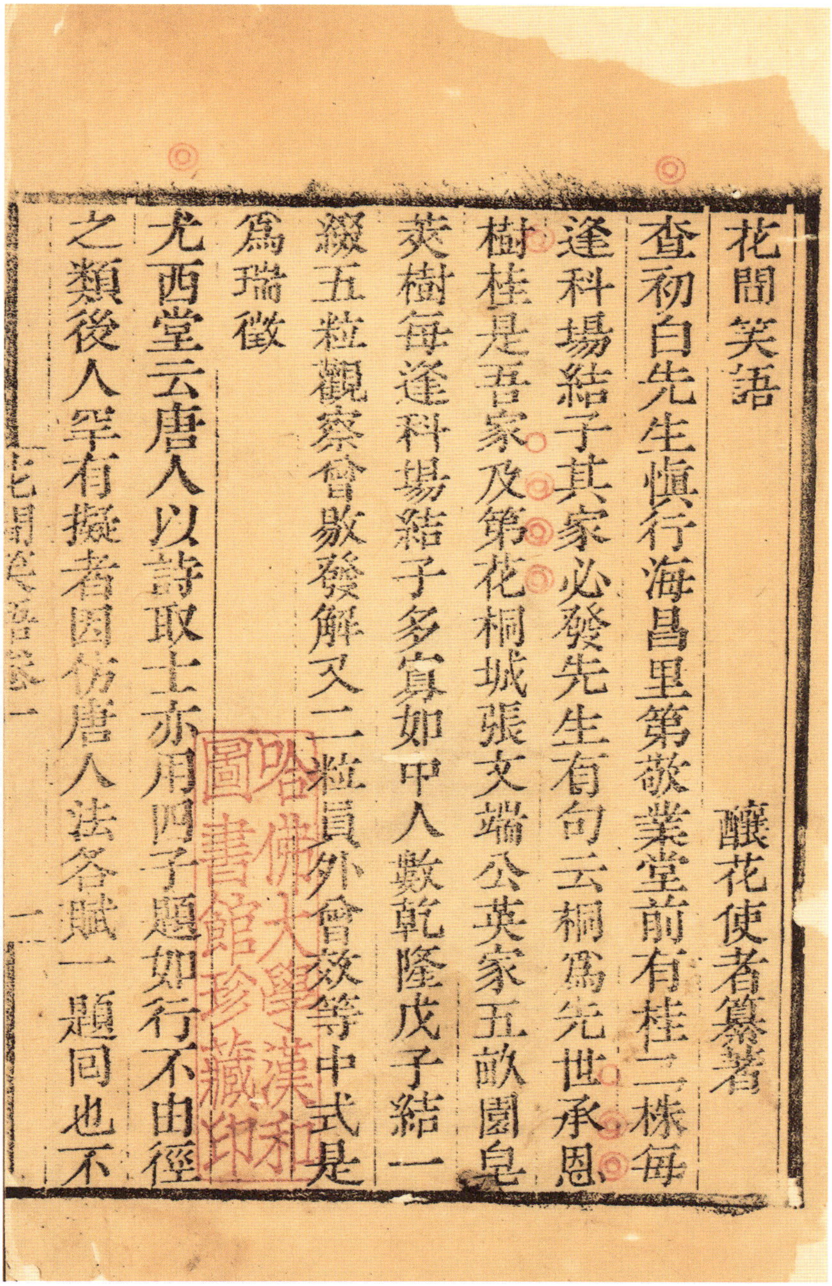
花間笑語　　釀花使者纂著

查初白先生愼行海昌里第敬業堂前有桂二株每逢科場結子其家必發先生有句云桐爲先世承恩樹桂是吾家及第花桐城張文端公英家五畝園皂莢樹每逢科場結子多寡如中人數乾隆戊子結一綴五粒觀察曾敭發解又二粒員外曾敬等中式是爲瑞徵

尤西堂云唐人以詩取士亦用四子題如行不由徑之類後人罕有擬者因仿唐人法各賦一題回也不

花間笑語卷一　一

大清咸豐十年歲次庚申七政經緯躔度書一卷 〔清〕顧祖金　賈步緯撰

清咸豐刻朱墨套印本　一册

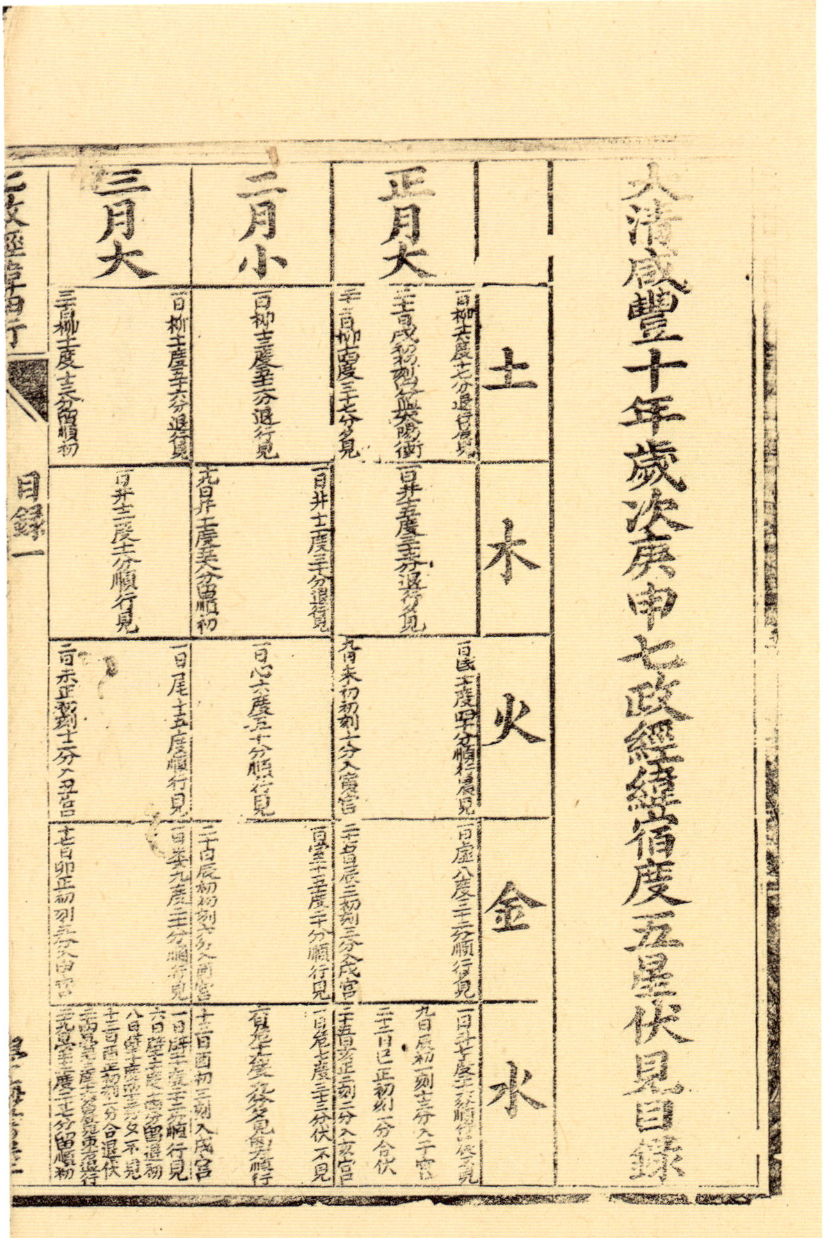

萬年書十二卷　〔清〕欽天監撰　

清康熙武英殿刻朱墨套印本　四册

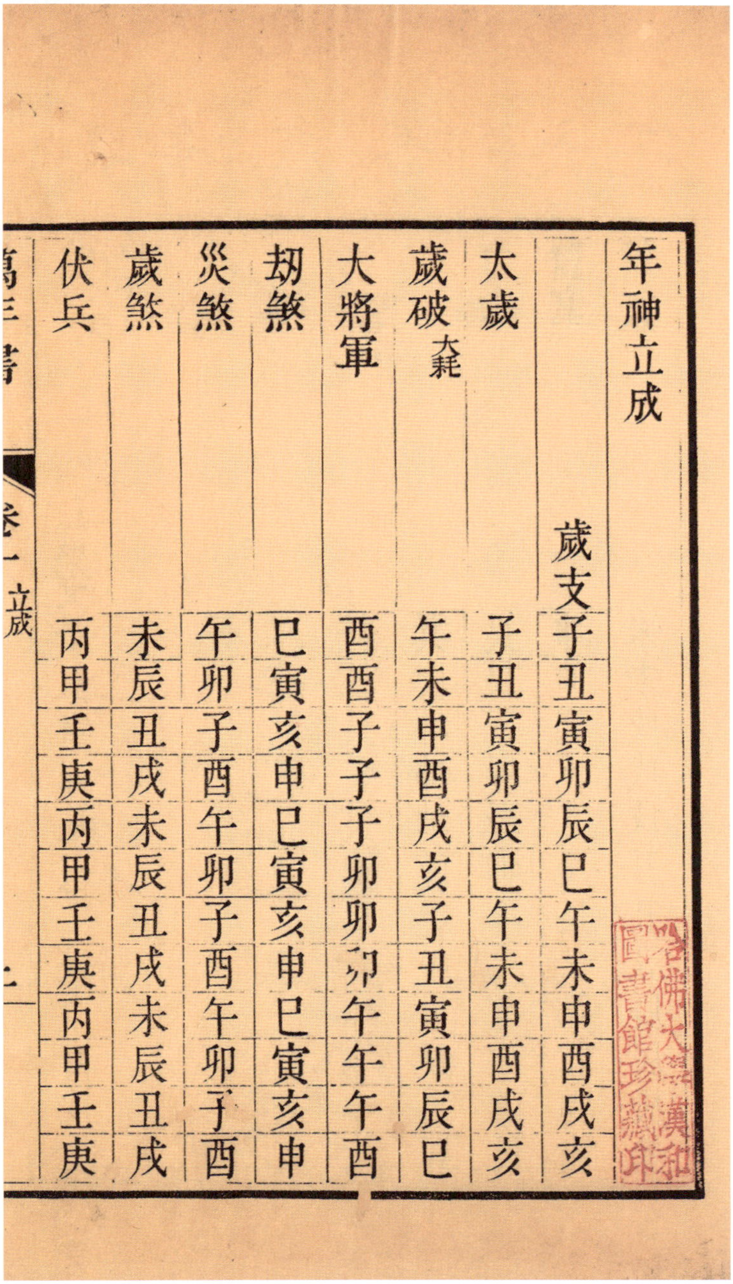
年神立成

歲支	太歲	歲破（大耗）	大將軍	刼煞	災煞	歲煞	伏兵
子	子	午	酉	巳	午	未	丙
丑	丑	未	酉	寅	卯	辰	甲
寅	寅	申	子	亥	子	丑	壬
卯	卯	酉	子	申	酉	戌	庚
辰	辰	戌	子	巳	午	未	丙
巳	巳	亥	卯	寅	卯	辰	甲
午	午	子	卯	亥	子	丑	壬
未	未	丑	卯	申	酉	戌	庚
申	申	寅	午	巳	午	未	丙
酉	酉	卯	午	寅	卯	辰	甲
戌	戌	辰	午	亥	子	丑	壬
亥	亥	巳	酉	申	酉	戌	庚

萬年書　卷一　立成

新春吉慶大全一卷

清嘉慶廣賢堂刻本　一册

春牛式

盛世豐年

太平景象

春牛身高四尺長八尺尾一尺二寸
右繳口合头白身黄腹黄角耳
尾白膝脛白蹄青籠頭索用絲
繩紅色樵染勾子用桑柘木芒
神童子像身高三尺六寸手鞭
用柳枝長二尺四寸結子用麻
五采色醮染身着紅衣黑繫腰
帯平梳兩髻在耳後全戴行纏
鞋袴俱全右行纏懸於腰芒神
用苧結芒神閒立於牛後邊

向東方拜之大吉

大六壬管輅神書一卷

清抄本　二册

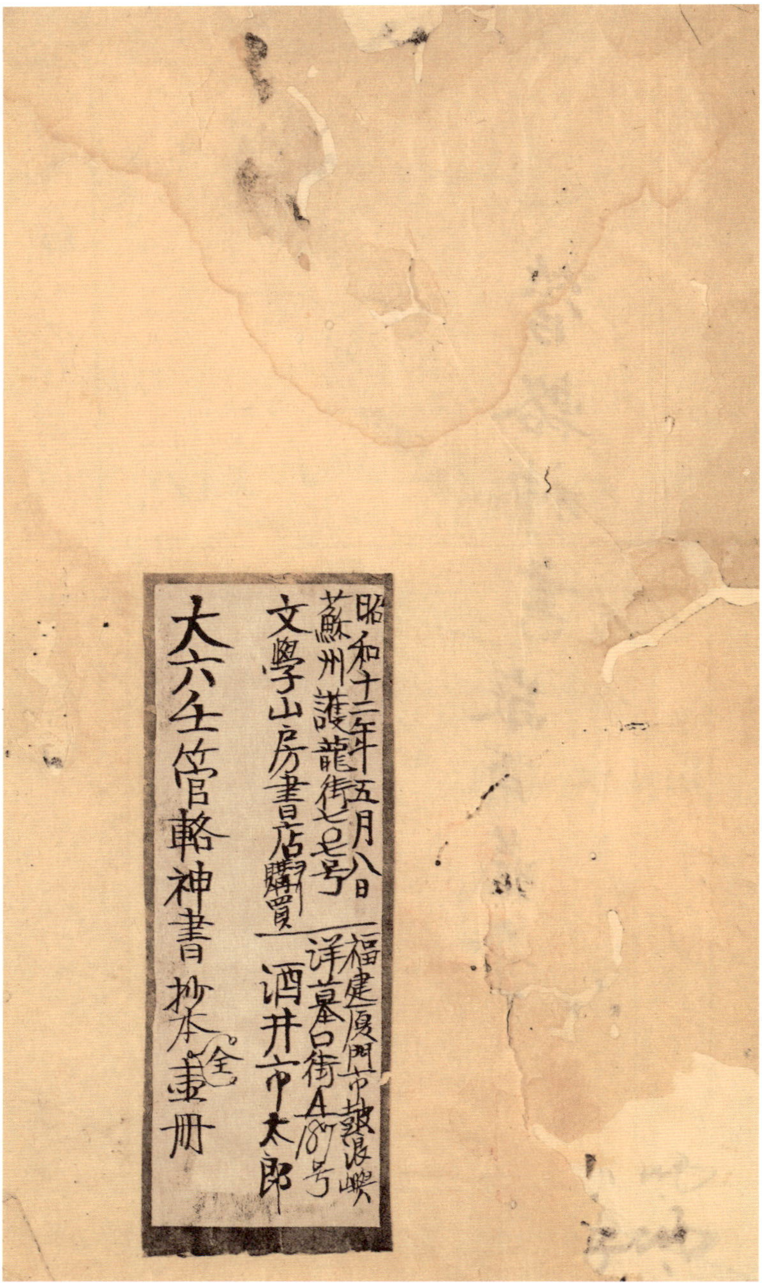

大六壬管輅神書

干支総論

夫課以干為主干者我也當審干上所加之神或生或比或刑沖尅害何如以支為宅尤當審其所加之神生比刑克沖害空脱何如吉神者貴合龍常陰后也凶神者蛇白朱空元虎也吉神居生旺之地而愈吉凶神居所樂之郷凶不成凶既審干支之吉凶尤詳用神之禍福發用者初傳也為心之所主事之所向故名之曰用

夫用神不可損傷必須與神將上下相生比和則吉若上下相克而入休敗之地則不吉

若用在日之陰神則為外事用亦主遠出動撓用在辰之陰神則為内事而目前立見之矣

凡事出於舊然與發舊而成就事出意外謂之舊越課

觀象玩占五十卷附太乙玉鑑風雨全書一卷　〔唐〕李淳風撰　TNC1742/4437

明藍格抄本　十二册

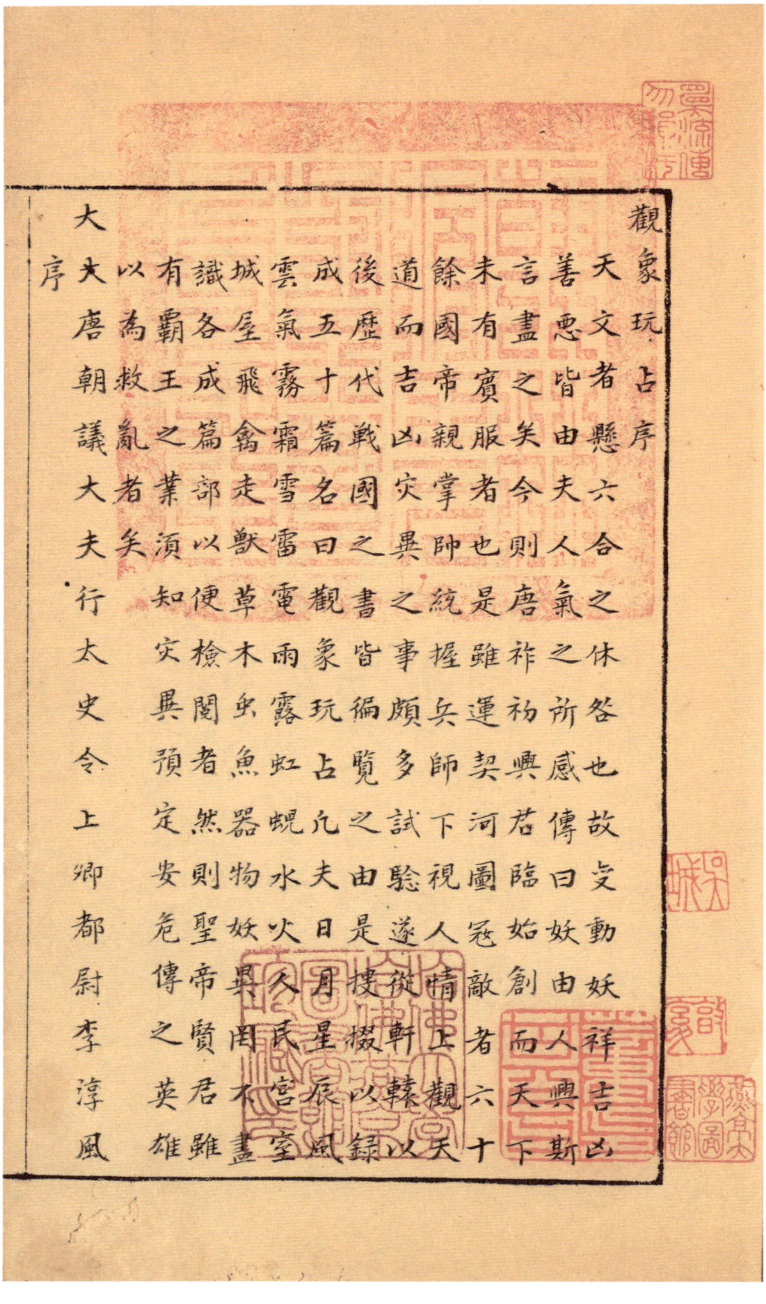
觀象玩占序
天文者懸六合之休咎也故变動妖祥吉凶
善悪皆由夫人氣之所感傳曰妖由人興斯
言畫之矣今則唐祚初興若臨始創而天下
未有賓服者也是雖運契河圖寇敵者六十
餘國帝親掌師統握兵師下視人情上觀天
道而吉凶灾異之事頗多試驗遂從軒轅以
後歷代戰國之書皆徧覽之由是捜掇以録
成五十篇名曰觀象玩占凡夫日月星辰風
雲氣霧霜雪雷電雨露虹蜺水火人民宮室
城垦飛禽走獸草木虫魚器物妖異困不盡
識各成篇部以便檢閲者然則聖帝賢君雖
有霸王之業須知灾異預定安危傳之英雄
以為救亂者矣
大
大唐朝議大夫行太史令上卿都尉李淳風
序

觀象玩占卷之一

天體論

古之言天凡有八家一曰渾天即今所載張衡靈憲是也二曰宣夜絕無師學三曰盖天周髀所載四曰昕天姚信所說五曰穹天虞聳所擬六曰安天虞喜所述七曰方天王充所論八曰四天姚胡寓言獨渾天一家最為近理古李淳風獻取靈憲載之乙巳占首其文曰昔在王將步天路用定靈軌尋諸本元先准之于渾體是為正儀立度而皇極有逌建也樞運有逌稽也乃建稽常聖人無心因茲以生心故靈憲作典曰太素之前幽清玄靜寂寞默不為象厥中惟虛厥外惟無

推背圖不分卷　〔唐〕袁天罡撰　〔唐〕李淳風注　T1749/7223

清彩繪本　一册

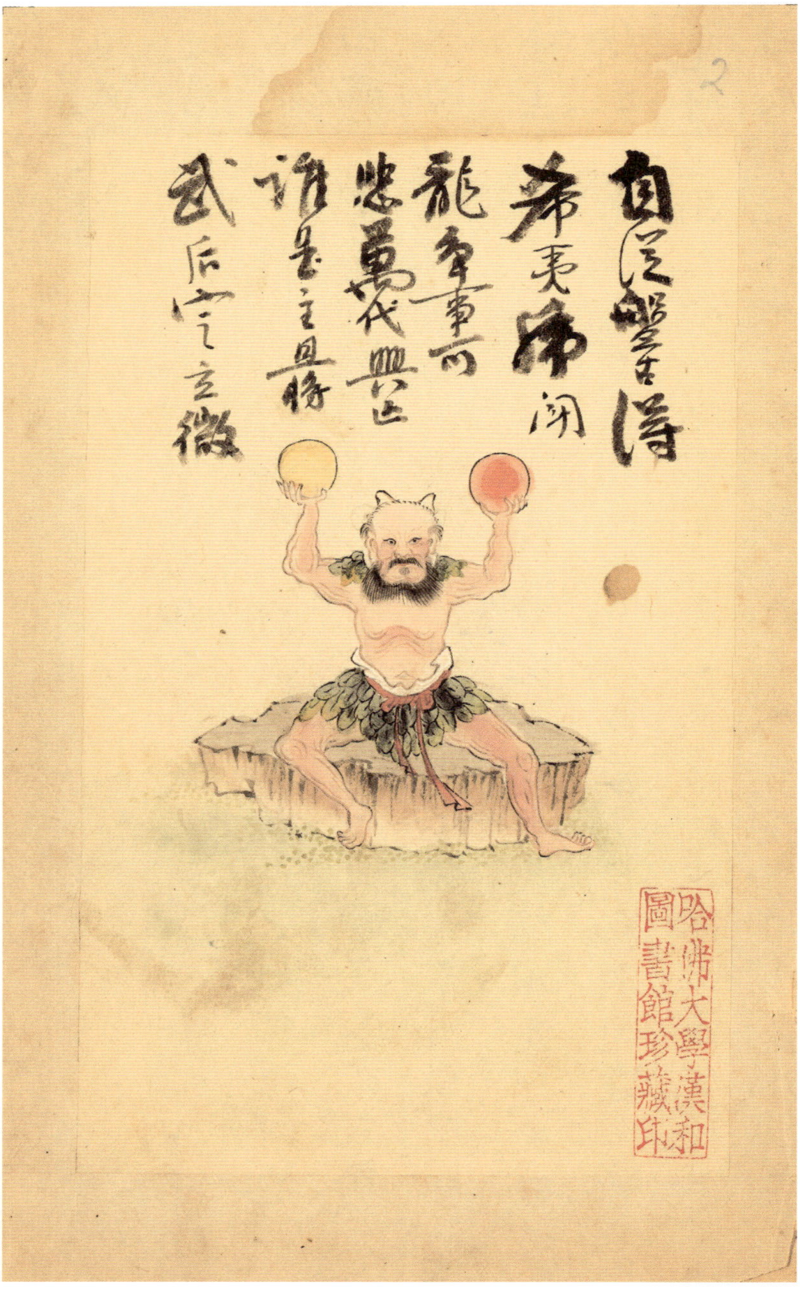

神兵旗式一卷 T1748/370

清彩繪本　一册

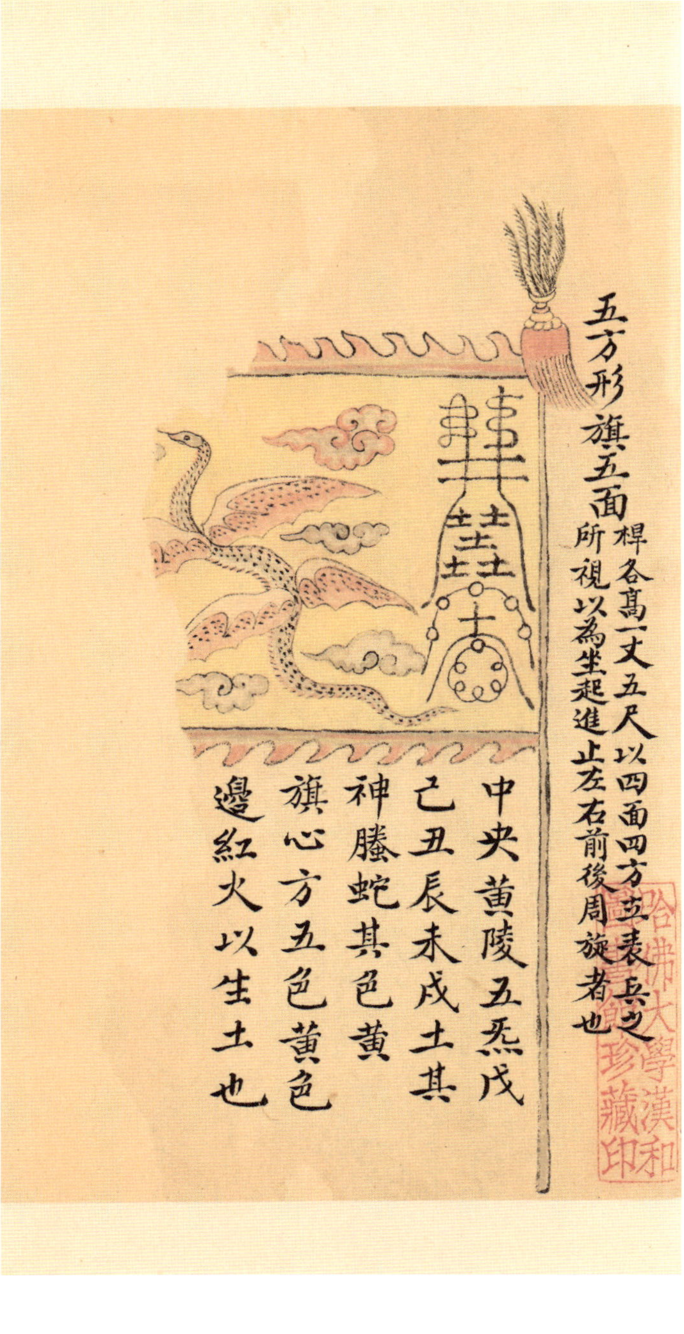

新刻星平總會命海全編十卷首一卷　〔明〕薛承愛撰　〔明〕夏青山編集

明萬曆三十九年（1611）文林積善堂陳奇泉刻本　六册

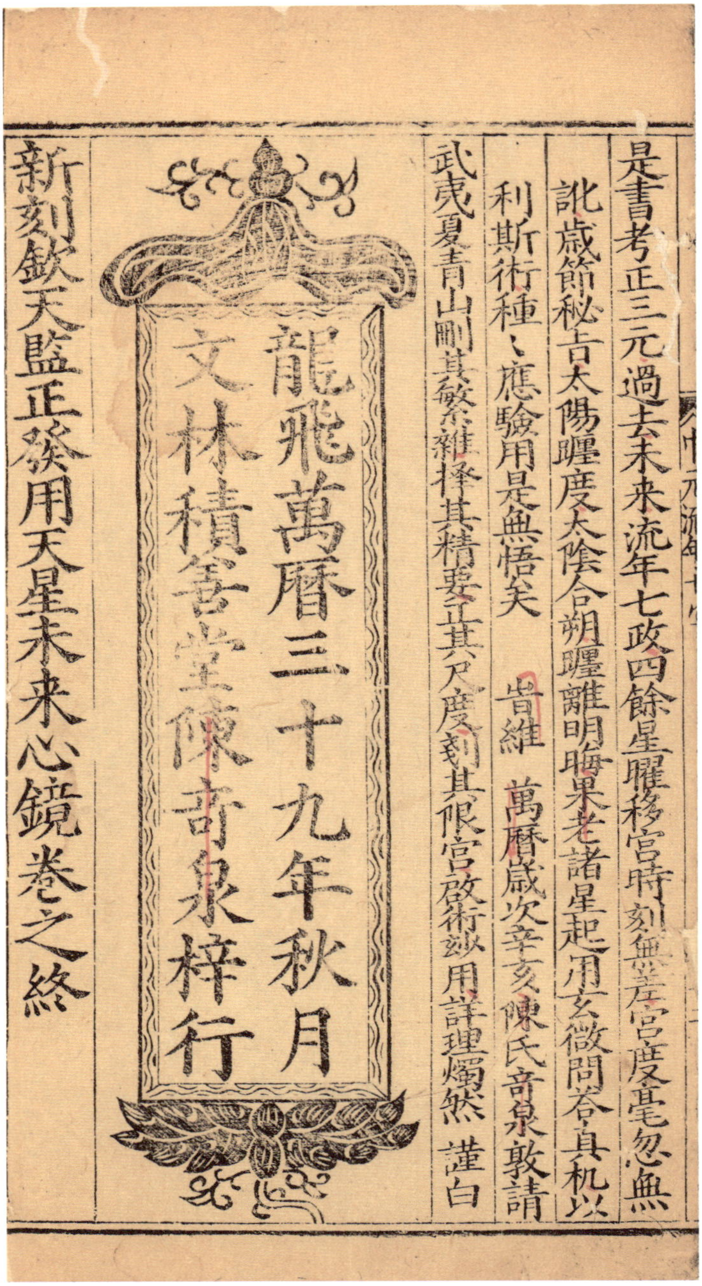

新刻星平總會命海全編卷之一

北京欽天監　監正　薛承愛遺稿
八閩上郡　武夷　夏青山編集
潭邑書林　積善堂　陳奇泉梓行

〔一〕五星起例　初學五星者最宜熟讀篇篇緊要字字珠璣

〇十二宮星所屬

子丑宮屬(土)　寅亥(木)位真　卯戌原為(火)　辰酉本屬(金)
巳申尋居(水)　午位(太陽)星　巨蠏無所配　未上對(太陰)

〇十二宮名所屬

(子)坎寶瓶齊青位　(丑)艮磨蝎越楊州　艮(寅)人馬燕幽地　(卯)震天蝎宋豫求
(辰)巽天秤鄭兗分　巽(巳)雙女楚荊丘　(午)離三河周獅子　(未)坤巨蠏秦雍畱
(坤)申晉益陰陽位　(酉)兌趙翼是金牛　(戌)乾白羊魯徐郡　乾(亥)雙魚衛并收

如子宮名曰寶瓶其分野屬齊青州其卦位是坎也艮乃丑寅之中故兩下相兼說餘倣此

雙劍閣集地理人天眼目八卷　〔明〕李迪編　〔明〕李琨　李瑜補　

明萬曆三十一年（1603）豐城李氏刻本　五册

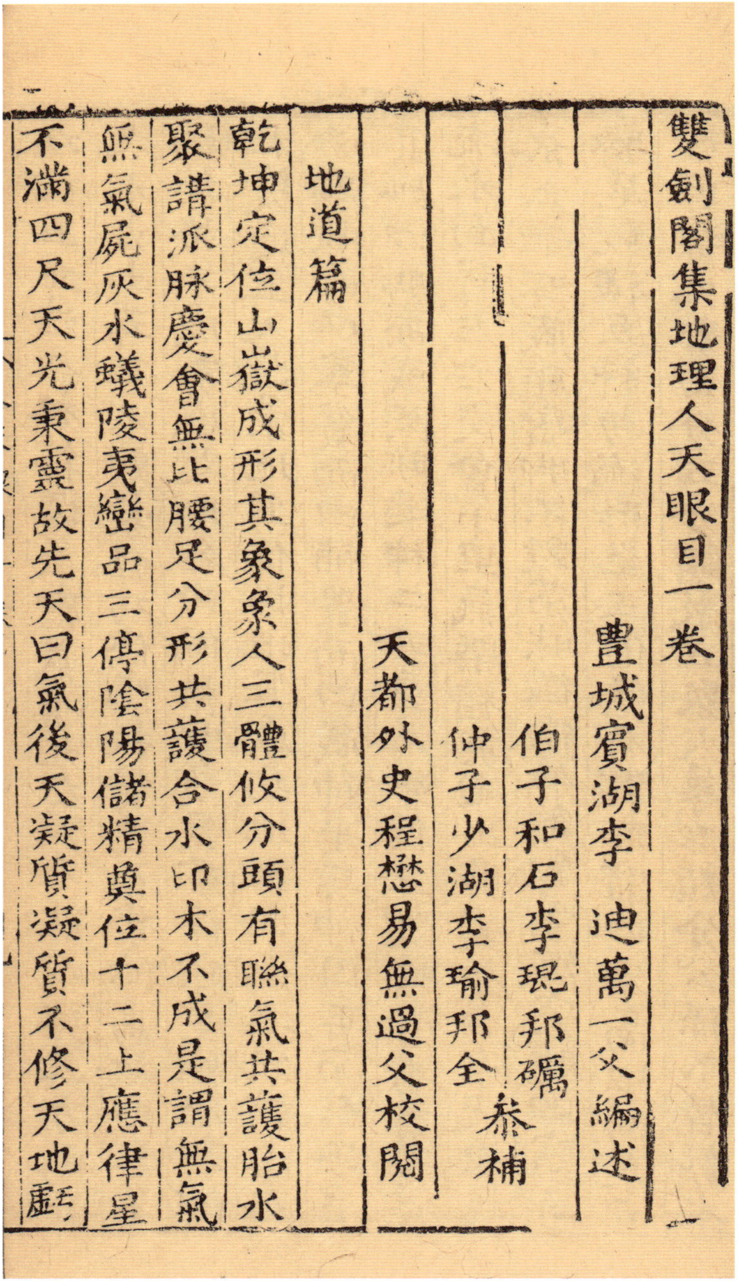
雙劍閣集地理人天眼目一卷
豐城賓湖李　迪萬一父編述
伯子和石李琨邦礪
仲子少湖李瑜邦全　叅補
天都外史程懋易無過父校閲
地道篇
乾坤定位山嶽成形其象象人三體攸分頭有聯氣共護胎水
聚講派脉慶會無比腰足分形共護合水印木不成是謂無氣
無氣屍灰水蟻陵夷巒品三停陰陽儲精奠位十二上應律星
不滿四尺天光秉靈故先天曰氣後天凝質凝質不修天地虧

卜筮全書十四卷　〔明〕姚際隆刪補　

明崇禎翁少麓刻本　三册

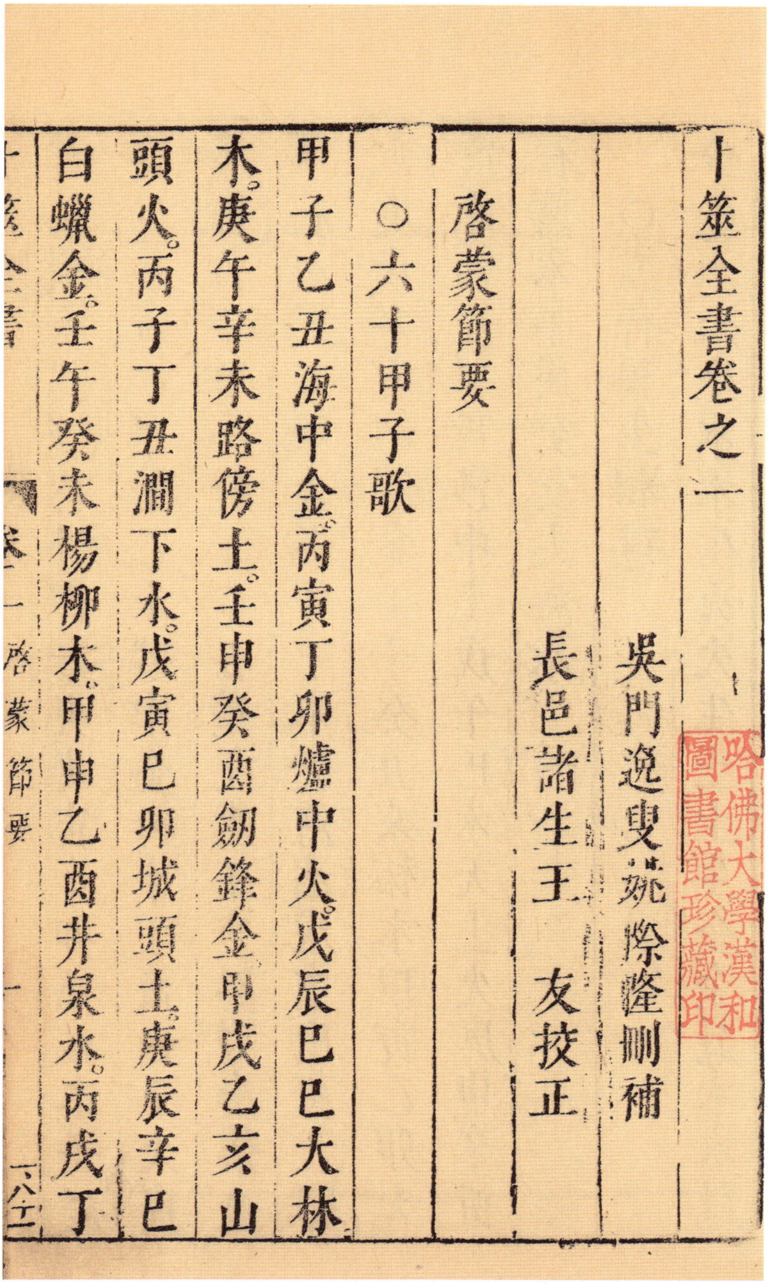
卜筮全書卷之一
吳門逸叟姚際隆刪補
長邑諸生王　友挍正
啓蒙節要
○六十甲子歌
甲子乙丑海中金丙寅丁卯爐中火戊辰己巳大林
木庚午辛未路傍土壬申癸酉劍鋒金甲戌乙亥山
頭火丙子丁丑澗下水戊寅己卯城頭土庚辰辛巳
白蠟金壬午癸未楊柳木甲申乙酉井泉水丙戌丁
卜筮全書　卷一　啓蒙節要　一

飛白録二卷　〔清〕陸紹曾　張燕昌輯　　T6188/7128

清嘉慶九年（1804）海鹽黃氏擘荔軒刻本　二册

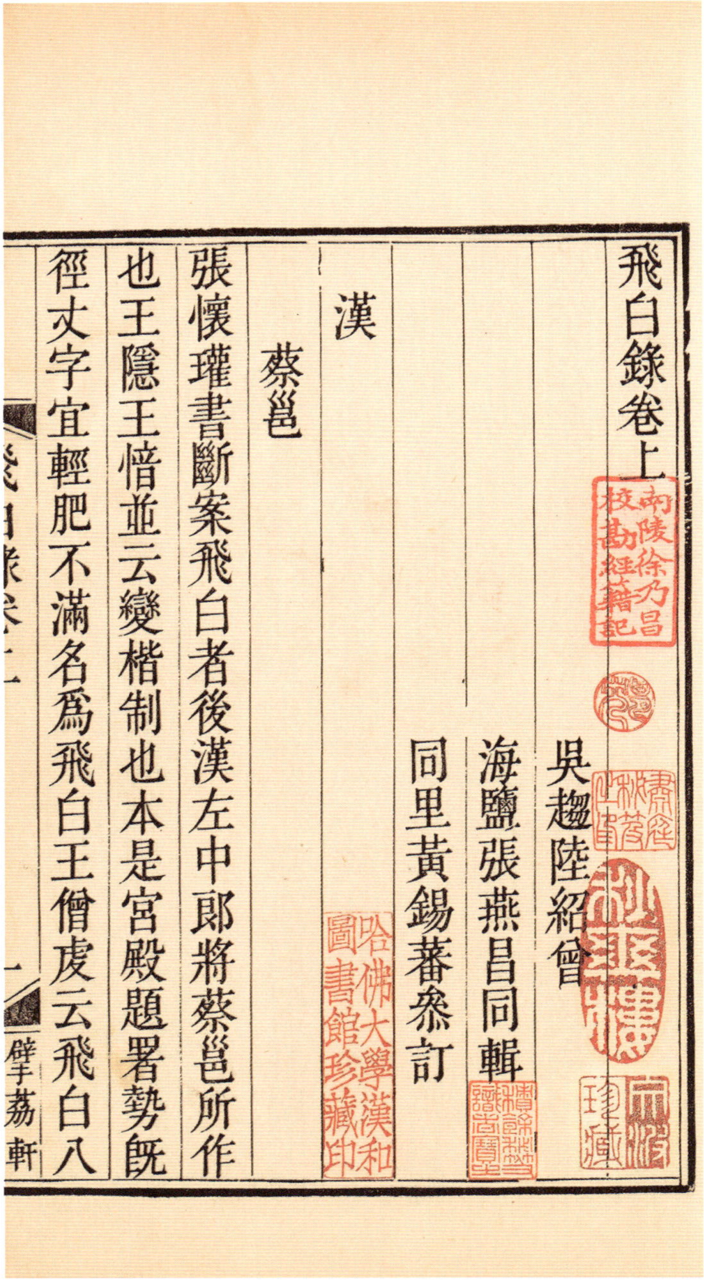

飛白錄卷上

吳趨陸紹曾

海鹽張燕昌同輯

同里黃錫蕃參訂

漢

蔡邕

張懷瓘書斷案飛白者後漢左中郎將蔡邕所作
也王隱王愔並云變楷制也本是宮殿題署勢既
徑丈字宜輕肥不滿名爲飛白王僧虔云飛白八

飛白錄卷上　一　擘荔軒

圖繪寶鑑五卷補遺一卷 〔元〕夏文彥撰 T6100/1400c

元至正二十六年（1366）刻本（有抄配） 三册

缺卷一至二。

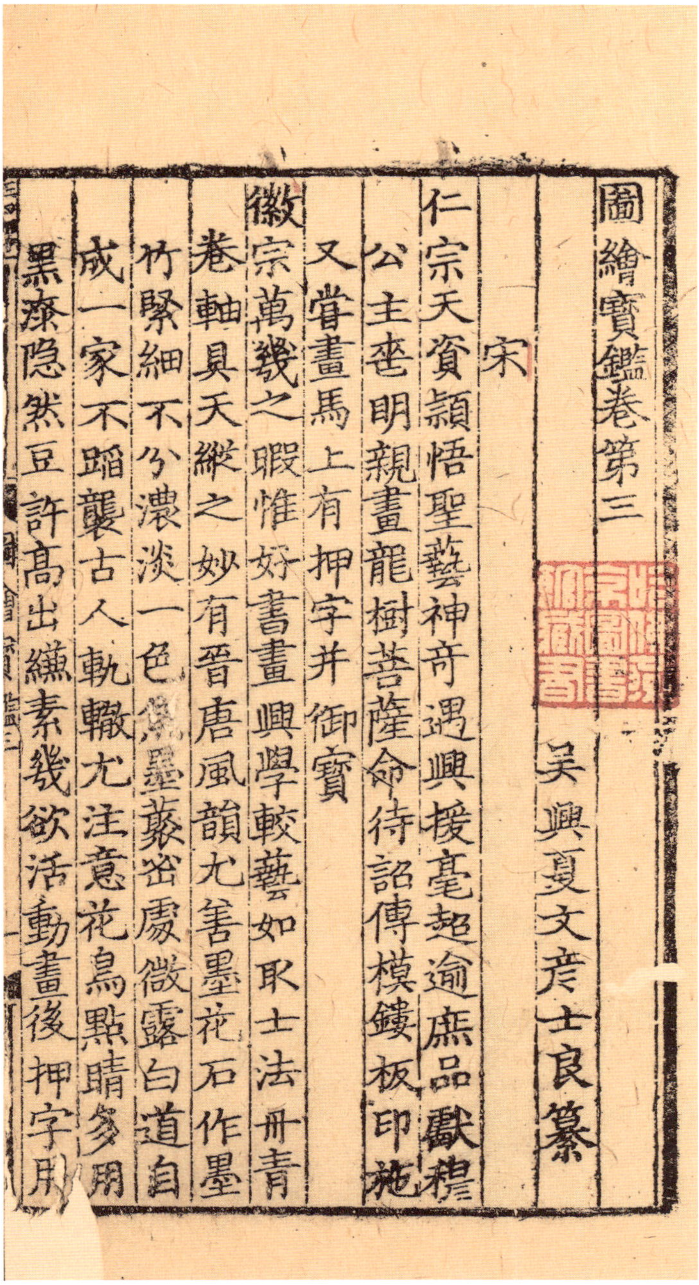
圖繪寶鑑卷第三
吳興夏文彥士良纂
宋
仁宗天資穎悟聖藝神奇遇興援毫超逾庶品獻穆
公主坐明親畫龍樹菩薩命待詔傳模鏤板印施
又嘗畫馬上有押字并御寶
徽宗萬幾之暇惟好書畫興學較藝如取士法丹青
卷軸具天縱之妙有晉唐風韻尤善墨花石作墨
竹緊細不分濃淡一色焦墨叢密處微露白道自
成一家不蹈襲古人軌轍尤注意花鳥點睛多用
黑漆隐然豆許高出縑素幾欲活動畫後押字用

鐫古今名筆便學臨池真蹟不分卷

明翰墨林主刻本　二册

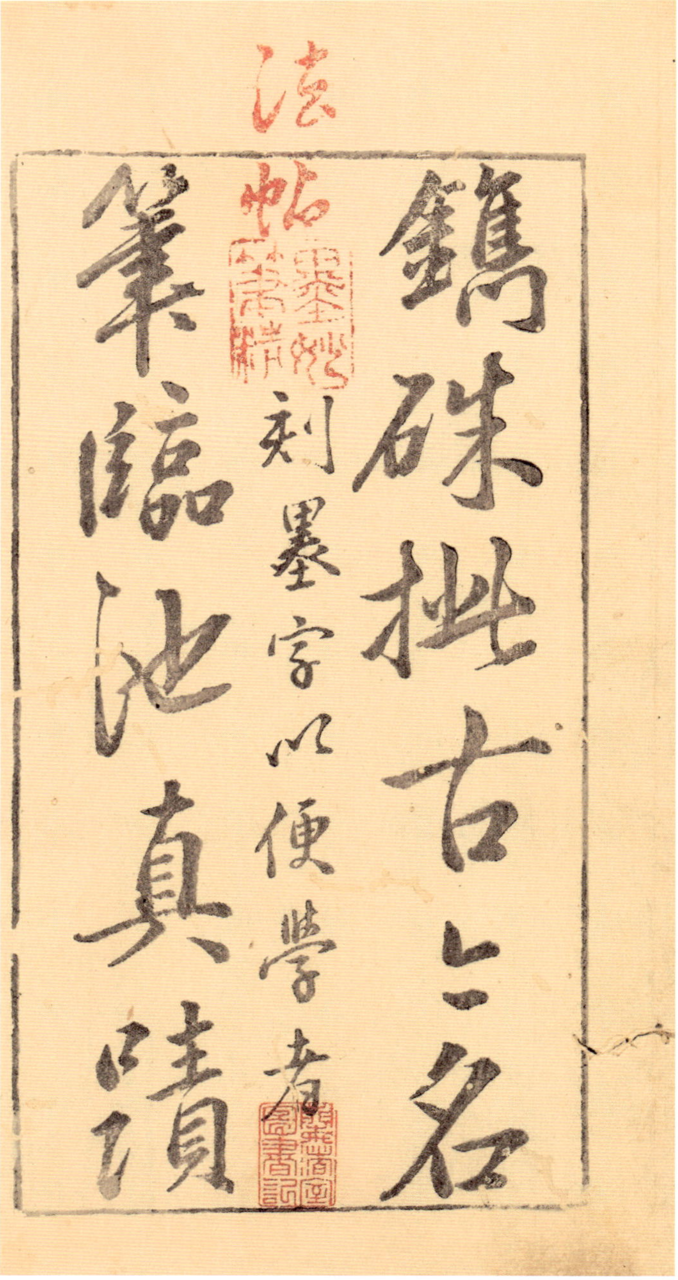

臨池真蹟

梁高帝書

衆軍行人家令封如別曹

郢州逝遣樊士真領二百

黄氏畫譜八種八卷 〔明〕黄鳳池輯

明萬曆至天啓間集雅齋清繪齋刻本 八册

海上名家畫稿不分卷　〔清〕張熊等繪　6178/3223

清光緒十一年（1885）蘭陵慎思草堂刻本　二册

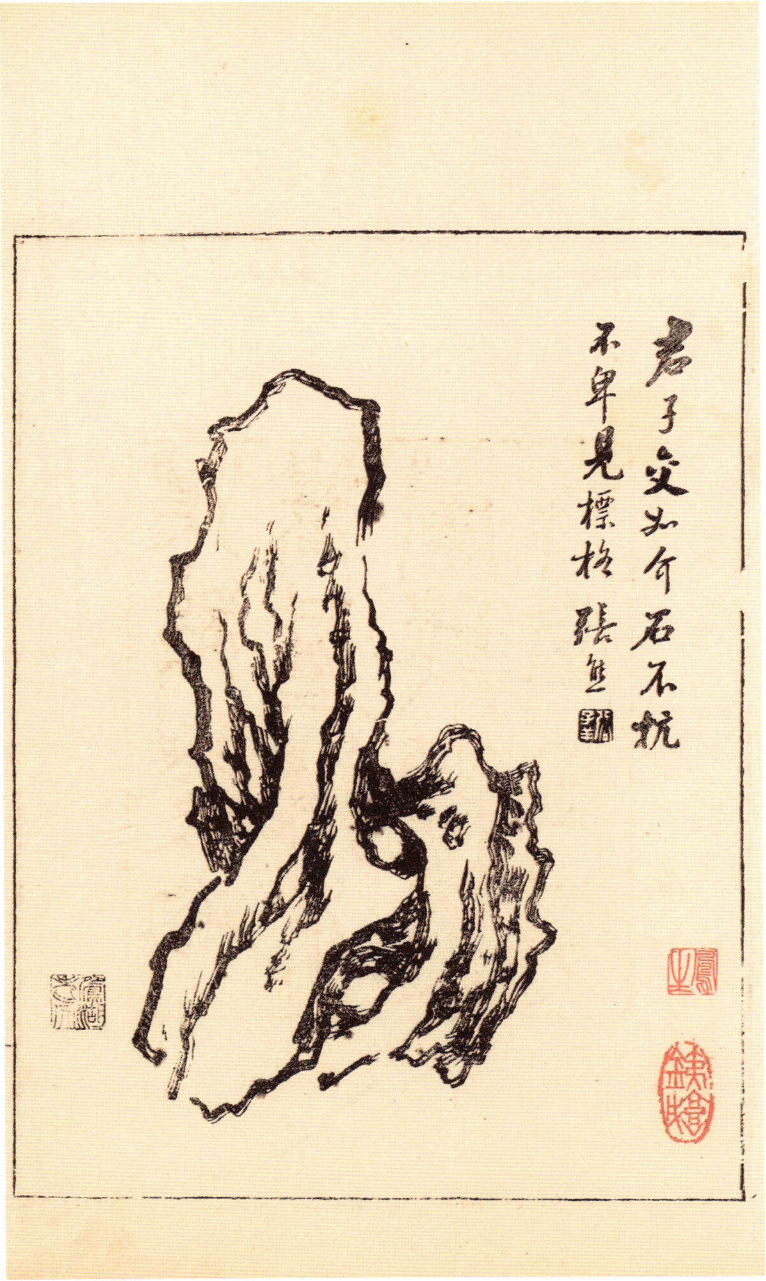

琵琶譜三卷　〔清〕王君錫　陳牧夫傳譜　〔清〕華文桂等訂　6773/1118

清嘉慶二十四年（1819）錫山華氏刻本　三册

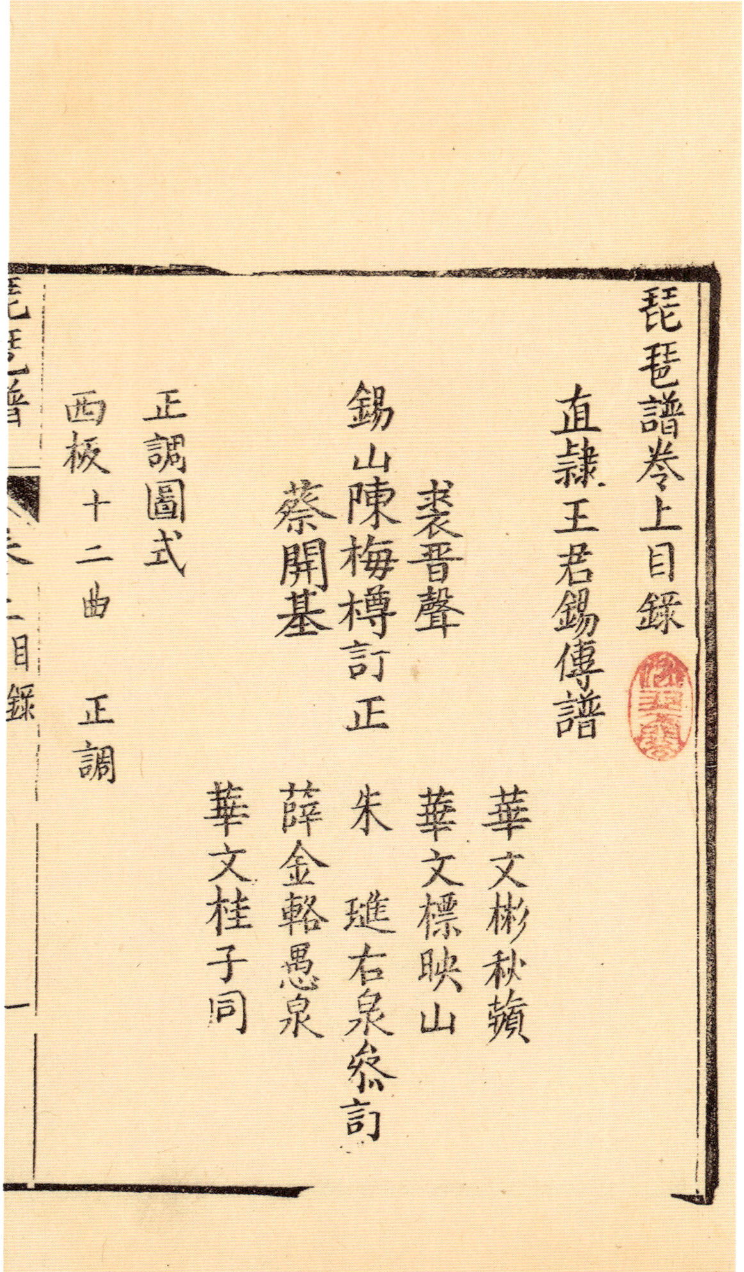
琵琶譜卷上目錄
直隸王君錫傳譜　華文彬秋蘋
裘晉聲　華文標映山
錫山陳梅樽訂正　朱璡右泉參訂
蔡開基　薛金輅愚泉
華文桂子同
正調圖式
西板十二曲　正調
琵琶譜　卷上　目錄

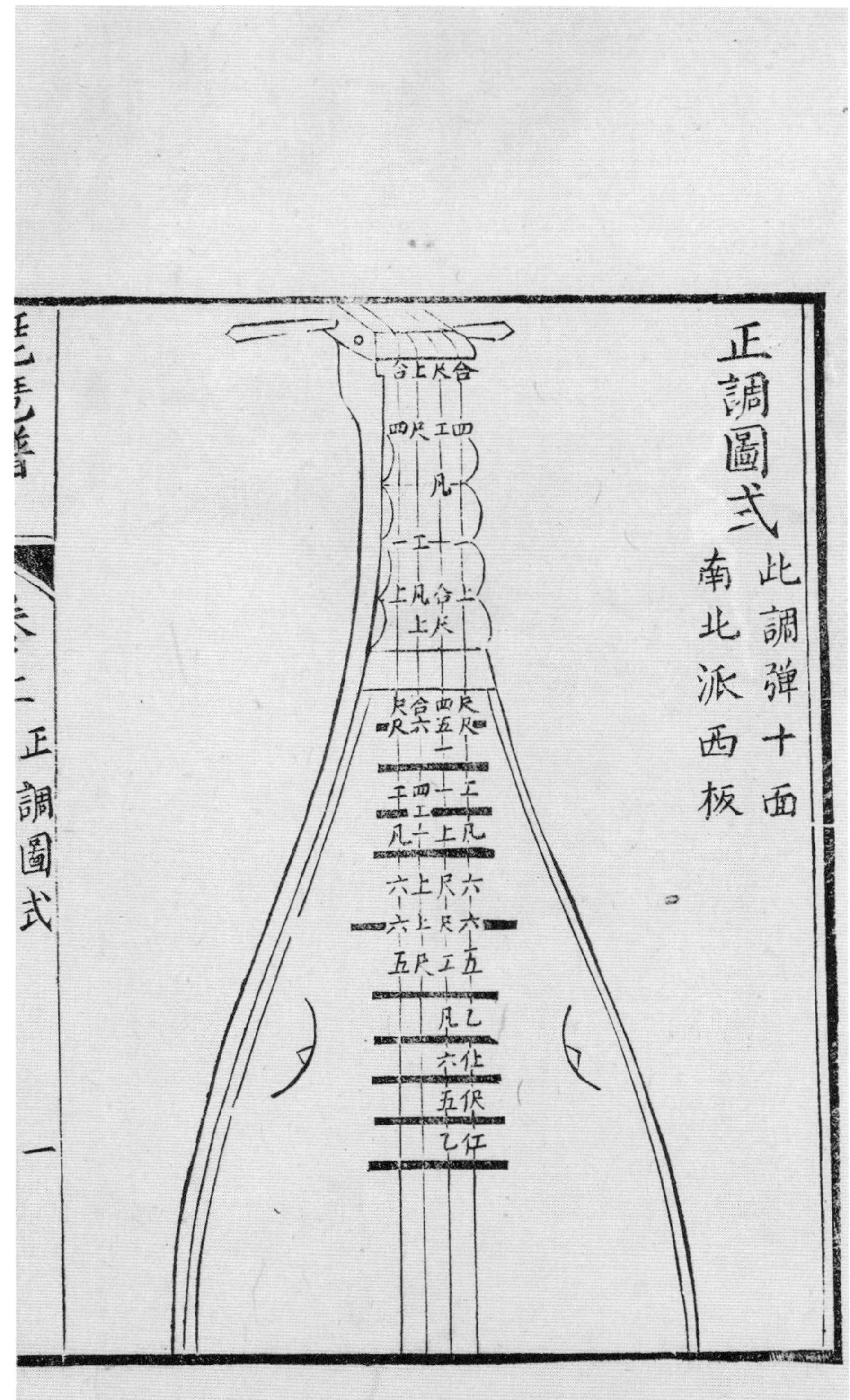

正調圖式

此調彈十面
南北派西板

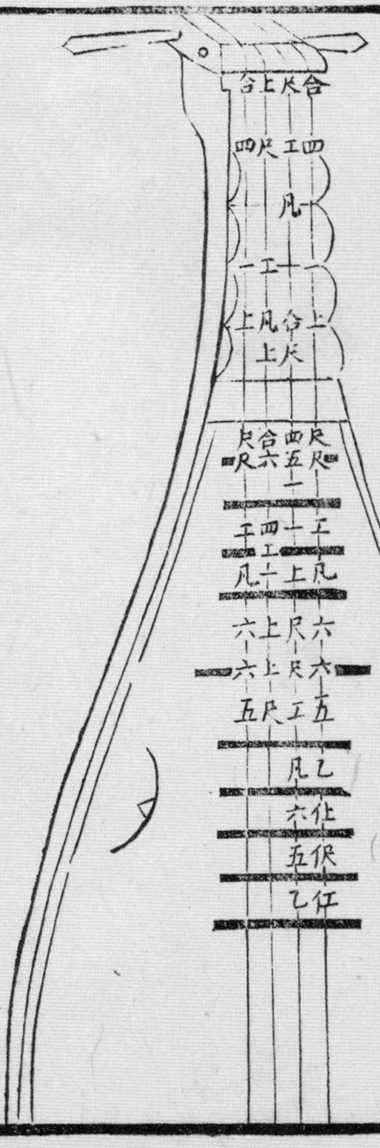

集古印譜六卷　〔明〕王常編　

明萬曆三年（1575）武陵顧氏芸閣刻朱印本　六册

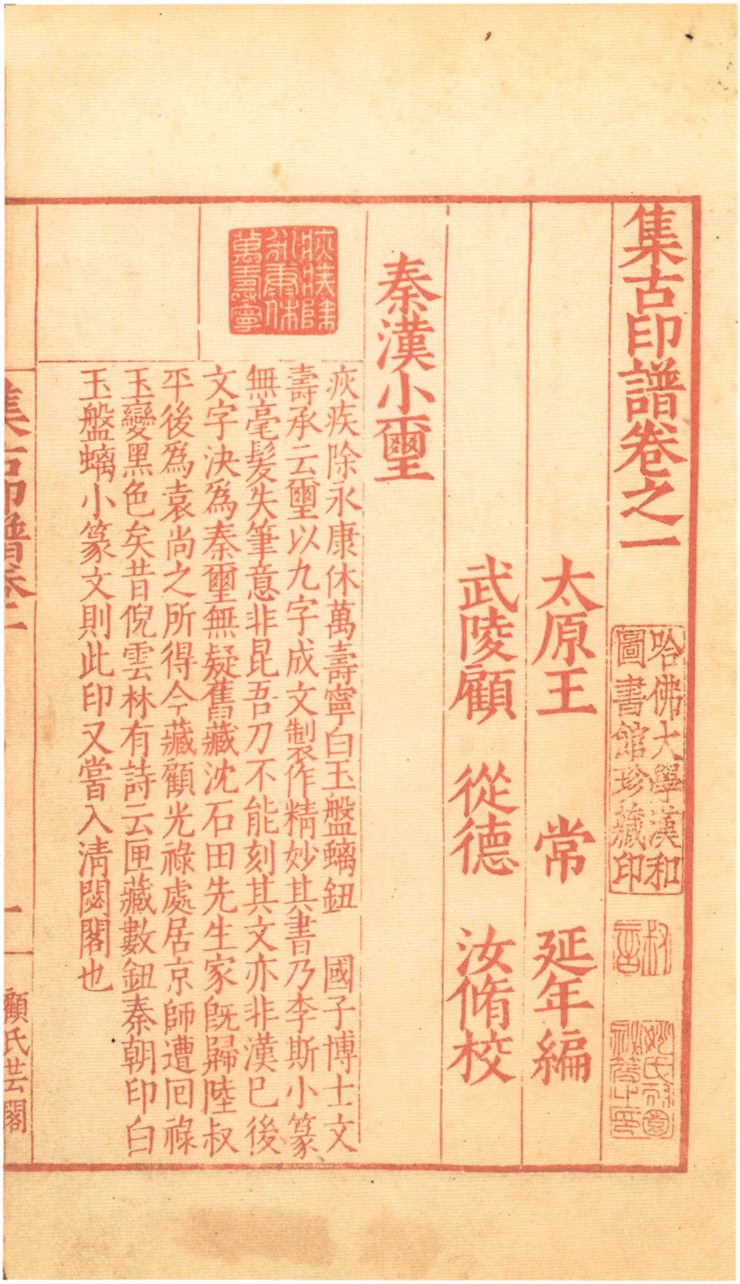
集古印譜卷之一
太原王　常　延年編
武陵顧　從德　汝脩校
秦漢小璽
疢疾除永康休萬壽寧白玉盤螭鈕　國子博士文
壽承云璽以九字成文製作精妙其書乃李斯小篆
無毫髮失筆意非昆吾刀不能刻其文亦非漢已後
文字決爲秦璽無疑舊藏沈石田先生家既歸陸叔
平後爲袁尚之所得今藏顧光祿處居京師遭回祿
玉變黑色矣昔倪雲林有詩云匣藏數鈕秦朝印白
玉盤螭小篆文則此印又嘗入清閟閣也
集古印譜卷之一　一　顧氏芸閣

秋閒戲銕八卷續一卷　〔清〕嚴乘輯　〔清〕羅公權續彙　T6413/6429

清初鈐印本　七册

缺卷七至八。

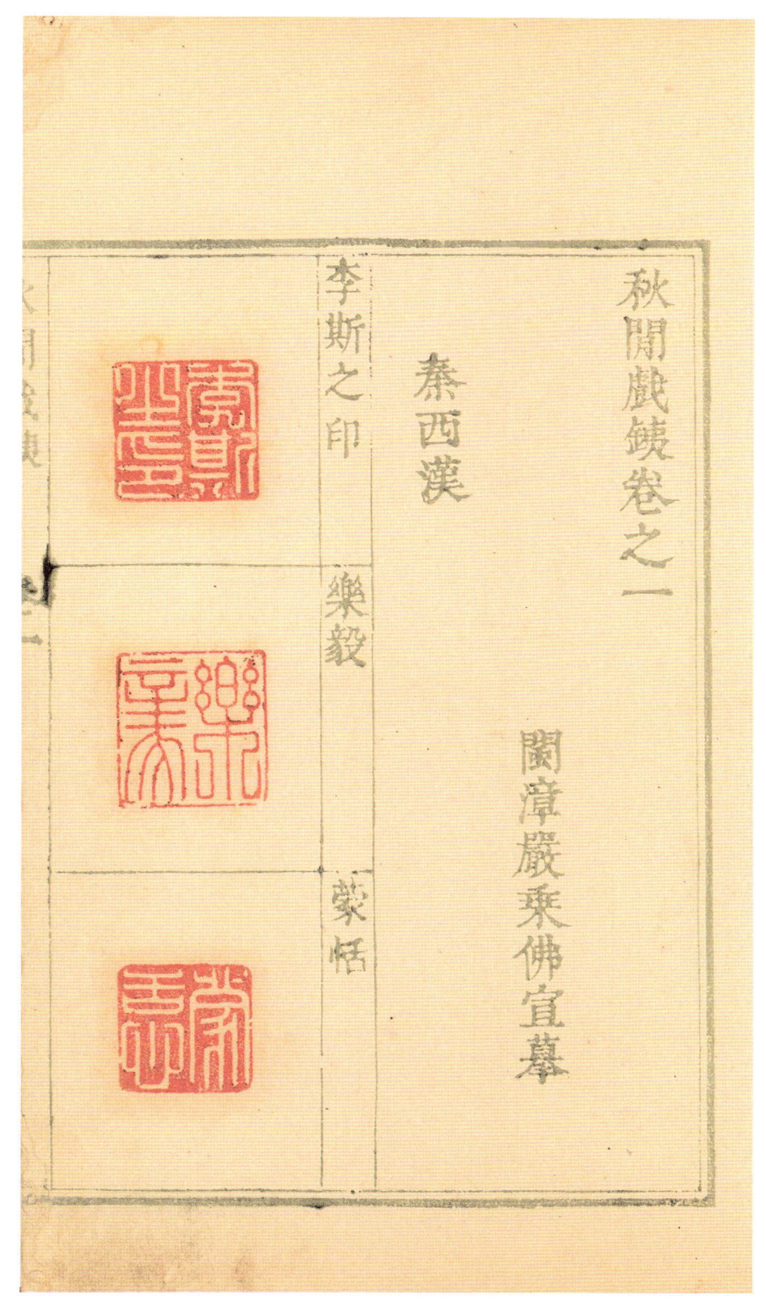

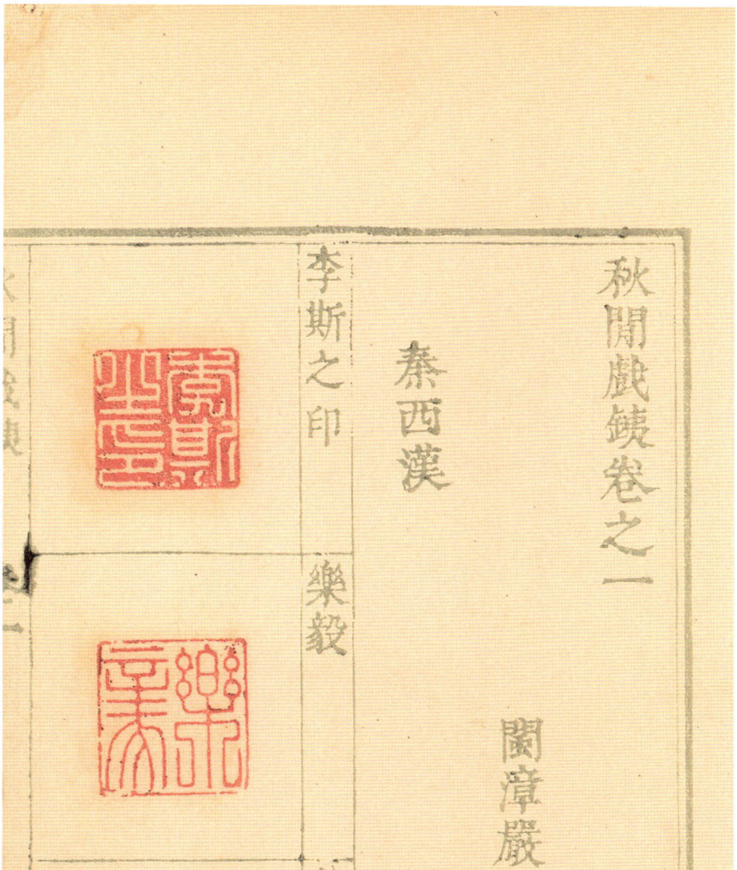

胡氏印存初集四卷　〔清〕胡正言篆　T6417/4210

清順治四年（1647）胡氏十竹齋鈐印本　四册

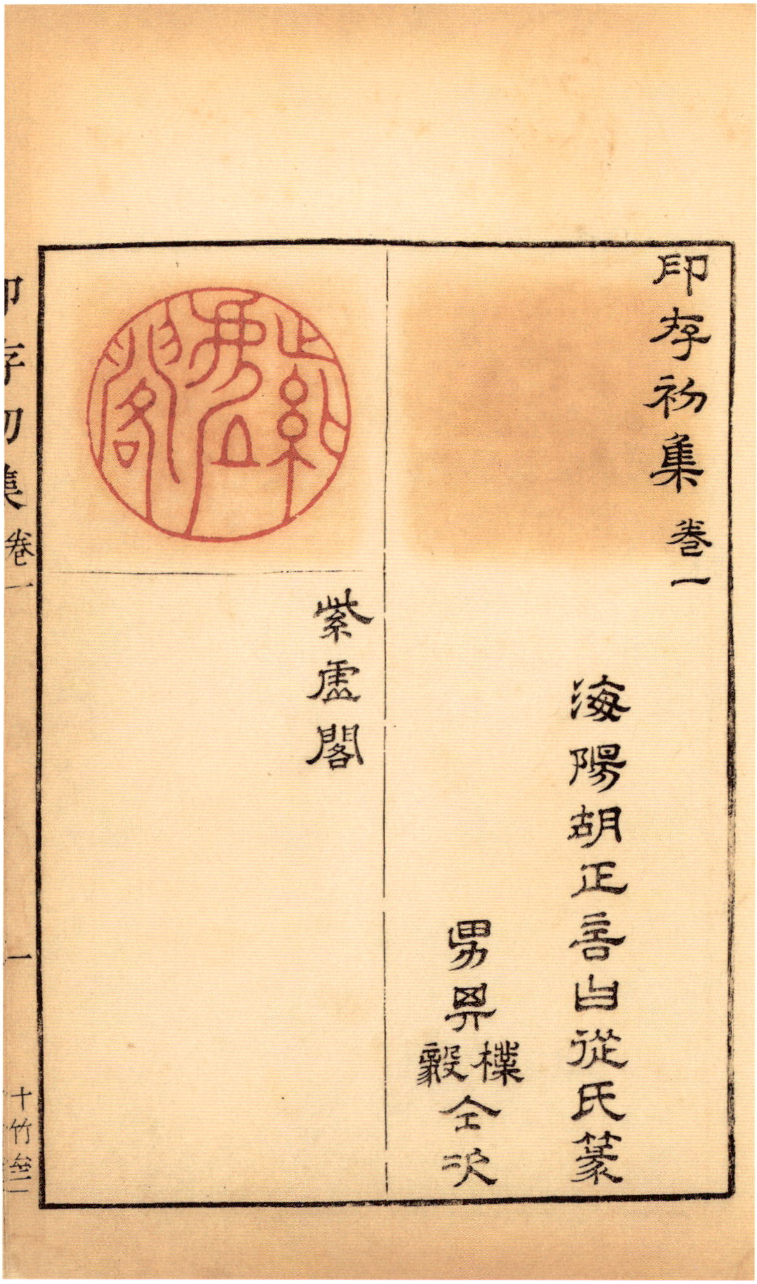

超然樓印賞八卷　〔清〕陳鍊篆刻　〔清〕盛宜梧選　

清乾隆二十七年（1762）盛氏鈐印本　四册

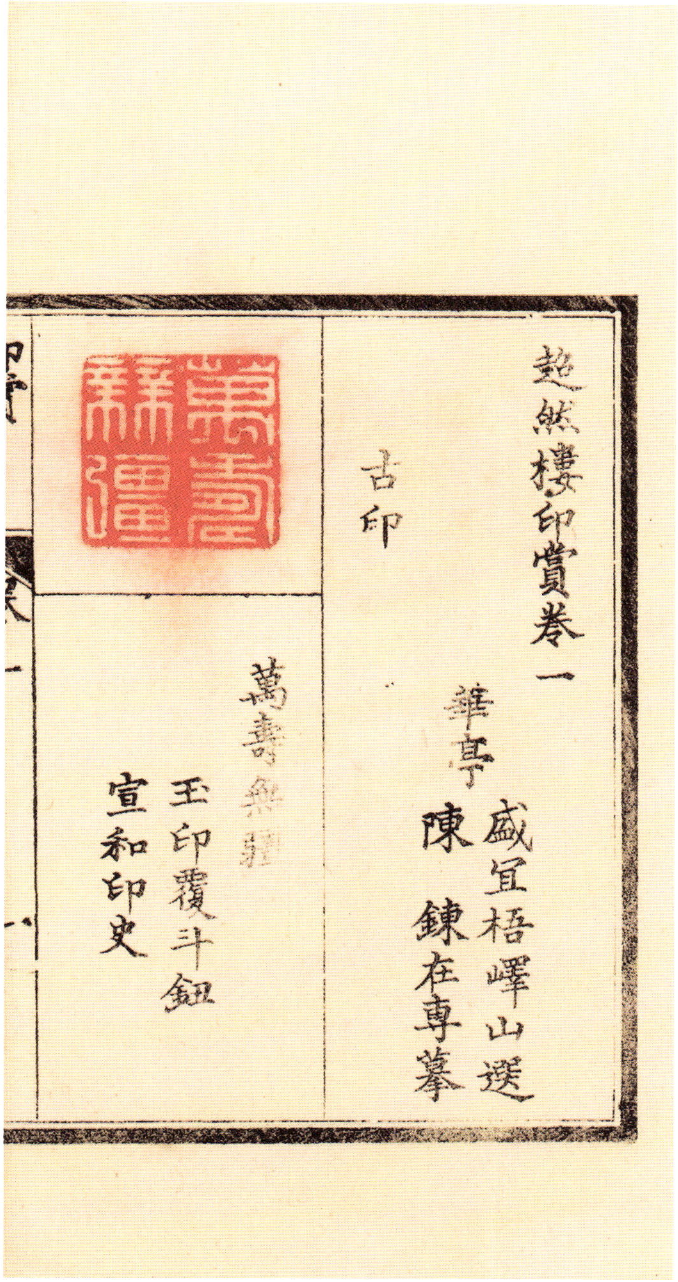

玄玄碁經二卷附一卷 〔宋〕晏天章　嚴德甫集編

明嘉靖七年（1528）歙縣汪氏刻本　二册

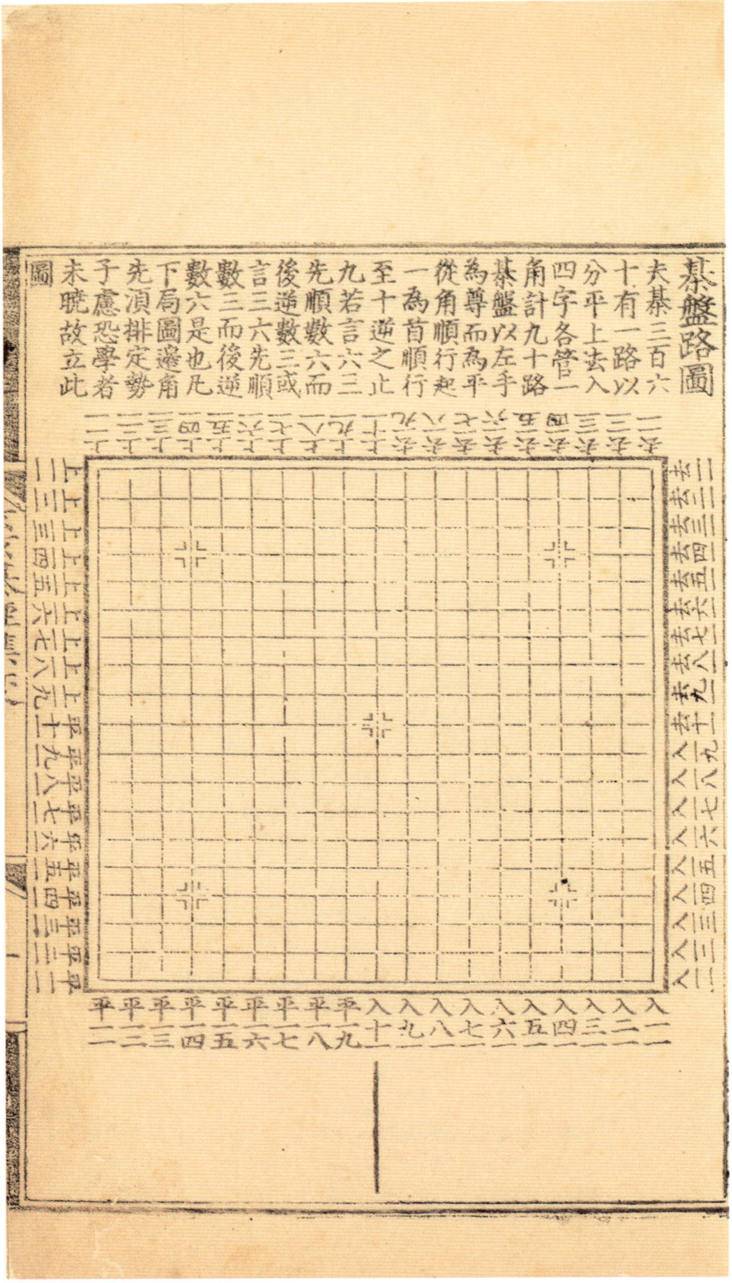

文房十二友十六卷

明萬曆三十年（1602）玉峰萬卷樓刻本　二十册

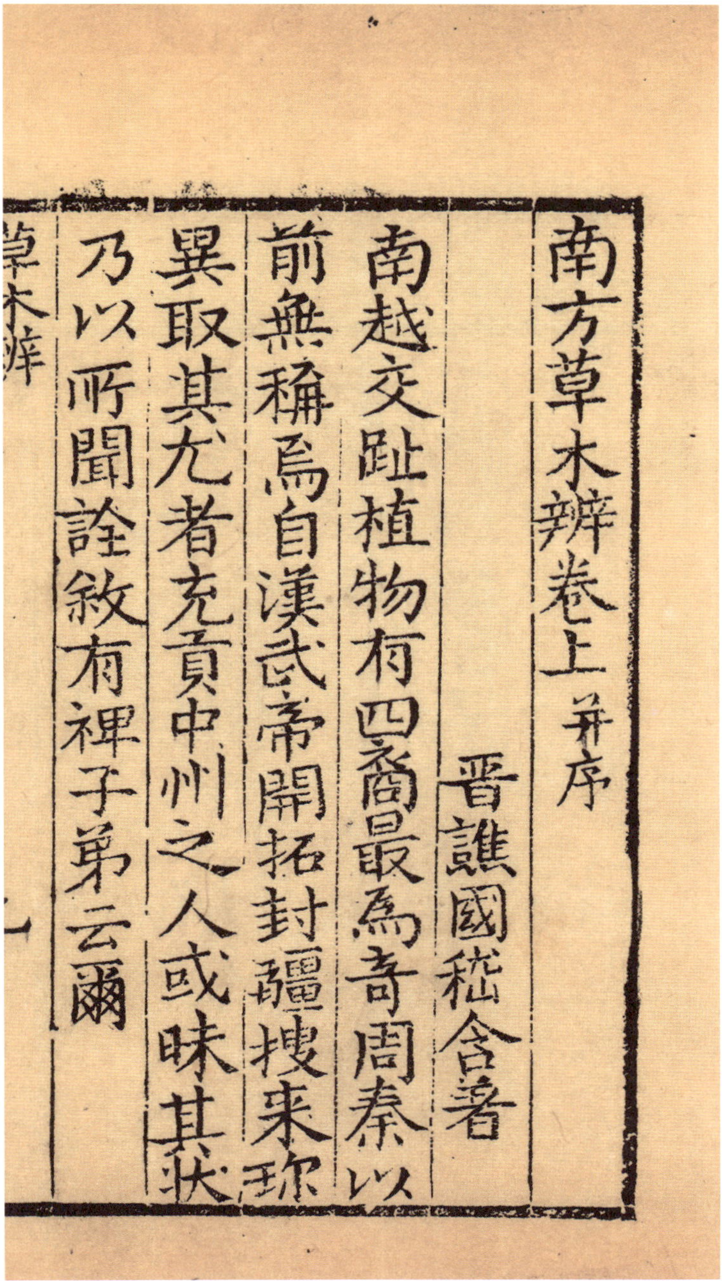
南方草木狀卷上　并序
晉譙國嵇含著
南越交阯植物有四裔最爲奇周秦以
前無稱爲自漢武帝開拓封疆搜來珍
異取其尤者充貢中州之人或昧其狀
乃以所聞詮叙有裨子弟云爾
草木狀　一

增訂端溪硯坑志六卷 〔清〕朱玉振撰 6295/2911

清嘉慶四年（1799）刻本 二册

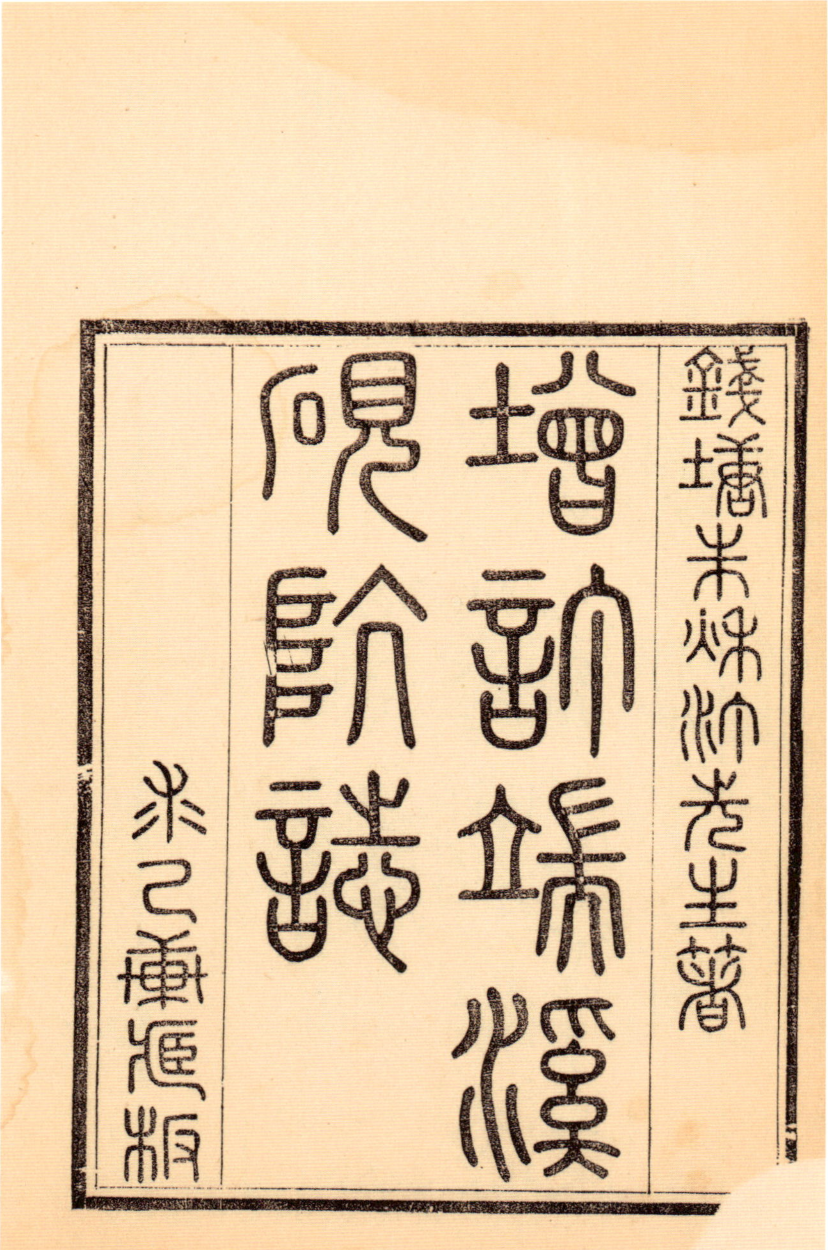

增訂端溪硯坑志卷之一

錢塘朱玉振秋汀撰　甥屠紹理夢亭編次
子　啟澂靜波校字

端溪硯志原序

天地精英之氣磅礴鬱積融結而為山川雲降雨朝朝嵐夕靄變幻而不可方物莫山若也然觀其外或嶔剌而不可磨礱剖其肌或麄劣而不中攻錯一過再過棄擲而不復把玩者衆矣獨粵中之山與他省異靈山之石可鋸而為屏東安之石可

十誦律六十一卷　〔後秦〕釋弗若多羅　釋鳩摩羅什譯　T1828/4020

宋紹聖四年（1097）福州東禪等覺院刻萬壽大藏本　一册

存卷十三。

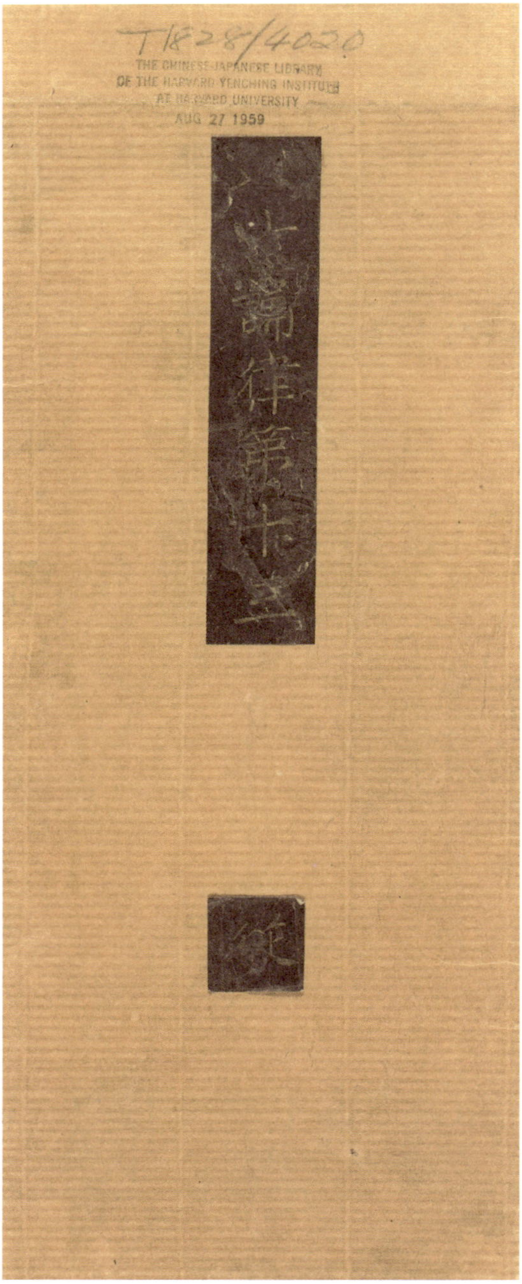

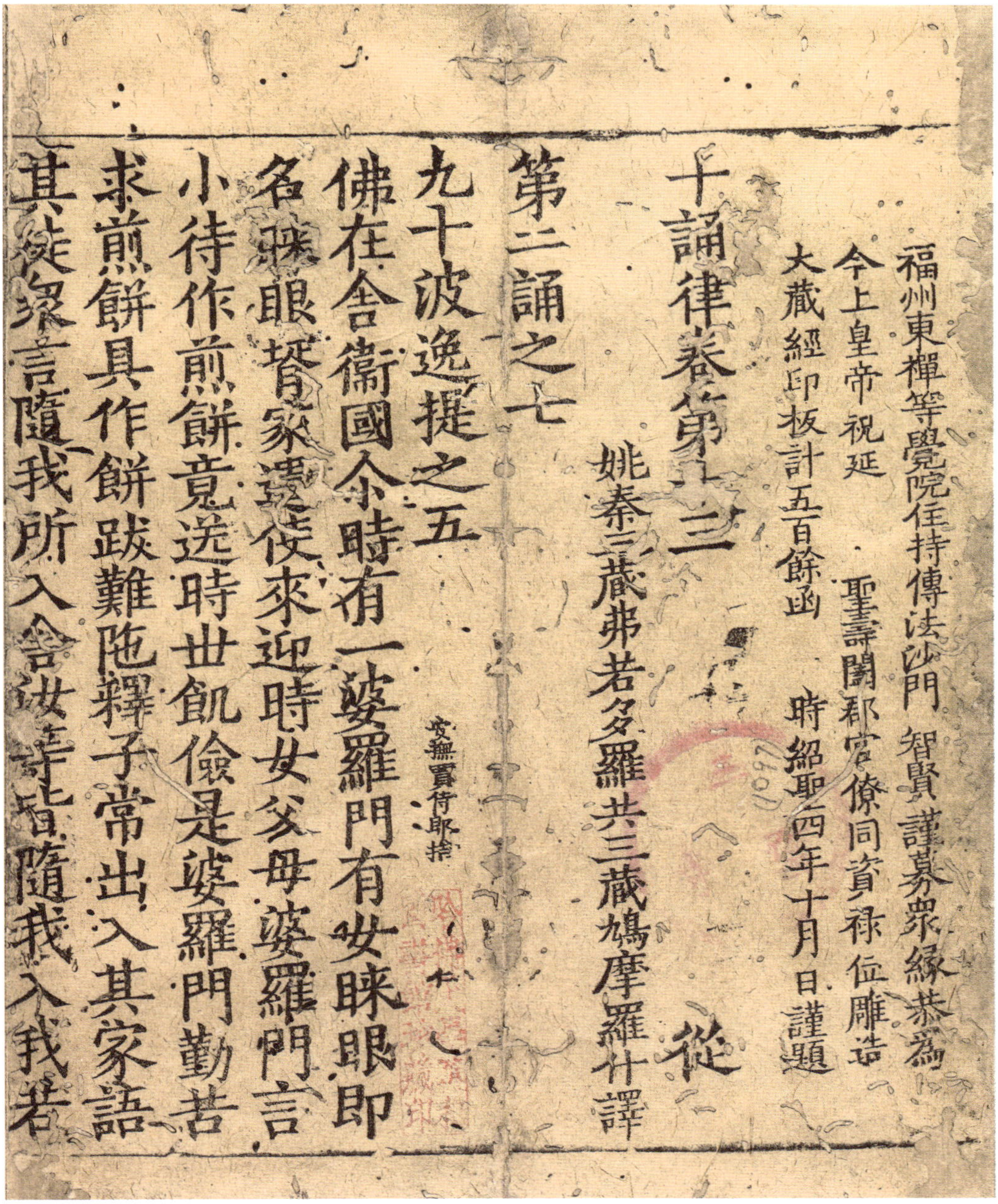
福州東禪等覺院住持傳法沙門 智賢 謹募衆緣恭爲
今上皇帝祝延 聖壽閩郡官僚同資祿位雕造
大藏經印板計五百餘函 時紹聖四年十月 日謹題
十誦律卷第十三 從
姚秦三藏弗若多羅共三藏鳩摩羅什譯
第二誦之七
九十波逸提之五
佛在舍衛國尒時有一婆羅門有女眯眼即
名眯眼婿家遣使來迎時女父母婆羅門言
小待作煎餅竟送時世飢儉是婆羅門勤苦
求煎餅具作餅跋難陁釋子常出入其家語
其徒衆言隨我所入舍汝等皆隨我入我若
安撫賈侍郎捨

大方等大集月藏經十卷 〔隋〕釋那連提耶舍譯 T1822/7420

明永樂八年（1410）至正統五年（1440）刻北藏本　十册

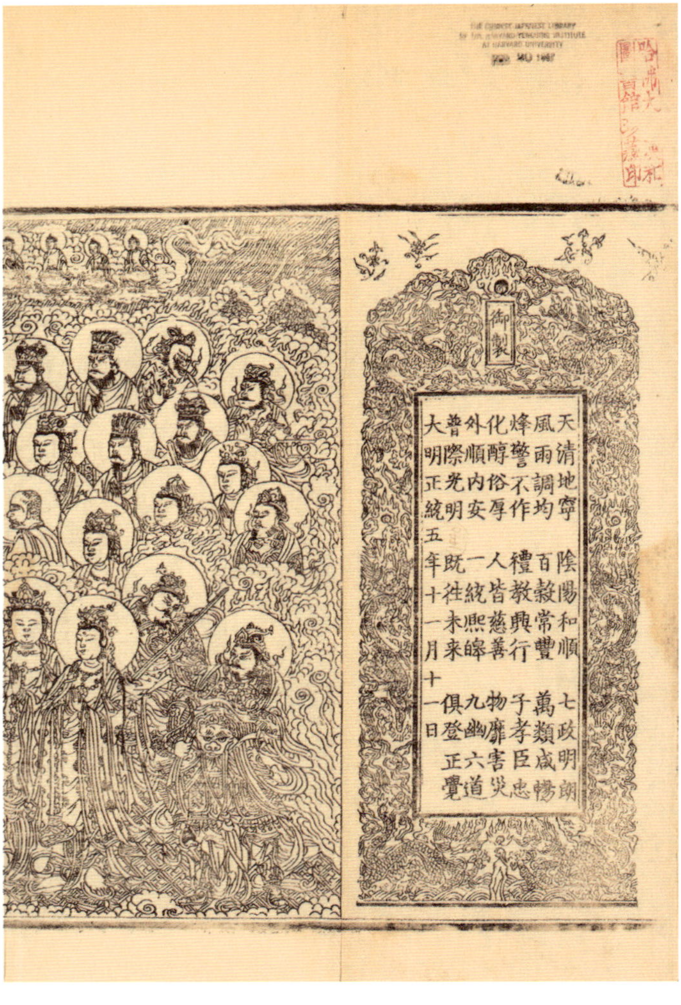

大方等大集月藏經卷第一　虞一

高齊天竺三藏那連提耶舍譯

月幢神呪品第一

如是我聞一時佛在佉羅帝山牟尼諸仙所依住處與大比丘衆有學無學六百萬人於

諸煩惱堅牢纏縛悉得解脱唯勤方便求斷習氣及諸菩薩摩訶薩衆無量無邊不可算數不可稱計悉得忍力化諸龍衆説日藏經已即時西方現大花雲所謂優波羅花波頭摩花拘牟陀花芬陀利花阿提目多花瞻波

雪巖和尚住潭州龍興寺語録二卷　〔宋〕釋祖欽撰　〔宋〕釋昭如　釋希陵等編

明弘光元年（1644）嘉興府楞嚴寺刻本　二册

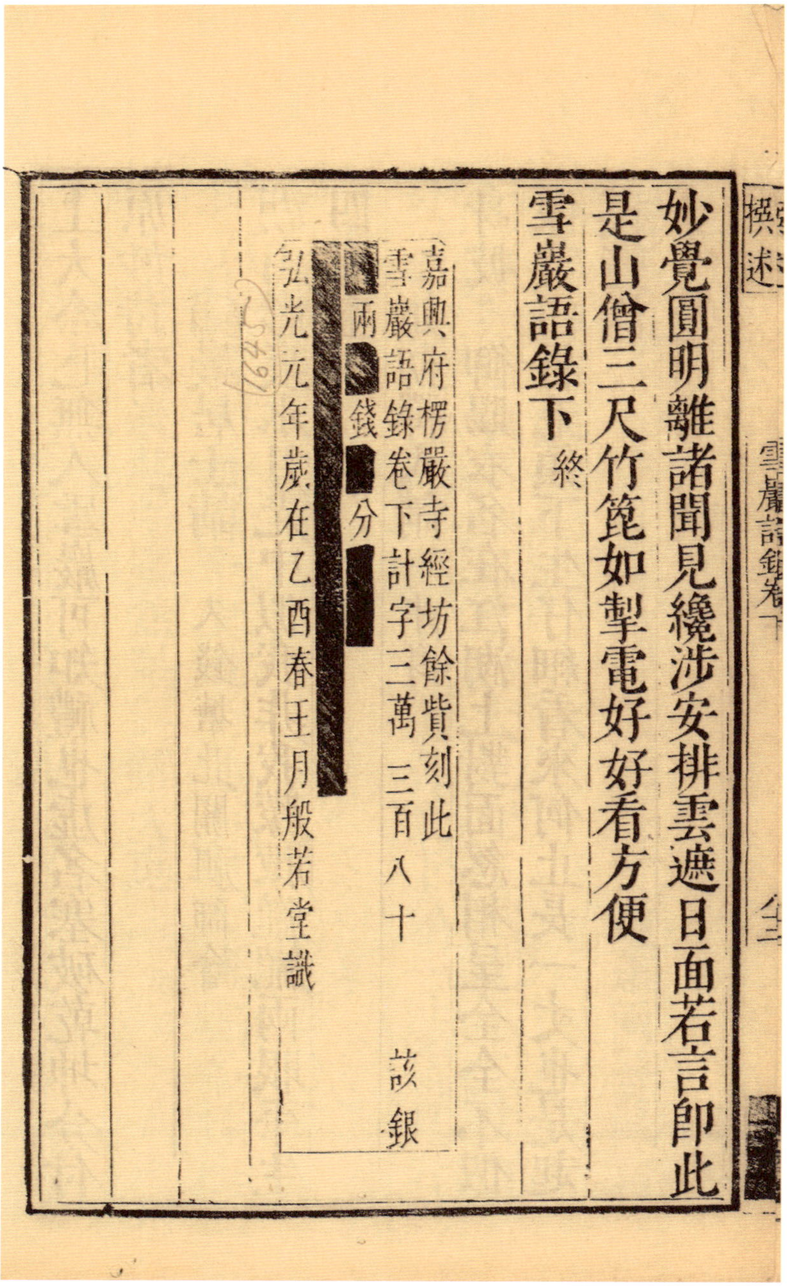
妙覺圓明離諸聞見纔涉安排雲遮日面若言卽此
是山僧三尺竹篦如掣電好好看方便
雪巖語錄下 終

嘉興府楞嚴寺經坊餘貲刻此
雪巖語錄卷下計字三萬 三百八十 該銀
■兩■錢■分■
弘光元年歲在乙酉春王月般若堂識

雪巖和尚住潭州龍興寺語錄

嗣法門人　昭如　希陵　等編

師於寶祐元年八月初一日入院指三門盡大地是箇院子且道門從何入八字打開青天白日

佛殿碧玉盤中珠宛轉琉璃殿上月徘徊是什麼人境界其或未辨端由且看新長老拈起坐具大展三拜

法座百千佛祖向這裏屙潑天臭氣徧滿娑婆新龍興未免傾湘江之水逆㵎淨潔去也狼籍轉多拈香祝

夾注輔教編原教要義一卷 〔宋〕釋契嵩編注

清光緒十六年（1890）章顧卿影元抄本 一册

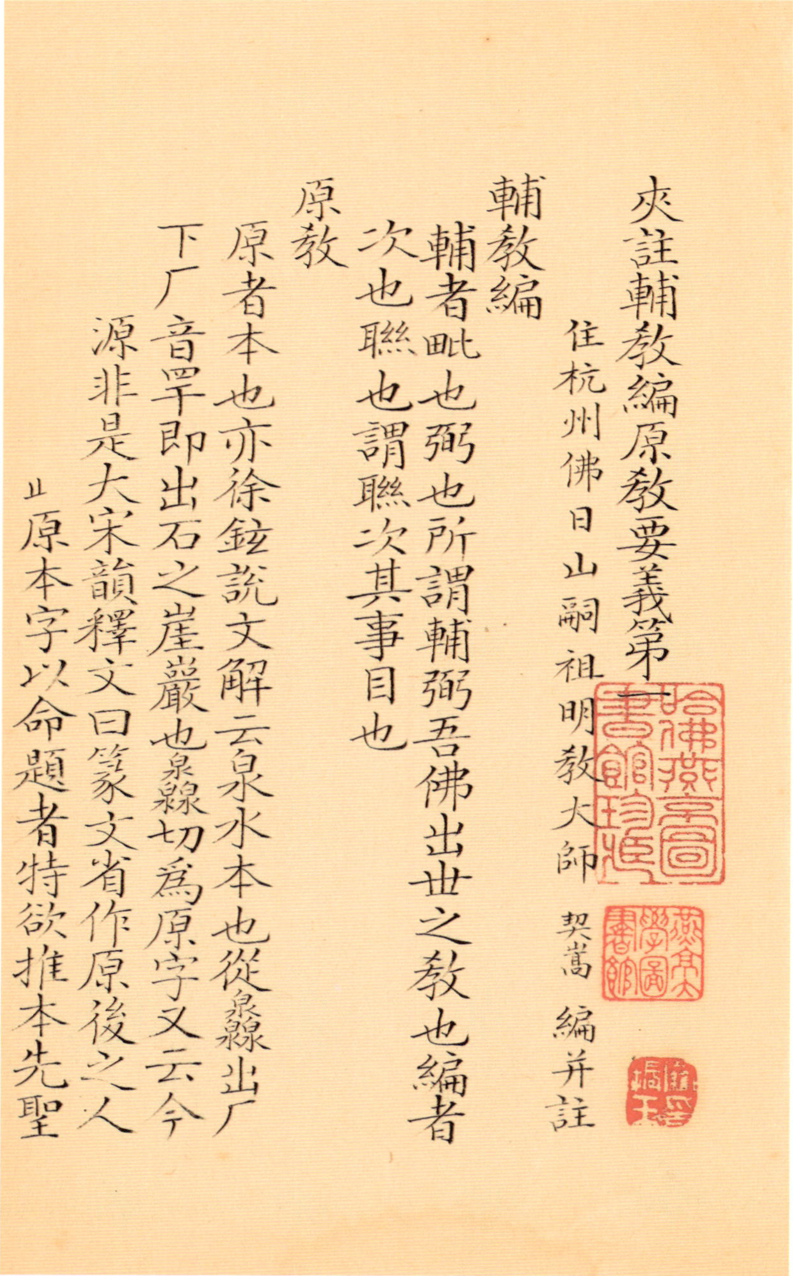
夾註輔教編原教要義第一
住杭州佛日山嗣祖明教大師 契嵩 編并註
輔教編
輔者毗也弼也所謂輔弼吾佛出世之教也編者
次也聯也謂聯次其事目也
原教
原者本也亦徐鉉說文解云泉水本也從灥出厂
下厂音罕即出石之崖巖也灥切爲原字又云令
源非是大宋韻釋文曰篆文省作原後之人
止 原本字以命題者特欲推本先聖

指月録三十二卷　〔明〕瞿汝稷集　〔明〕嚴澂校　T1880/6132

清康熙靈隱寺釋弘禮刻本　十册

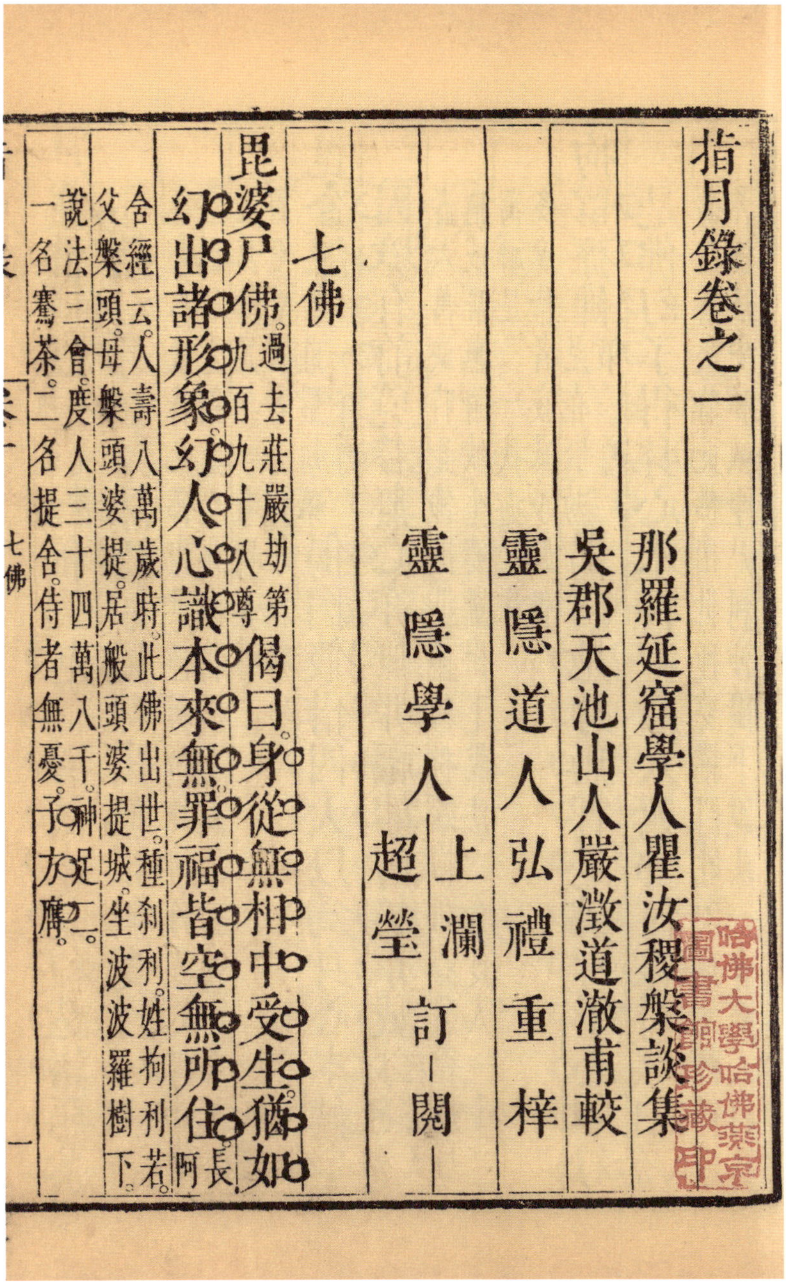
指月錄卷之一
那羅延窟學人瞿汝稷槃談集
吳郡天池山人嚴澂道澈甫較
靈隱道人弘禮重梓
靈隱學人 上灝 超瑩 訂閱
七佛
毘婆尸佛過去莊嚴劫第九百九十八尊偈曰身從無相中受生猶如幻出諸形象幻人心識本來無罪福皆空無所住長阿含經云人壽八萬歲時此佛出世種刹利姓拘利若父槃頭母槃頭婆提居槃頭婆提城坐波波羅樹下說法三會度人三十四萬八千神足二一名騫茶二名提舍侍者無憂子方膺

太上感應篇注證合編八卷 〔清〕王涚溍輯 1927/1133

清道光二十三年（1843）山陰滋德堂刻本 八册

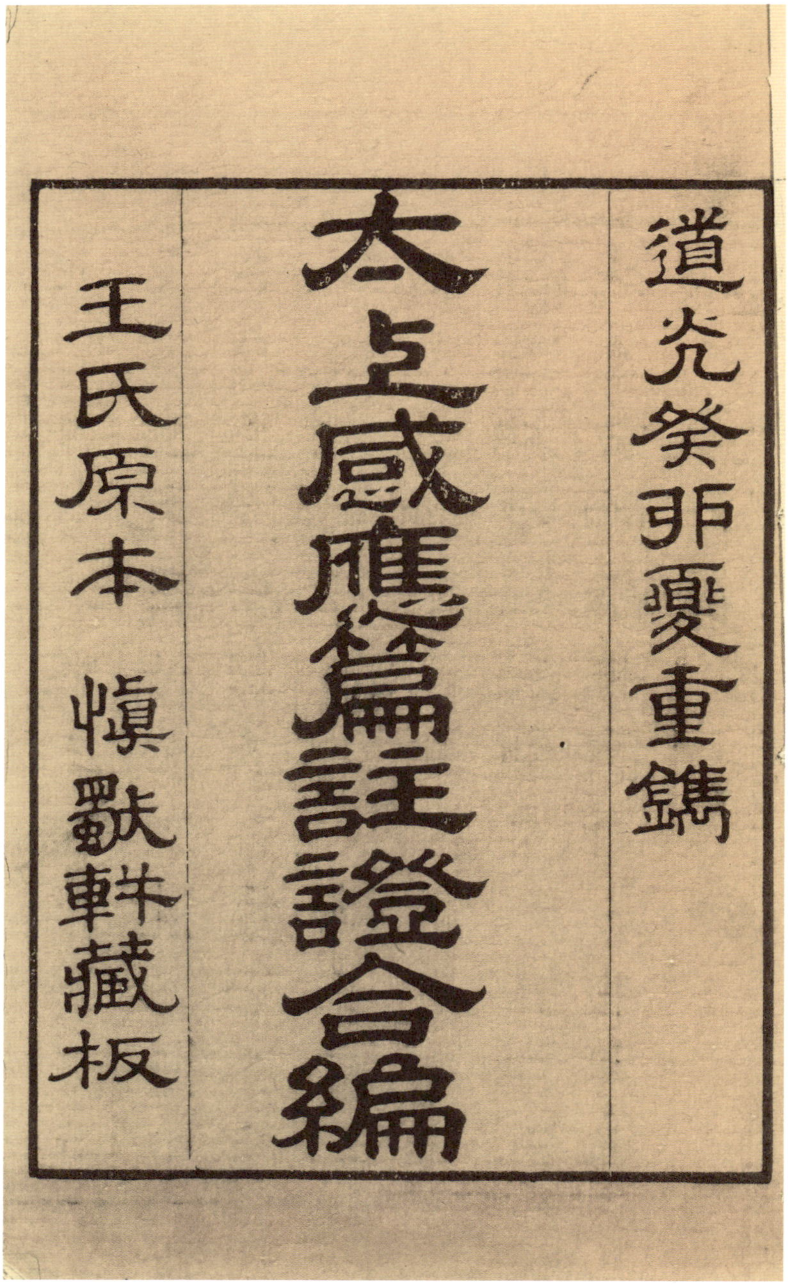
道光癸卯夏重鐫
太上感應篇註證合編
王氏原本 慎獸軒藏板

太上感應篇註證合編卷之一

太上感應篇

註　太上者清虛最上之稱表至尊也以感應名篇謂有感必應亦隨感隨應著天道好還之理也通篇以首四句提綱已括全篇之義以下皆發明此四語是以天地有司過之神至先須避之乃統論神明糾察之密罪罰之嚴先啓人敬畏之心是道則進至當立三百善言爲善召福之報苟或非義而動至殃及子孫言爲惡召禍之報下又於橫取枉殺二端特重言之者見其惡尤甚也夫心起於善至凶神已隨之更推

性命雙修萬神圭旨四卷 T1938/9842

明萬曆四十三年（1615）吴之鶴刻本　四册

性命雙脩萬神圭旨元集目錄

文昌化書五卷　〔明〕劉以修訂正　

明隆武元年（1645）閩邑徐鍾震刻本　二册

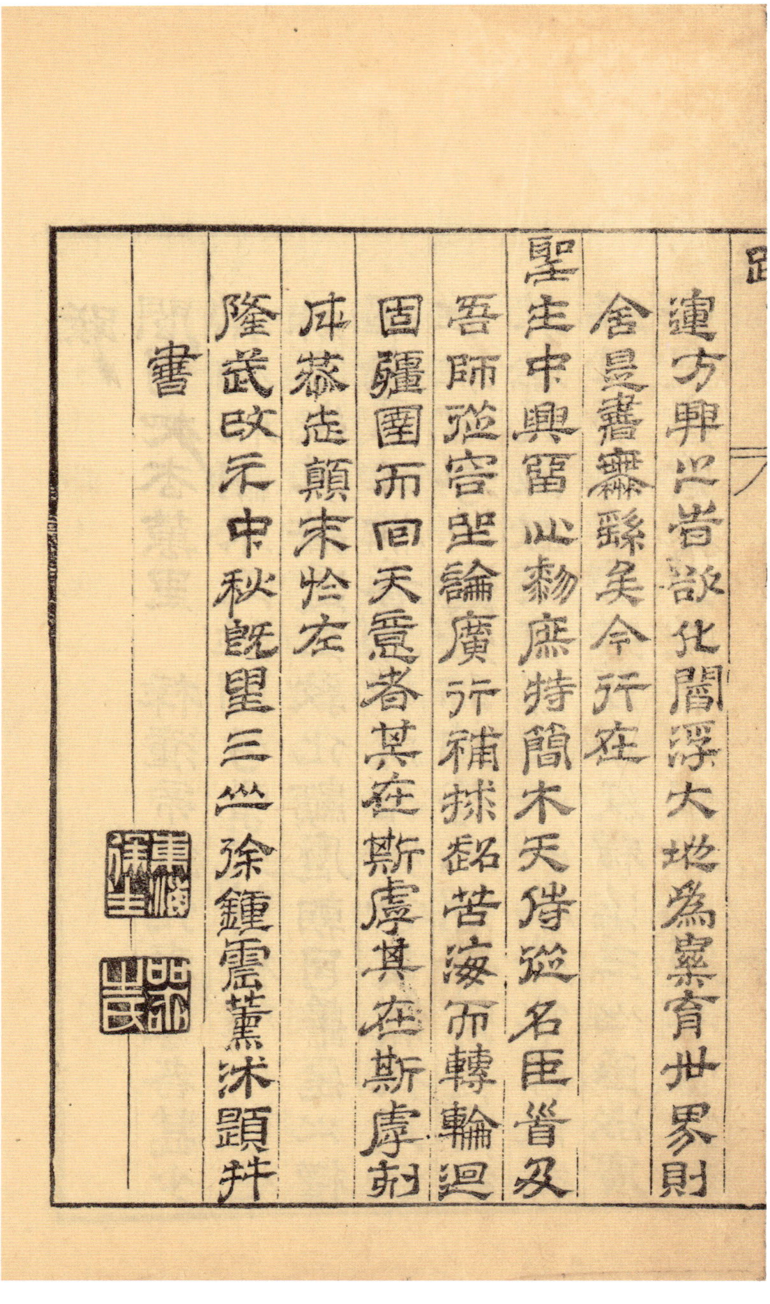
運方界巴皆欲化閻浮大地爲稟育世界財
舍是舊爨縣矣今行在
聖主中興留心勑庶特簡木天儁從名臣當及
吾師從容坐論廣行補捄銘苦海而轉輪迴
固疆圉而回天意者其在斯虖其在斯虖剌
床恭造顛末恰左
隆武改元中秋既望三竺徐鍾震薰沐題幷
書

文昌化書卷之一

閬中劉以脩楙卿父訂正

閬邑徐鍾震器之父較梓

清河内傳

余本吳會間人。生於周初。後七十三化爲士大夫。未嘗酷民虐吏。性烈而行察。同秋霜白日之不可犯。後西晉末。降生於越之西。嶲之南。兩郡之間。是時丁未年二月三日。誕生祥光羃戶。黃雲迷野。居處地俯近海。里人謂清河叟曰。君今

玉樞經籥二十四卷首一卷末一卷　〔清〕姚燮撰　　　　T1922.1/1432

清道光二十五年（1845）洞梵閣木活字印本　六册

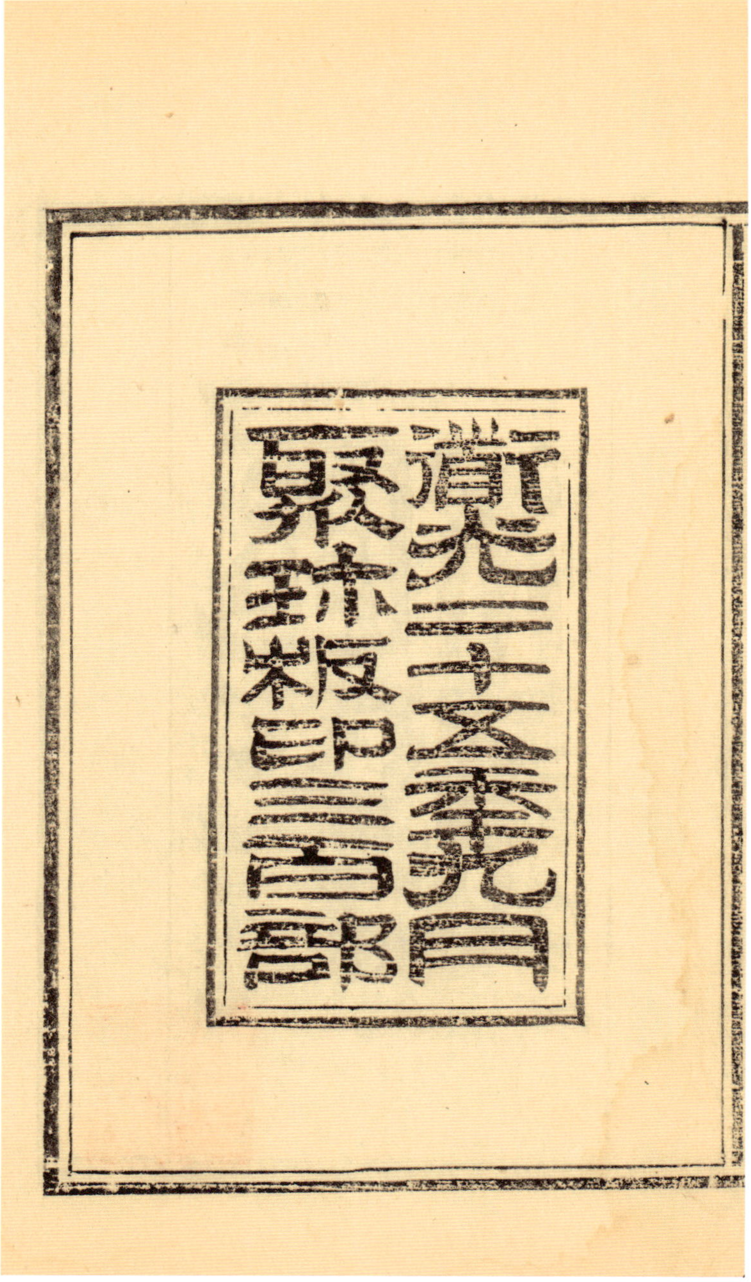

玉樞經箋卷之一

復莊姚氏注

九天應元雷聲普化天尊玉樞寶經（一本尊字下有說字）

九陽數也說文云陽之變也天顛也至高在上从一大也應物相應也易曰二氣感應以相與元長也大也精蘊曰天地之大德所以生生者也元字从二从人仁字从人从二在天爲元在人爲仁爾雅云元始也萬善之長四時之首五行之先也雷說文本作靁言生物者也天之令

玉準輪科輯要八卷首一卷末一卷　〔清〕王啓堂輯　1938/1352

清光緒三年（1877）醴陵官溪劉光堂刻本　十册

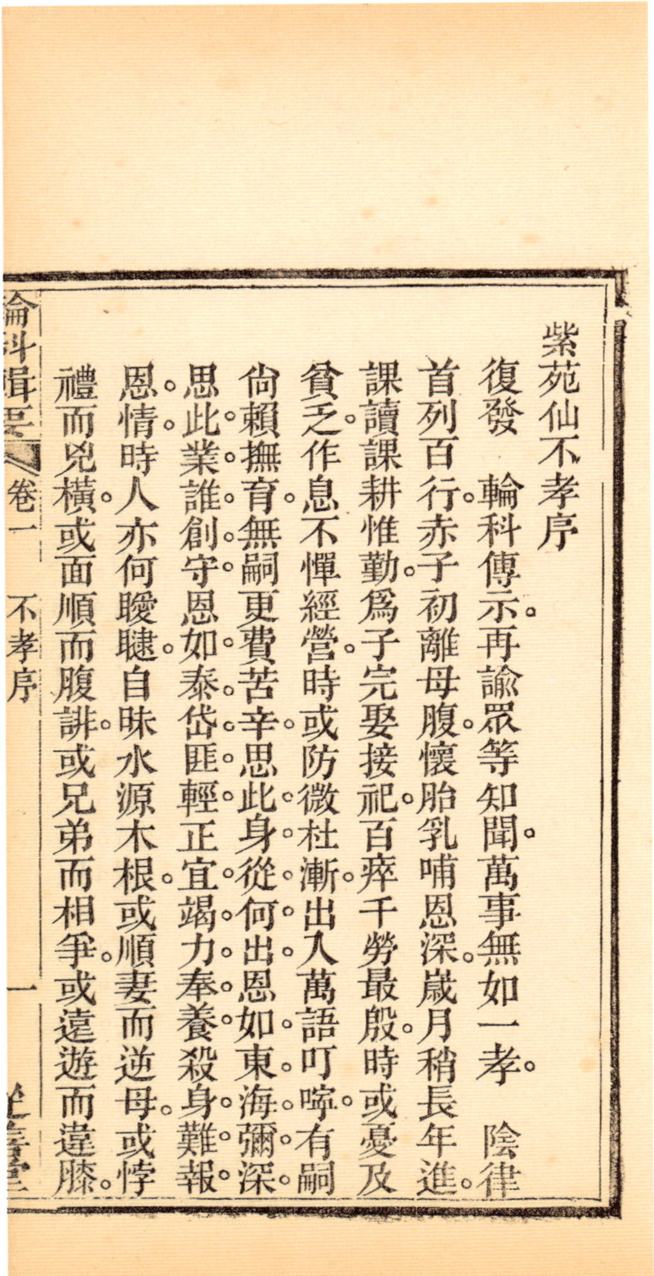
紫苑仙不孝序

復發　輪科傳示。再諭衆等知聞。萬事無如一孝。　陰律首列百行。赤子初離母腹。懷胎乳哺恩深。歲月稍長年進。課讀課耕惟勤。爲子完娶接祀。百瘁千勞最殷。時或憂及貧乏。作息不憚經營。時或防微杜漸。出入萬語叮嚀。有嗣尚賴撫育。無嗣更費苦辛。思此身從何出。恩如東海彌深。思此業誰創守。恩如泰岱匪輕。正宜竭力奉養。殺身難報恩情。時人亦何瞍聵。自昧水源木根。或順妻而逆母。或悖禮而兇橫。或面順而腹誹。或兄弟而相爭。或遠遊而違膝。

輪科輯要　卷一　不孝序　一　光善堂

上海清真寺成立董事會彙志二卷

1990.7/2334

清宣統二年（1910）鉛印本　一册

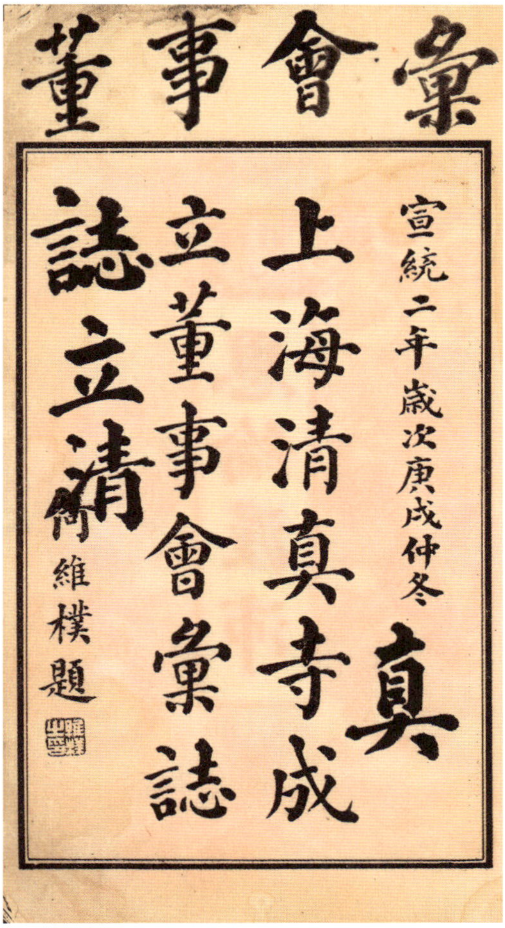
董事會彙
宣統二年歲次庚戌仲冬
上海清真寺成
立董事會彙誌
真
誌立清
何維樸題

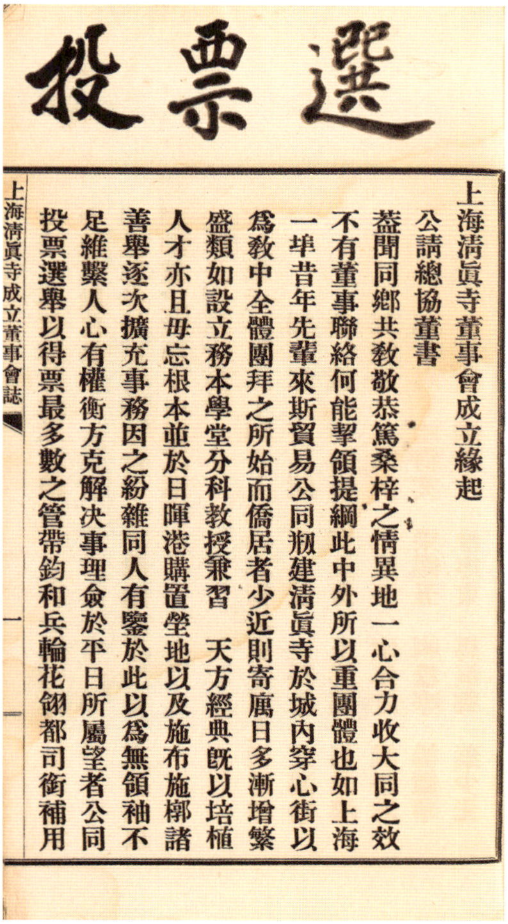
投票選

上海清眞寺董事會成立緣起

公請總協董書

蓋聞同鄉共敎敬恭篤桑梓之情異地一心合力收大同之效不有董事聯絡何能挈領提綱此中外所以重團體也如上海一埠昔年先輩來斯貿易公同捌建清眞寺於城內穿心街以爲教中全體團拜之所始而僑居者少近則寄廛日多漸增繁盛類如設立務本學堂分科教授兼習　天方經典既以培植人才亦且毋忘根本並於日暉港購置塋地以及施布施榔諸善舉逐次擴充事務因之紛雜同人有鑒於此以爲無領袖不足維繫人心有權衡方克解决事理僉於平日所屬望者公同投票選舉以得票最多數之管帶鈞和兵輪花翎都司銜補用

上海清眞寺成立董事會誌　一

新約全書

清光緒二十年（1894）上海美華書館鉛印本　一册

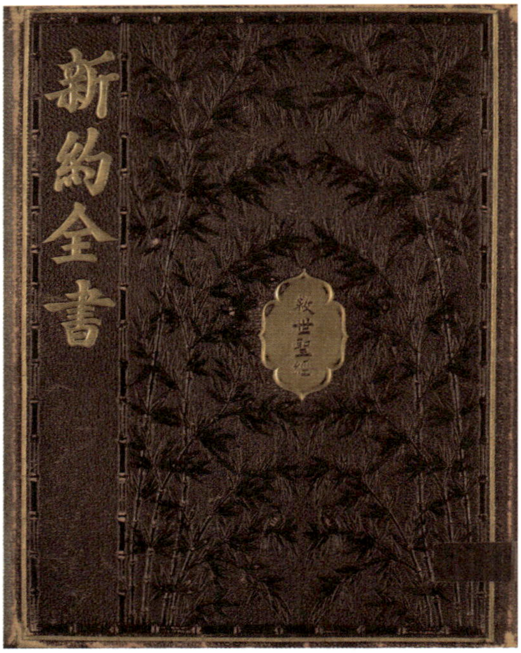

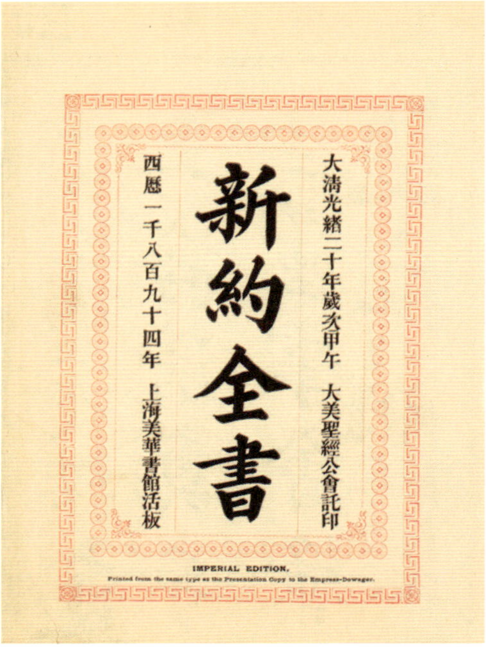

新約全書

馬太福音傳

第一章

[一]亞伯拉罕、大闢之裔、耶穌基督族譜。○[二]亞伯拉罕生以
撒、以撒生雅各、雅各生猶大兄弟。[三]猶大因大馬氏生法
勒士撒拉、法勒士生以士崙、以士崙生亞蘭。[四]亞蘭生亞
米拿達、亞米拿達生拿順、拿順生撒門。[五]撒門娶喇合氏
生波士、波士娶路得氏生阿伯、阿伯生耶西。[六]耶西生大
闢王、大闢王娶烏利亞妻生所羅門。[七]所羅門生羅波暗、
羅波暗生亞比亞、亞比亞生亞撒。[八]亞撒生約沙法、約沙

集部

離騷草木疏四卷 〔宋〕吴仁傑撰

清初毛氏汲古閣抄本 一册

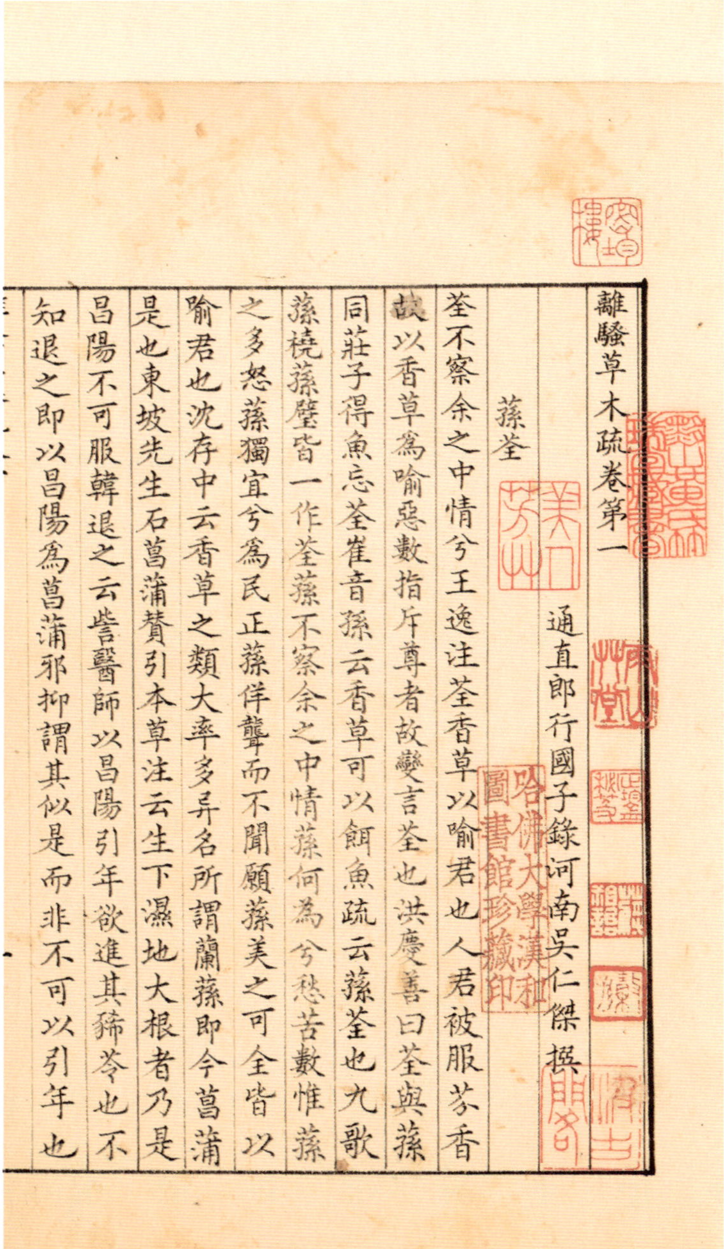

離騷草木疏卷第一
通直郎行國子錄河南吴仁傑撰
蓀荃
荃不察余之中情兮王逸注荃香草以喻君也人君被服芳香故以香草爲喻惡數指斥尊者故變言荃也洪慶善曰荃與蓀同莊子得魚忘荃崔音孫云香草可以餌魚疏云蓀荃也九歌蓀橈蓀壁皆一作荃蓀不察余之中情蓀何爲兮愁苦數惟蓀之多怒蓀獨宜兮爲民正蓀佯聾而不聞願蓀美之可全皆以喻君也沈存中云香草之類大率多异名所謂蘭蓀即今菖蒲是也東坡先生石菖蒲賛引本草注云生下濕地大根者乃是昌陽不可服韓退之云訾醫師以昌陽引年欲進其豨苓也不知退之即以昌陽爲菖蒲邪抑謂其似是而非不可以引年也

陶靖節集十卷總論一卷　〔晋〕陶潛撰　〔宋〕湯漢等箋注　T5263/4049

明萬曆七年（1579）華亭蔡汝賢刻本　四册

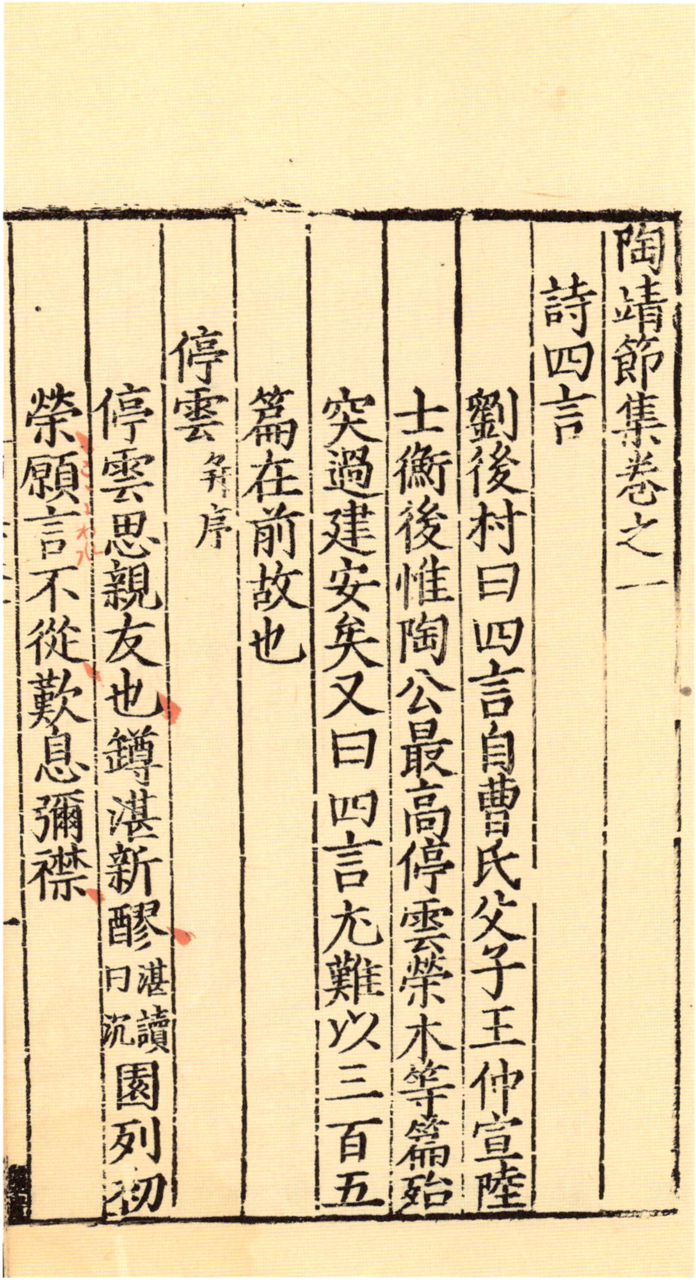
陶靖節集卷之一
詩四言
劉後村曰四言自曹氏父子王仲宣陸士衡後惟陶公最高停雲榮木等篇殆突過建安矣又曰四言尤難以三百五篇在前故也
停雲 并序
停雲思親友也罇湛新醪湛讀曰沉園列初榮願言不從歎息彌襟

陶詩彙評四卷東坡和陶合箋四卷 〔晋〕陶潛撰 〔清〕温汝能纂訂 （東坡和陶合箋）〔宋〕蘇軾撰 〔清〕温汝能纂訂

清嘉慶十一年（1806）順德鄧氏刻本 四册

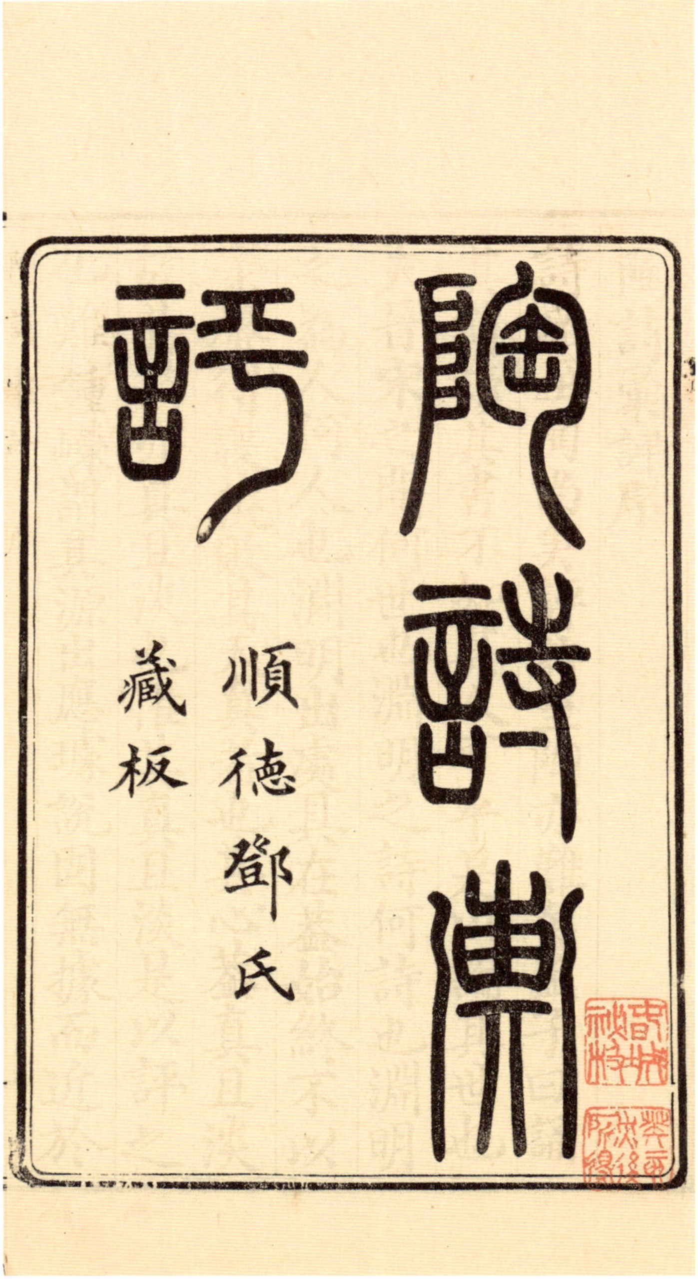

陶詩彙評卷之一

順德温汝能謙山纂訂

男 若璣衡端 若瑊佩良 校梓

詩四言

劉後邨曰四言自曹氏父子王仲宣陸士衡後惟陶公㝡高其停雲榮木等篇殆突過建安矣

又曰四言尤難以三百五篇在前故也

停雲四章并序

陶詩彙評　卷一　一

梁補闕集二卷　〔唐〕梁肅撰　

清小雲谷抄本　一册

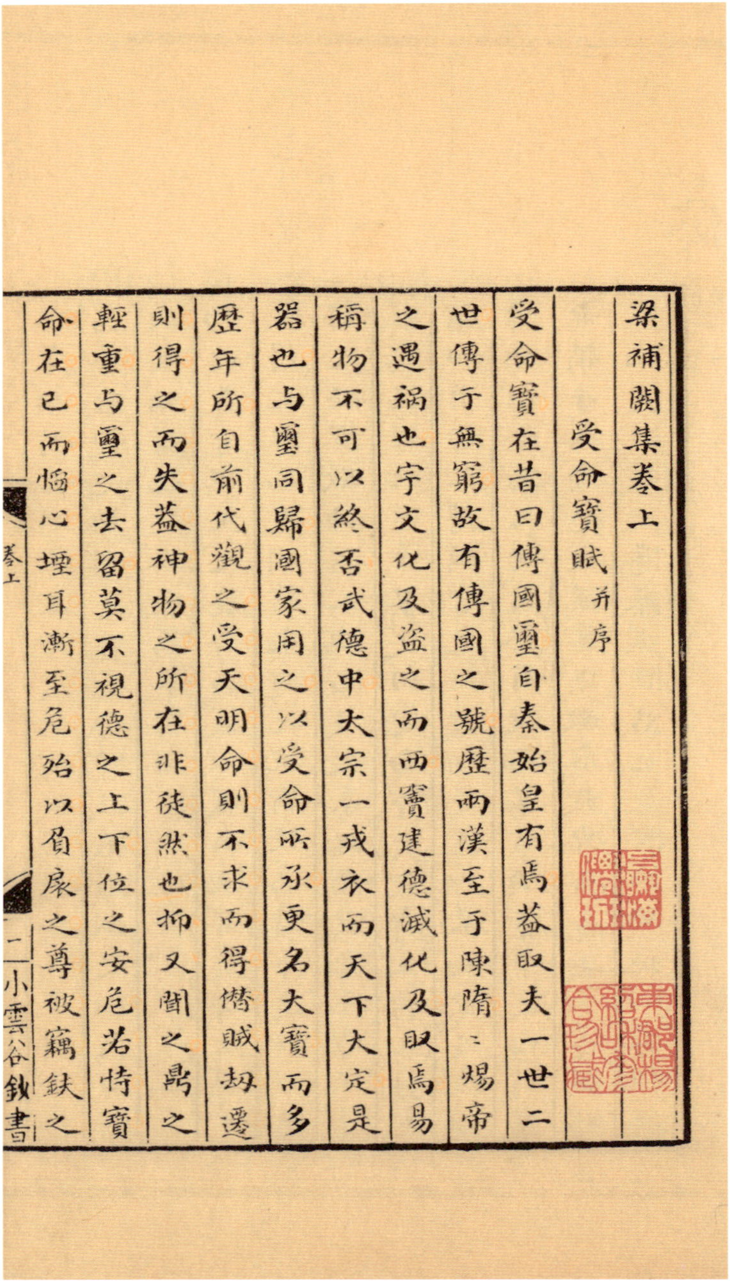
梁補闕集卷上

受命寶賦 并序

受命寶在昔曰傳國璽自秦始皇有焉蓋取夫一世二世傳于無窮故有傳國之號歷兩漢至于陳隋〻煬帝之遇禍也宇文化及盜之而西竇建德滅化及取焉易稱物不可以終否武德中太宗一戎衣而天下大定是器也與璽同歸國家用之以受命所承更名大寶而多歷年所自前代觀之受天明命則不求而得僭賊劫遷則得之而失蓋神物之所在非徒然也抑又聞之器之輕重與璽之去留莫不視德之上下位之安危若恃寶命在己而惱心堙耳漸至危殆以負扆之尊被竊鈇之

卷上　一　小雲谷鈔書

河東先生集四十五卷外集二卷龍城録二卷附録二卷集傳一卷 〔唐〕柳宗元撰

〔宋〕廖瑩中校正

明東吴郭雲鵬濟美堂刻本 二十册

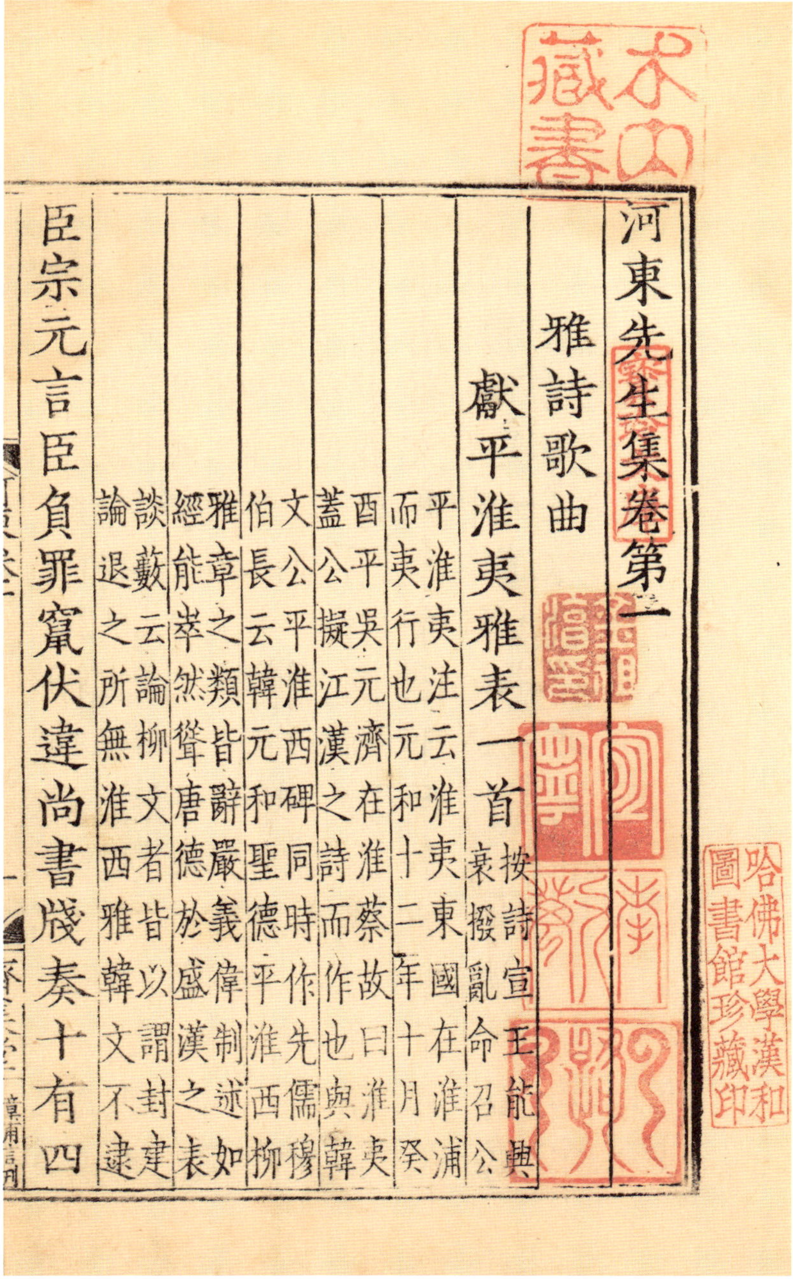
河東先生集卷第一

雅詩歌曲

獻平淮夷雅表一首 按詩宣王能興衰撥亂命召公平淮夷注云淮夷東國在淮浦而夷行也元和十二年十月癸酉平吳元濟在淮蔡故曰淮夷蓋公擬江漢之詩而作也與韓文公平淮西碑同時作先儒穆伯長云韓元和聖德平淮西柳雅章之類皆辭嚴義偉制述如經能崒然聳唐德於盛漢之表談藪云論柳文者皆以謂封建論退之所無淮西雅韓文不逮

臣宗元言臣負罪竄伏違尚書牋奏十有四

宋王忠文公文集五十卷目録四卷 〔宋〕王十朋撰 〔清〕唐傳鉎重編

清道光十二年（1832）刻本 十六册

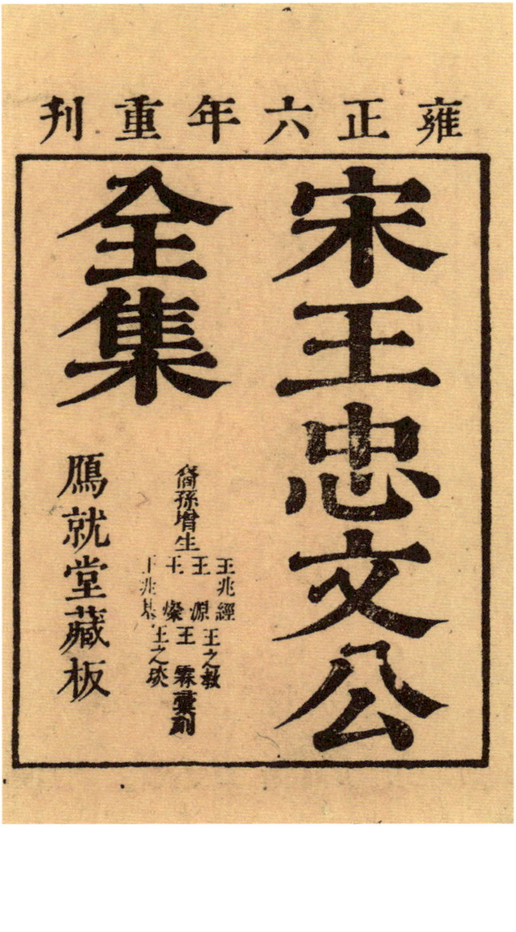

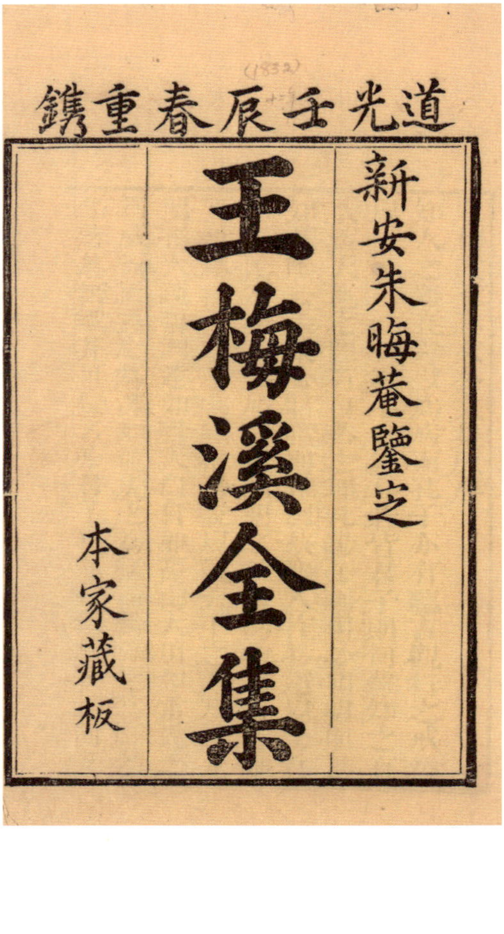

宋王忠文公文集第一卷

知樂清縣事楚南後學唐傳鉎人岸重編
邑後學進士楊森秀清令校

御試策

問蓋聞監于先王成憲其永無愆遵先王之法而過者未之有也仰惟祖宗以來立綱陳紀百度著明細大畢舉皆列聖相授之模爲萬世不刊之典朕纘紹丕圖恪守洪業凡一號令一施爲靡不稽諸故實惟祖宗成法是憲是若然畫一之禁賞刑之具猶昔也而奸弊未盡革賦斂之制經常之度猶昔也而財用未甚裕取士之科作成之法猶昔

陸象山全集三十六卷 〔宋〕陸九淵撰 〔清〕李紱評點 〔清〕周毓齡重校

清道光三年（1823）金谿槐堂書屋刻本 十二册

陸象山先生文集卷之一

楚陂後學周毓齡重校
臨川後學李　紱點次
槐堂書齋裔孫邦瑞刊

書

與邵叔誼 浙江人問學於文安公

前日竊聞嘗以夫子所論齊景公伯夷叔齊之說定命以祛俗惑至今嘆服不能弭忘笑談之間度越如此輔之切磋何可當也充其所見推其所爲勿怠勿畫益著益察日躋於純一之地是所望於君子夷齊未足言也此天之所以予我者非由外鑠我也思則

宋文文山先生全集二十一卷　〔宋〕文天祥撰　〔明〕鍾越評閱　〔明〕鍾超校

明崇禎二年（1629）武林鍾越躍庵刻本　八册

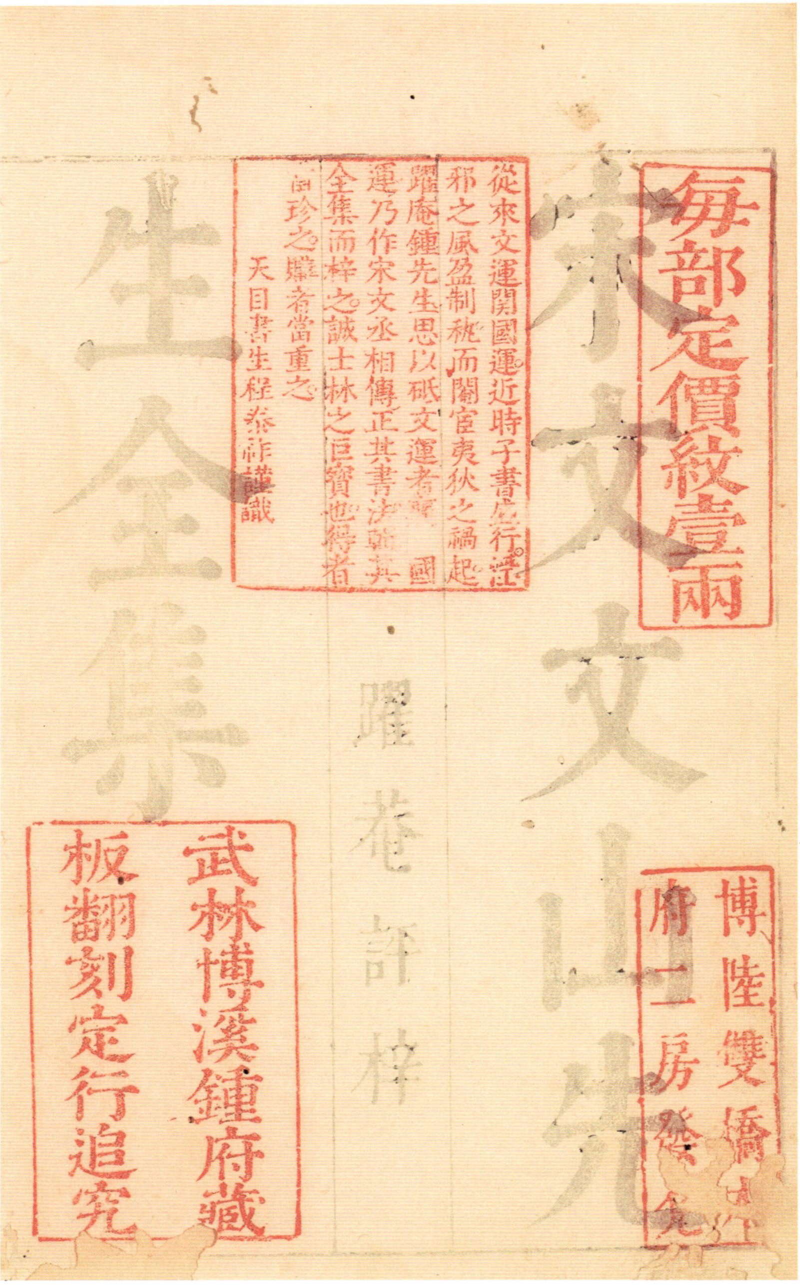

宋文文山先生全集

宋廬陵　文天祥文山父　著
明武林後學鍾　越異度父評閱
兄　鍾天均小天父
鍾天墀雲桓父　參閱
弟　鍾　超上士父　較

詩

次鹿鳴宴詩 時提舉知郡李愛梅廸舉送弟璧同薦

禮樂皇皇使者行。光華分似及鄉英。貞元虎榜雖聯捷

對偶精用事化

司隸龍門幸綴名。二宋高科猶易事，兩蘇清節乃真榮

高科易清節難公一生節氣具是

石門文字禪三十卷　〔宋〕釋德洪撰　T5350/5338

明萬曆二十五年（1597）徑山興聖萬壽禪寺刻徑山藏本　六册

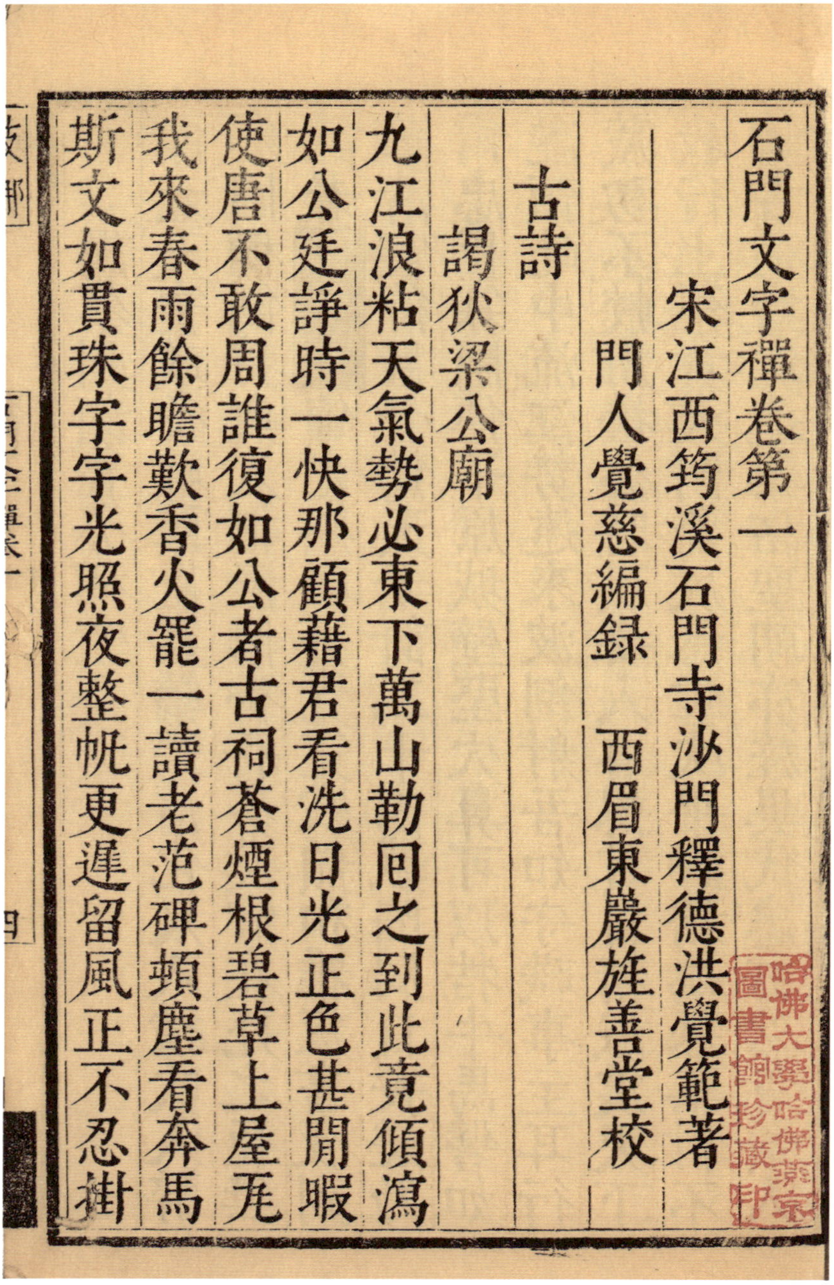

石門文字禪卷第一
宋江西筠溪石門寺沙門釋德洪覺範著
門人覺慈編録　西眉東巖旌善堂校
古詩
謁狄梁公廟
九江浪粘天氣勢必東下萬山勒回之到此竟傾瀉
如公廷諍時一快那顧藉君看洗日光正色甚閒暇
使唐不敢周誰復如公者古祠蒼煙根碧草上屋瓦
我來春雨餘瞻歎香火罷一讀老范碑頓塵看奔馬
斯文如貫珠字字光照夜整帆更遲留風正不忍掛

莊靖先生遺集十卷　〔金〕李俊民撰　5381/4427

清乾隆三十八年（1773）太平趙熟典藥齋刻本　六册

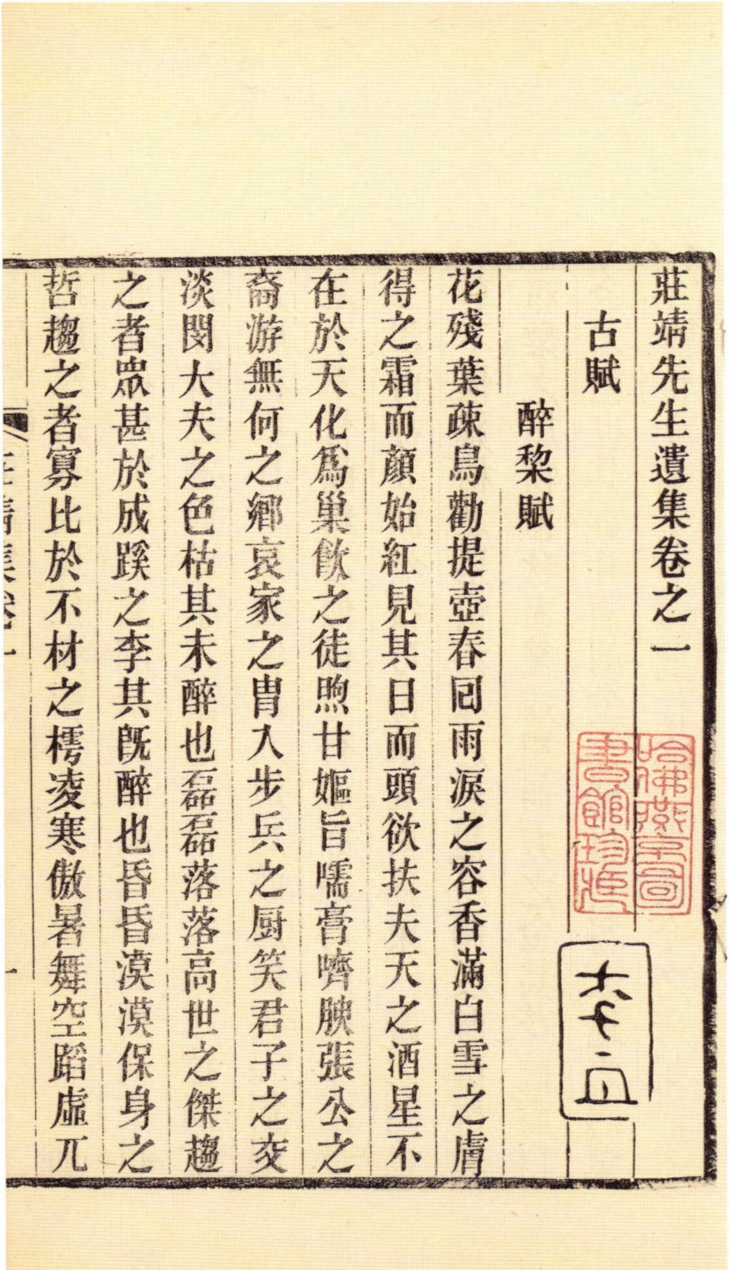
莊靖先生遺集卷之一
古賦
醉梨賦
花殘葉疎鳥勸提壺春回雨淚之容香滿白雪之膚
得之霜而顔始紅見其日而頭欲扶夫天之酒星不
在於天化爲巢飲之徒煦甘嫗旨嚅膏嚌腴張公之
裔游無何之鄉哀家之胄入步兵之厨笑君子之交
淡閔大夫之色枯其未醉也磊磊落落高世之傑趨
之者衆甚於成蹊之李其既醉也昏昏漠漠保身之
哲趨之者寡比於不材之樗凌寒傲暑舞空蹈虛兀

元遺山先生集四十卷附七種十四卷　〔金〕元好問撰　〔元〕張德輝編　（附）〔明〕儲巏輯　5372/1322

清道光三十年（1850）平定張氏陽泉山莊刻本　十二册

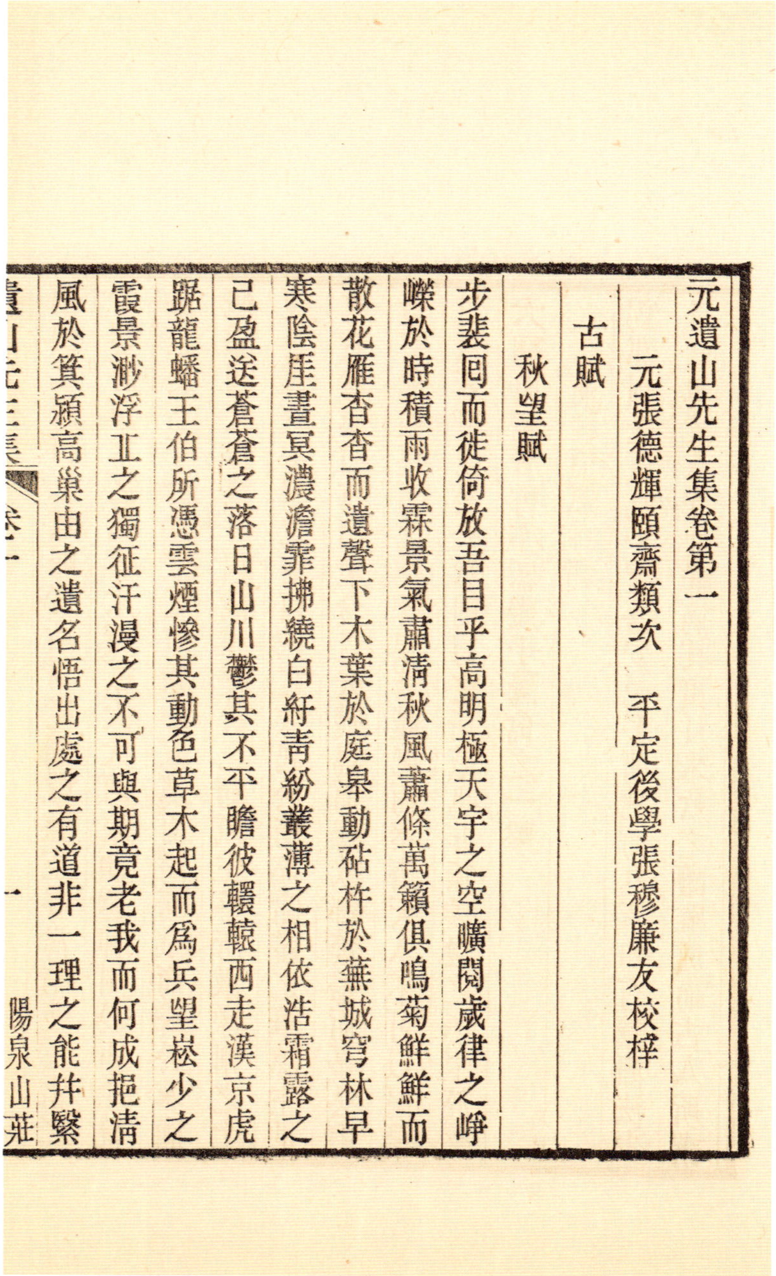

元遺山先生集卷第一

元張德輝頤齋類次　平定後學張穆廉友校梓

古賦

秋望賦

步裴回而徙倚放吾目乎高明極天宇之空曠閱歲律之崢嶸於時積雨收霖景氣肅清秋風蕭條萬籟俱鳴菊鮮鮮而散花雁杳杳而遺聲下木葉於庭皋動砧杵於蕪城穹林早寒陰厓晝冥濃澹霏拂繞白紆青紛叢薄之相依浩霜露之已盈送蒼蒼之落日山川鬱其不平瞻彼轘轅西走漢京虎踞龍蟠王伯所憑雲煙慘其動色草木起而爲兵望崧少之霞景渺浮丘之獨征汗漫之不可與期竟老我而何成挹清風於箕潁高巢由之遺名悟出處之有道非一理之能并緊

遺山先生集　卷一　一　陽泉山莊

鐵函心史三卷 〔元〕鄭思肖撰

清光緒三十年（1904）東京清國留學生會館鉛印本　一册

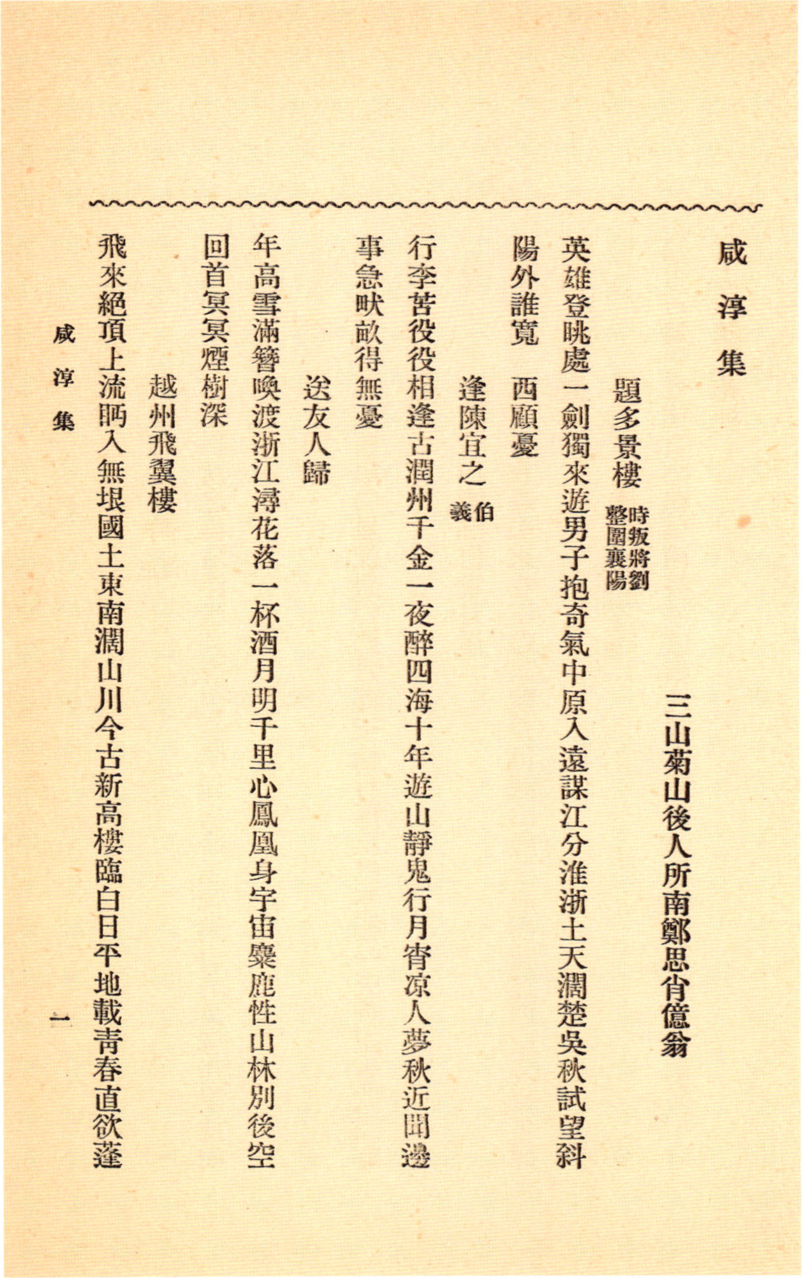

咸淳集

三山菊山後人所南鄭思肖億翁

題多景樓 時叛將劉整圍襄陽

英雄登眺處一劍獨來遊男子抱奇氣中原入遠謀江分淮浙土天濶楚吳秋試望斜陽外誰寬　西顧憂

逢陳宜之 伯義

行李苦役役相逢古潤州千金一夜醉四海十年遊山靜鬼行月宵凉人夢秋近聞邊事急畎畝得無憂

送友人歸

年高雪滿簪喚渡浙江潯花落一杯酒月明千里心鳳凰身宇宙麋鹿性山林別後空回首冥冥煙樹深

越州飛翼樓

飛來絕頂上流眄入無垠國土東南濶山川今古新高樓臨白日平地載青春直欲蓬

咸淳集　一

周此山先生詩集四卷　〔元〕周權撰　

清初抄本　四册

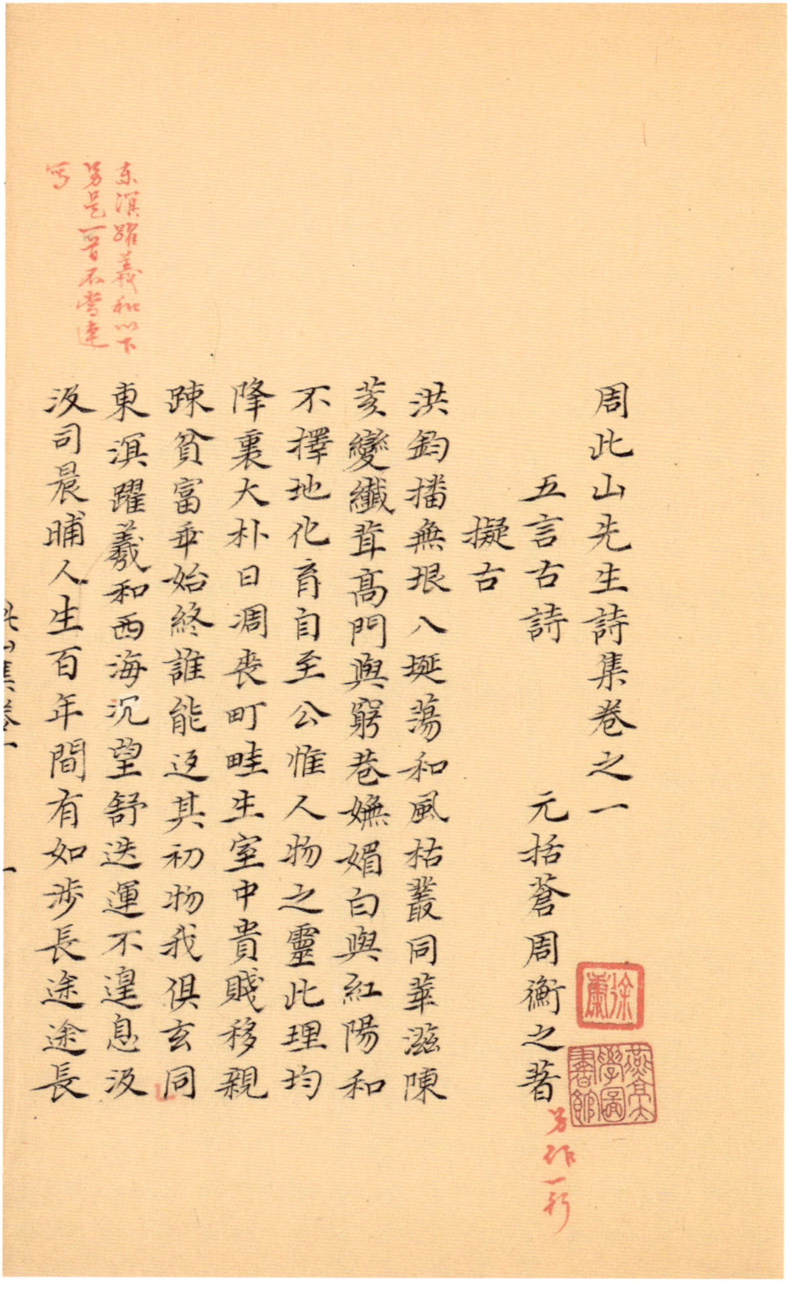
周此山先生詩集卷之一
五言古詩　元括蒼周衡之著
擬古
洪鈞播無垠入埏蕩和風枯叢同華滋陳
荄變纖茸高門與窮巷嫵媚白與紅陽和
不擇地化育自至公惟人物之靈此理均
降衷大朴日凋喪町畦生室中貴賤移親
疎貧富乖始終誰能返其初物我俱玄同
東溟躍羲和西海沉望舒迭運不違息汲
汲司晨晡人生百年間有如涉長途途長

袁中郎先生批評唐伯虎彙集四卷唐六如先生畫譜三卷外集一卷紀事一卷傳贊一卷

〔明〕唐寅撰　〔明〕袁宏道批評　（畫譜）〔明〕唐寅輯　（外集）〔明〕祝允明撰

明刻本　八册

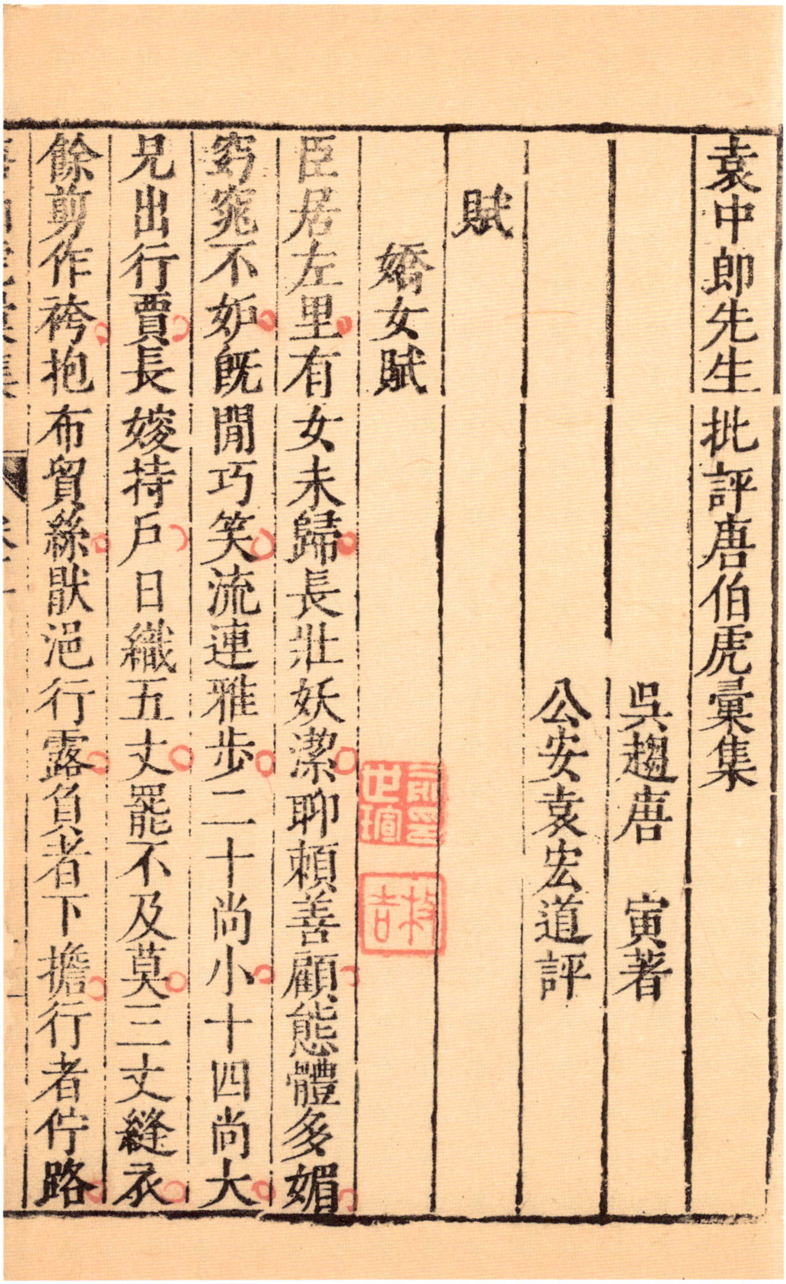
袁中郎先生批評唐伯虎彙集
吳趨唐　寅著
公安袁宏道評
賦
嬌女賦
臣居左里有女未歸長壯妖潔聊賴善顧態體多媚
窈窕不妒既閒巧笑流連雅步二十尚小十四尚大
見出行賈長嫂持戶日織五丈罷不及莫三丈縫衣
餘剪作袴抱布貿絲猒浥行露負者下擔行者佇路

遵巖先生文集二十五卷　〔明〕王慎中撰　

明隆慶五年（1571）嚴鎡刻本　十二册

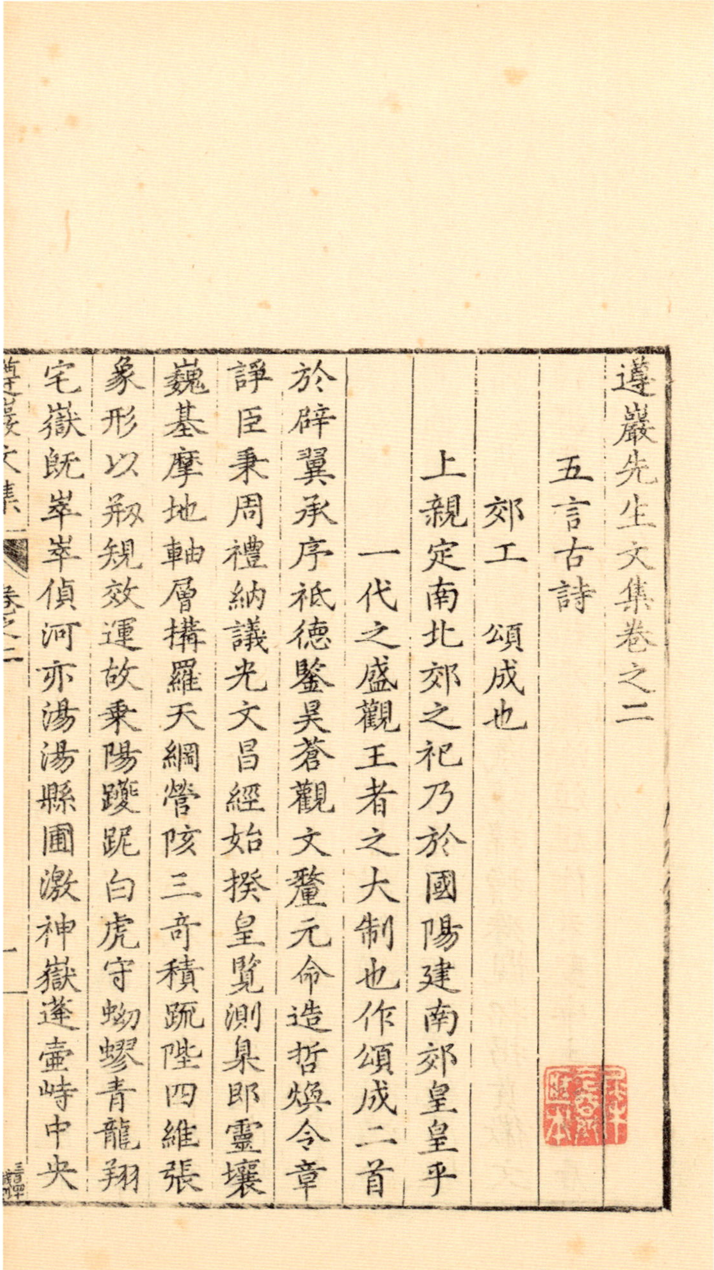
遵巖先生文集卷之二
五言古詩
郊工　頌成也
上親定南北郊之祀乃於國陽建南郊皇皇乎
一代之盛觀王者之大制也作頌成二首
於辟翼承序祇德鑒昊蒼覲文釐元命造哲煥令章
諍臣秉周禮納議光文昌經始揆皇覽測臬郎靈壤
巍基摩地軸層構羅天綱營陔三奇積踊陛四維張
象形以叝規效運故秉陽躔踞白虎守蚴蟉青龍翔
宅嶽既崒崒偵河亦湯湯縣圃激神嶽蓬壺峙中央
遵巖文集　卷之二　一

白雪樓詩集十卷　〔明〕李攀龍撰　T5418.3/2140

明嘉靖四十二年（1563）魏裳刻藍印本　十册

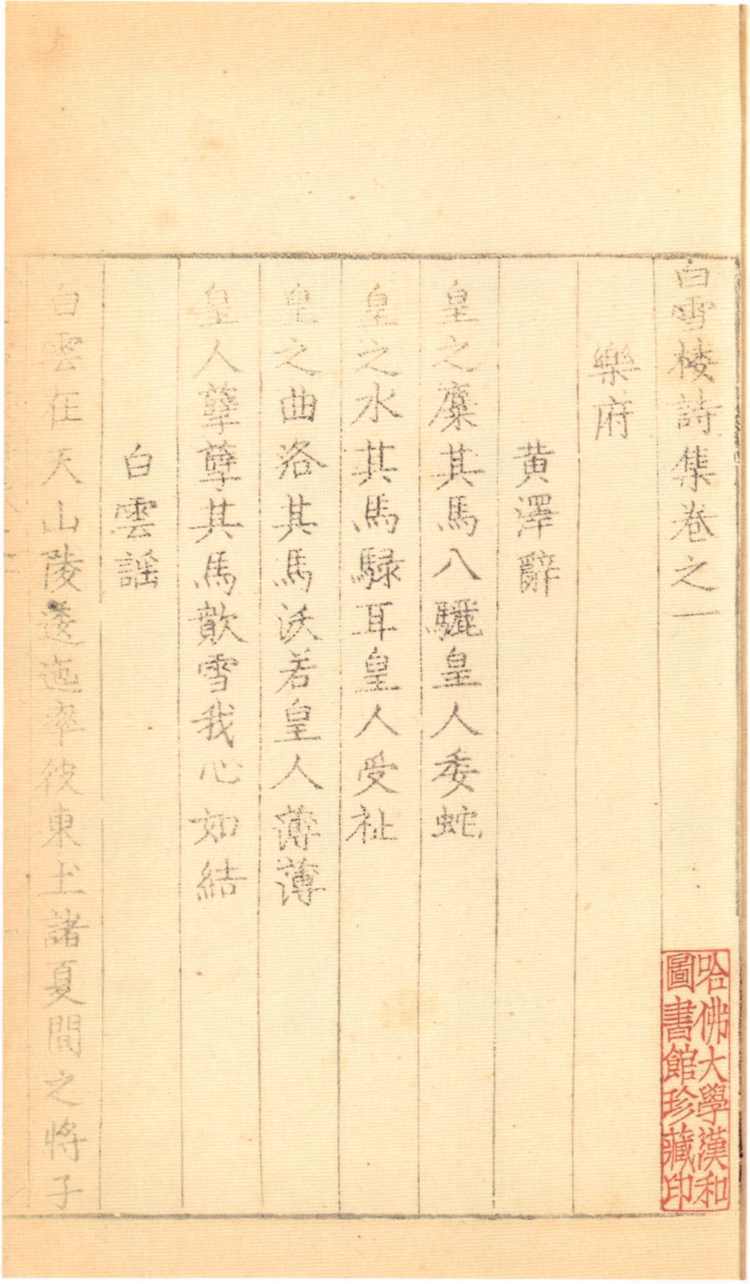

白雪樓詩集卷之一

樂府

黃澤辭

皇之麋其馬八驪皇人委蛇

皇之水其馬騄耳皇人受祉

皇之曲洛其馬沃若皇人譐譐

皇人尊尊其馬歎雪我心如結

白雲謡

白雲在天山陵逶迤率彼東土諸夏間之將子

唐文恪公文集十六卷首一卷　〔明〕唐文獻撰　　5422/0602

清道光三十年（1850）華亭唐氏寶研山房刻本　八册

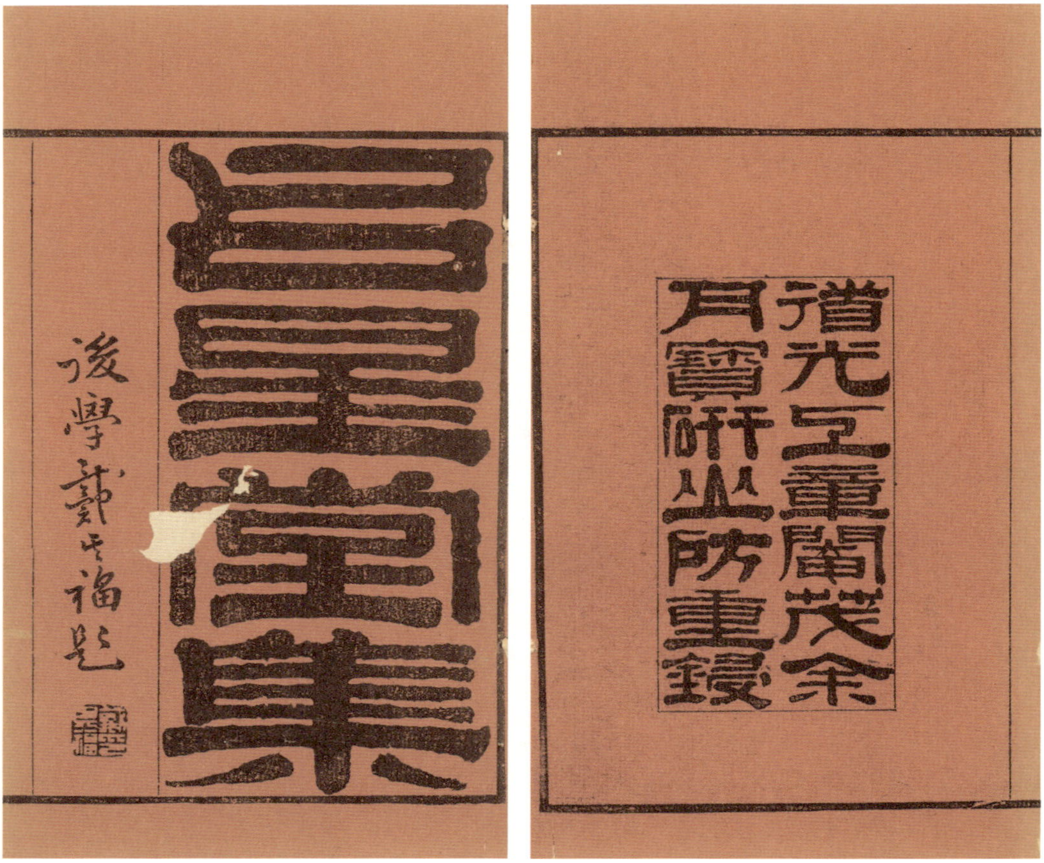

唐文恪公文集卷之一

華亭唐文獻元徵父著　九世從孫天溥重刊

門人楊　鶴修齡父　崔邇進漸逵父校梓　十世從孫模校字鳳標　鳳藻

奉敕撰冊立東宮冊文

朕惟自昔有道之長必首元良之建義存主器禮重升儲肆我祖宗以來莫不率茲彝憲明謨炳若示我典常是用祗循朕罔攸斁咨爾元子某流虹表瑞對日徵奇數載修齒冑之儀功崇廡厦百靈薦庥嘉之祉體具顯

龍門集二十卷附録一卷　〔明〕侯一麐撰　TNC5422/2310

明隆慶刻本　十二册

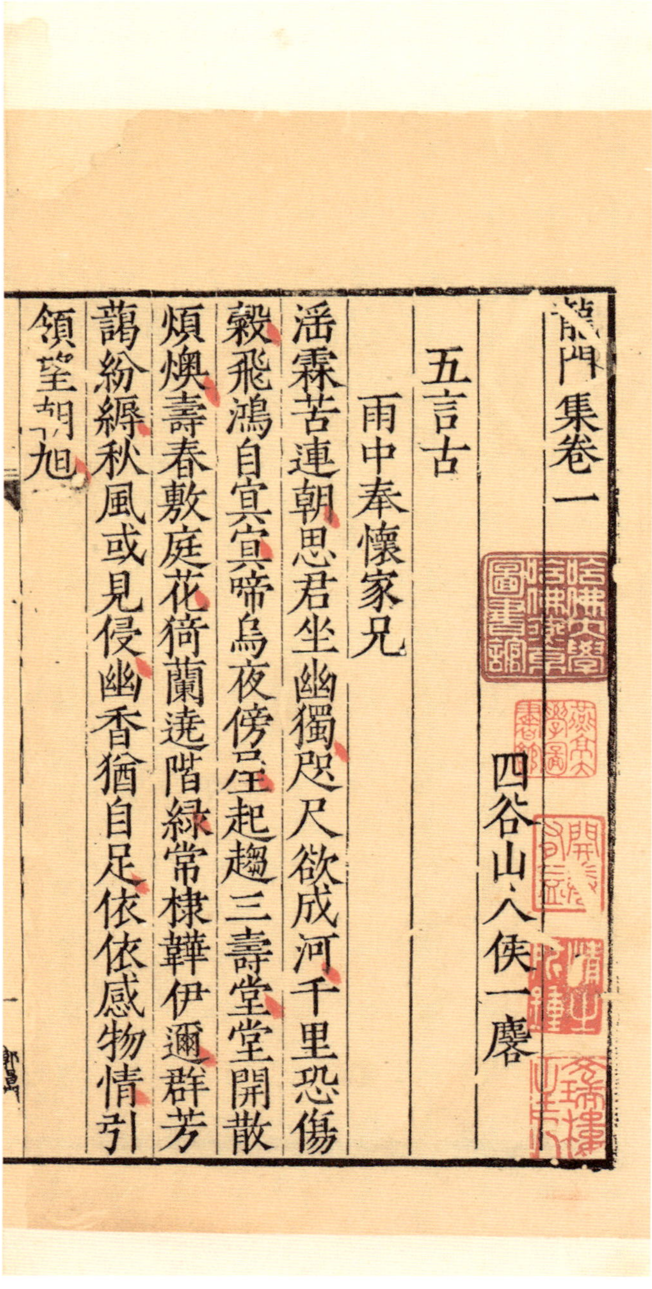
龍門集卷一
四谷山人侯一麐
五言古
雨中奉懷家兄
滛霖苦連朝思君坐幽獨咫尺欲成河千里恐傷
鷇飛鴻自冥冥帝烏夜傍坐起趨三壽堂開散
煩燠壽春敷庭花猗蘭遶階緑常棣韡伊邇群芳
藹紛縟秋風或見侵幽香猶自足依依感物情引
領望胡旭

李元輔集十八卷　〔明〕李良翰撰　

明刻本　十二册

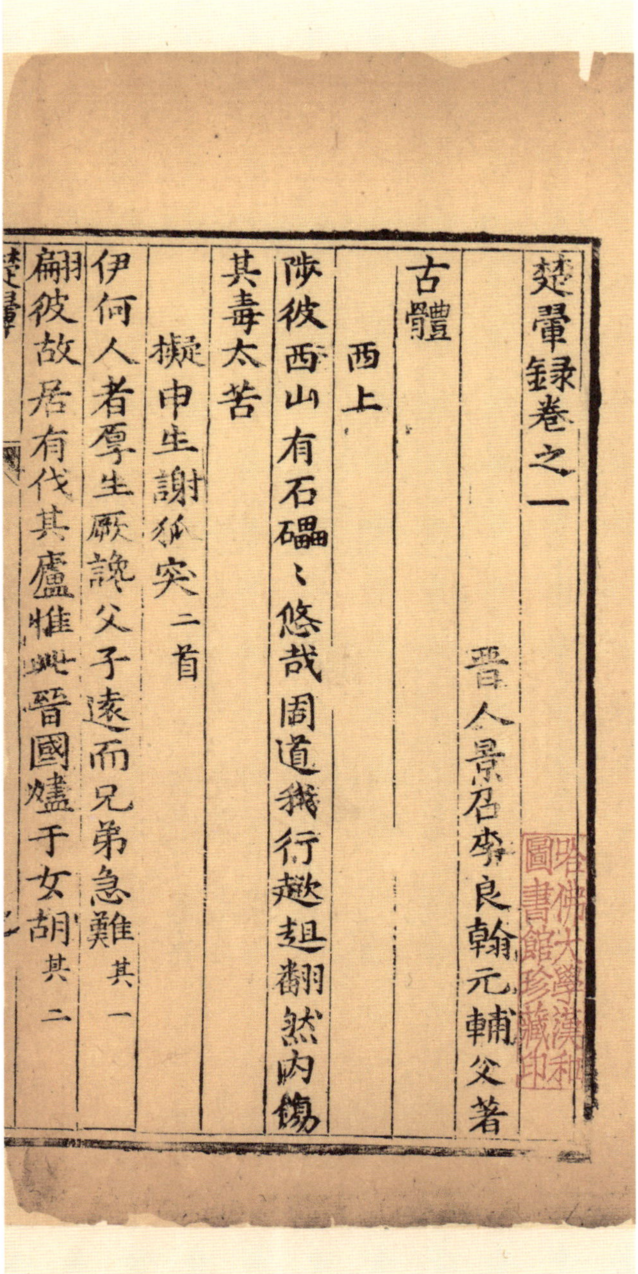

陳先生適適齋鑑鬚集七卷　〔明〕陳玉輝撰　T5424/7919

清康熙刻本　四册

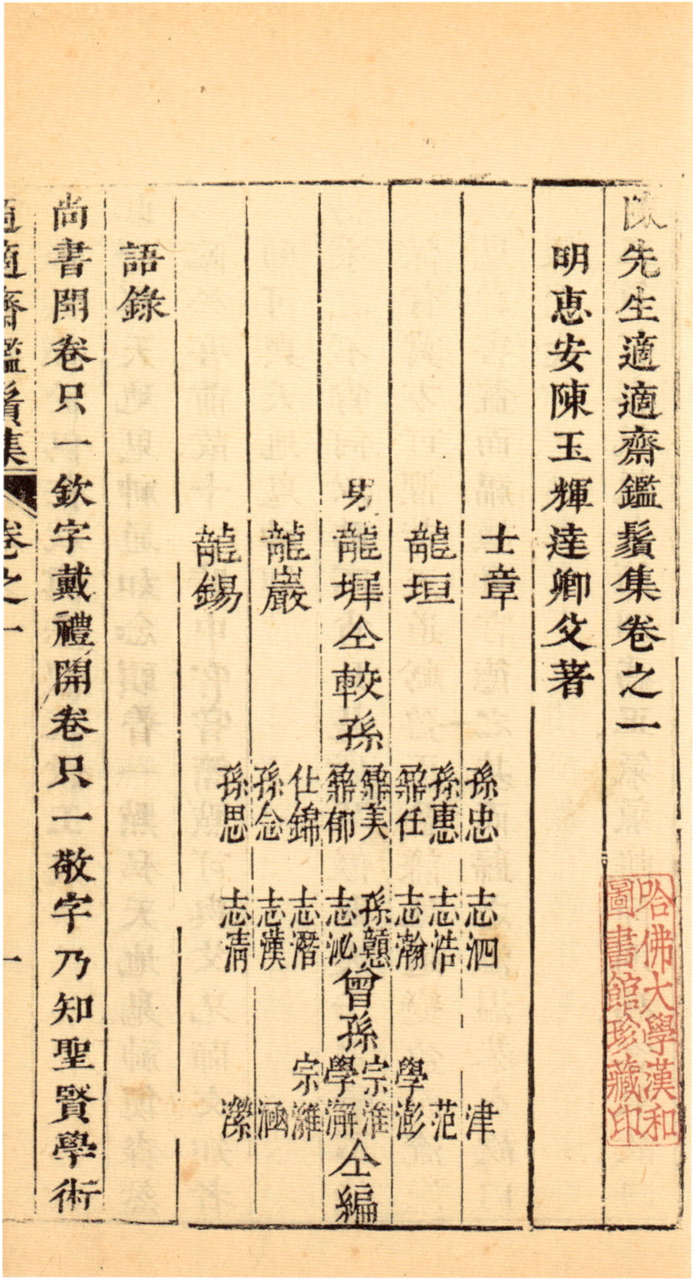
陳先生適適齋鑑鬚集卷之一
明惠安陳玉輝達卿父著
士章　孫忠　志泗　津
龍垣　孫惠　志浩　范
孫任　志瀚　學澎
男龍墀仝較　孫美　孫顥　曾孫　宗淮
孫郁　志泌　學澥　仝編
龍巖　仕錦　志潛　宗灉
孫念　志漢　涵
龍錫　孫思　志清　潔
語錄
尚書開卷只一欽字戴禮開卷只一敬字乃知聖賢學術
適適齋鑑鬚集　卷之一　一

青蘿館集五卷　〔明〕江伯容撰　

明崇禎元年（1628）江氏自刻本　五册

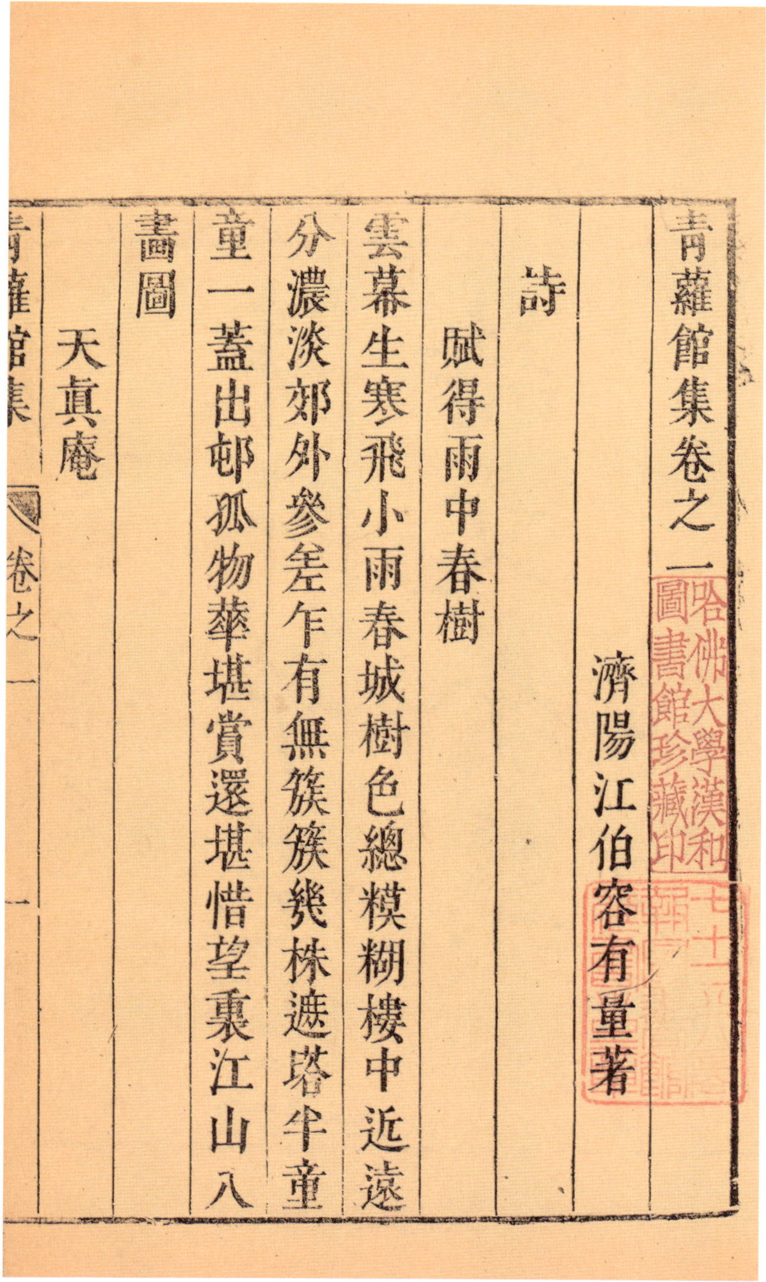

青蘿館集卷之一

濟陽江伯容有量著

詩

賦得雨中春樹

雲幕生寒飛小雨春城樹色總糢糊樓中近遠分濃淡郊外參差乍有無簇簇幾株遮塔半童童一蓋出郵孤物華堪賞還堪惜望裏江山入畫圖

天眞庵

青蘿館集　卷之一　一

陳忠裕公集十五卷首一卷　〔明〕陳子龍撰　〔清〕吴光裕輯　

清嘉慶七年（1802）授經堂刻本　四册

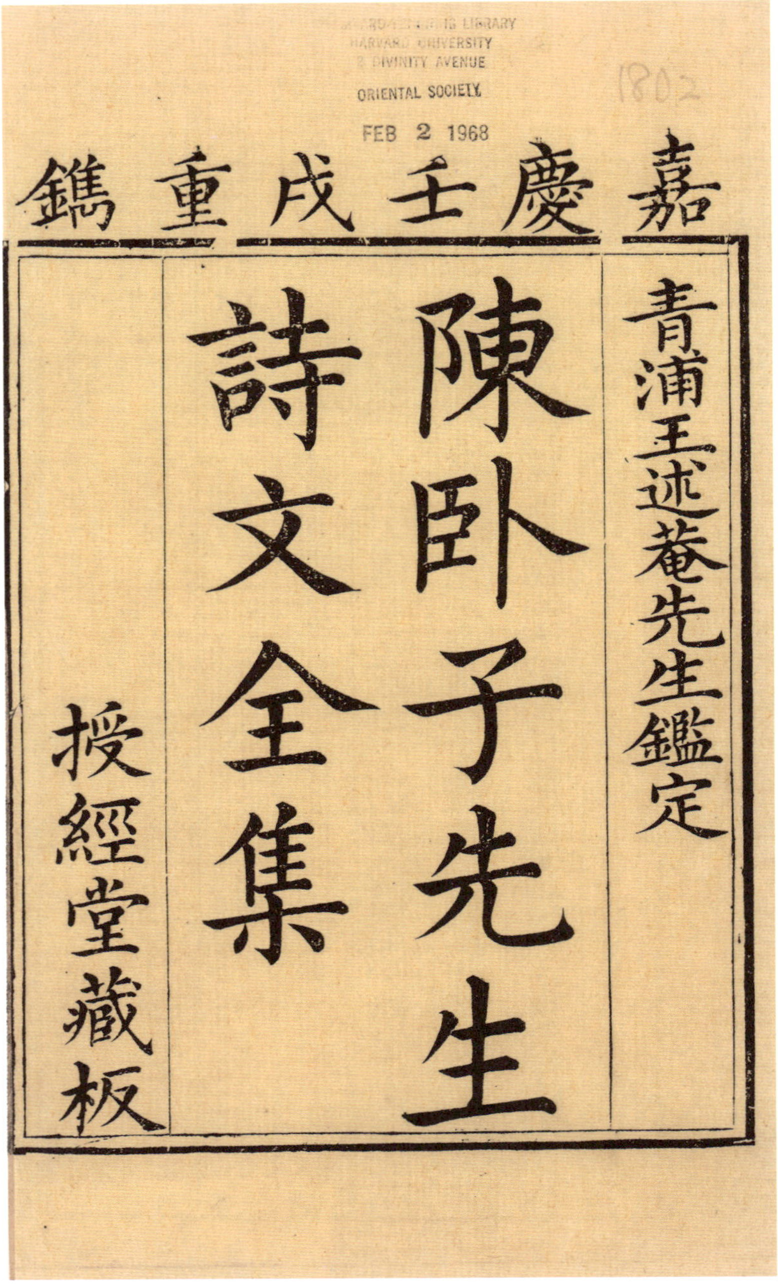

1802

嘉慶壬戌重鐫

青浦王述菴先生鑑定

陳臥子先生詩文全集

授經堂藏板

陳忠裕公集卷一

華亭吳光裕蒐輯　嘉興朱　邕編次

賦一

秋望賦并序

僕聞悽榮之態同覩而傷搖之感獨發何則履裕者難擾而境頹者易激也故鯨鯢震溢貴彥悲懷柯葉吟飈羈人疾首非云大小殊途亦淺深之異致矣昔蘭臺才子河陽年少宿騁恢麗早擅雋穎從容燕寢之餘出入承華之省況以微辭給辨貴王破顏容止清姸淑姬聯袂亦仕宦之大榮遊娛之絕暢也猶不能忘情於秋愬

寶綸堂集十卷 〔清〕陳洪綬撰 〔清〕陳字購輯

清康熙陳氏寶綸堂刻本 二册

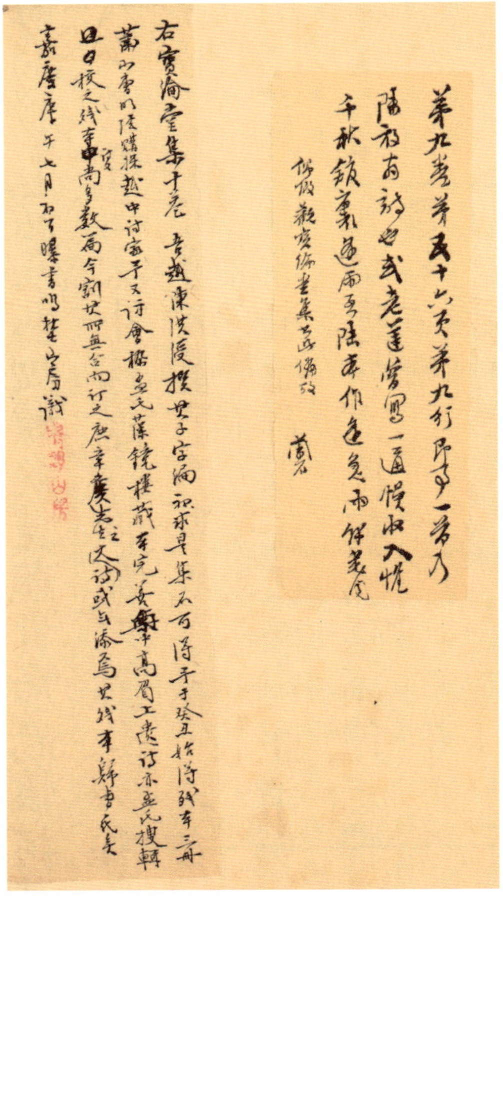

寶綸堂集

暨陽陳洪綬章侯著

男字賻輯

孫豸對讀

序

潘無聲襍詩敘

予輕諾寡信每不能緩急朋友潘無聲與予非深交丙寅夏秋闗予寫佛湖南無聲因畢繼之過予商畧風雅八九年來不得一握手聲音聊寄于繼之往來間去年予寓斷橋無聲數過予索予誦湖上諸詩予

心遠堂詩集十卷 〔清〕李霨撰

清康熙十年（1671）曹禾刻本 四册

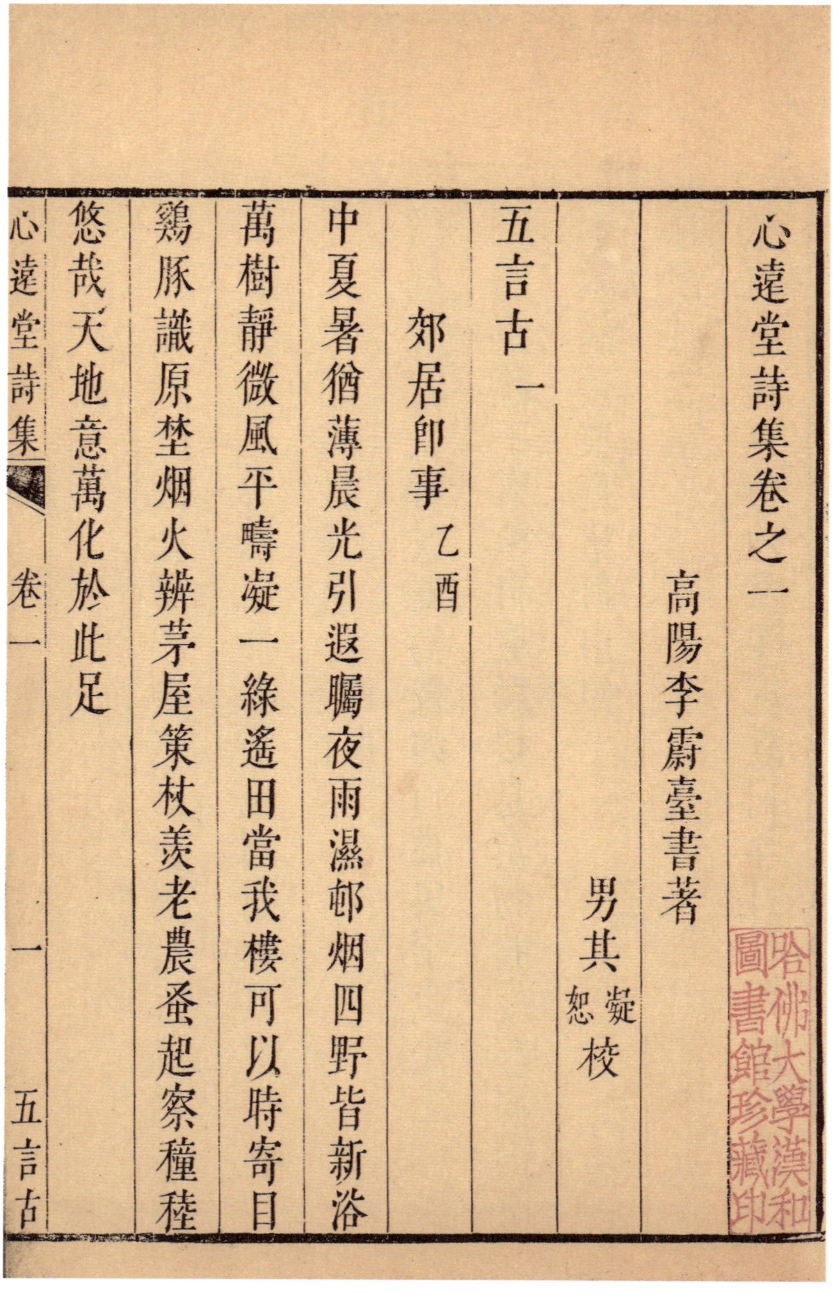
心遠堂詩集卷之一
高陽李霨臺書著
男其凝恕校
五言古一
郊居即事 乙酉
中夏暑猶薄晨光引遐矚夜雨濕郵烟四野皆新浴
萬樹靜微風平疇凝一綠遙田當我樓可以時寄目
鷄豚識原埜烟火辨茅屋策杖羨老農蚤起察穜稑
悠哉天地意萬化於此足
心遠堂詩集 卷一 一 五言古

葉忠節公遺稿十六卷　〔清〕葉映榴撰　

清康熙刻本　六册

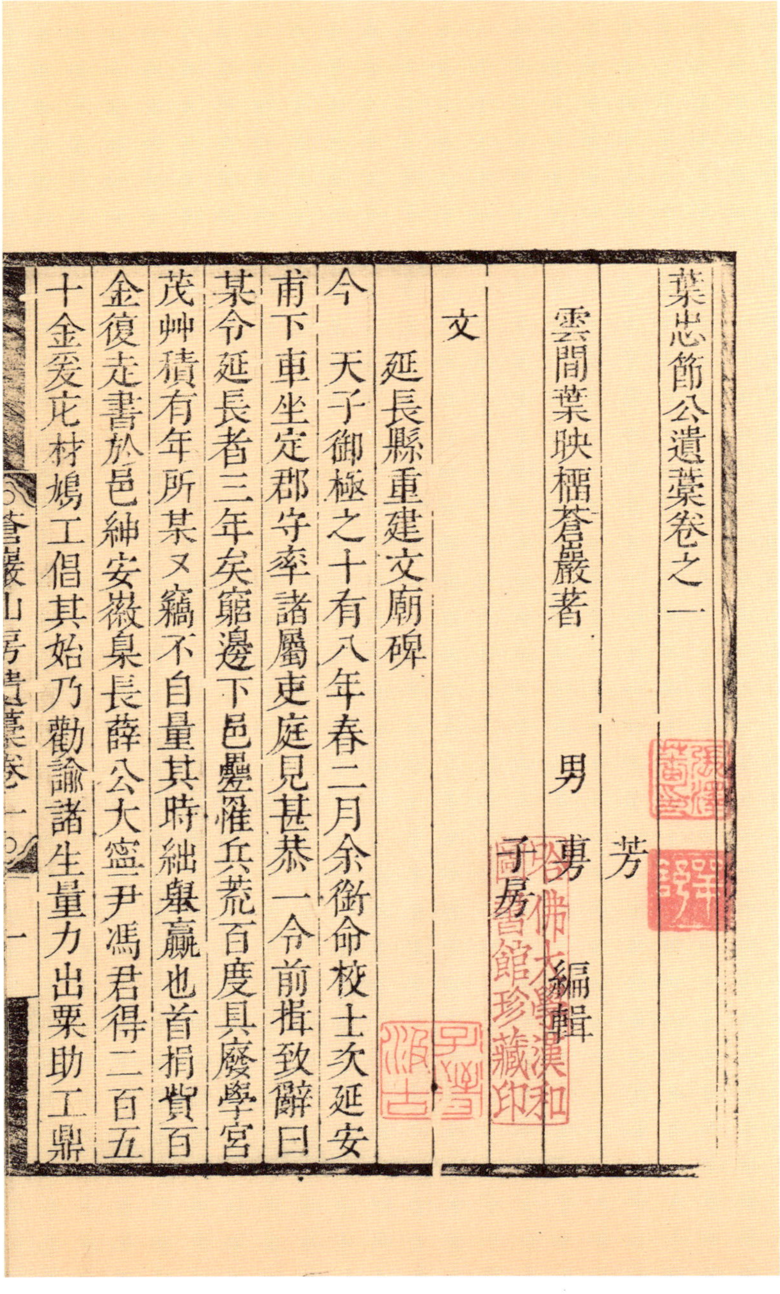
葉忠節公遺藁卷之一

雲間葉映榴蒼巖著

男 芳 旉 子房 編輯

文

延長縣重建文廟碑

今天子御極之十有八年春二月余銜命校士次延安甫下車坐定郡守率諸屬吏庭見甚恭一令前揖致辭曰某令延長者三年矣窮邊下邑壘罹兵荒百度具廢學宮茂艸積有年所某又竊不自量其時絀舉嬴也首捐貲百金復走書於邑紳安嶽臬長薛公大盜尹馮君得二百五十金爰庀材鳩工倡其始乃勸諭諸生量力出粟助工鼎

蒼巖山房遺藁卷一　一

虛窗雅課初集一卷二集一卷　〔清〕佟佳氏撰　5487/2321

清嘉慶十年（1805）刻本　二册

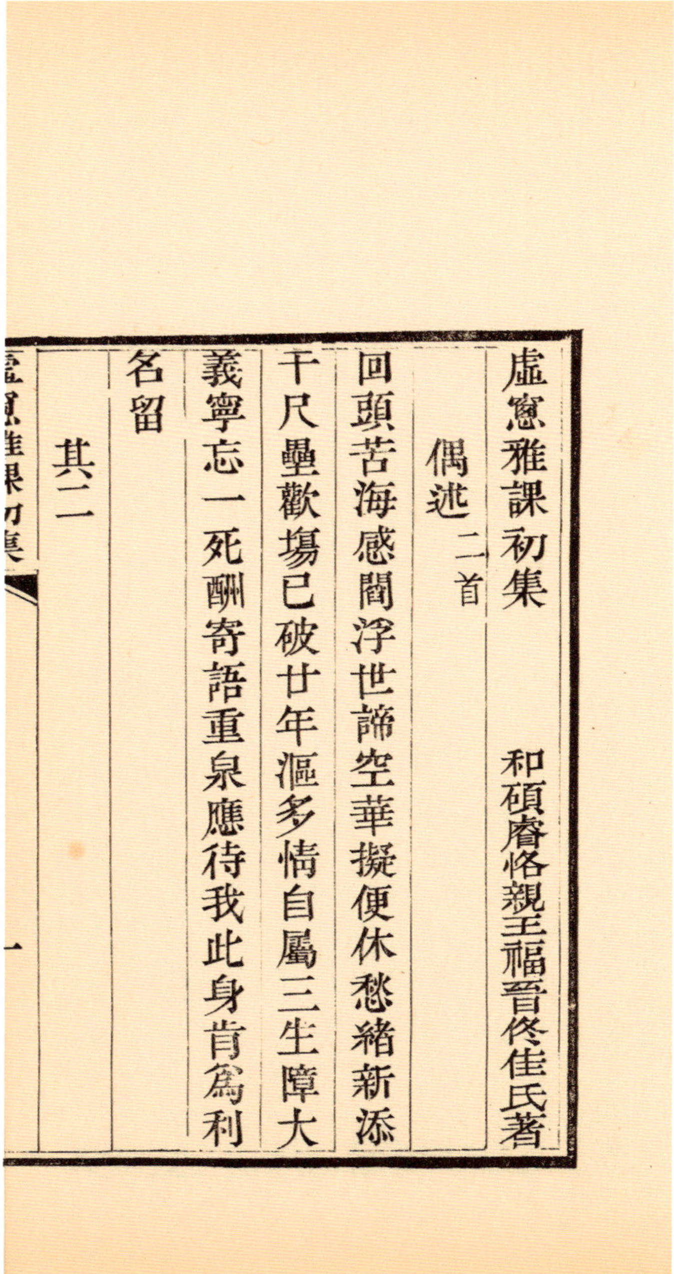

虛窻雅課初集　　和碩睿恪親王福晉佟佳氏著

偶述二首

回頭苦海感閻浮世諦空華擬便休愁緒新添千尺壘歡場已破廿年漚多情自屬三生障大義寧忘一死酬寄語重泉應待我此身肯爲利名留

其二

虛窻雅課初集　一

恭慤公蘭堂遺稿二卷　〔清〕孔毓圻撰　〔清〕孔繼涑　孔繼汾輯　　T5466/1184

清乾隆九年（1744）孔繼汾、孔繼涑刻本　二册

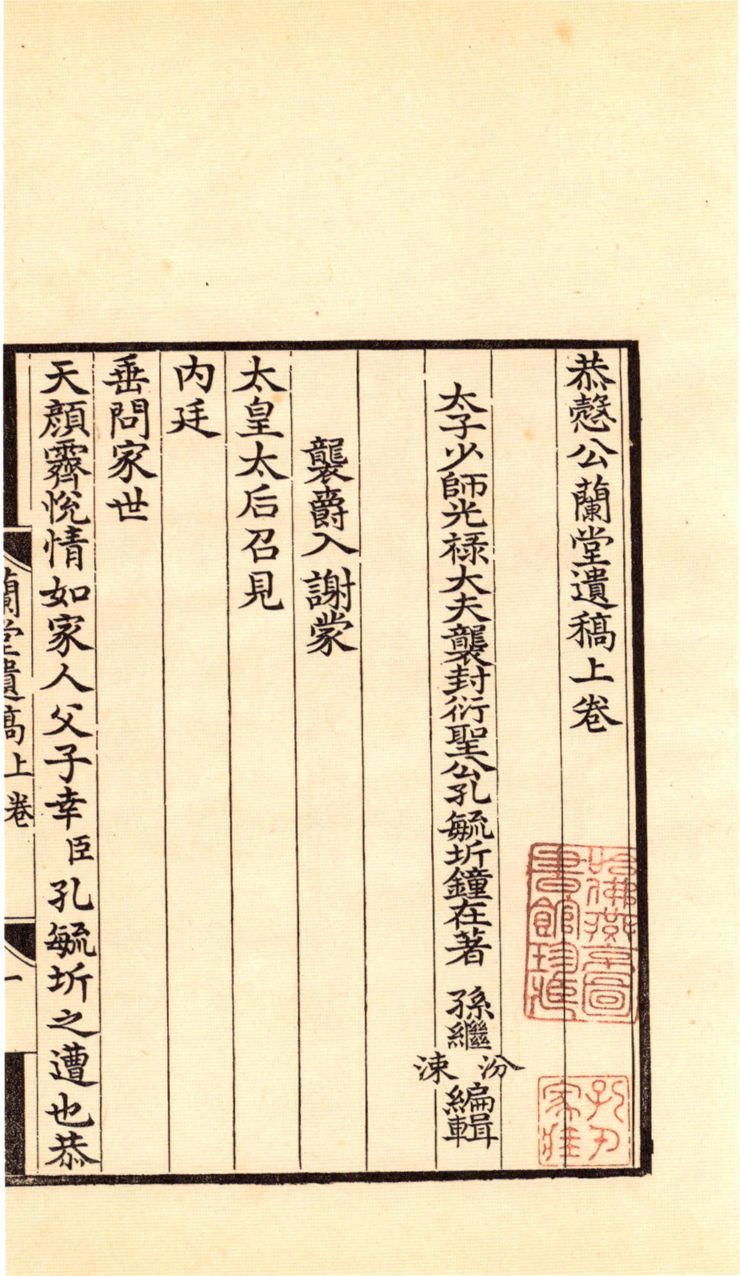
恭慤公蘭堂遺稿上卷
太子少師光禄大夫襲封衍聖公孔毓圻鍾在著　孫繼汾涑編輯
襲爵入謝蒙
太皇太后召見
内廷
垂問家世
天顔霽悦情如家人父子幸臣孔毓圻之遭也恭
蘭堂遺稿上卷　一

義門先生集十二卷附録一卷　〔清〕何焯撰　〔清〕吴雲等輯　

清道光三十年（1850）校刻本　四册

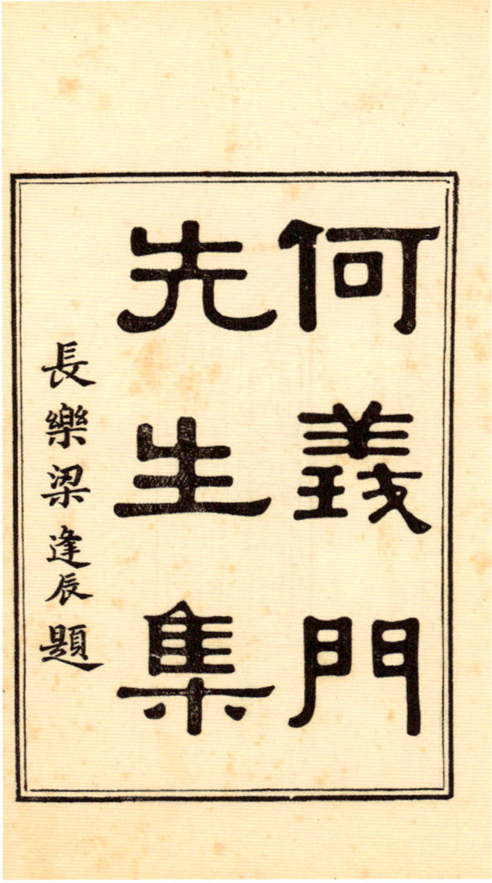

義門先生集卷一

歸安吳　雲

元和韓　崇同輯

吳江翁大年

序

郭鯤溟先生詩集序

鄉先生鯤溟郭公初筮仕爲袁州理官會嚴氏新敗世蕃不之戍所爲橫子鄉如平時公盡廉得其不道狀南京御史林潤以聞卒論如法能使萬物吐氣至今婦孺猶道公之名氏余初意公爲人發姦摧豪峭特敢決始

七一軒稿六卷續錦機補遺六卷　〔清〕劉青蓮撰　（續錦機補遺）〔清〕劉青芝輯

清乾隆刻本　十册

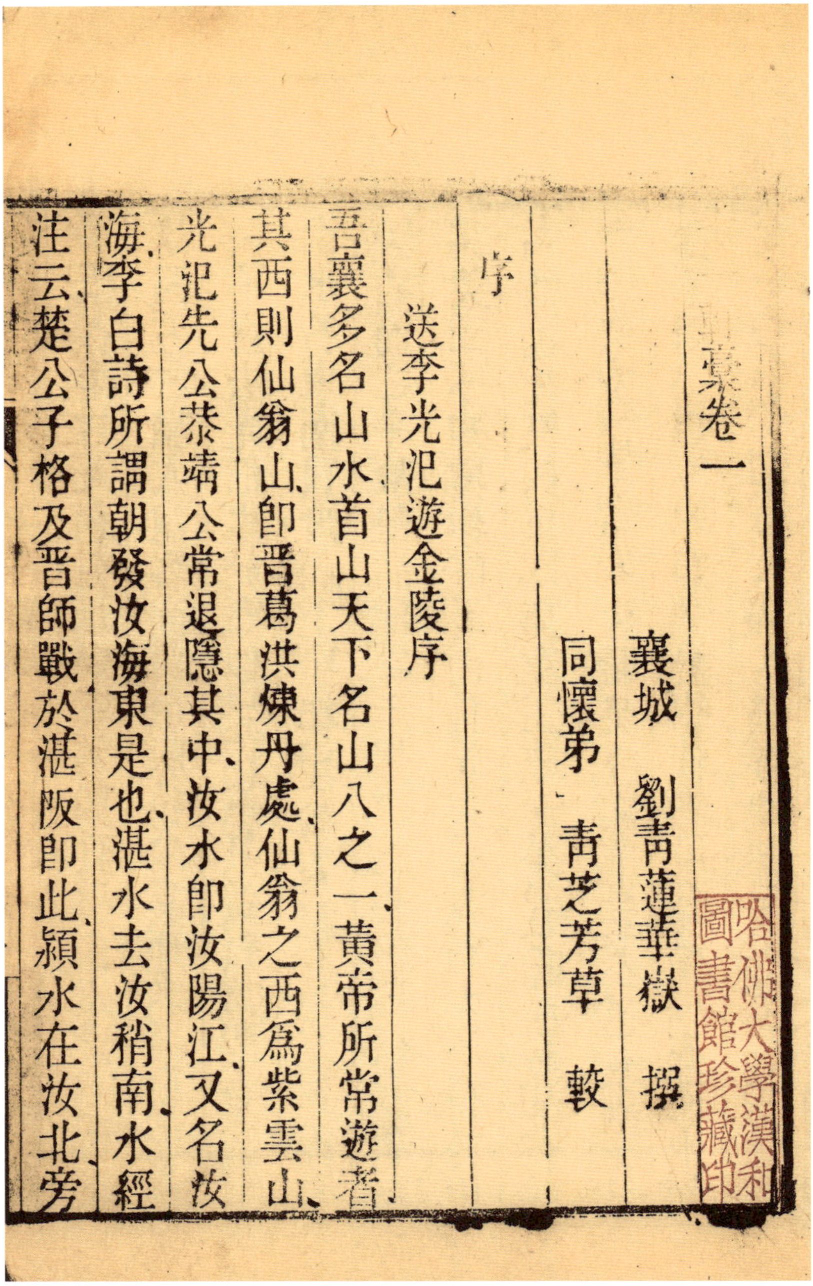
稾卷一
襄城　劉青蓮華嶽　撰
同懷弟　青芝芳草　較
序
送李光汜遊金陵序
吾襄多名山水首山天下名山八之一黃帝所常遊者其西則仙翁山即晉葛洪煉丹處仙翁之西爲紫雲山光汜先公恭靖公常退隱其中汝水即汝陽江又名汝海李白詩所謂朝發汝海東是也湛水去汝稍南水經注云楚公子格及晉師戰於湛阪即此潁水在汝北旁

尊德堂詩鈔八卷　〔清〕胡國楷撰　　T5472/4264

清康熙刻本　二册

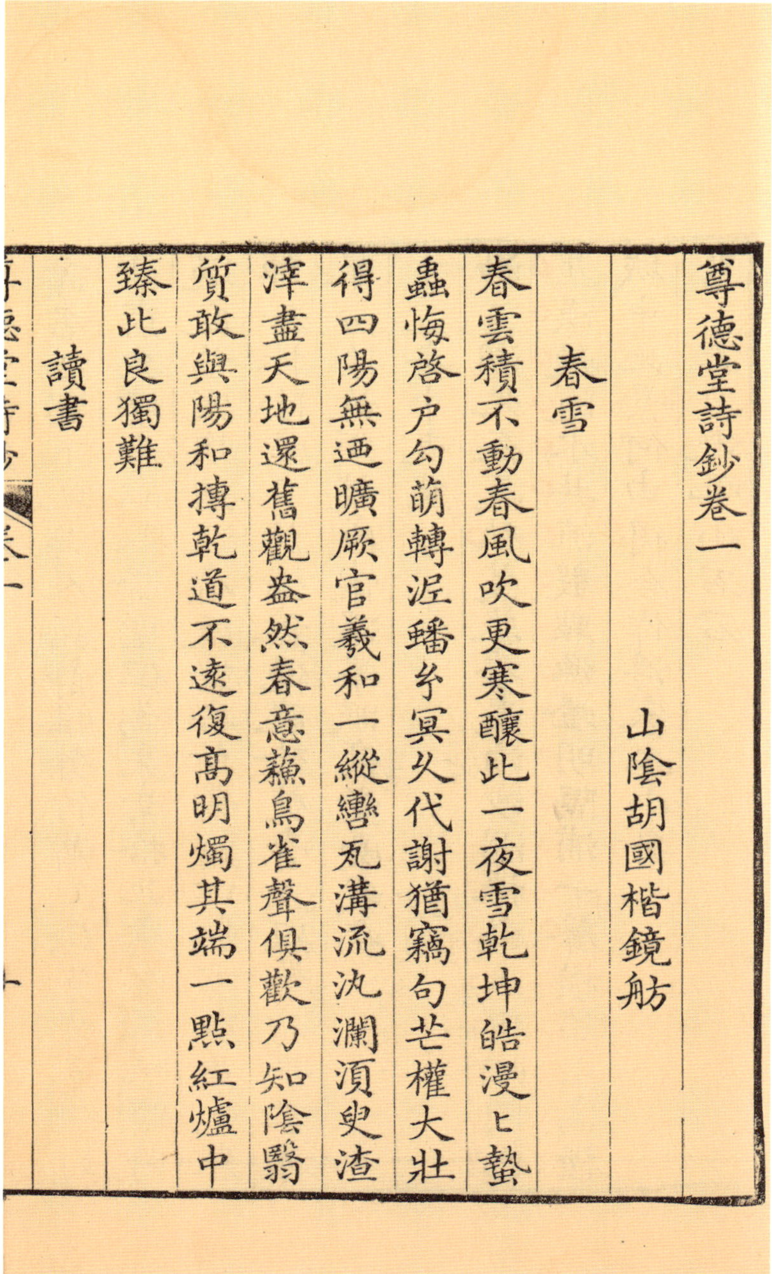

尊德堂詩鈔卷一

山陰胡國楷鏡舫

春雪

春雲積不動春風吹更寒釀此一夜雪乾坤皓漫〻蟄蟲悔啓户勾萌轉涅蟠兮冥久代謝猶竊句芒權大壯得四陽無迺曠厥官義和一縱轡瓦溝流汍瀾須臾渣滓盡天地還舊觀盎然春意蘇鳥雀聲俱歡乃知陰翳質敢與陽和搏乾道不遠復高明燭其端一點紅爐中臻此良獨難

讀書

補瓢存稿六卷　〔清〕韓騏撰　　T5472/4578

清乾隆二十三年（1758）韓鍵等南蔭書屋刻本　四册

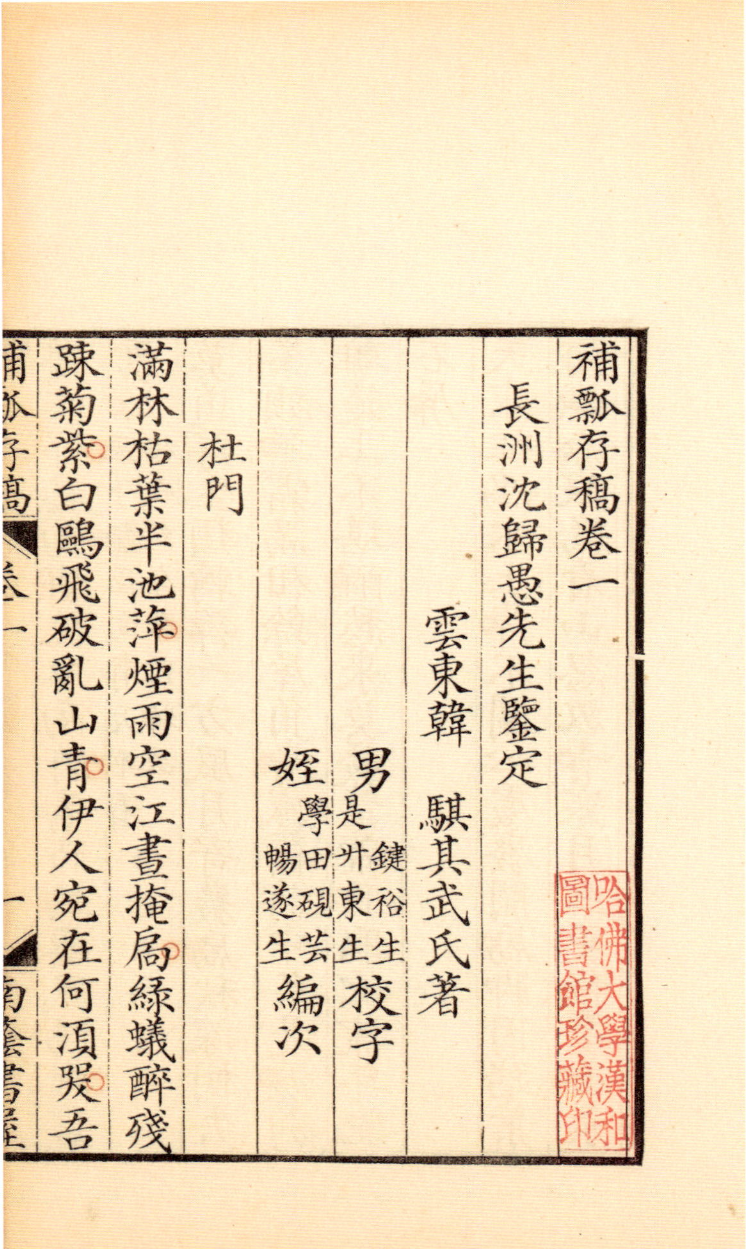
補瓢存稿卷一
長洲沈歸愚先生鑒定
雲東韓　騏其武氏著
男　鍵裕生　是廾東生　校字
姪　學田硯芸　暢遂生　編次
杜門
滿林枯葉半池萍煙雨空江晝掩扃綠蟻醉殘
踈菊紫白鷗飛破亂山青伊人宛在何須覓吾
補瓢存稿　卷一　一　南蔭書屋

懋齋詩鈔一卷　〔清〕敦敏撰　　TNC9100/6321

清光緒恩豐抄八旗叢書本　一册

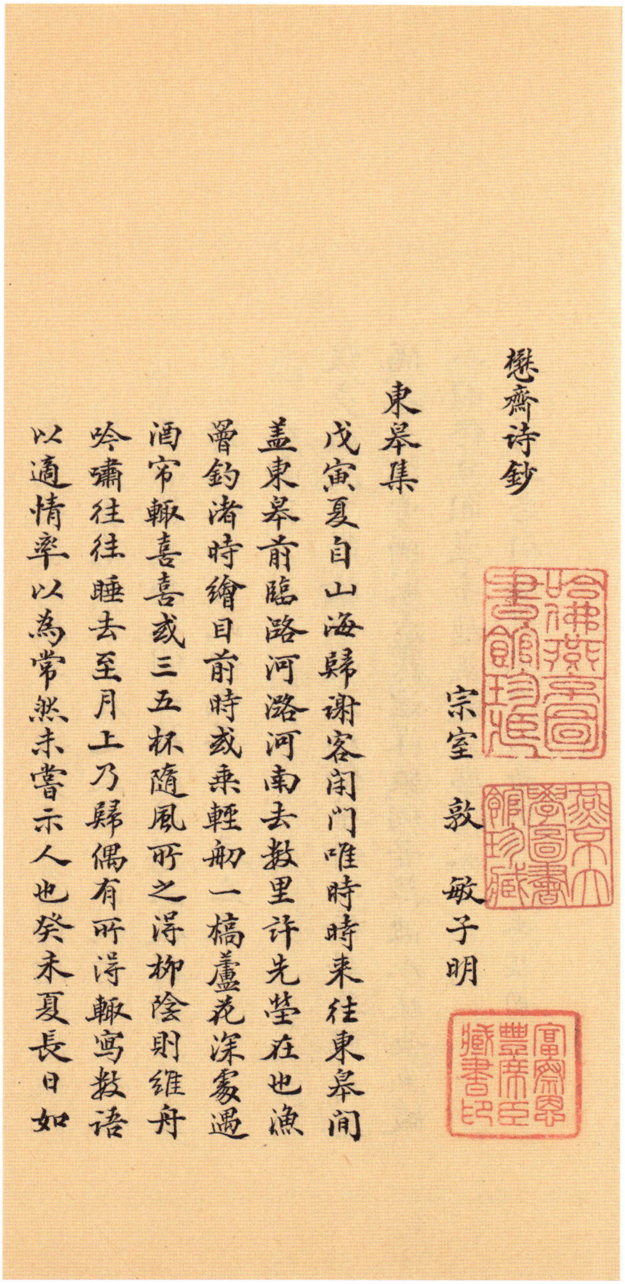
懋齋詩鈔

宗室　敦敏子明

東皋集

戊寅夏自山海歸謝客閉門唯時時來往東皋閒蓋東皋前臨路河潞河南去數里許先塋在也漁罾釣渚時繪目前時或乘輕舠一槁蘆花深處遇酒帘輒喜喜或三五杯隨風所之得柳陰則維舟吟嘯往往睡去至月上乃歸偶有所得輒寫數語以適情率以為常然未嘗示人也癸未夏長日如

碧腴齋詩存八卷 〔清〕胡德琳撰 5481/4221

清嘉慶小倉山房刻本 一册

碧腴齋詩存卷一

桂林胡德琳書巢著

泊瀑布塘

維舟向古塘晚唱廻柔櫓漁火一江星瀑聲終夜雨

京師寓中消夏

陋巷無車轍愁侵歲月過懶宜知巳少貧怕受恩多此地非炎徼寒香夢碧蘿敝裘猶未脫去住兩如何

宿富莊驛

客行猶未息戍角起凌空垂柳水逾碧斜陽山更紅郵荒難覓酒花細不禁風渺渺征人影低徊煙靄中

德州道中

花間堂詩鈔不分卷 〔清〕允禧撰

清乾隆刻本 二册

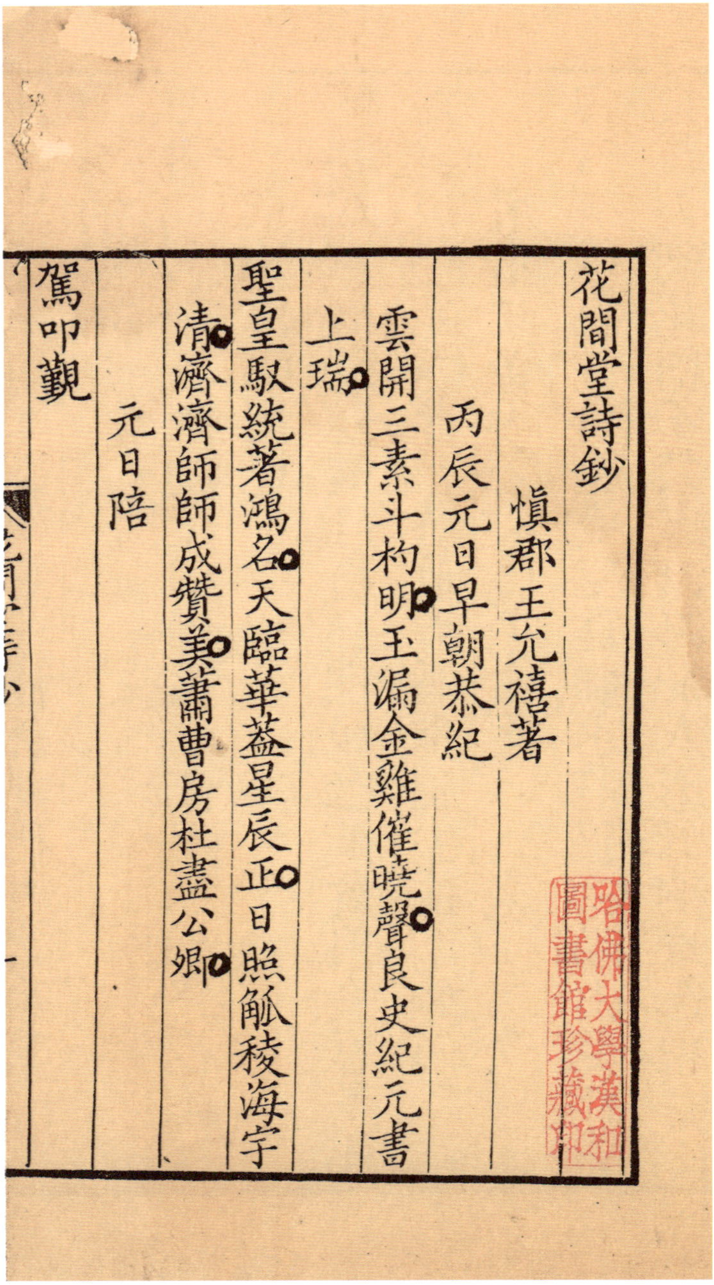
花間堂詩鈔
慎郡王允禧著
丙辰元日早朝恭紀
雲開三素斗杓明玉漏金雞催曉聲良史紀元書
上瑞
聖皇馭統著鴻名天臨華蓋星辰正日照觚稜海宇
清濟濟師師成贊美蕭曹房杜盡公卿
元日陪
駕叩覲

雪窗雜咏一卷　〔清〕弘瞻撰　TNC5476.9/1366

清乾隆二十三年（1758）刻本　一册

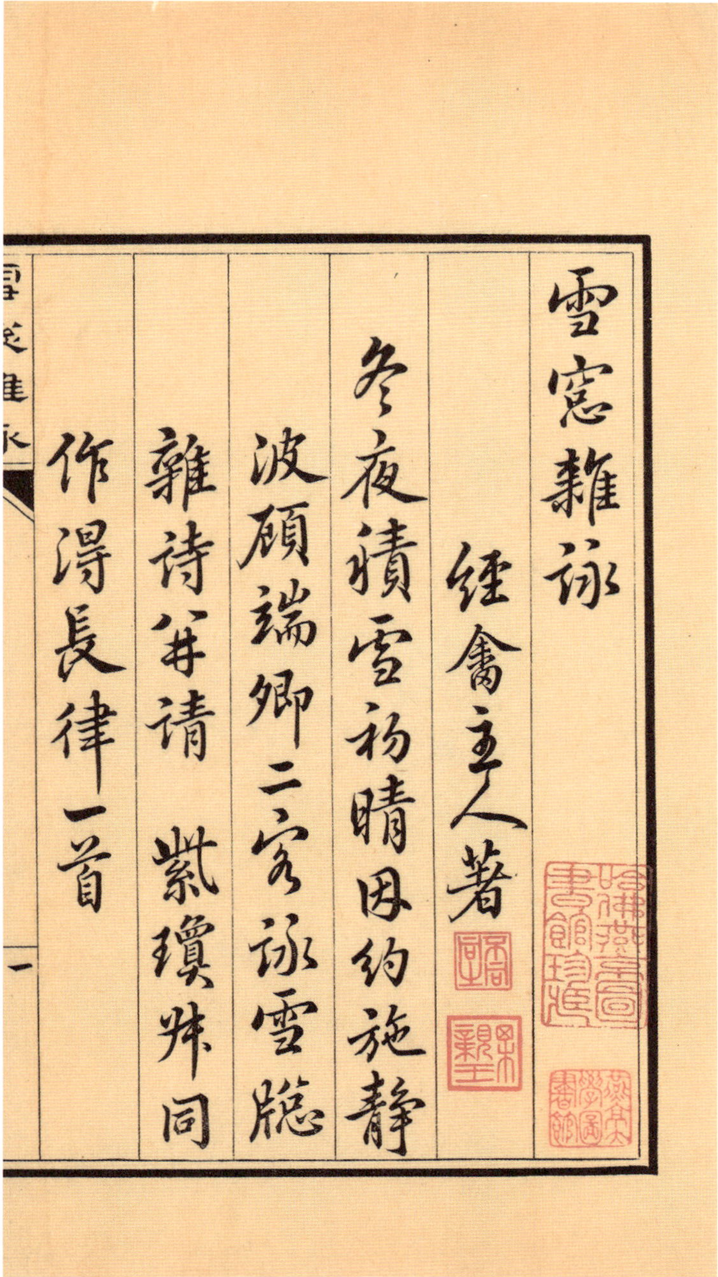
雪窓雜詠
經畬主人著
冬夜積雪初晴因約施靜
波顧端卿二客詠雪牕
雜詩并請　紫瓊叔同
作得長律一首

蓬廬文鈔八卷 〔清〕周廣業撰 〔清〕周勳懋 周勳常輯

稿本 八册

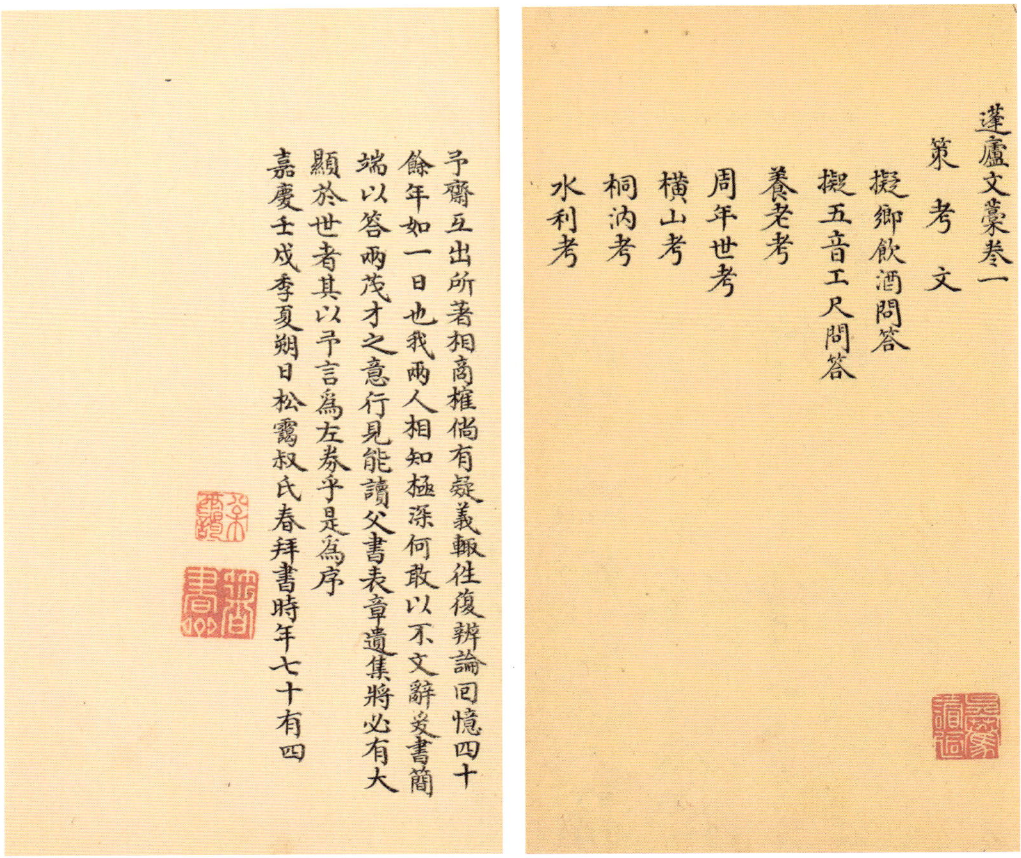
蓬廬文稾卷一
策 考 文
擬鄉飲酒問答
擬五音工尺問答
養老考
周年世考
橫山考
桐汭考
水利考

予齋互出所著相商榷倘有疑義輙往復辨論回憶四十
餘年如一日也我兩人相知極深何敢以不文辭爰書簡
端以答兩茂才之意行見能讀父書表章遺集將必有大
顯於世者其以予言爲左劵乎是爲序
嘉慶壬戌季夏朔日松靄叔氏春拜書時年七十有四

○○擬鄉飲酒禮問答

問曰周禮大司徒施十有二教二曰以陽禮教讓則民不争康成以爲陽禮鄉射飲酒之禮也然則尊賢尚齒隆禮樂之文盛揖遜之容宣教化而厚風俗莫如鄉飲矣古行此禮者其目有四最著者鄉大夫之賓賢能黨正之正齒位其一即鄉射以射必先飲也或遂以爲止此三者説見何書周制王畿有六鄉六遂皆屬地官飲何以專繫于鄉三物賓興及大比禮賢之典皆於鄉行之而遂大夫亦云三年大比帥其吏而興甿説者謂如六鄉之爲信歟鄉遂之制同異何若亦可

知畏堂詩五卷詩餘一卷　〔清〕趙執瑄撰　

清乾隆二十七年（1762）趙氏知畏堂刻本　三册

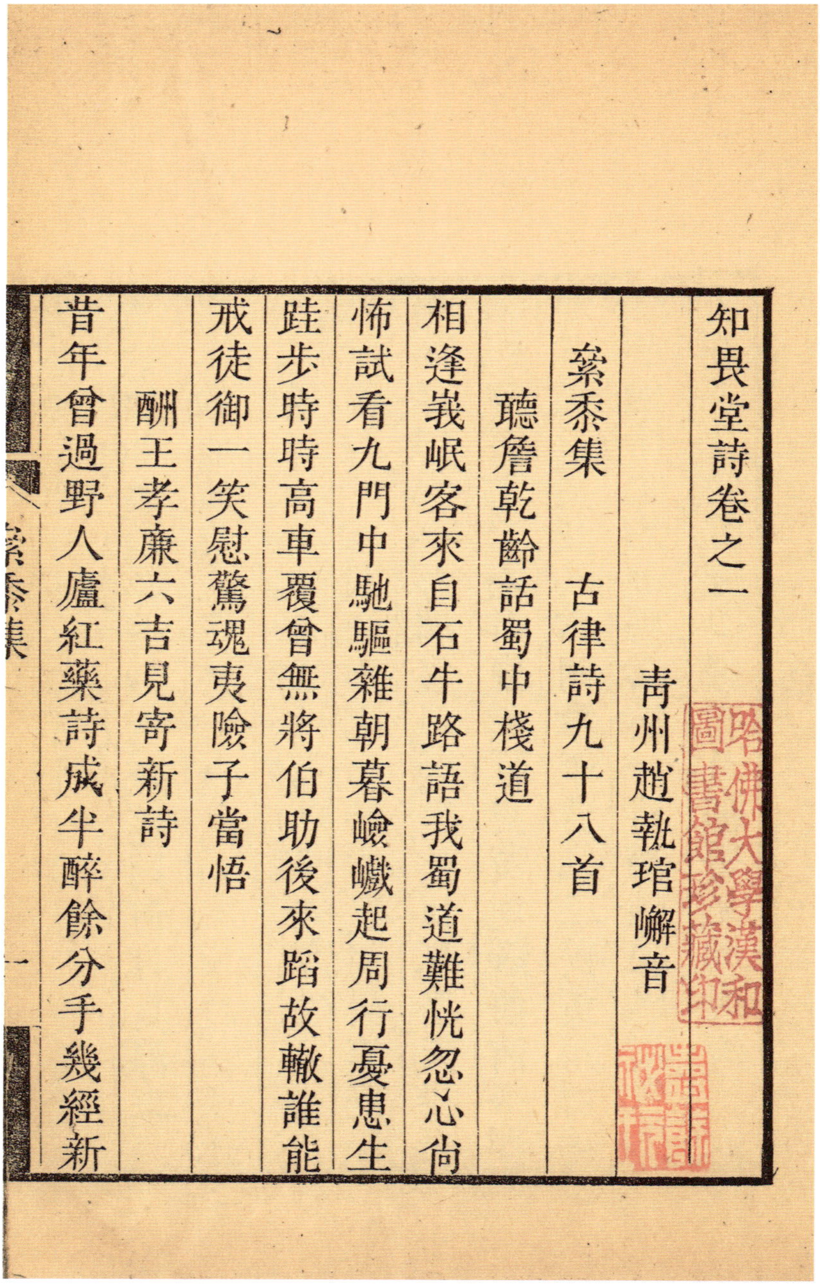

知畏堂詩卷之一

青州趙執瑄嶰音

絫黍集　古律詩九十八首

聽詹乾齡話蜀中棧道

相逢峩岷客來自石牛路語我蜀道難恍忽心尚怖試看九門中馳驅雜朝暮嶮巇起周行憂患生跬步時時高車覆曾無將伯助後來蹈故轍誰能戒徒御一笑慰驚魂夷險子當悟

酬王孝廉六吉見寄新詩

昔年曾過野人廬紅藥詩成半醉餘分手幾經新

絫黍集　一

復初齋文集三十五卷　〔清〕翁方綱撰　〔清〕李彥章校　

清道光十六年（1836）李彥章刻光緒三至四年（1877—1878）補刻本　十二册

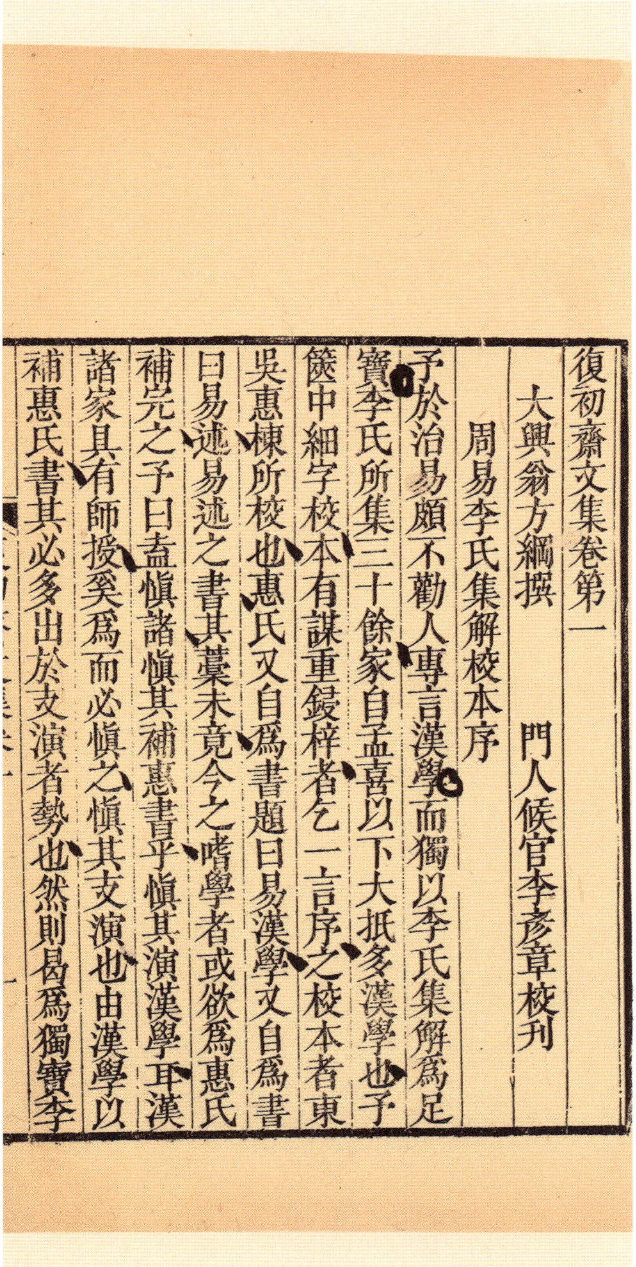
復初齋文集卷第一
大興翁方綱撰　門人候官李彥章校刊
周易李氏集解校本序
予於治易頗不勸人專言漢學而獨以李氏集解爲足
寶李氏所集三十餘家自孟喜以下大抵多漢學也予
篋中細字校本有謀重鋟梓者乞一言序之校本者東
吳惠棟所校也惠氏又自爲書題曰易漢學又自爲書
曰易述易述之書其藁未竟今之嗜學者或欲爲惠氏
補完之予曰盍慎諸慎其補惠書乎慎其演漢學耳漢
諸家具有師授奚爲而必慎之慎其支演也由漢學以
補惠氏書其必多出於支演者勢也然則曷爲獨寶李

咏雪樓稿五卷首一卷附一卷　〔清〕甘立媃撰　〔清〕徐心田校　5490/4704

清道光二十三年（1843）半偈齋刻本　六册

咏雪樓詩存 繡餘草

新吳女史徐室甘立媃如玉著　男心田校梓

咏圓月 七歲作

誰使吳剛斧分明削正圓如何望未久缺處又成弦

咏雪

清空彌天地潔白無與比對着太陽時此心只是水

恭和嚴親鴻雁來賓排律得賓字

三秋有陽鳥先後偶成賓幾日辭關塞聯行度水濱影疑來故國目欲送飛塵霜信傳嫌緩秋音報亦新南翔

謙受堂全集三十卷 〔清〕陳廷慶撰

清道光十至十二年（1830—1832）刻本 八册

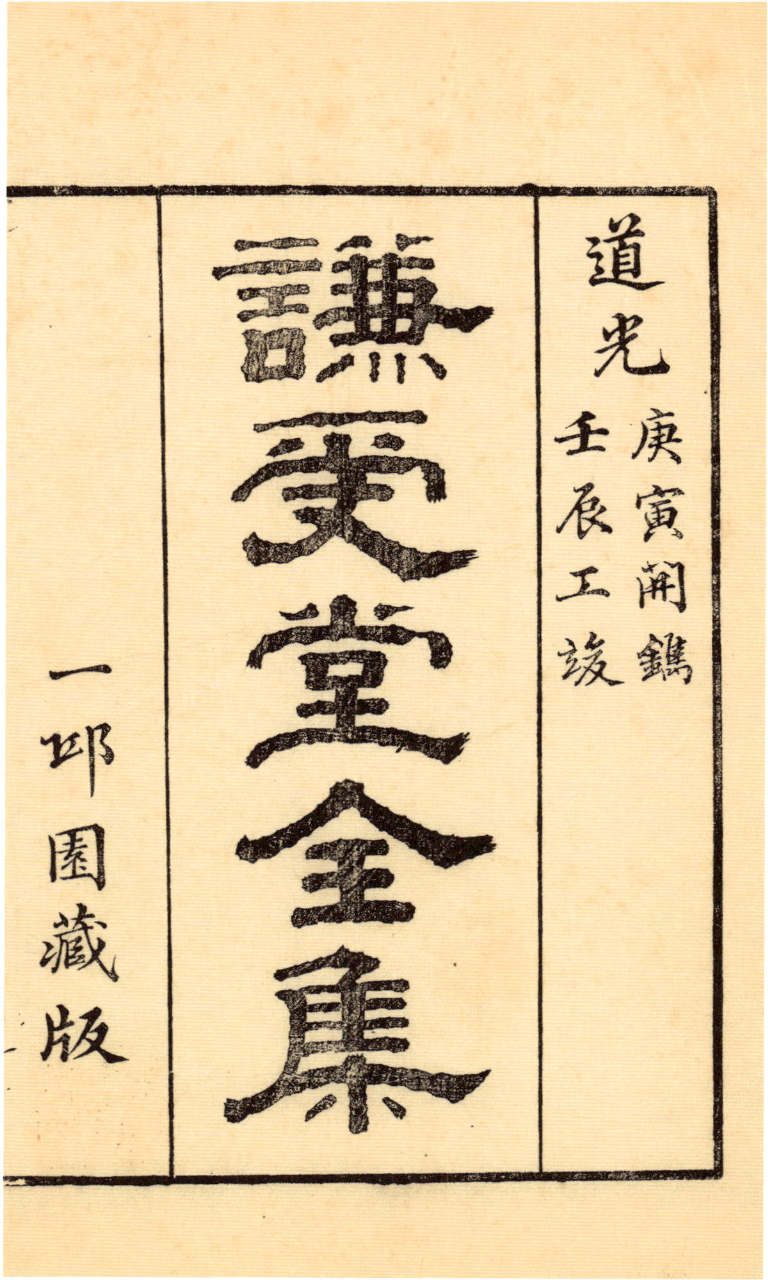

謙受堂全集卷一

奉賢陳廷慶古華著

古今體詩一 起乾隆乙未訖丁酉止

園中散步

勝地披襟好良辰躡屐過衣明飛蝶亂林密雜花多松子落蒼蘚茶煙漾碧蘿一邱雖自足未擬住巖阿

九日步墨農兄韻

天際鴈將度籬邊花正開古人自高會今日共登臺綠蟻新篘熟白衣舊雨來嘉辰憑選勝岸幘好銜杯

馬嵴寺呂公樟 在府城中東北

聽秋軒詩集三卷 〔清〕駱綺蘭撰

清乾隆六十年（1795）金陵龔氏刻本 一册

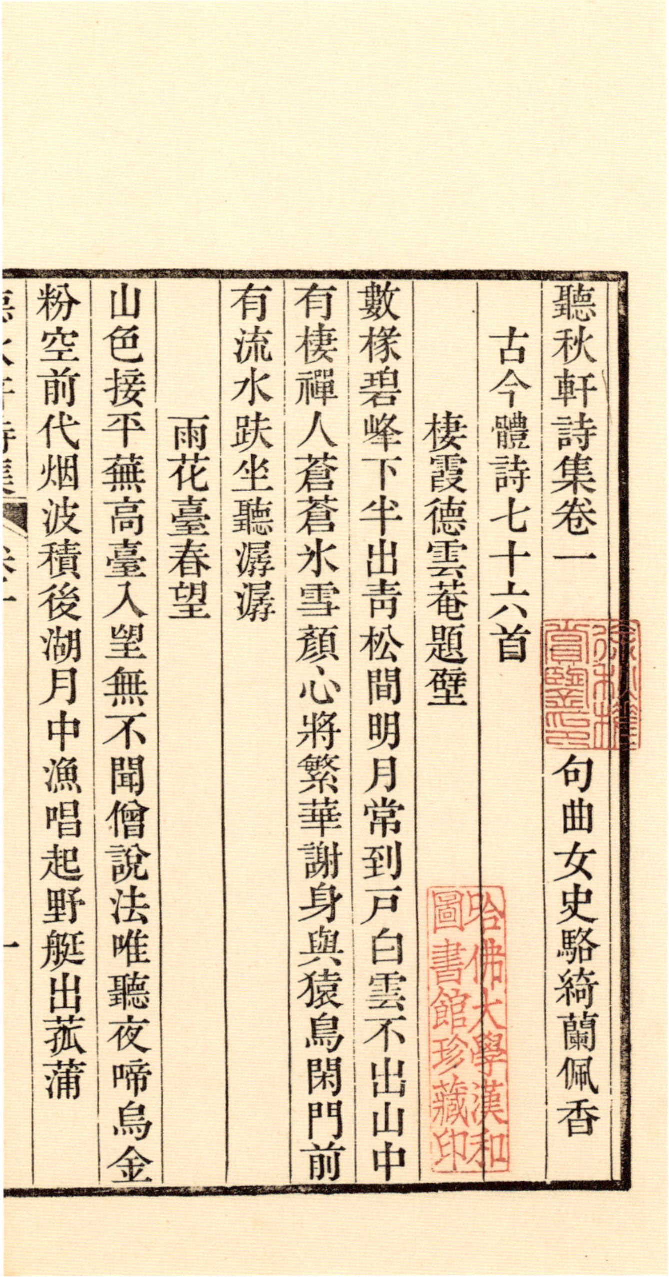
聽秋軒詩集卷一　句曲女史駱綺蘭佩香
古今體詩七十六首
棲霞德雲菴題壁
數椽碧峰下半出青松間明月常到戶白雲不出山中
有棲禪人蒼蒼氷雪顏心將繁華謝身與猿鳥閑門前
有流水趺坐聽潺潺
雨花臺春望
山色接平蕪高臺入望無不聞僧說法唯聽夜啼烏金
粉空前代烟波積後湖月中漁唱起野艇出菰蒲

存素堂文集四卷續集二卷　〔清〕法式善撰　

清嘉慶十二至十六年（1807—1811）程氏揚州刻本　三册

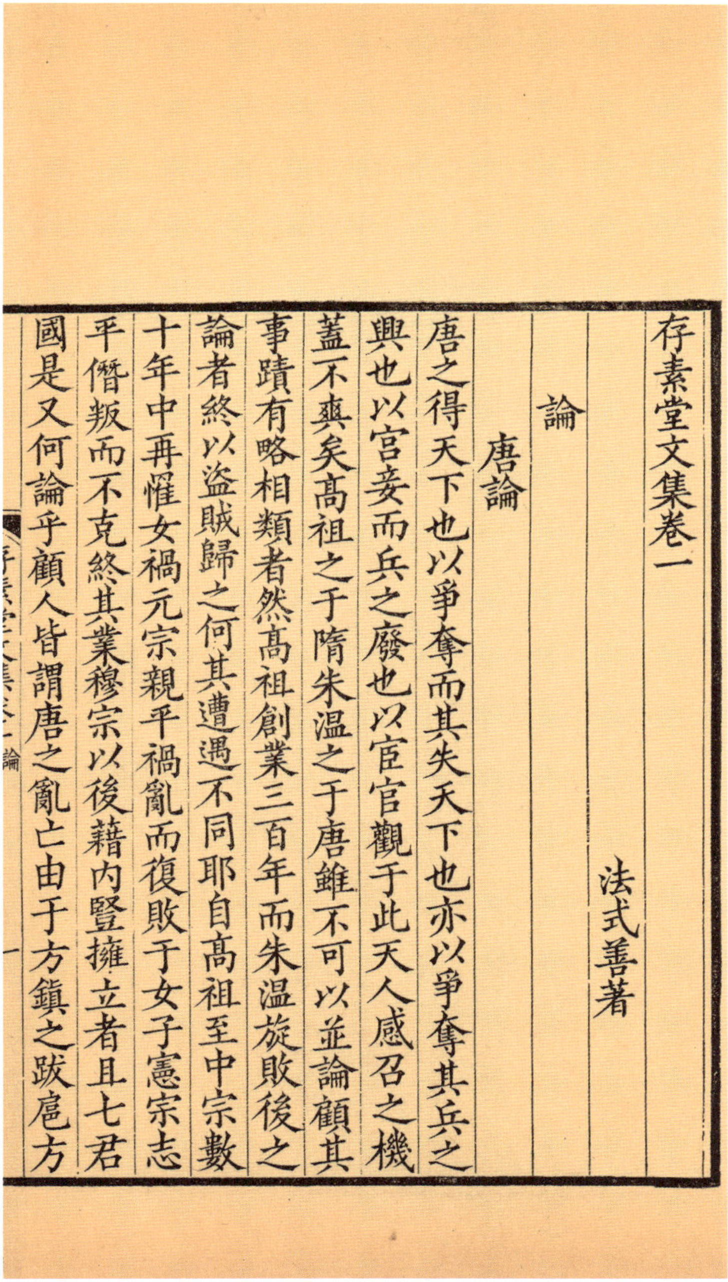
存素堂文集卷一

法式善著

論

唐論

唐之得天下也以爭奪而其失天下也亦以爭奪其兵之興也以宮妾而兵之廢也以宦官觀于此天人感召之機蓋不爽矣高祖之于隋朱溫之于唐雖不可以並論顧其事蹟有畧相類者然高祖創業三百年而朱溫旋敗後之論者終以盜賊歸之何其遭遇不同耶自高祖至中宗數十年中再罹女禍元宗親平禍亂而復敗于女子憲宗志平僭叛而不克終其業穆宗以後藉內豎擁立者且七君國是又何論乎顧人皆謂唐之亂亡由于方鎮之跋扈方

存素堂文集卷一　論　一

蘆坪詩稿一卷　〔清〕葛維嵩撰　5484/4222

清嘉慶十三年（1808）春暉閣刻本　一册

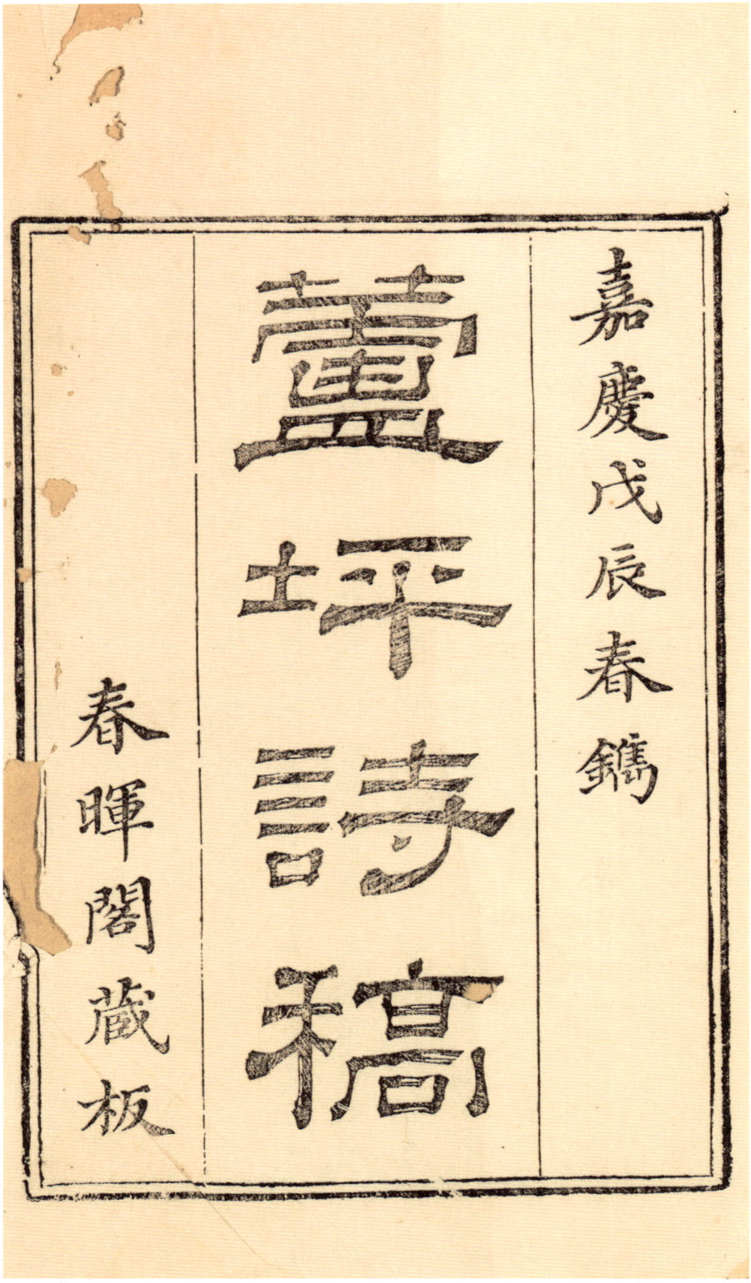
嘉慶戊辰春鐫
蘆坪詩稿
春暉閣藏板

蘆坪詩稿

古婁葛維嵩厚卿著

古近體

和靖梅

暗香疎影句爭誇兩合精神天一涯欲上孤山仍有路試尋處士久無家夢殘帳冷春何在鶴去亭空月半斜恨不盡將三百樹一簪一硯葬寒花

金粟影菴存稿十三卷 〔清〕顧澍撰 5503/3834

清嘉慶二十二年（1817）刻本 八册

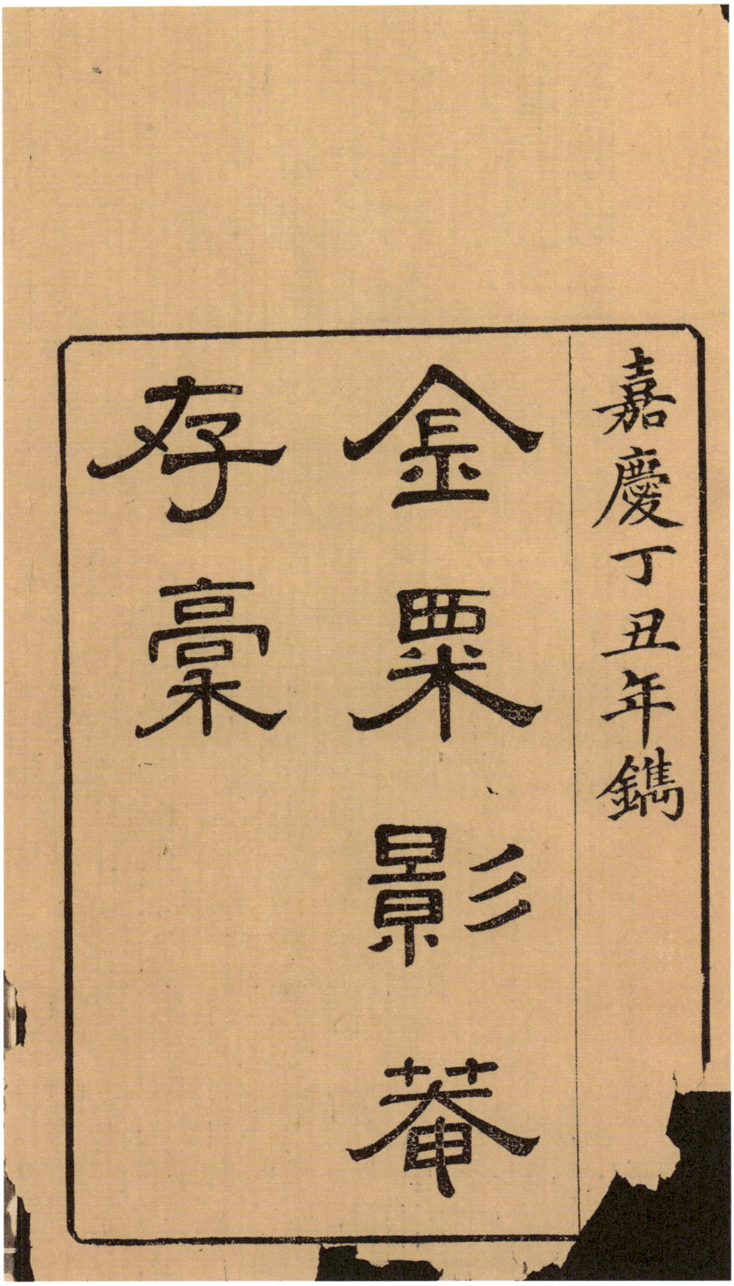

嘉慶丁丑年鐫

金粟影菴

存稾

金粟影菴存稿卷一

錢塘顧　澍伴槩

秋夜讀書二首

清夜寂無寐伊吾自課功瓶花分小影鑪篆裊微風月落光銜白燈殘熖剔紅一編吟諷後凉意入簾櫳

分得匡衡燭吹來劉向藜三更遲夢蝶五夜早聞雞開卷心先喜攤書古與稽斯文光萬丈尚覺斗牛低

讀昌谷集卽效其體成句

楚騷問天天不語長吉險語能驚天儵忽直將混沌鑿玻璃乃被羲和鞭胸羅星宿二十八摘來顆顆光芒鮮

宜雅堂詩録六卷 〔清〕顧翰撰 5526/3842

清光緒二十八年（1902）華亭顧氏義莊刻本 一册

宜雅堂詩録
壬寅秋八月 約齋沈祥龍署

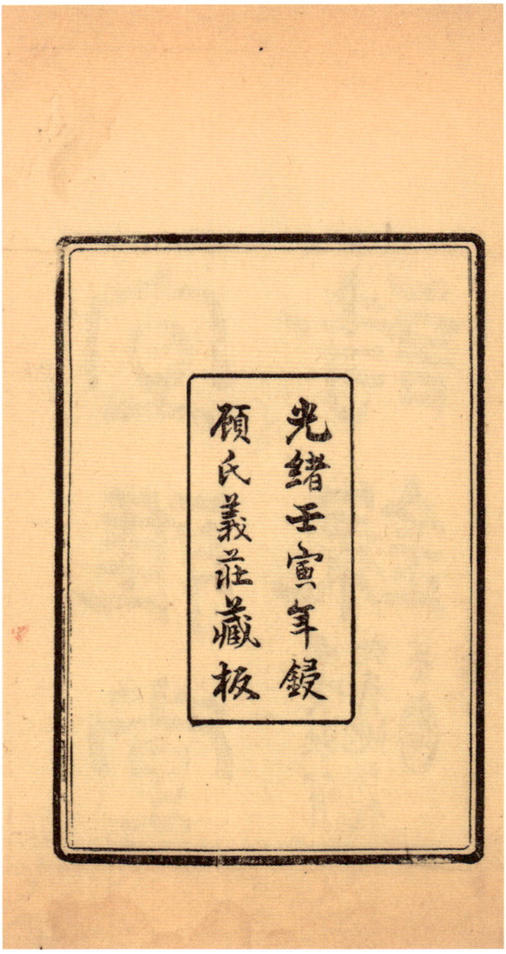
光緒壬寅年鋟
顧氏義莊藏板

宜雅堂詩錄卷一

華亭 顧翰 孟平

早起

天地清明氣乃在平旦時獨坐蕉窗下清風拂書帷蟲飛警清夢鳥鳴答吟詩胸中無纖塵開卷破羣疑舜徒與蹠徒善利各分歧所爭在一間立品毋自卑但求我無愧勿慍人不知嗟彼趨炎者役役曾何爲

雷約軒茂才（葆廉）以詩見訪次韻畣之

風雨故人至新詩互唱酬春江容泛棹秋戍罷登樓（昨年收復上海）翦燭論金石（君喜金石文字）忘機狎鷺鷗舊遊徧湖海投贈盡名流（君著詩窠筆記中多海內知名士）

天下有山堂詩三卷求濕詞一卷　〔清〕汪之元撰　5472/3131

清道光刻本　三册

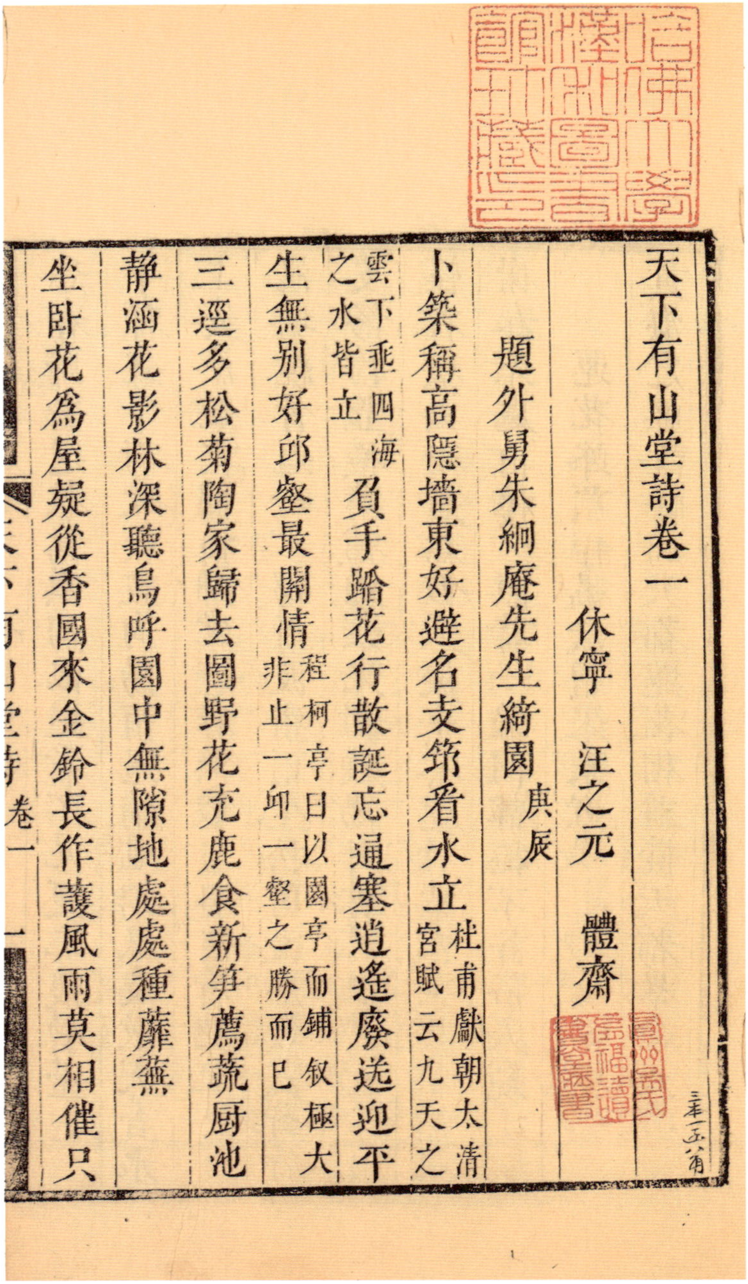
天下有山堂詩卷一
休寧　汪之元　體齋
題外舅朱絅庵先生綺園　庚辰
卜築稱高隱墻東好避名支笻看水立杜甫獻朝太清宮賦云九天之雲下垂四海之水皆立負手踏花行散誕忘通塞逍遙廢送迎平生無別好邱壑最關情程柯亭日以園亭而鋪叙極大非止一邱一壑之勝而已
三逕多松菊陶家歸去圖野花充鹿食新笋薦蔬厨池靜涵花影林深聽鳥呼園中無隙地處處種蘼蕪
坐卧花爲屋疑從香國來金鈴長作護風雨莫相催只
天下有山堂詩　卷一　一

城南集一卷　〔清〕葉名澧撰　

稿本　一册

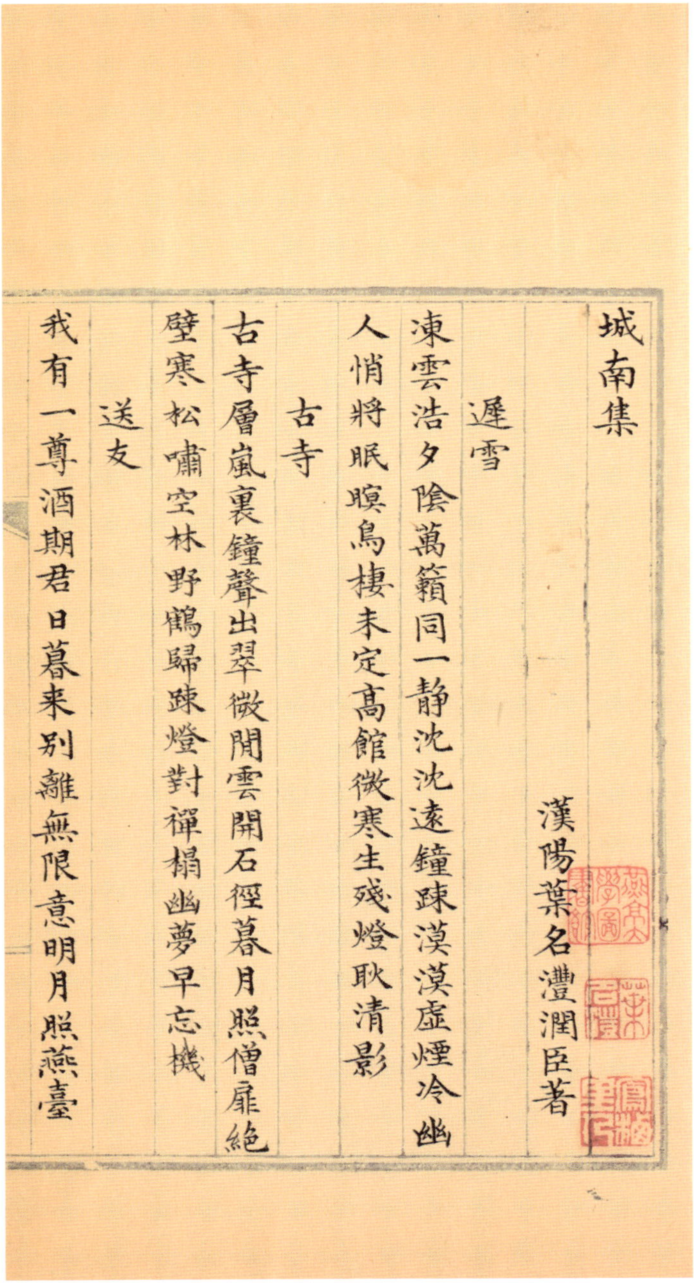
城南集

漢陽葉名澧潤臣著

遲雪

凍雲浩夕陰萬籟同一靜沈沈遠鐘疎漠漠虛煙冷幽
人悄将眠暝鳥棲未定高館微寒生残燈耿清影

古寺

古寺層嵐裏鐘聲出翠微閒雲開石徑暮月照僧扉絕
壁寒松嘯空林野鶴歸疎燈對禪榻幽夢早忘機

送友

我有一尊酒期君日暮来別離無限意明月照燕臺

寶芸齋詩草一卷　〔清〕葉名澧撰　

稿本　一册

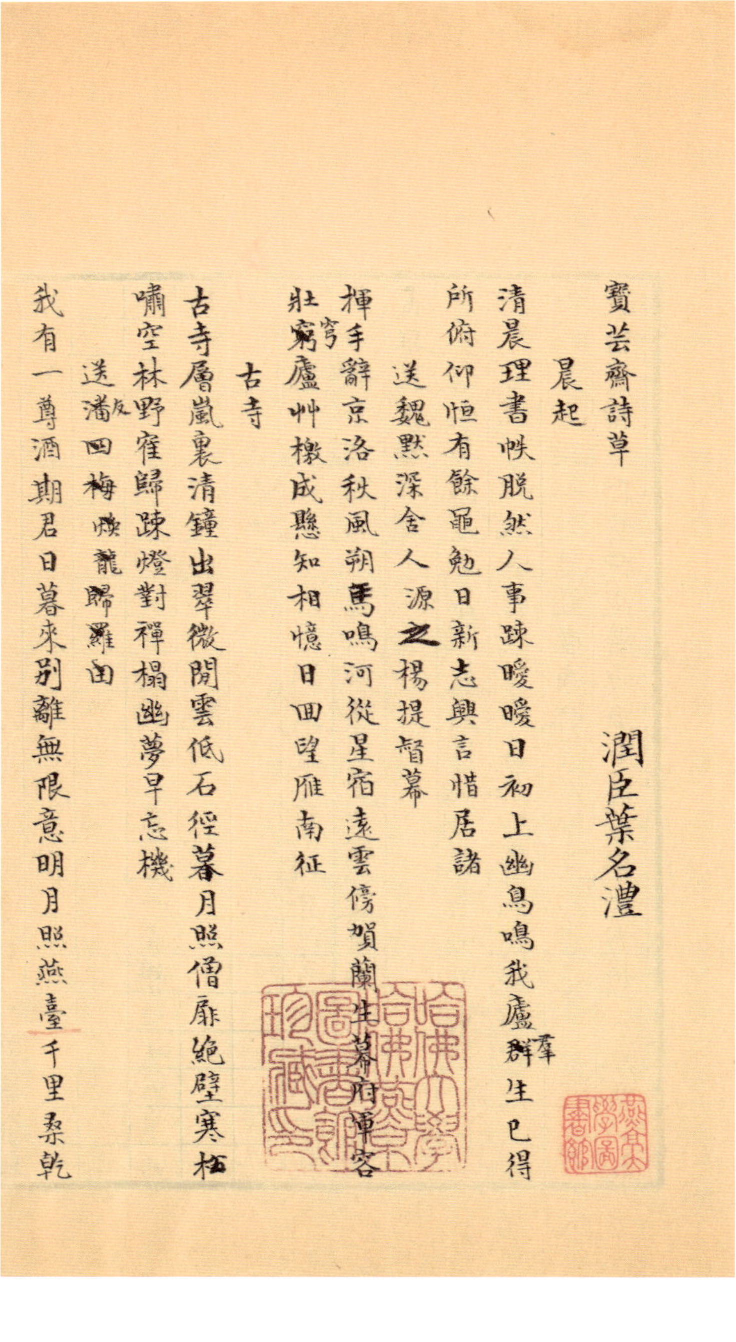

寶芸齋詩草　　潤臣葉名澧

晨起

清晨理書帙脱然人事踈曖曖日初上幽鳥鳴我廬群（羣）生已得所俯仰恒有餘黽勉日新志與言惜居諸

送魏默深舍人源之揚提督幕

揮手辭京洛秋風朔馬鳴河從星宿遠雲傍賀蘭生幕府軍容壯窮（穹）廬艸檄成懸知相憶日回望雁南征

古寺

古寺層巖裏清鐘出翠微閒雲低石徑暮月照僧扉絕壁寒松嘯空林野雀歸踈燈對禪榻幽夢早忘機

送潘（反）四梅煥龍歸羅田

我有一尊酒期君日暮來別離無限意明月照燕臺千里桑乾

袁緒欽雜文稿　〔清〕袁緒欽撰　　5531/4328

清宣統二年（1910）長沙袁氏油印本　一册

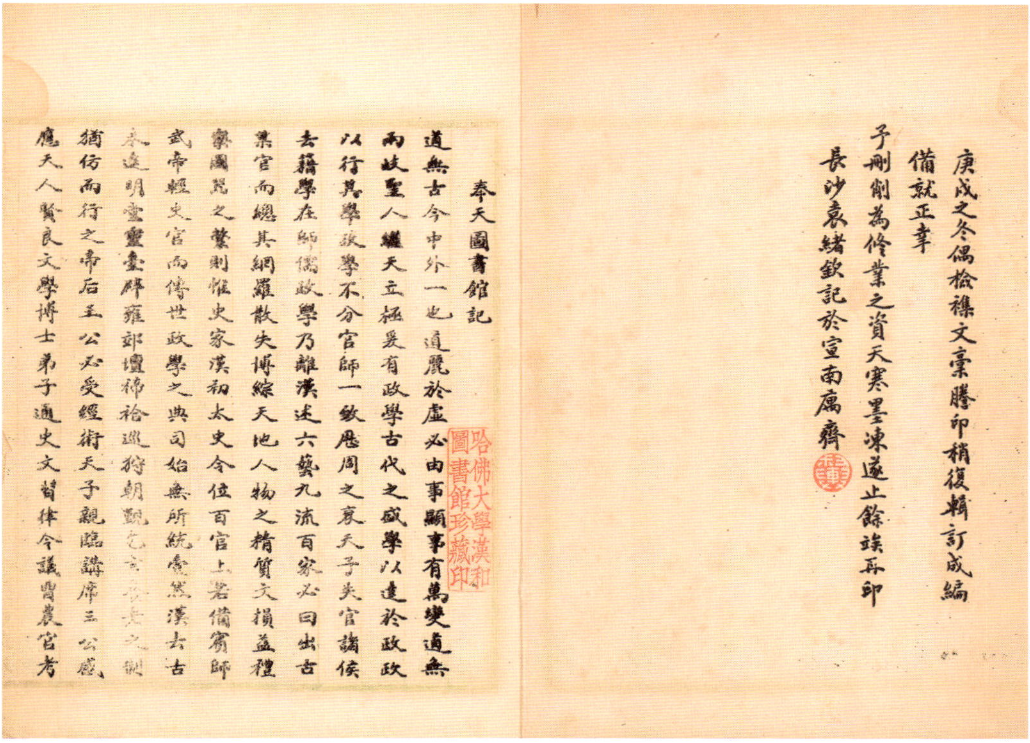
庚戌之冬偶檢襍文稾謄印稍復輯訂成編
備就正章
予刪削為修業之資天寒墨凍遂止餘俟再印
長沙袁緒欽記於宣南廣齋

奉天圖書館記
道無古今中外一也道麗於虛必由事顯事有萬變道無
兩歧聖人繼天立極爰有政學古代之盛學以達於政政
以行其學政學不分官師一致歷周之衰天子失官諸侯
去籍學在師儒政學乃離漢述六藝九流百家必曰出古
某官而總其網羅散失博綜天地人物之精質文損益禮
樂國器之繁則惟史家漢初太史令位百官上若備賓師
武帝輕史官而傳世政學之典司始無所統壹然漢去古
未遠明堂靈臺辟雍郊壇禘祫巡狩朝覲[illegible]之制
猶仿而行之帝后王公必受經術天子親臨講席三公感
應天人賢良文學博士弟子通史文習律令議曹農官考

人壽堂詩鈔一卷附人壽集一卷　〔清〕戈鯤化撰　

清光緒三至四年（1877—1878）刻本　二册

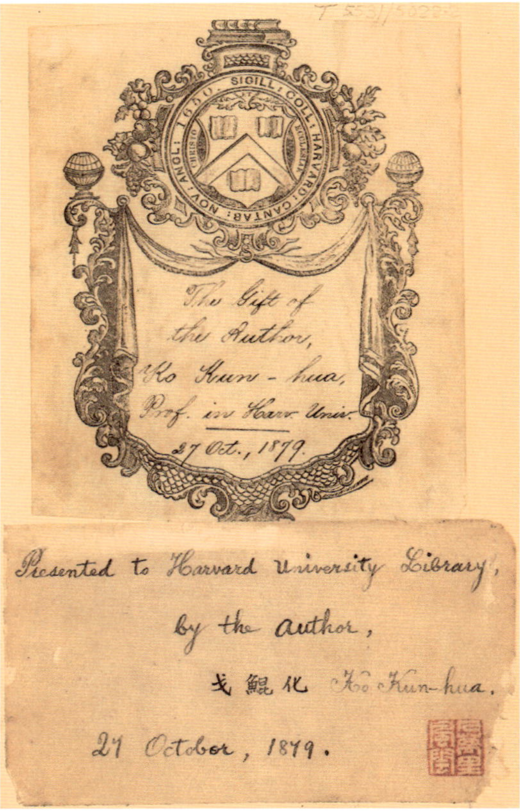

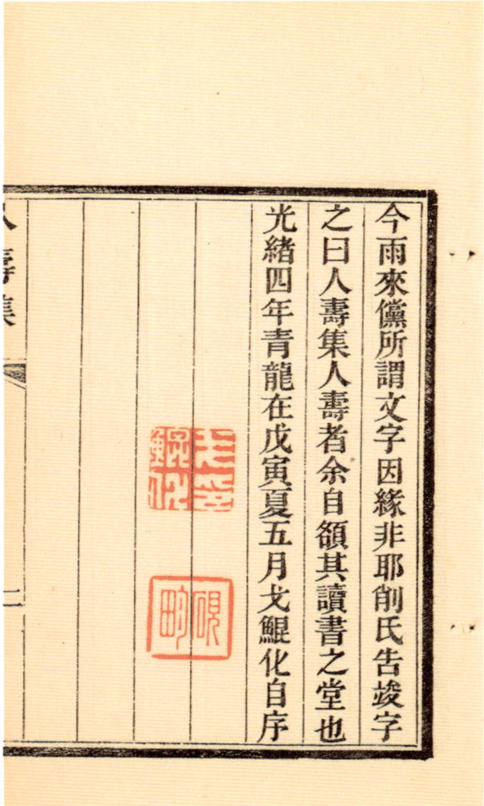
今雨來儻所謂文字因緣非耶削氏告竣字
之曰人壽集人壽者余自頷其讀書之堂也
光緒四年青龍在戊寅夏五月戈鯤化自序

人壽堂詩鈔

新安　戈鯤化　硯畇

甲子

元旦試筆

兵氣全銷墨氣鮮喜將詩句賀新年和風習習祥占巽旭日曈曈瑞應乾甲子長春回大地庚申不老守先天滿斟一盞屠蘇酒首祝

澹齋詩存一卷 〔清〕蔣汝中撰 5550/4435

清宣統三年（1911）南洋官紙印刷局鉛印本 一册

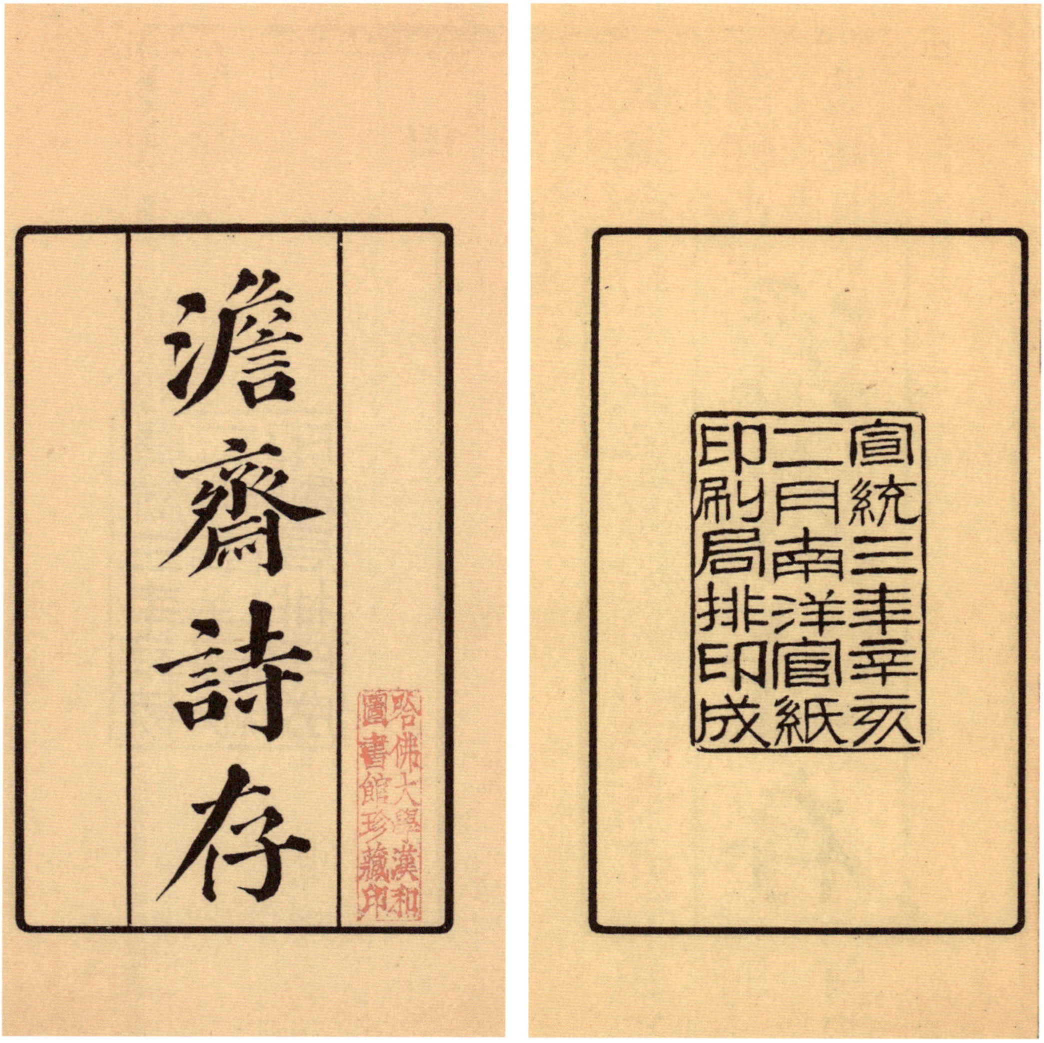

澹齋詩存

上元蔣汝中庸龕

董子臺觀菊

微雨初晴後登臨亦快哉蒼煙生僻逕秋色冷荒臺有客看花去無人送酒來下帷傳董子憑弔一徘徊

題畫

芭蕉萬本竹千竿坐對瑤琴曲罷彈欲覓知音重惆悵空餘明月照衣寒

寄江寧友人

縱有音書慰寂寥莫雲春樹總迢迢不知故里青溪水綠到門前第幾橋

登叢臺遇雨

御選宋金元明四朝詩三百二卷首二卷姓名爵里十三卷 〔清〕聖祖玄燁輯

清康熙四十八年（1709）内府刻本　一百十二册

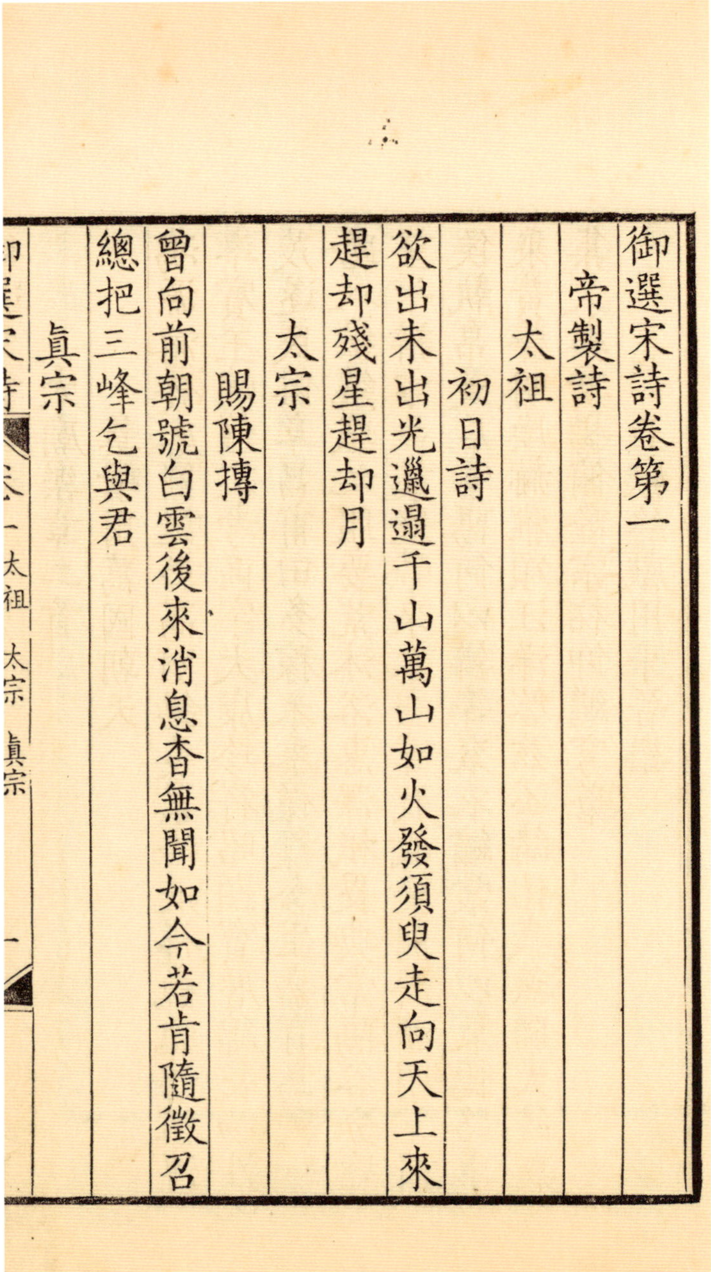
御選宋詩卷第一
帝製詩
太祖
初日詩
欲出未出光邋逷千山萬山如火發須臾走向天上來
趕却殘星趕却月
太宗
賜陳摶
曾向前朝號白雲後來消息杳無聞如今若肯隨徵召
總把三峰乞與君
眞宗
御選宋詩　卷一　太祖　太宗　眞宗　一

葛仞上先生選評古文雷橛六卷　〔明〕葛世振選評　

明末人瑞堂刻本　二册

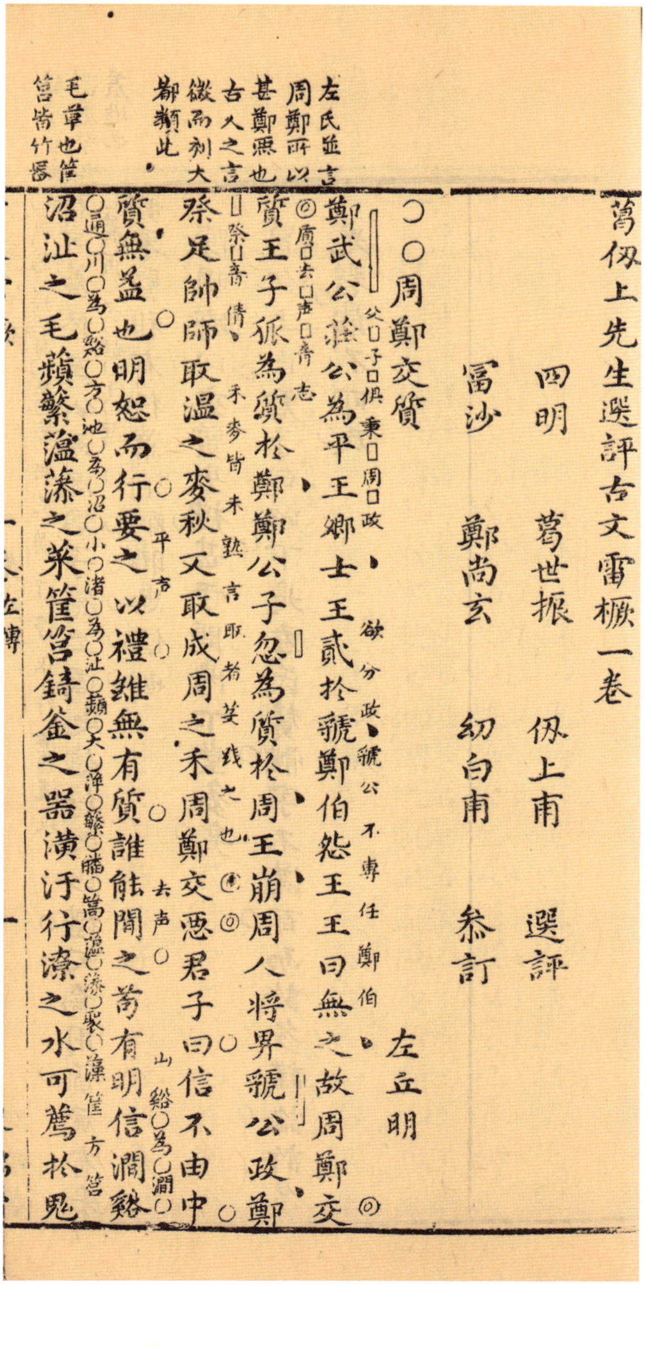
左氏並言周鄭所以甚鄭惡也古人之言微而刻大都類此。
毛草也筐筥皆竹器

葛仞上先生選評古文雷橛一卷

四明　葛世振　仞上甫　選評
冨沙　鄭尚玄　幼白甫　叅訂

○○周鄭交質　左丘明

鄭武公莊公為平王卿士王貳於虢鄭伯怨王王曰無之故周鄭交質王子狐為質於鄭鄭公子忽為質於周王崩周人將畀虢公政鄭祭足帥師取溫之麥秋又取成周之禾周鄭交惡君子曰信不由中質無益也明恕而行要之以禮雖無有質誰能間之苟有明信澗谿沼沚之毛蘋蘩薀藻之菜筐筥錡釜之器潢汙行潦之水可薦於鬼

唐宋八大家文鈔一百四十四卷　〔明〕茅坤輯評　

明萬曆刻本　三十册

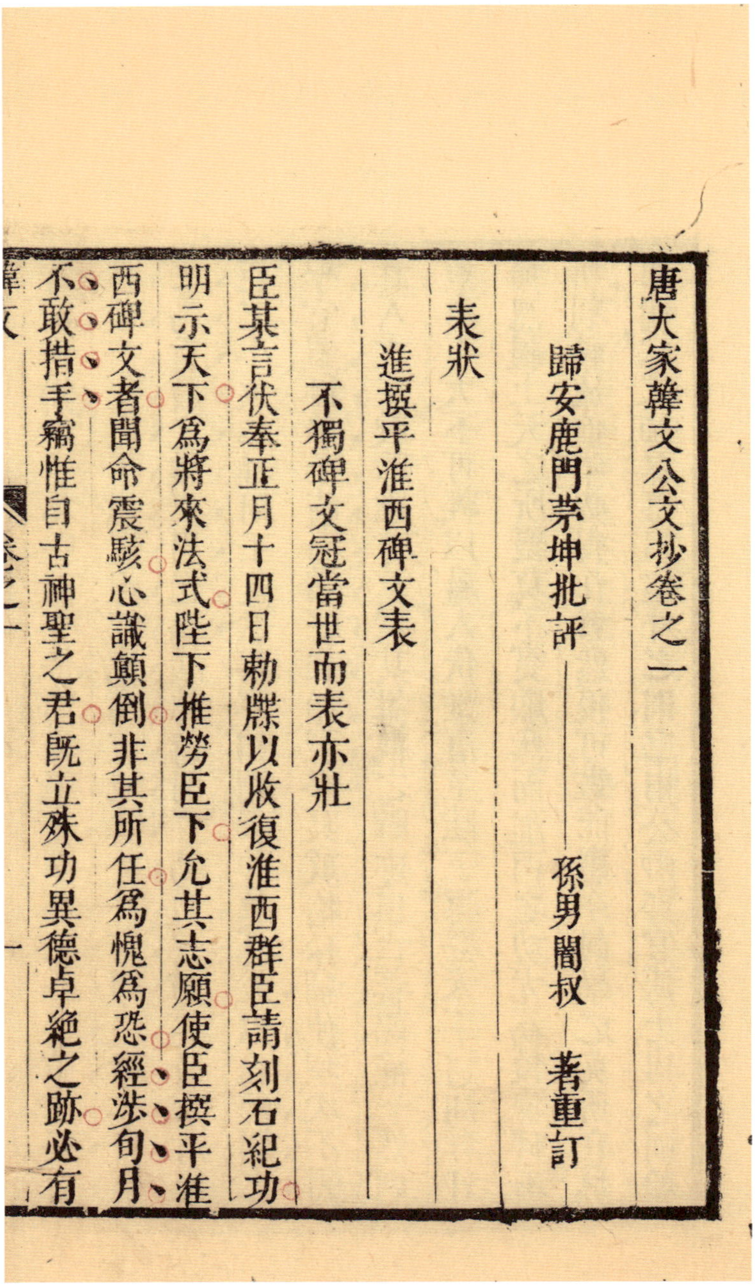
唐大家韓文公文抄卷之一
歸安鹿門茅坤批評　孫男闇叔　著重訂
表狀
進撰平淮西碑文表
不獨碑文冠當世而表亦壯
臣某言伏奉正月十四日勅牒以收復淮西群臣請刻石紀功
明示天下爲將來法式陛下推勞臣下允其志願使臣撰平淮
西碑文者聞命震駭心識顛倒非其所任爲愧爲恐經涉旬月
不敢措手竊惟自古神聖之君既立殊功異德卓絶之跡必有
韓文　卷之一　一

類選唐詩助道微機六卷助道微機或問記一卷附邵康節先生詩鈔一卷楊慈湖先生詩鈔一卷

〔明〕周汝登輯評　（或問記）〔明〕方如騏撰　（詩鈔）〔明〕周汝登輯評

明末胡正言十竹齋刻本　六册

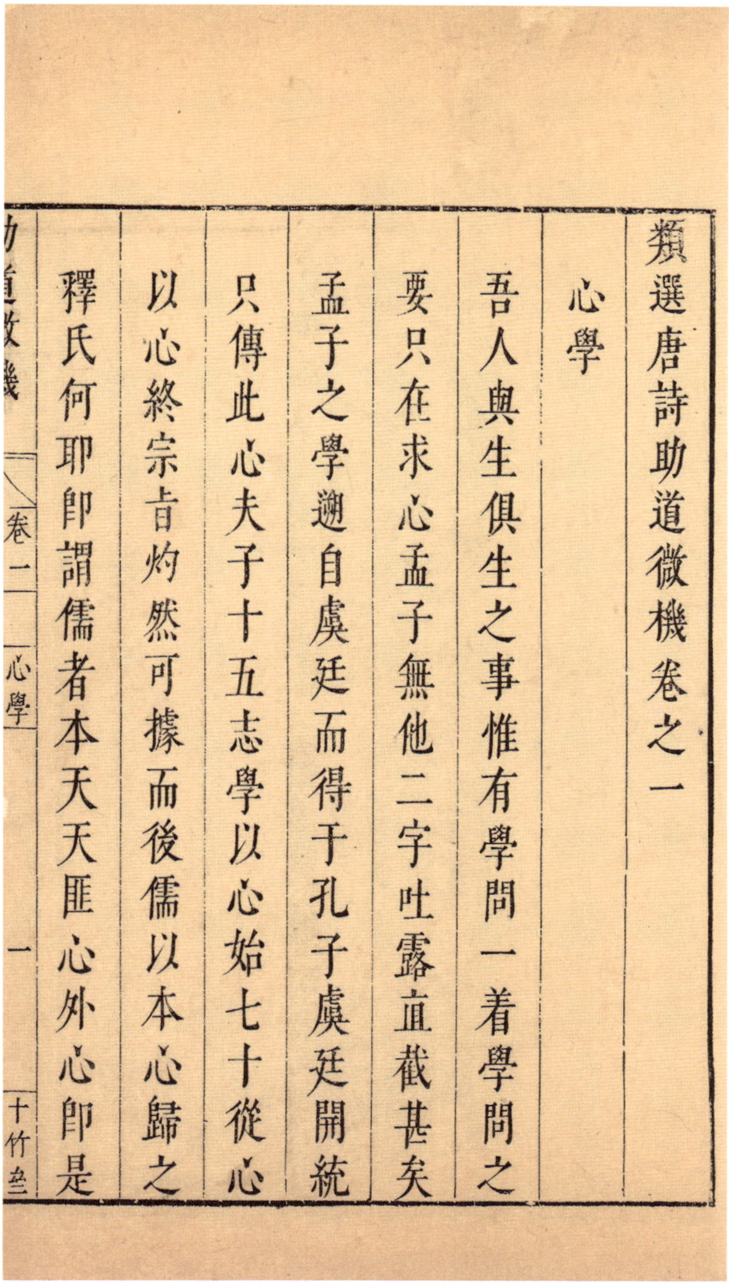
類選唐詩助道微機卷之一
心學
吾人與生俱生之事惟有學問一着學問之
要只在求心孟子無他二字吐露直截甚矣
孟子之學遡自虞廷而得于孔子虞廷開統
只傳此心夫子十五志學以心始七十從心
以心終宗旨灼然可據而後儒以本心歸之
釋氏何耶卽謂儒者本天天匪心外心卽是

助道微機　卷一　心學　一　十竹齋

新刻李袁二先生精選唐詩訓解七卷 〔明〕李攀龍選 〔明〕袁宏道校

明萬曆四十六年（1618）余應孔居仁堂刻本 四册

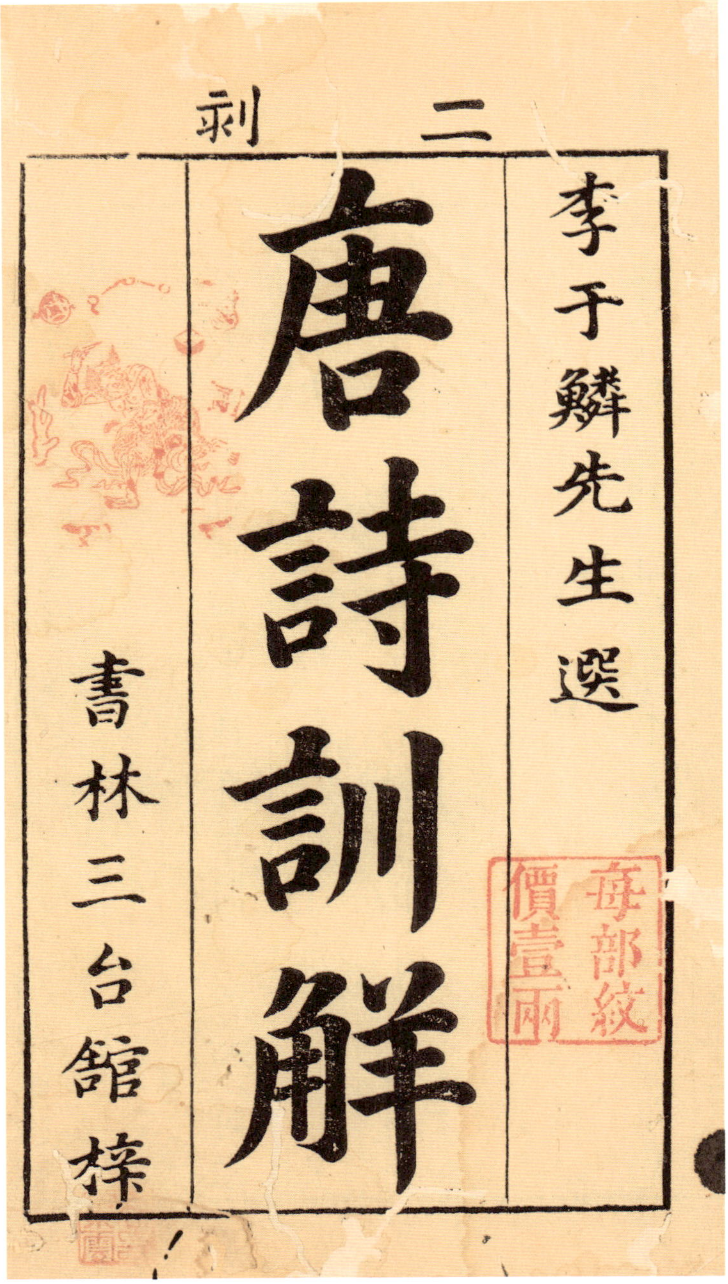

秦使之始郎志存立功

新刻李袁二先生精選唐詩訓解卷之一

濟南 滄溟 李攀龍 選
公安 石公 袁宏道 校
書林 獻可 余應孔 梓

五言古詩

述懷 樂府作出關　　魏徵

中原還逐鹿投筆事戎軒縱橫計不就慷慨志猶存
杖策謁天子驅馬出關門請纓繫南越憑軾下東藩
鬱紆陟高岫出沒望平原古木鳴寒鳥空山啼夜猨

聖宋名賢五百家播芳大全文粹一百二十六卷 〔宋〕魏齊賢　葉棻編

清道光二十八年（1848）劉喜海嘉蔭簃抄本　四十册

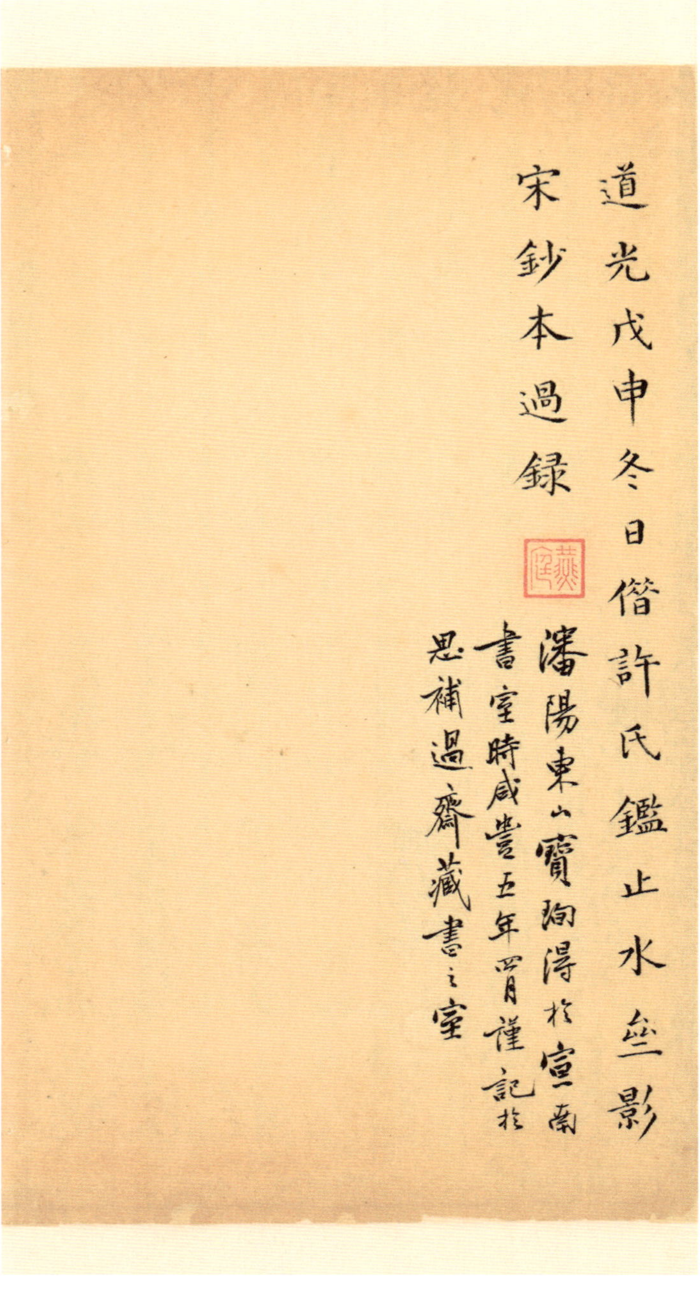

聖宋名賢五百家播芳大全文粹卷一

賀表

賀皇帝登極表　蘇子由

天錫成命，君臨萬邦，神人宅心，中外相慶。中賀。臣聞人倫莫先者父子，神器不二者社稷，付與一定，衆庶自安。我國家接統漢唐，配德虞夏，世祚平泰，古無僭倫。　先皇帝總御綱權，肇新法度，廣興百世之利，聿追三代之隆。大功甫成，明命有屬。此蓋伏遇　皇帝陛下仁孝天授，聖智日躋，承昭考作室之明，賴文母翼周之賜。臨馭茲始，霈澤汪洋，寵及庶寮，恩宥多辟，民田蠲租稅之重，邊吏禁侵擾之姦，兆民永懷，四夷咸賴。昔周成致刑措之盛，漢昭知時務之宜，今古同符，治功可待。臣守土南服，親被鴻恩，踊躍歡呼，倍越倫等。

賀皇帝登極表　晁无咎

欽承顧命，嗣履寶圖，謳歌有歸，華夏均慶。中賀。恭惟　皇帝陛下

國朝古文彙鈔初集一百七十六卷二集一百卷 〔清〕朱珔輯

清道光二十七年（1847）吴江沈氏世美堂刻本　一百二十八册

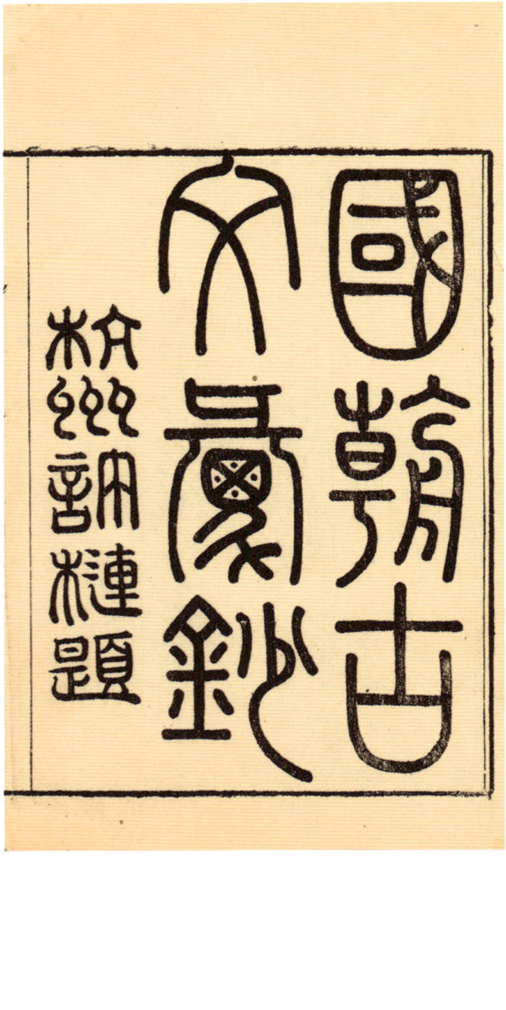

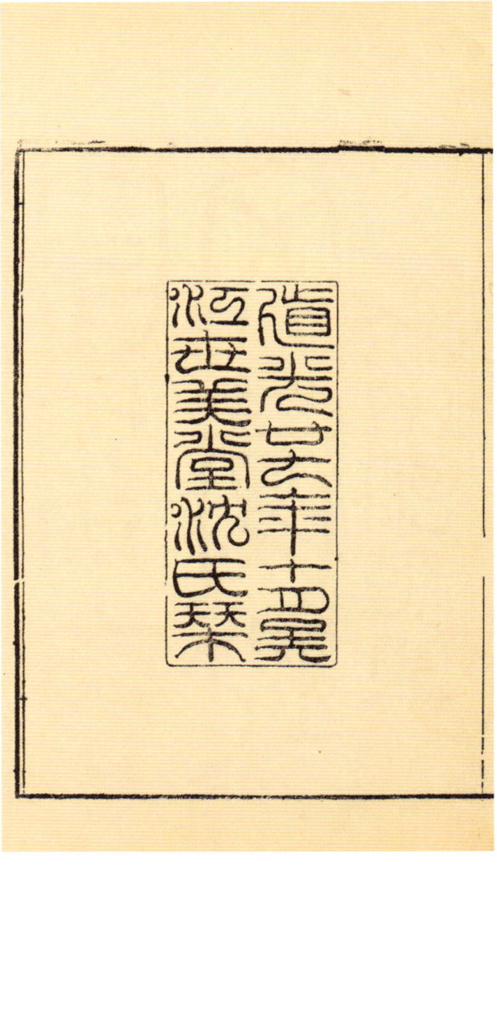

國朝古文彙鈔初集卷一

李　瀅　字鏡月號劬庵江蘇興化人順治乙酉舉人有敦好堂集

曹子臧論

左傳成公十有三年晉侯會諸侯伐秦戰於麻隧秦師敗績曹宣公卒於師負芻殺其太子而自立十有五年公會於戚討曹成公也晉侯執曹伯歸於京師諸侯將見子臧於王而立之子臧辭遂奔宋漢劉向列其事於新序謂其讓千乘之國爲賢李子曰若子臧者所謂徇匹夫之小節未知討賊之大義者也昔孔子之作春秋也正王道明大法誅亂討賊之義凜凜焉二百四十年之內雖弒逆之事史不勝書然自魯桓宋莊而外卽無知之强州吁之寵叔牙慶父之逼甯喜崔

國朝湖州詩録三十四卷　〔清〕陳焯編　〔清〕鄭佶訂　

清道光十年（1830）刻本　十二册

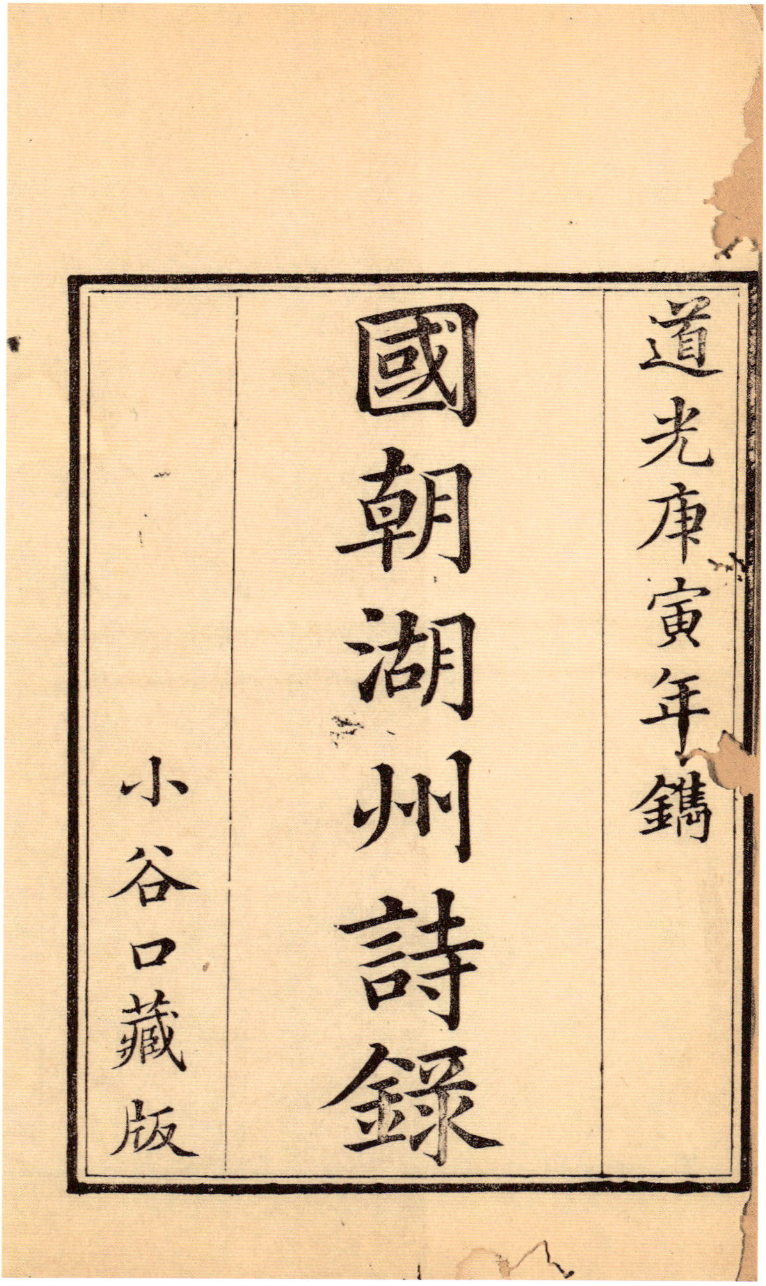

國朝湖州詩錄卷一

歸安陳　焯无軒原編
歸安鄭　佶柳門參訂
歸安沈惇彝敘軒校勘

吳　遠 字亥明歸安人諸生

烏棲曲

參橫月墮天微茫汝南雞喚樓頭霜七寶流蘇九華帳
錦衾獨臥空惆悵

陶　鑄 字子固烏程人明天啟甲子舉人 國朝官平湖教諭有坐秋軒文集

冒雨訪木上人

明文記類不分卷 T5238.78/600

明黑格公文紙抄本　二册

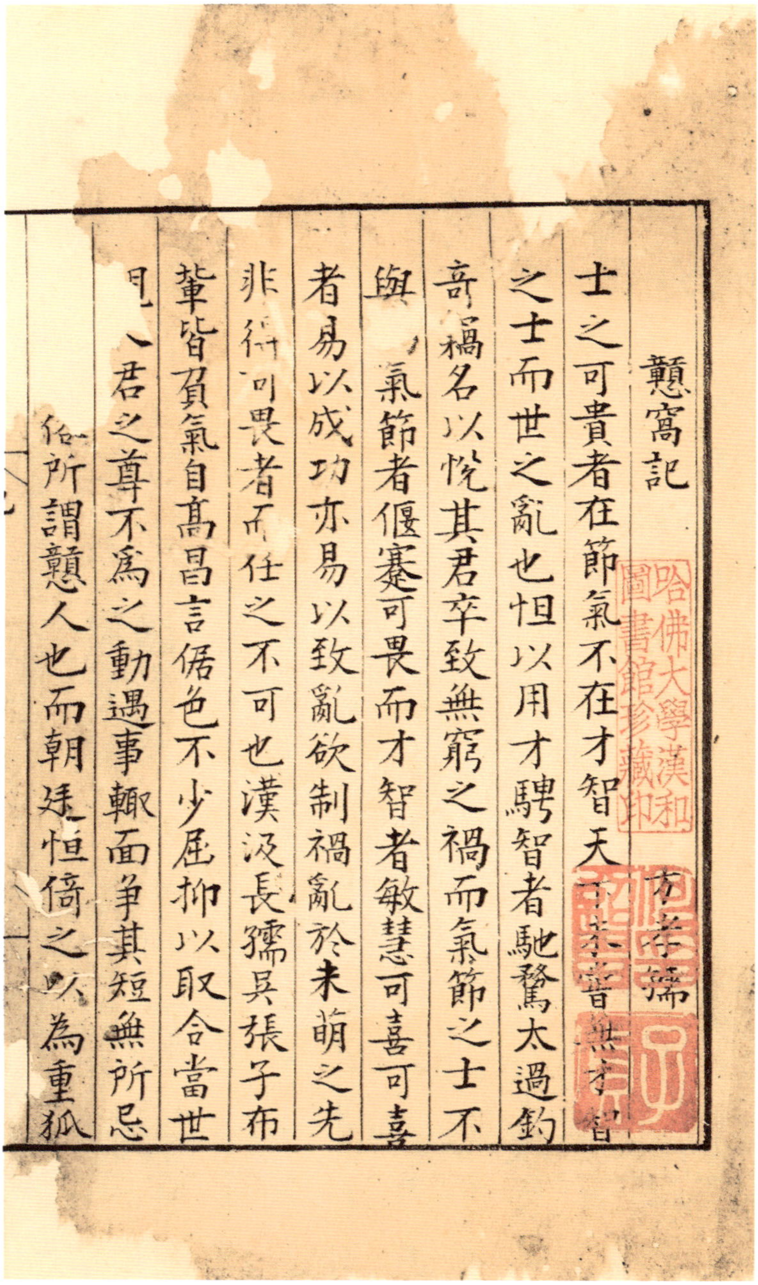
戇窩記　方孝孺
士之可貴者在節氣不在才智天下未嘗無才智
之士而世之亂也恒以用才騁智者馳騖太過釣
奇鬻名以悅其君卒致無窮之禍而氣節之士不
與[illegible]氣節者偃蹇可畏而才智者敏慧可喜可喜
者易以成功亦易以致亂欲制禍亂於未萌之先
非得可畏者而任之不可也漢汲長孺吳張子布
輩皆負氣自高昌言倨色不少屈抑以取合當世
[illegible]君之尊不為之動遇事輒面爭其短無所忌
俗所謂戇人也而朝廷恒倚之以為重孤

吴江沈氏詩集十二卷　〔清〕沈祖禹輯　

清乾隆五年（1740）刻本　五册

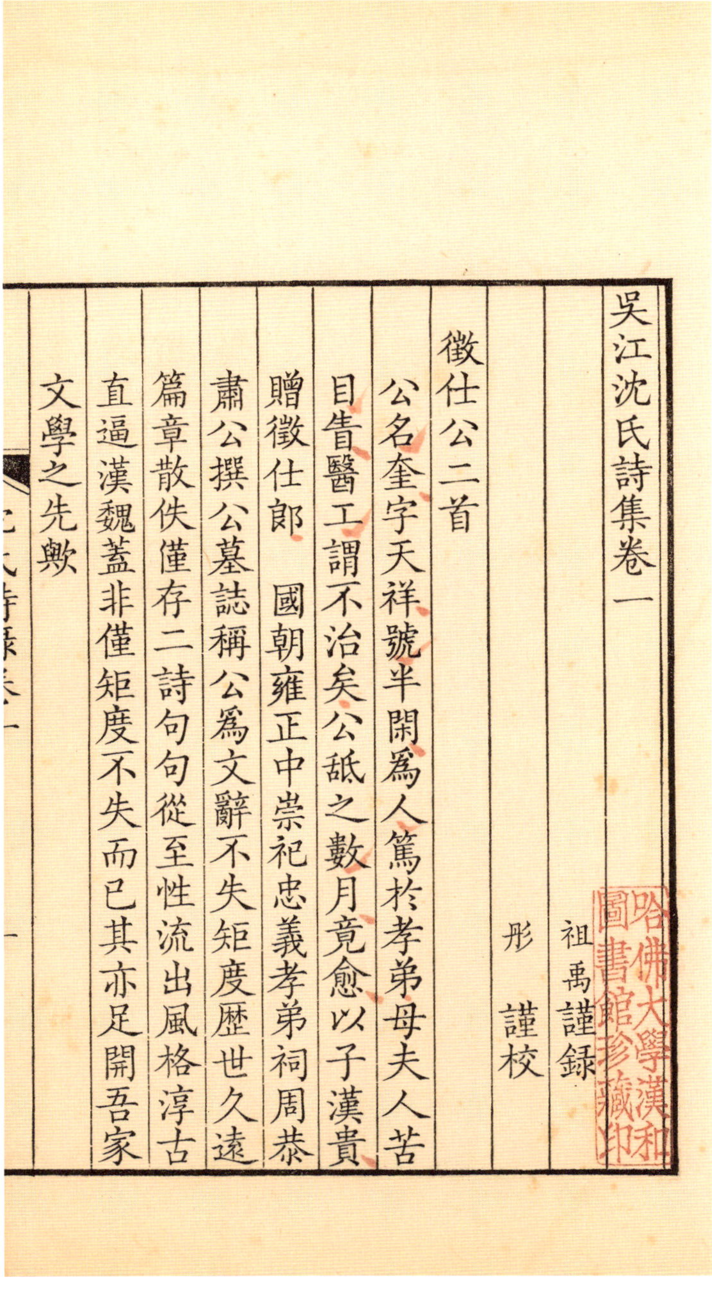
吳江沈氏詩集卷一

祖禹謹錄

彤　謹校

徵仕公二首

公名奎字天祥號半閑爲人篤於孝弟母夫人苦目眚醫工謂不治矣公舐之數月竟愈以子漢貴贈徵仕郎　國朝雍正中崇祀忠義孝弟祠周恭肅公撰公墓誌稱公爲文辭不失矩度歷世久遠篇章散佚僅存二詩句句從至性流出風格淳古直逼漢魏蓋非僅矩度不失而已其亦足開吾家文學之先歟

新鐫注釋里居通用合璧文翰二卷 〔明〕屠隆編 T5773/7671

明萬曆建邑書林熊氏種德堂刻本 二册

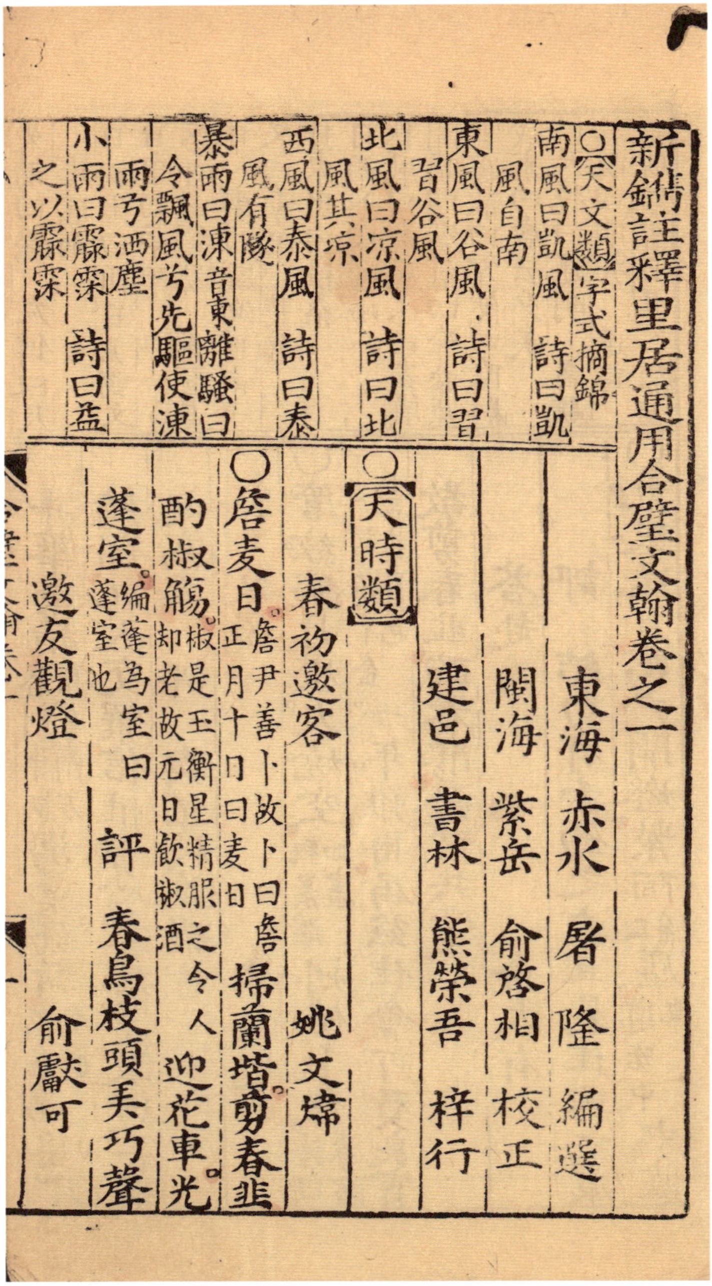
新鍥註釋里居通用合璧文翰卷之一
東海 赤水 屠 隆 編選
閩海 紫岳 俞啓相 校正
建邑 書林 熊榮吾 梓行

○天文類 字式摘錦
南風曰凱風 詩曰凱風自南
東風曰谷風 詩曰習習谷風
北風曰凉風 詩曰北風其凉
西風曰泰風 詩曰泰風有隧
暴雨曰涷 音東 離騷曰令飄風兮先驅使涷雨兮洒塵
小雨曰霢霂 詩曰益之以霢霂

○天時類
春初邀客 姚文煒
○啓麦日 啓尹善卜故卜曰啓 正月十日曰麦日 掃蘭堦剪春韭
酌椒觴 椒是玉衡星精服之令人却老故元日飲椒酒 迎花車光
蓬室 蓬室也編蓬為室曰 評 春鳥枝頭美巧聲
邀友觀燈 俞獻可

名公翰墨林四卷　〔明〕虞邦譽輯　

明余象箕刻本　二册

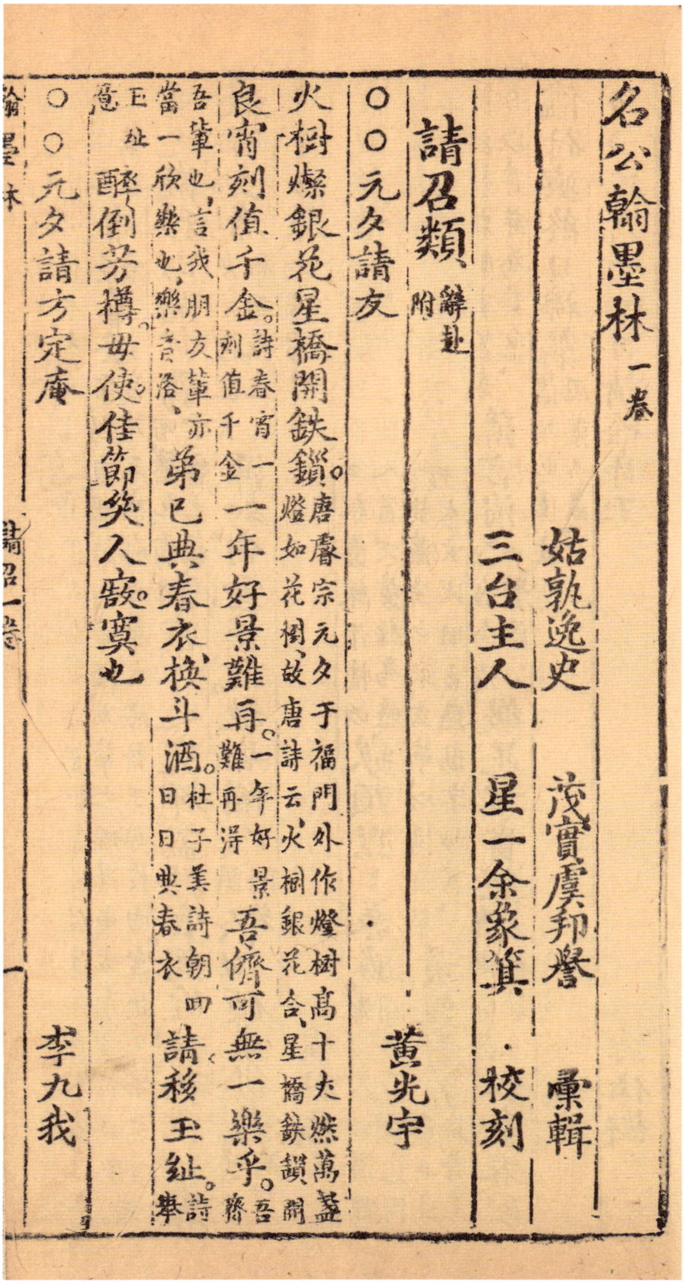
名公翰墨林 一卷
姑孰逸史　茂實虞邦譽　彙輯
三台主人　星一余象箕　校刻
請召類 附辭赴
○○元夕請友　黃光宇
火樹爍銀花星橋開鉄鎖。唐睿宗元夕于福門外作燈樹高十丈燃萬盞燈如花樹故唐詩云火樹銀花合星橋鉄鎖開
良宵刻值千金。詩春宵一刻值千金 一年好景難再。難再得一年好景 吾儕可無一樂乎。吾儕吾輩也言我朋友輩亦當一欣樂也樂音洛 弟已典春衣換斗酒。杜子美詩朝回日日典春衣 請移玉趾。詩擧玉趾意 醉倒芳樽。毋使佳節奚人嵌寞也
○○元夕請方定庵　李九我
翰墨林　請召一卷　一

明人尺牘選四卷　〔清〕王元勳　程化騄編　

清康熙四十四年（1705）碧雲樓刻本　八册

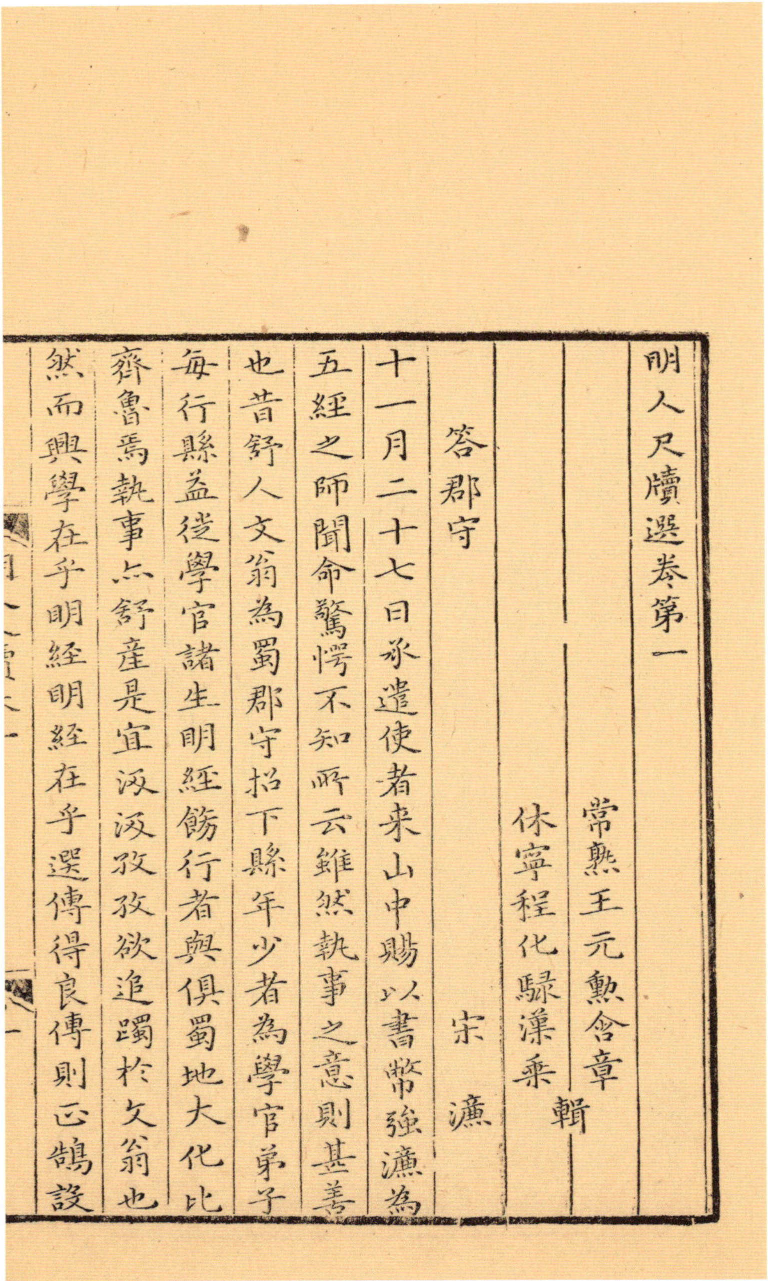
明人尺牘選卷第一
常熟王元勲含章
休寧程化騄漢乘　輯
答郡守　宋濂
十一月二十七日承遣使者来山中賜以書幣強濂為
五經之師聞命驚愕不知所云雖然執事之意則甚善
也昔舒人文翁為蜀郡守招下縣年少者為學官弟子
每行縣益從學官諸生明經飭行者與俱蜀地大化比
齊魯焉執事亦舒產是宜汲汲孜孜欲追躅於文翁也
然而興學在乎明經明經在乎選傅得良傅則正鵠設

書畫舫詩課十一卷 〔清〕高鳳臺選

清道光十七年（1837）刻本 十六册

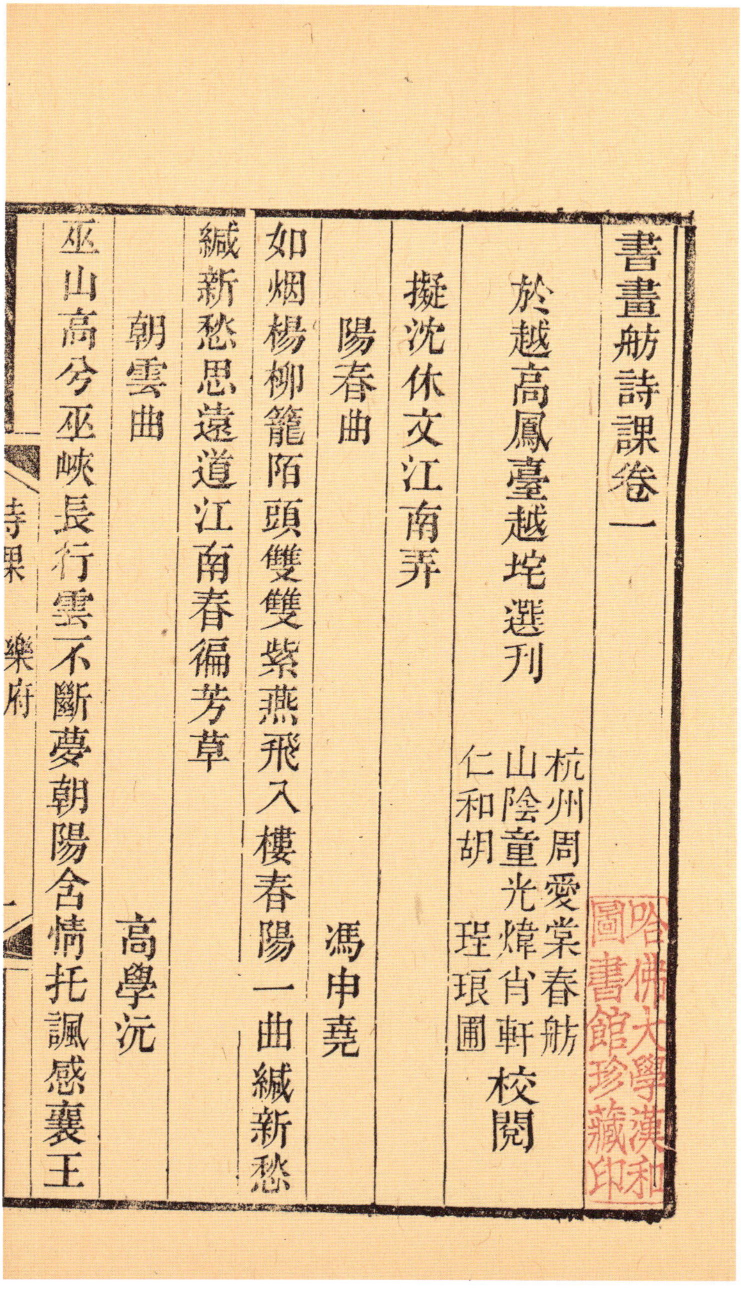
書畫舫詩課卷一
於越高鳳臺越坨選刊
杭州周愛棠春舫
山陰童光煒肖軒 校閱
仁和胡 珵琅圃
擬沈休文江南弄
陽春曲 馮申堯
如烟楊柳籠陌頭雙雙紫燕飛入樓春陽一曲緘新愁
緘新愁思遠道江南春徧芳草
朝雲曲 高學沅
巫山高兮巫峽長行雲不斷夢朝陽含情托諷感襄王
詩課 樂府 一

海外竹枝詞 〔清〕寄所託齋編 5531/6532

清光緒二十一年（1895）石印本 一册

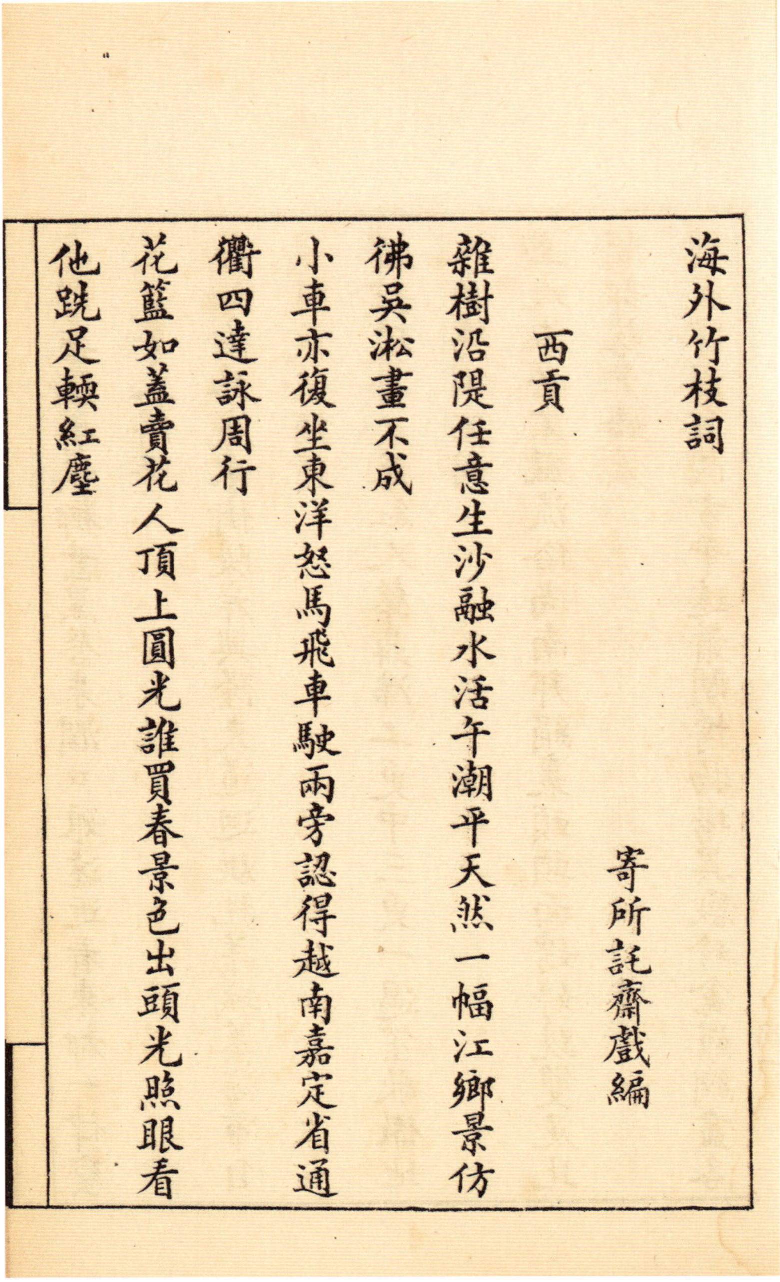

海外竹枝詞

寄所託齋戲編

西貢

雜樹沿隄任意生沙融水活午潮平天然一幅江鄉景仿
佛吳淞畫不成

小車亦復坐東洋怒馬飛車駛兩旁認得越南嘉定省通
衢四達詠周行

花籃如蓋賣花人頂上圓光誰買春景色出頭光照眼看
他跣足輭紅塵

行文寶笈二卷　〔清〕顧紹鼎編　　5793/3822

清光緒十一年(1885)石印巾箱本　二册

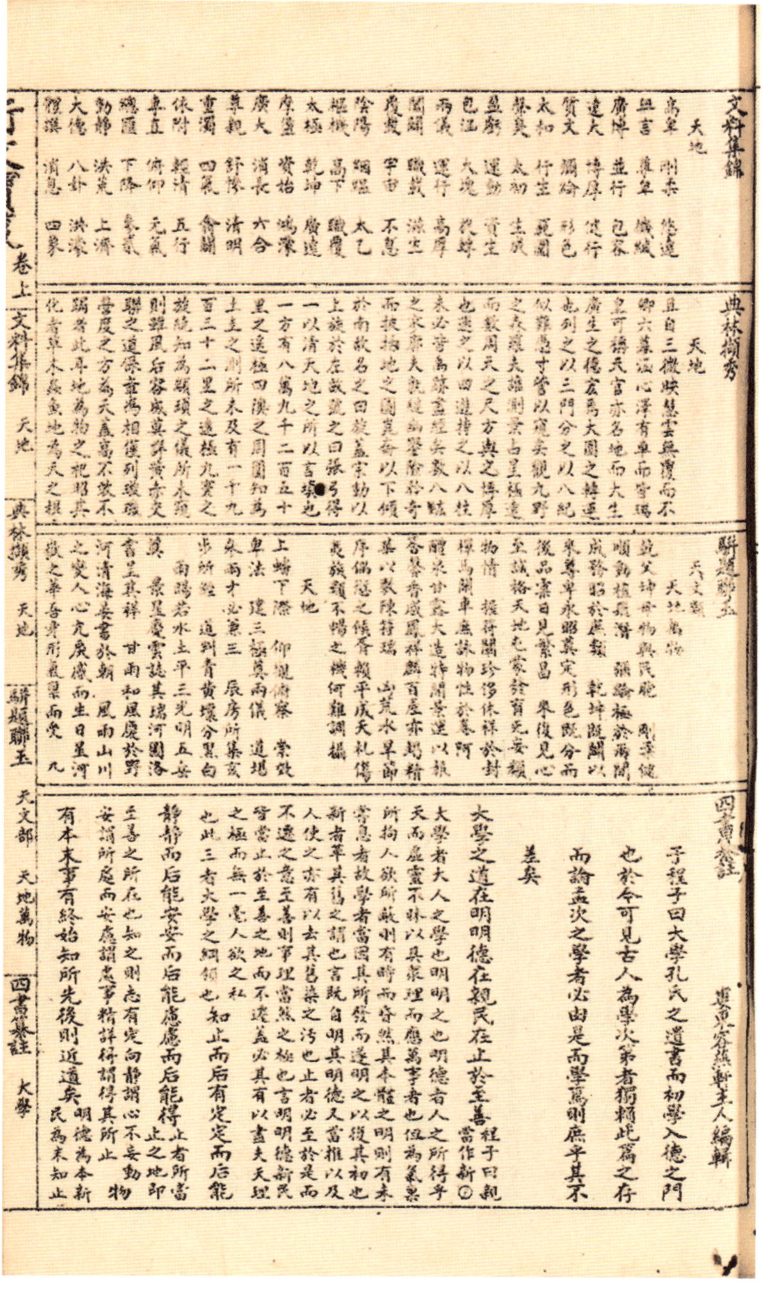
行文寶笈　卷上　文料集錦　天地

典林擷秀　天地

駢體聯玉　天文部　天地萬物

四書彙註

……人編輯

子程子曰大學孔氏之遺書而初學入德之門
也於今可見古人為學次第者獨賴此篇之存
而論孟次之學者必由是而學焉則庶乎其不
差矣

大學之道在明明德在親民在止於至善 程子曰親當作新○
大學者大人之學也明明之也明德者人之所得乎
天而虛靈不昧以具衆理而應萬事者也但為氣禀
所拘人欲所蔽則有時而昏然其本體之明則有未
嘗息者故學者當因其所發而遂明之以復其初也
新者革其舊之謂也言既自明其明德又當推以及
人使之亦有以去其舊染之汚也止者必至於是而
不遷之意至善則事理當然之極也言明明德新民
皆當止於至善之地而不遷蓋必其有以盡夫天理
之極而無一毫人欲之私
也此三者大學之綱領也　知止而后有定定而后能
靜靜而后能安安而后能慮慮而后能得 止者所當止之地即
至善之所在也知之則志有定向靜謂心不妄動
安謂所處而安慮謂處事精詳得謂得其所止　物
有本末事有終始知所先後則近道矣 明德為本新民為末知止

四書彙註　大學

漁隱叢話前集六十卷後集四十卷 〔宋〕胡仔撰

清乾隆五至六年（1740—1741）楊佑啓耘經樓刻本 十册

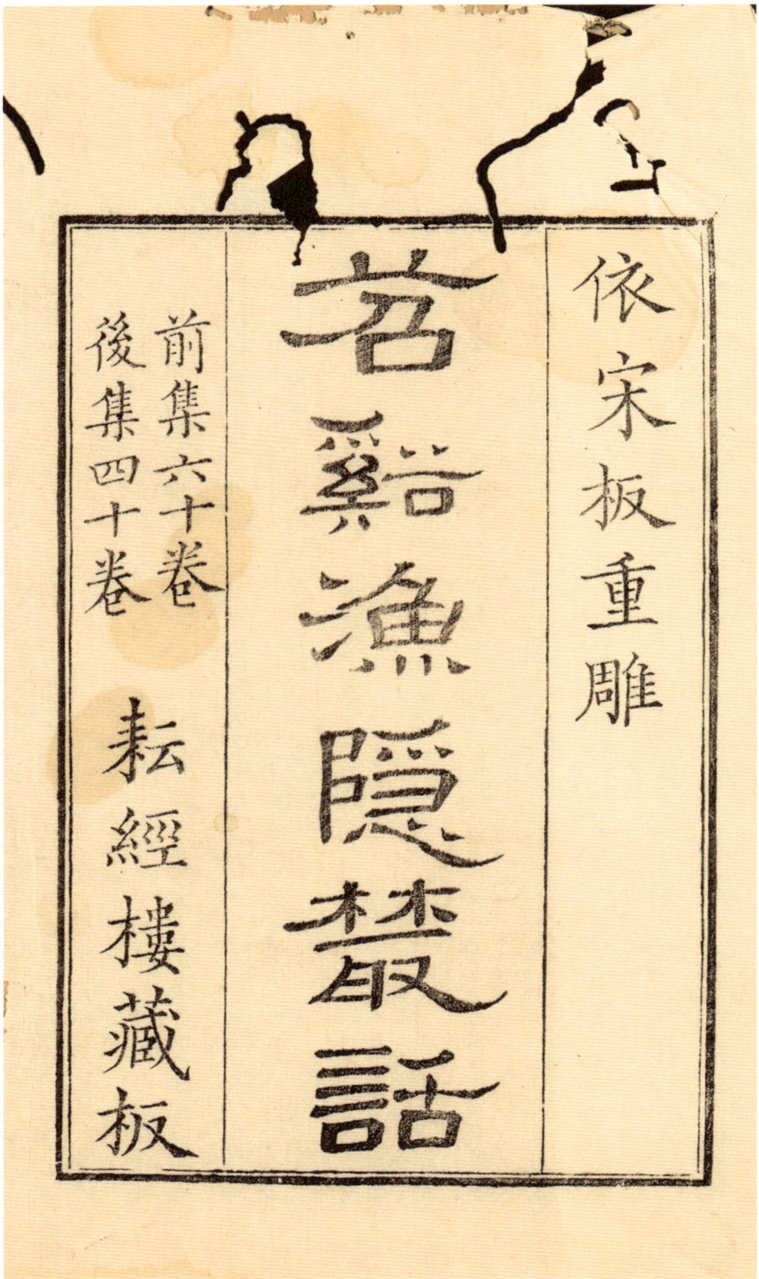

漁隱叢話卷第一

苕溪漁隱胡　仔　纂集　前集

國風漢魏六朝上

張文潛云詩三百篇雖云婦人女子小夫賤隸所爲要之非深於文章者不能作如七月在野至入我牀下於七月已下皆不道破直至十月方言蟋蟀非深於文章者能爲之邪

漫叟詩話云詩三百篇各有其旨傳注之學多失其本意而流俗狃習至不知處尚多若惟桑與梓必恭敬止謂桑梓以人賴其用故養而成之莫肯淩踐則有恭敬之道父子相與豈特如人之視桑梓今乃言父母之邦者必稱桑梓非也

宋子京筆記云山東曰朝陽山西曰夕陽故詩曰度其

鄰水莊詩話二卷詞說一卷 〔清〕丁繁滋輯

清嘉慶二十一年（1816）刻本　一册

鄰水莊詩話卷一

柘湖丁繁滋耘莊氏輯

余聞之師曰學詩當從古體入學古詩當從五古入能作五言古然後作七言古能作五七言古然後作五律七律方能成家

學五古七古者必先熟讀三百篇才識興賦比之義風雅頌之體若四始六義之不明即不知贈荅應制寄託諷刺之法如何謂之詩

三百篇既熟須讀騷經騷經既熟須讀蘇李十九首及建安黄初正始諸家下至二陸二張二潘左

苕溪漁隱詞二卷附感逝吟一卷蜀産吟一卷 〔清〕范鍇撰

清道光十四年（1834）刻本　四册

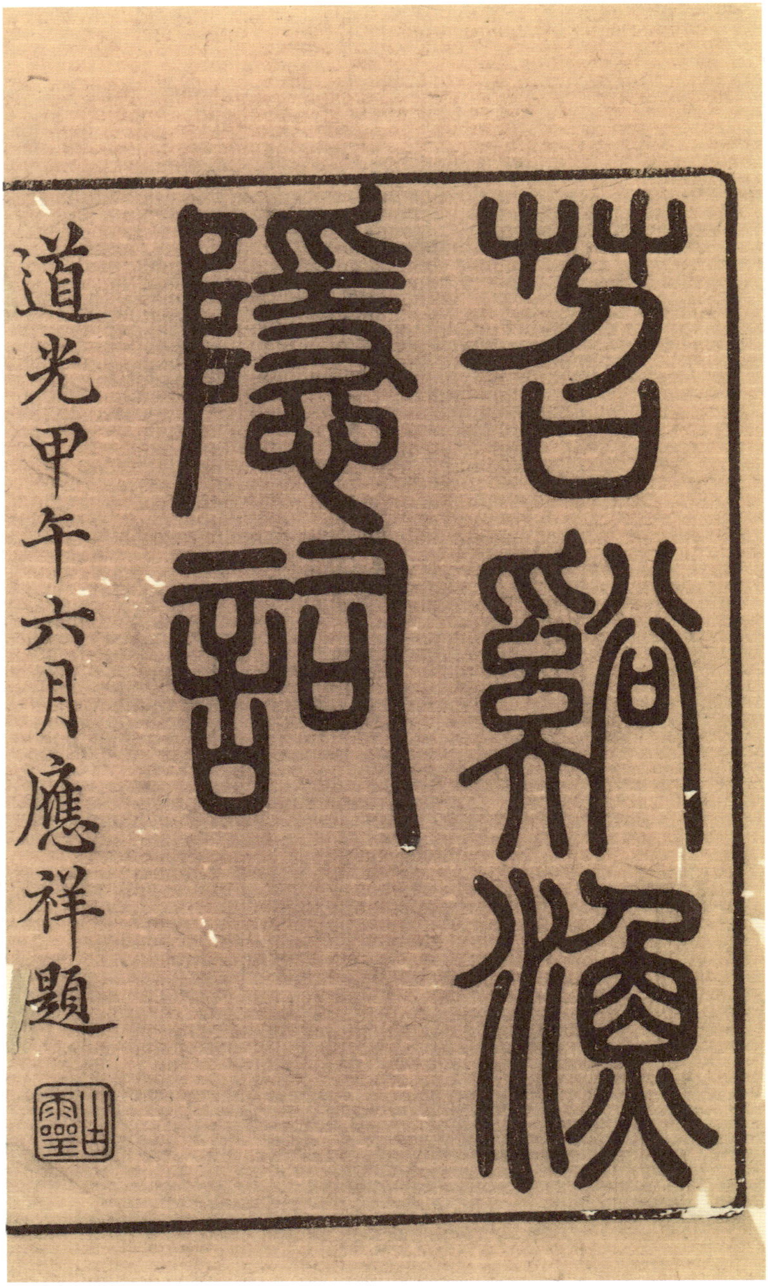

苕谿漁隱詞卷一

烏程范鍇聲山

清平樂

倚桃人去朵朵花無主風信幾番溪閉戶吹落一簾紅雨　尊前記譜鈿箏韶光暗度輕輕窺見那時情事問他枝上啼鶯

女冠子

納涼花榭時候晚妝初罷整羅襟雪腕黄金釧雲鬟碧玉簪　芙蕖池露瀝茉莉夜香侵牆角來新月映簾溪

醉太平

撲花屢逢聽詩又從分明咫尺芳蹤望巫雲斷峯　蓋心未通啼痕已濕手手盼盡歸鴻膩箋書舊封

金縷曲廿四疊韻一卷　〔清〕俞樾撰　　5660.8/8248

清光緒十三年(1887)刻本　一册

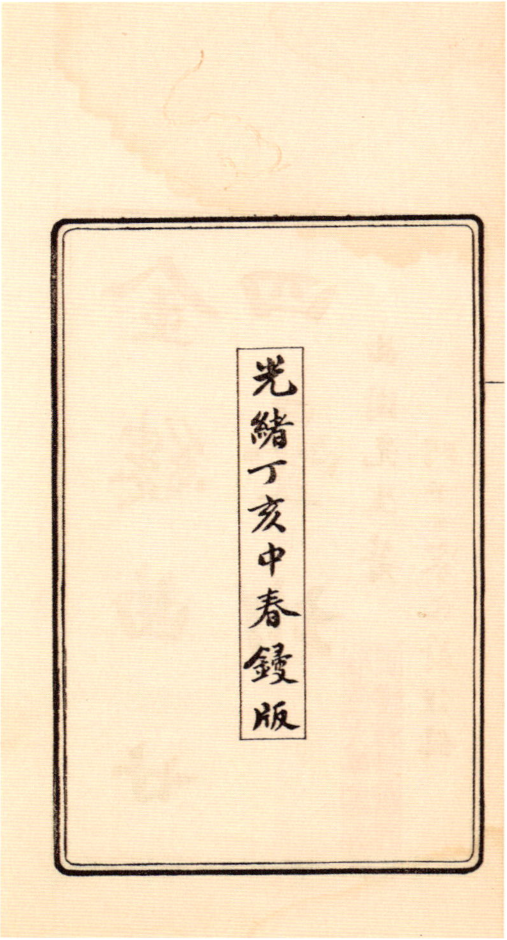

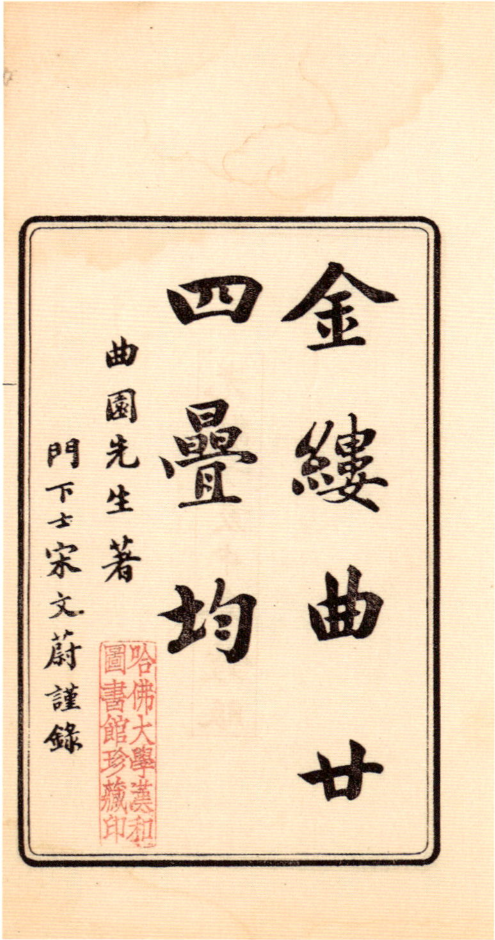

仿漢蔡中郎竹冊

金縷曲 和芴山方伯同用雨當軒韻

枯管無花放忽新詞飛來天外舉頭而望妙得瑟希鏗爾意不與凡音較量芴翁論音律如此只坐對中原怊悵旋轉乾坤人幾箇奈青山儘把英雄葬空弔古黃天蕩 平生意氣青雲上少年時襟懷落落而今何況欲乞閒身歸未得願示維摩小恙好歸掃青桐閣巷

李鰲救母一卷

清光緒三十一年（1905）成德堂刻本　一册

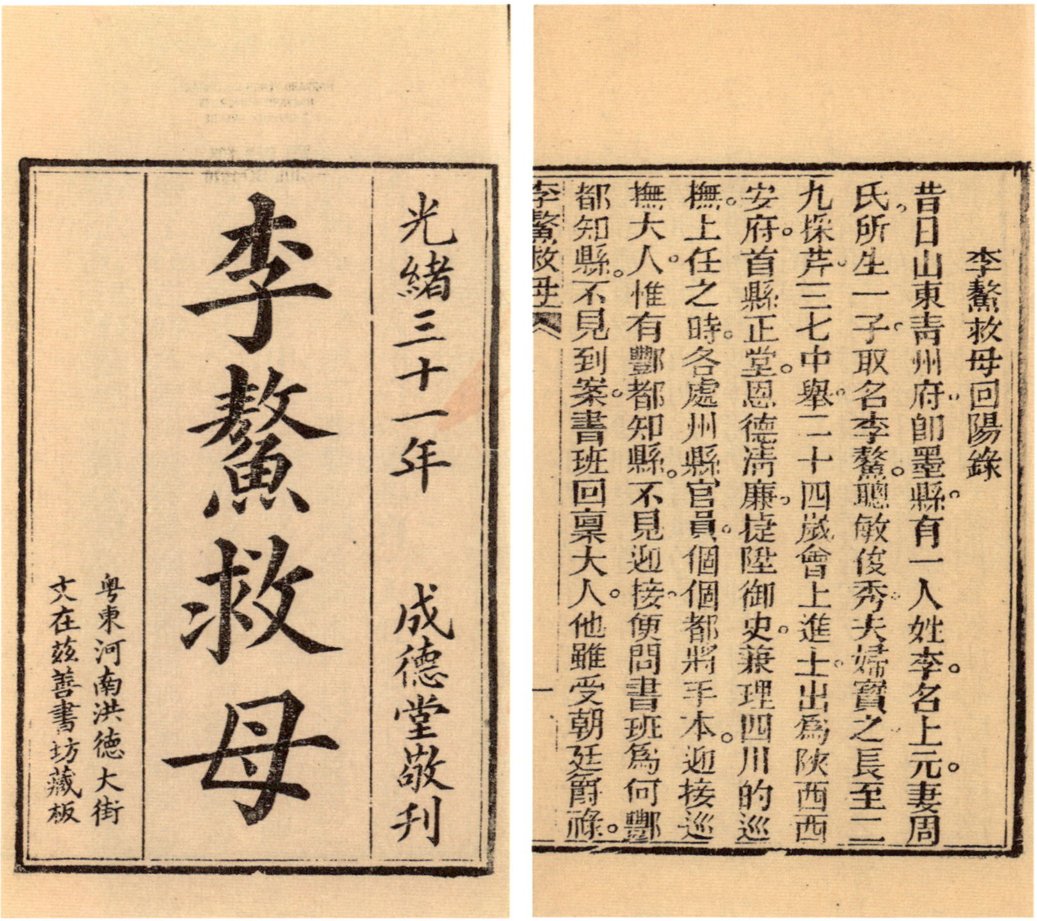
光緒三十一年
李鰲救母
成德堂敬刊
粵東河南洪德大街
文在茲善書坊藏板

李鰲救母回陽錄
昔日山東青州府即墨縣有一人姓李名上元妻周
氏所生一子取名李鰲聰敏俊秀夫婦寶之長至二
九採芹三七中舉二十四歲會上進士出爲陝西西
安府首縣正堂恩德清廉陞御史兼理四川的巡
撫上任之時各處州縣官員個個都將手本迎接巡
撫大人惟有酆都知縣不見迎接便問書班爲何酆
都知縣不見到案書班回稟大人他雖受朝廷爵祿
李鰲救母　一

齊世子灌園記三卷　〔明〕張鳳翼撰　　T5682/3600

明萬曆三十三年（1605）吴興茅彦徵刻巾箱本　六册

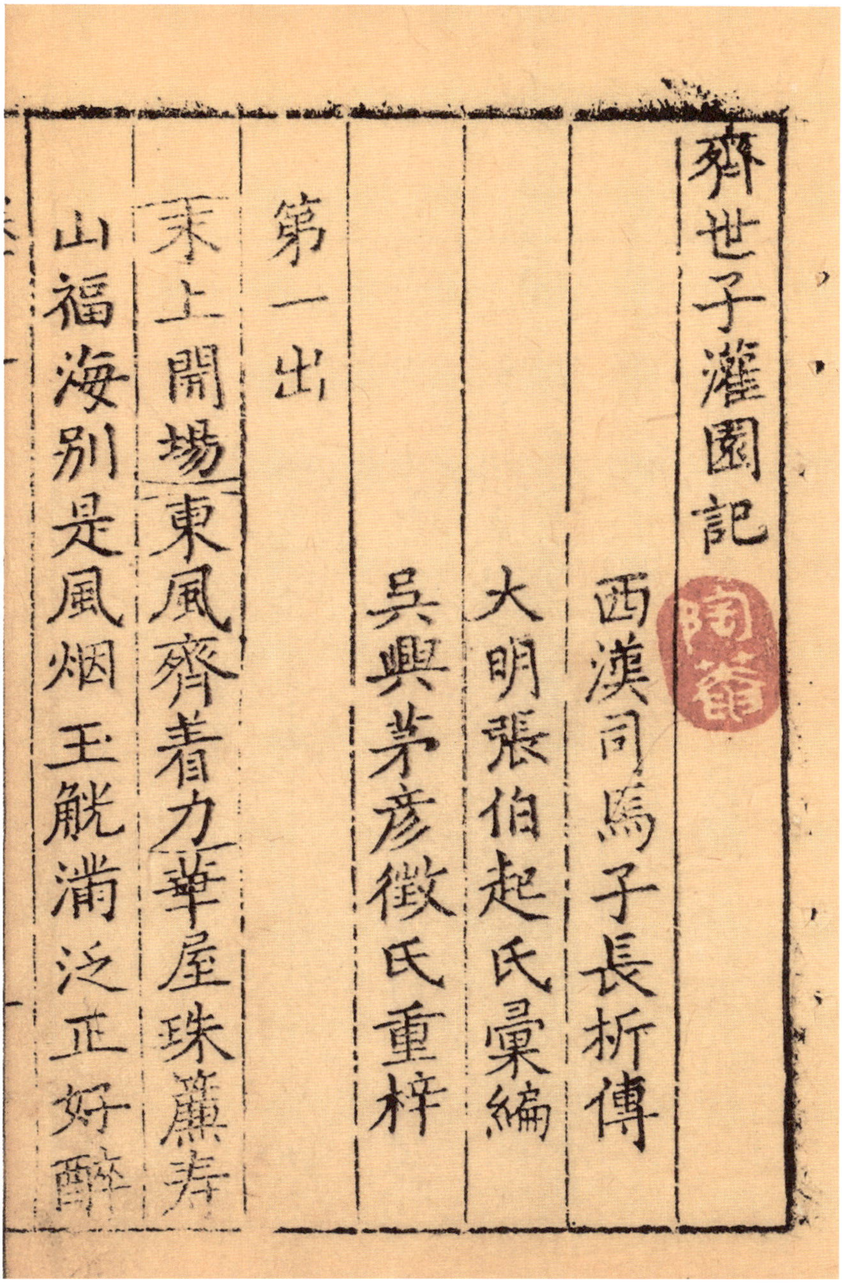
齊世子灌園記
西漢司馬子長析傳
大明張伯起氏彙編
吴興茅彥徵氏重梓
第一出
末上開場　東風齊着力　華屋珠簾壽
山福海別是風烟　玉觥湍泛正好醉

邯鄲記二卷 〔明〕湯顯祖撰 〔明〕臧懋循訂

明萬曆吴郡書業堂刻本 二册

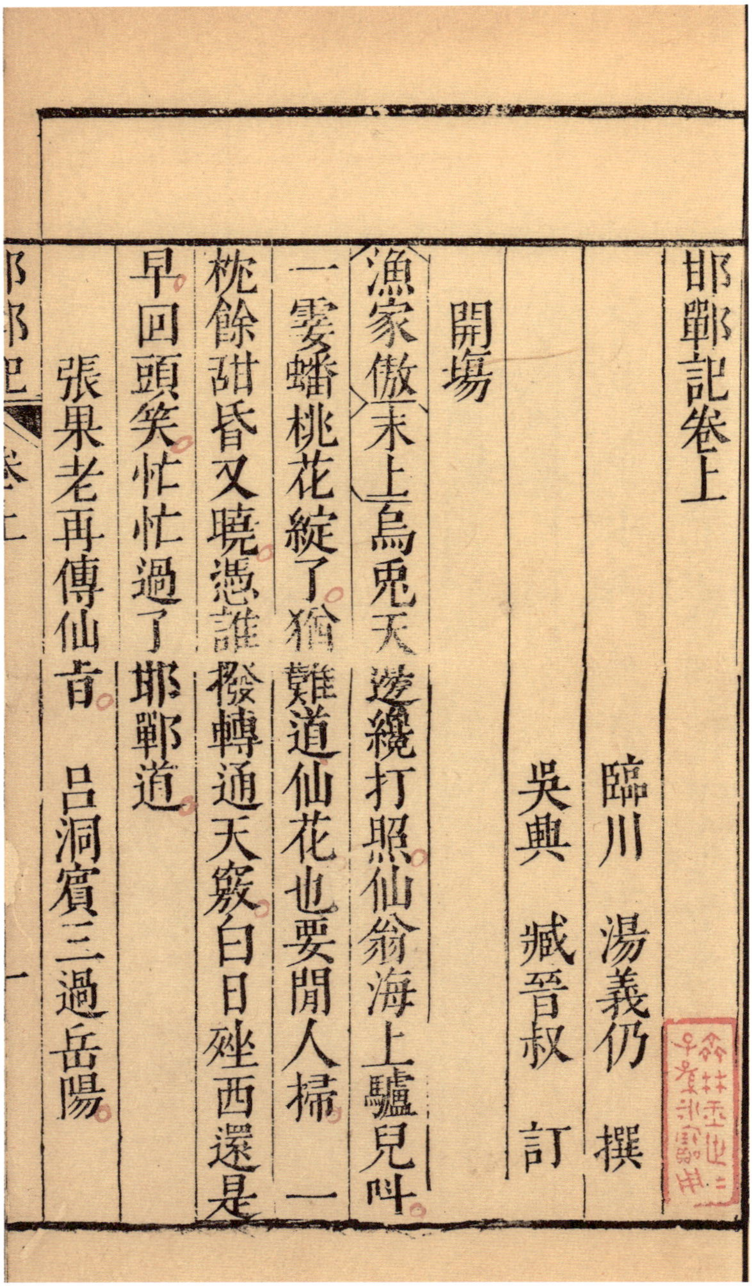
邯鄲記卷上
臨川 湯義仍 撰
吴興 臧晉叔 訂
開場
〔漁家傲〕末上烏兎天邊纔打照仙翁海上驢兒叫
一霎蟠桃花綻了猶難道仙花也要閒人掃 一
桃餘甜昏又曉憑誰撥轉通天竅白日殂西還是
早回頭笑忙忙過了邯鄲道
張果老再傳仙旨 呂洞賓三過岳陽
邯鄲記 卷上 一

文淵殿二卷二十七齣　　TNC5690/0437

清初抄本　四册

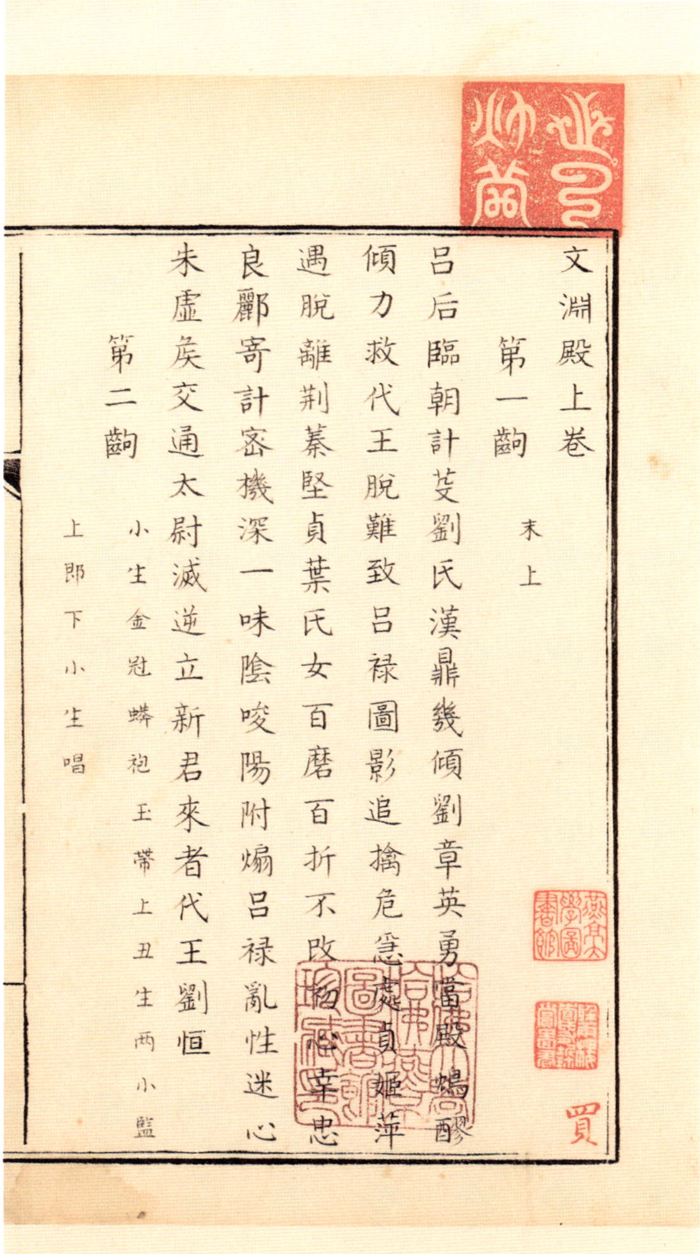
文淵殿上卷
第一齣　末上
呂后臨朝計芟劉氏漢鼎幾傾劉章英勇當殿鴆醪
傾力救代王脫難致呂祿圖影追擒危急處貞姬萍
遇脫離荆蓁堅貞葉氏女百磨百折不改初心幸忠
良酈寄計密機深一味陰唆陽附煽呂祿亂性迷心
朱虛侯交通太尉滅逆立新君來者代王劉恒
第二齣　小生金冠蟒袍玉帶上丑生兩小監
上郎下小生唱

山水鄰新鐫出像四大癡傳奇四卷 〔明〕李九標撰

明末山水鄰刻本 二册

[illegible]大躋新鐫出像四大癡傳奇

酒懂

武林李逢時九標父

正名

酒魔君消筭不義士　鑒察使赦過無情郎

第一折　家蔴韻

（生上）有兒事足一把茆遮屋辟使薄田耕不熟添箇新生黃犢家居教養兒孫讀書不爲功名種竹栽花煑茗世家閉戶先生小生姓姜名應召字飛熊語溪人也荆妻何氏孩兒惠連念小生薄田糊口茅屋隱身但策茶勲從無水厄每見人之嗜酒者必爲攢眉不知酒有何好而人顧嗜之今日里

勸善金科二十卷首一卷 〔清〕張照等撰 T5690/4286

清乾隆内府刻五色套印本 二十一册

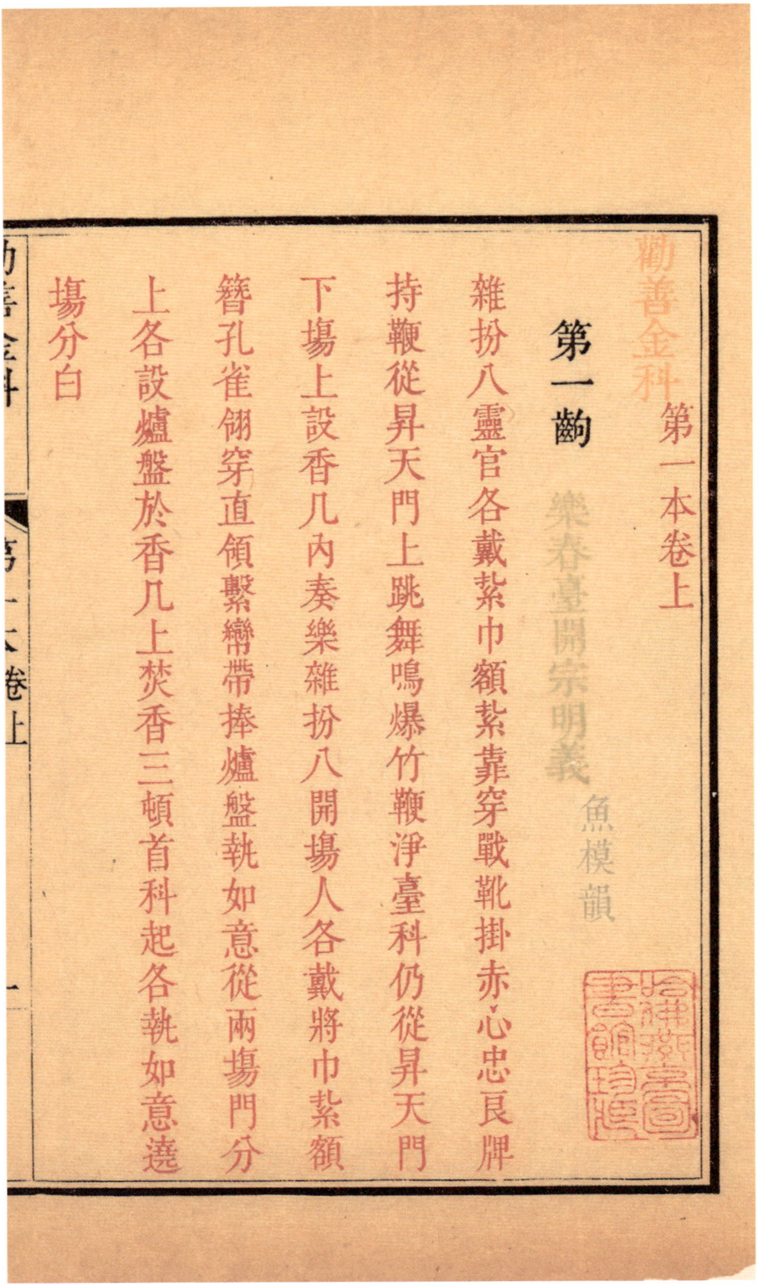
勸善金科第一本卷上

第一齣 樂春臺開宗明義 魚模韻

雜扮八靈官各戴紥巾額紥髯穿戰靴掛赤心忠良牌持鞭從昇天門上跳舞鳴爆竹鞭淨臺科仍從昇天門下場上設香几內奏樂雜扮八開場人各戴將巾紥額簪孔雀翎穿直領繫鑾帶捧爐盤執如意從兩場門分上各設爐盤於香几上焚香三頓首科起各執如意遶場分白

勸善金科 第一本卷上 一

雜劇新編三十三種 〔清〕鄒式金輯

清康熙刻本 八册

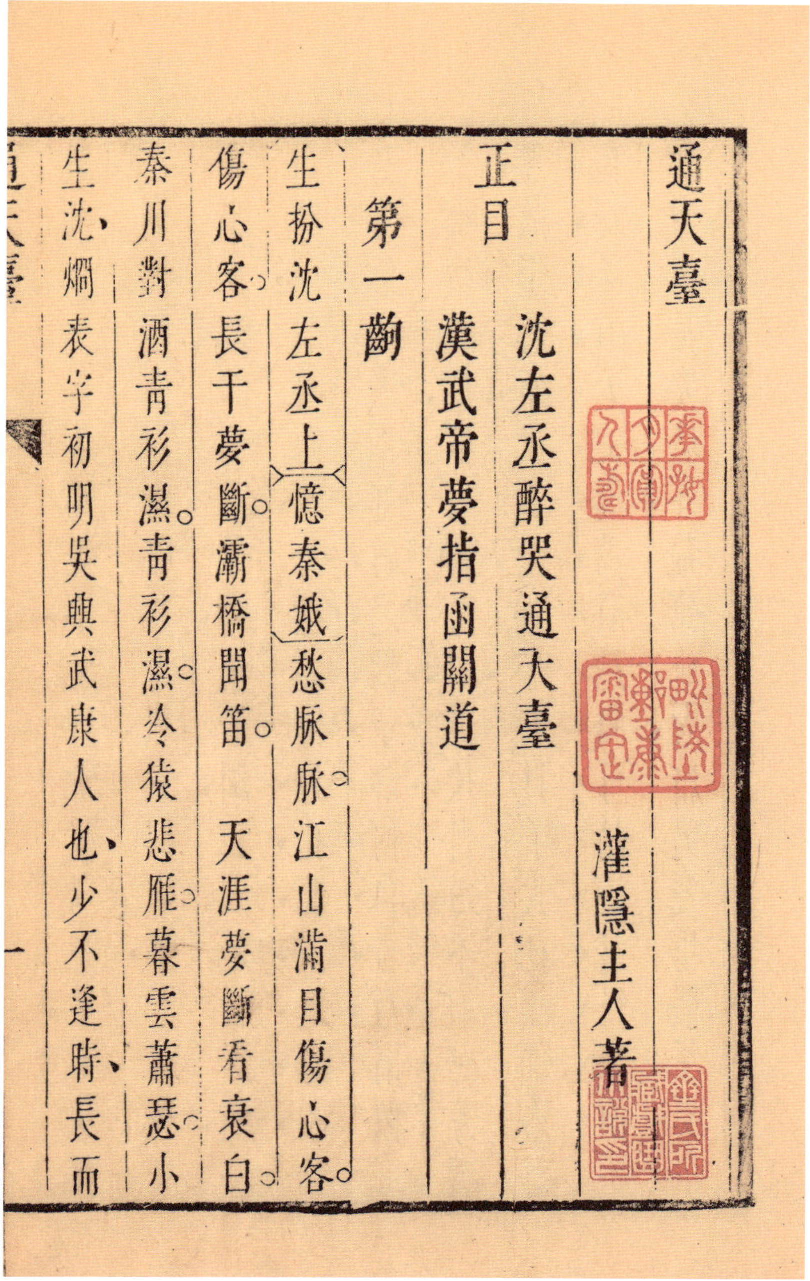

通天臺

灌隱主人著

正目　沈左丞醉哭通天臺

漢武帝夢指函關道

第一齣

生扮沈左丞上【憶秦娥】愁脈脈。江山滿目傷心客。傷心客。長干夢斷。灞橋聞笛。　天涯夢斷看衰白。秦川對酒青衫濕。青衫濕。冷猿悲雁。暮雲蕭瑟。小生沈烱。表字初明。吳興武康人也。少不逢時。長而

通天臺　一

昭代簫韶二十卷首一卷　〔清〕王廷章等撰　

清嘉慶十八年（1813）内府刻朱墨套印本　二十一册

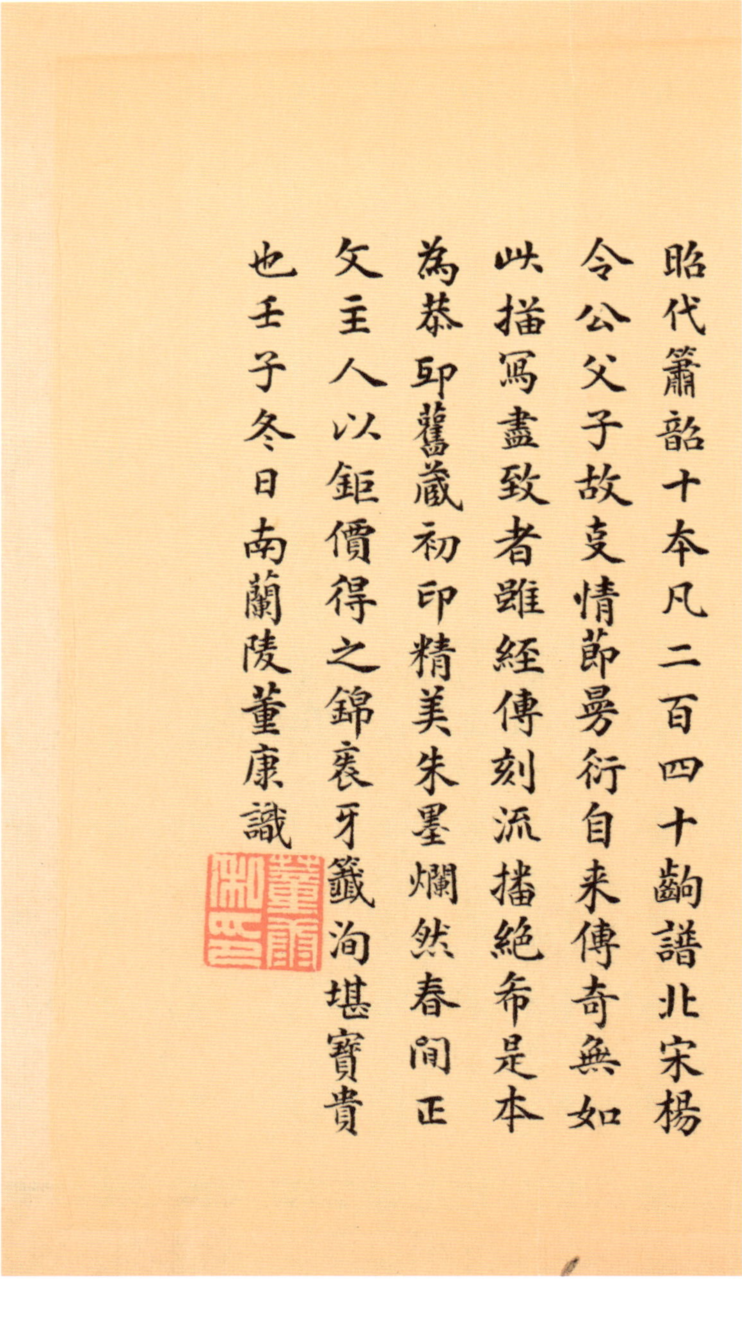

昭代簫韶十本凡二百四十齣譜北宋楊令公父子故支情節旁行自来傳奇無如此描寫盡致者雖經傳刻流播絶希是本為恭邸舊藏初印精美朱墨爛然春間正文主人以鉅價得之錦裹牙籤洵堪寶貴也壬子冬日南蘭陵董康識

昭代簫韶第一本卷上

第一齣　萬國春臺同兆庶　東鍾韻

雜扮衆靈官各戴紮巾額紮靠掛赤心忠良牌持鞭各從福臺祿臺壽臺兩場門上仝作跳舞淨臺科仍各從兩場門分下場上設香几內奏樂雜扮入開場人各戴將巾紮額簪孔雀翎穿開場衣繫鸞帶捧爐盤執如意從兩場門分上各設爐盤於香几上焚香三頓首科起各執如意遶場分白

霜天碧一卷　丁傳靖撰　

清末刻本　一册

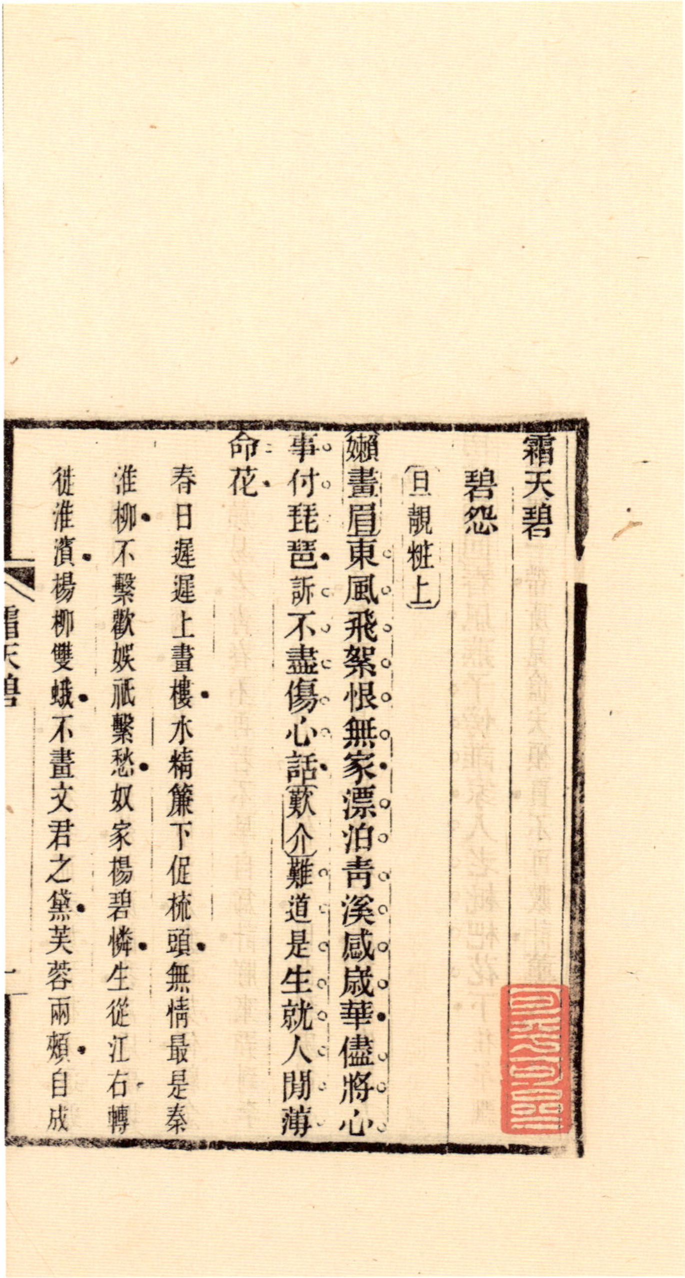
霜天碧
碧怨
旦 靚粧上
嬾畫眉東風飛絮恨無家漂泊青溪感歲華儘將心
事付琵琶訴不盡傷心話歎介難道是生就人間薄
命花
春日遲遲上畫樓水精簾下促梳頭無情最是秦
淮柳不繫歡娛祇繫愁奴家楊碧憐生從江右轉
徙淮濱楊柳雙蛾不畫文君之黛芙蓉兩頰自成
霜天碧　一

元曲選圖一卷

明萬曆刻本　三册

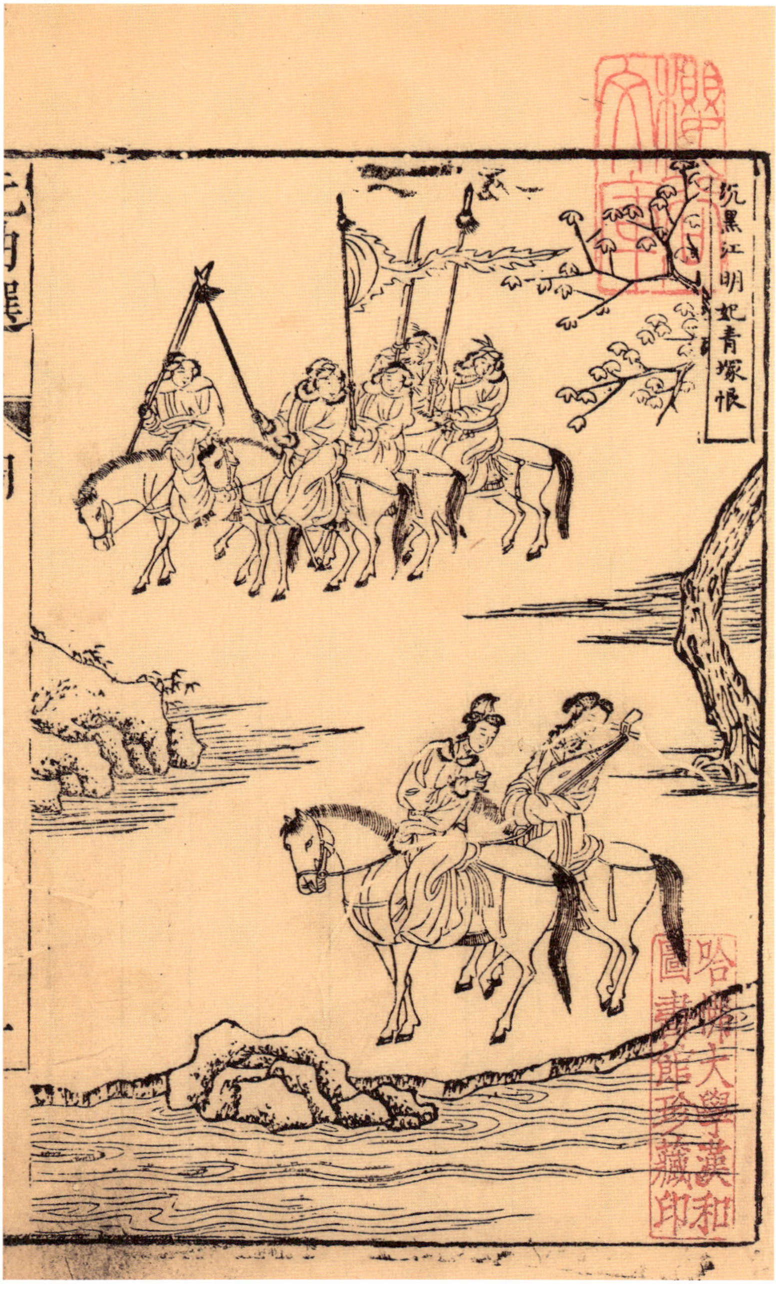

鼎刻江湖歷覽杜騙新書四卷　〔明〕張應俞撰　

明刻陳懷軒存仁堂重印本　四册

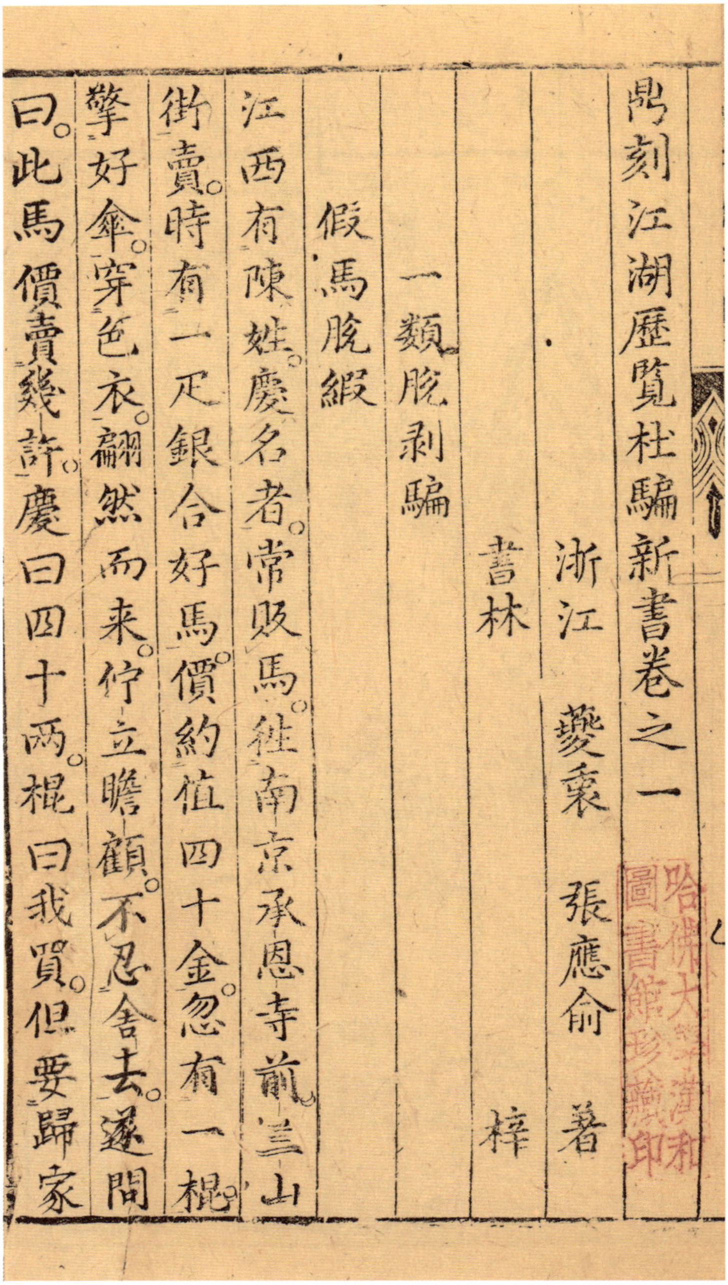
鼎刻江湖歷覽杜騙新書卷之一

浙江　夔衷　張應俞　著

書林　梓

一類脱剥騙

假馬脱緞

江西有陳姓慶名者常販馬往南京承恩寺前三山街賣時有一疋銀合好馬價約值四十金忽有一棍擎好傘穿色衣翩然而来佇立瞻顧不忍舍去遂問曰此馬價賣幾許慶曰四十兩棍曰我買但要歸家

新採奇聞小說全編萬斛泉十二回　〔清〕左臣編次　〔清〕蠡庵參評

清初刻本　八册

缺第五、六兩回。

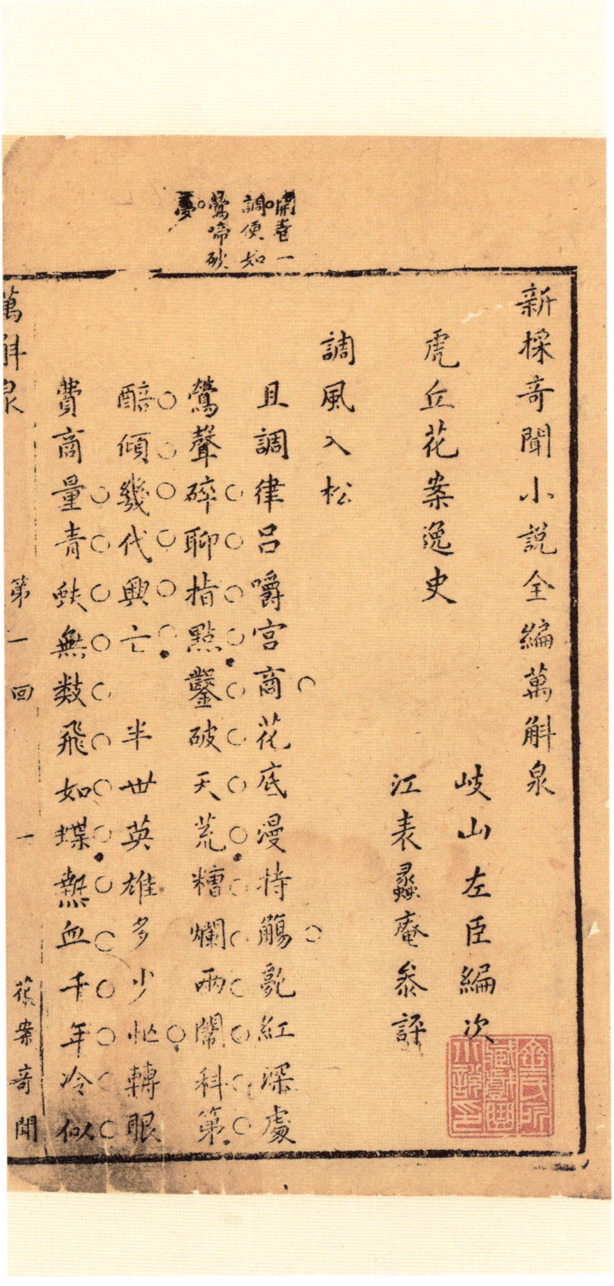
開卷一詞便如鶯啼破夢。

新採奇聞小說全編萬斛泉

虎丘花案逸史

峽山左臣編次

江表蠡庵參評

詞風入松

且調律呂嚼宮商。花底漫持觴。亂紅深處
鶯聲碎。聊指點。鑿破天荒。糟爛兩鬧科第。
醉傾幾代興亡。半世英雄多少。忙轉眼
費商量。青蚨無數。飛如蝶。熱血千年冷似

萬斛泉　第一回　一　花案奇聞

新説生花夢奇傳四卷十二回　〔清〕娥川主人撰　

清康熙刻本　六册

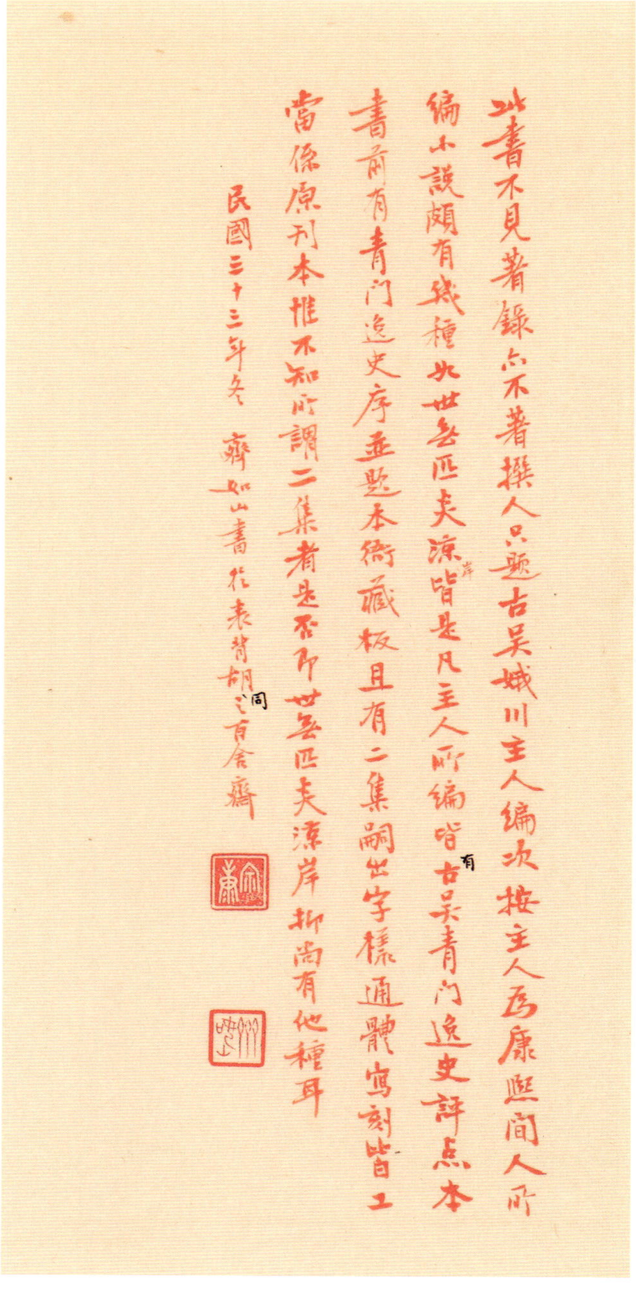
此書不見著錄亦不著撰人只題古吳娥川主人編次按主人為康熙間人所
編小說頗有幾種如世無匹夫涼岸皆是凡主人所編皆有古吳青門逸史評點本
書前有青門逸史序並題本衙藏板且有二集嗣出字樣通體寫刻皆工
當係原刊本惟不知所謂二集者是否即世無匹夫涼岸抑尚有他種耳
民國三十三年冬　齊如山書於表背胡同之百舍齋

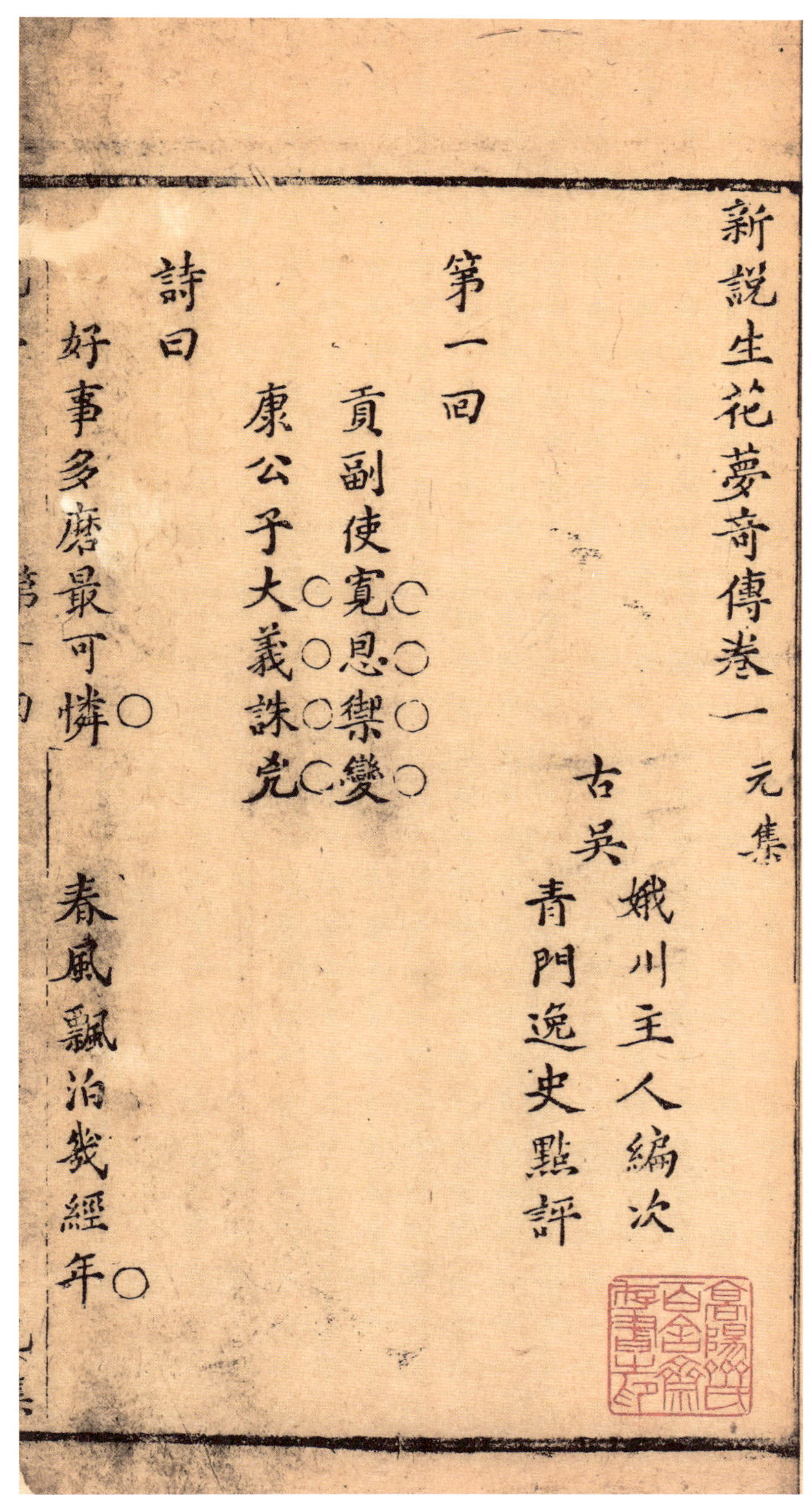

新說生花夢奇傳卷一　元集

古吳娥川主人編次
青門逸史點評

第一回

貢副使寬恩禦變
康公子大義誅兇

詩曰

好事多磨最可憐○
春風飄泊幾經年○

婆羅岸全傳二十回

清嘉慶九年（1804）合興堂刻本　十册

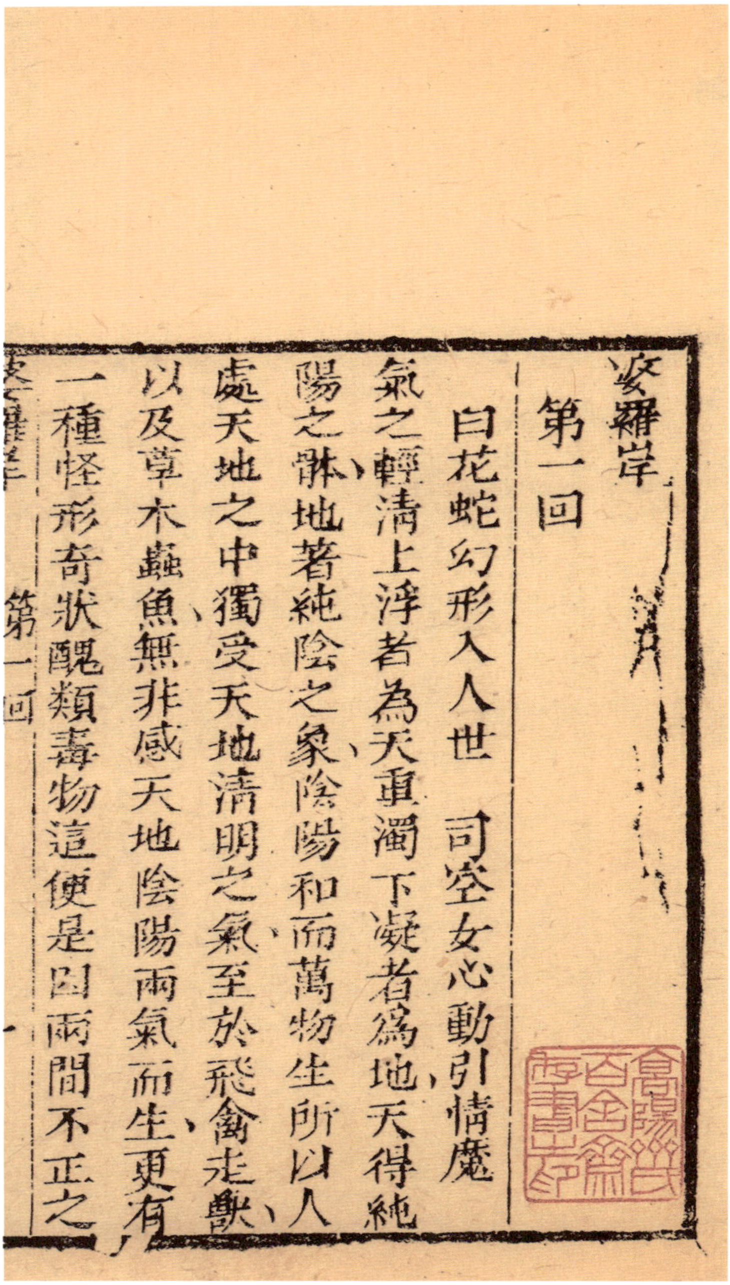

婆羅岸

第一回

白花蛇幻形入人世　司空女心動引情魔

氣之輕清上浮者為天重濁下凝者爲地天得純陽之髓地著純陰之象陰陽和而萬物生所以人處天地之中獨受天地清明之氣至於飛禽走獸以及草木蟲魚無非感天地陰陽兩氣而生更有一種怪形奇狀醜類毒物這便是因兩間不正之

婆羅岸　第一回

杏花天六卷十四回　〔清〕天放道人編　〔清〕烟霞叟評　

清刻本　四册

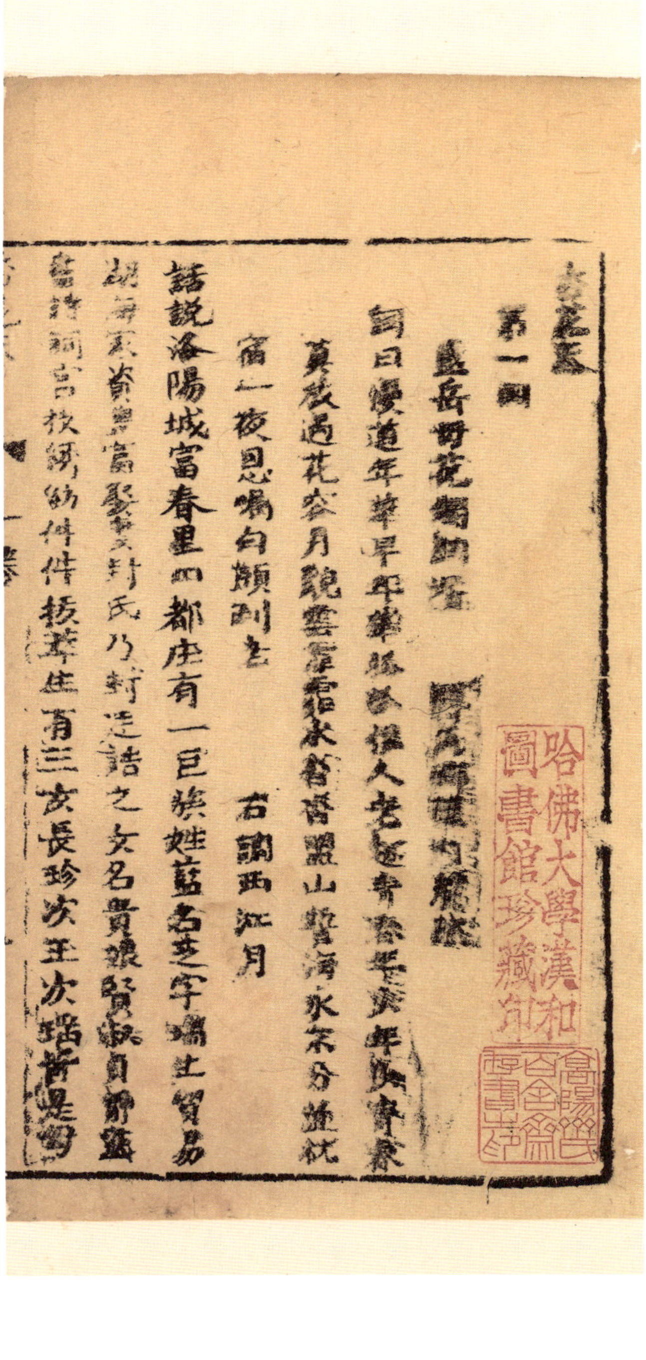
杏花天

第一回

右調西江月

話說洛陽城富春里四都庄有一巨族姓藍名芝

新編春燈迷史十回 〔清〕青陽野人編撰

清刻本 四册

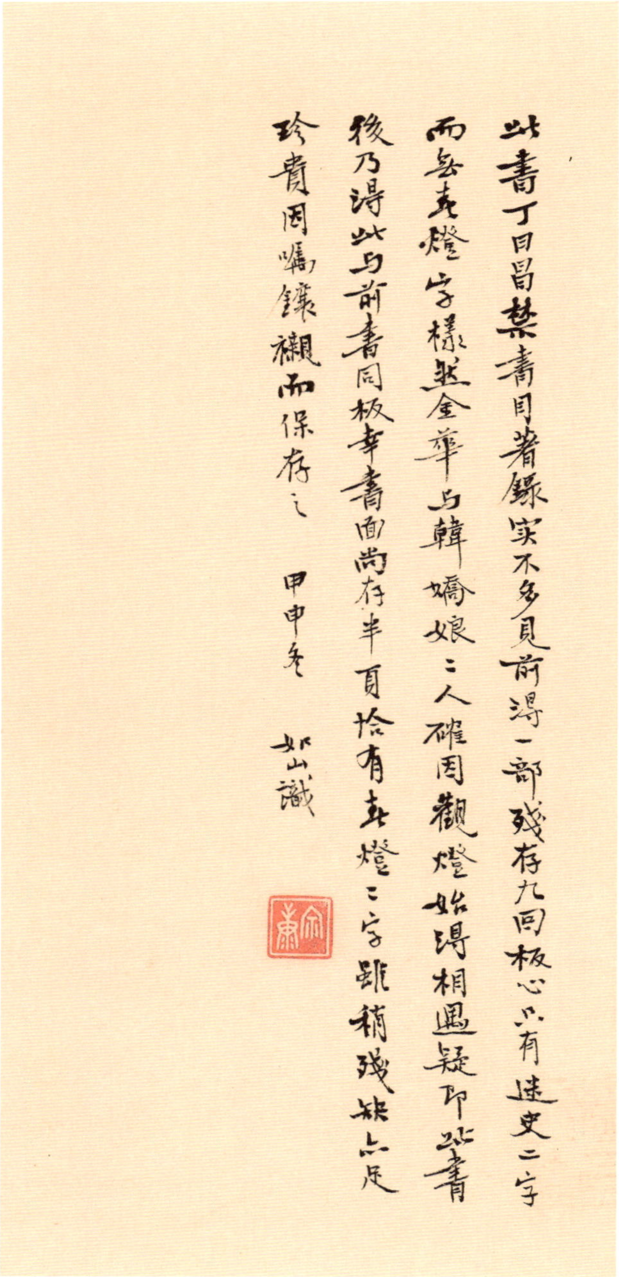
此書丁日昌禁書目著錄实不多見前得一部殘存九回板心只有迷史二字而無春燈字樣然金華與韓嬌娘二人確因觀燈始得相遇疑即此書後乃得此與前書同板本書面尚存半頁恰有春燈二字雖稍殘缺亦足珍貴因囑鑲襯而保存之 甲申冬 如山識

新編春灯迷史卷之[illegible]

看此書別嫌麻煩
字雖不真呼之可也

詞曰 千萬別剢內虎子為要

俗語云淫為萬惡首。三綱敗壞五常休。若非失錢喪家。
之然性命幽間。惟此春灯迷史。実係生前配偶。三綱不
敗。五常不休。踰東牆而摟處子。真可謂摟之得妻。備求
入而結紅絲。亦不失為關雎雅化。虽偶尔淫奔。乃今古奇
覌。飄飄乎快事也[illegible]乎風流矣。真如放屁奚不可门

青陽野人編輯

類叢部

新板全補天下便用文林玅錦萬寶全書三十八卷　〔明〕劉雙松輯　T9299/7224

明萬曆四十年（1612）劉雙松安正堂刻本　九册

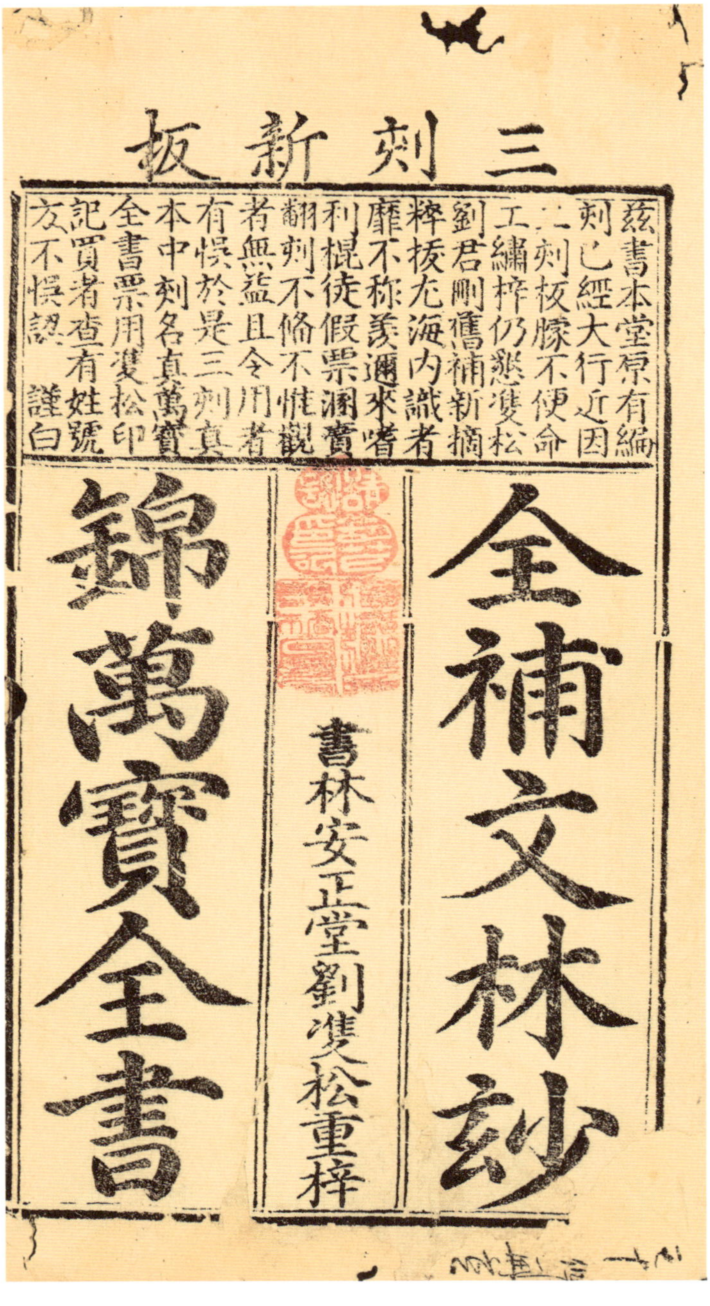

新板全補天下便用文林妙錦萬寶全書卷之二

○天運循環

夫自有天地至於窮盡謂之一元一元有十二會會有一萬八百年子會生天丑會生地寅會生人至戌會則閉物而消天亥會則消天而消地至子會則又生天而循環無窮矣天地未分之始謂之盤古既分之後以天皇氏謂之子會地皇氏謂之丑會人皇氏謂之寅會共一萬二千四百年而後歷卯辰巳之會至堯之時正當十一萬九千六百年之半夏禹八年得甲子入午會之初運自此以後可遁而推之學者不可以不察也

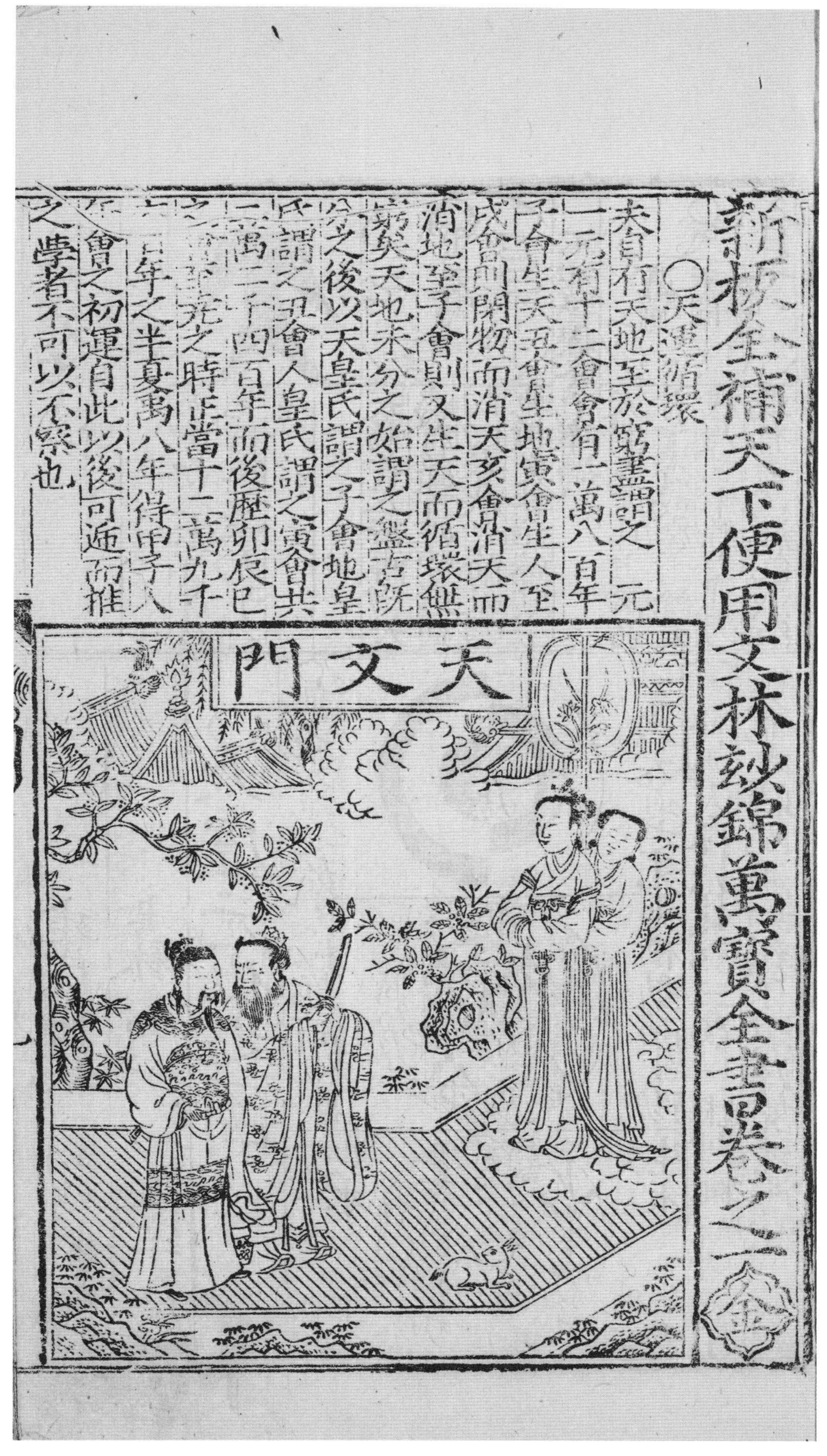

欽定古今圖書集成一萬卷目録四十卷 〔清〕陳夢雷　蔣廷錫等輯　

清雍正六年（1728）武英殿銅活字印本　五千二十册

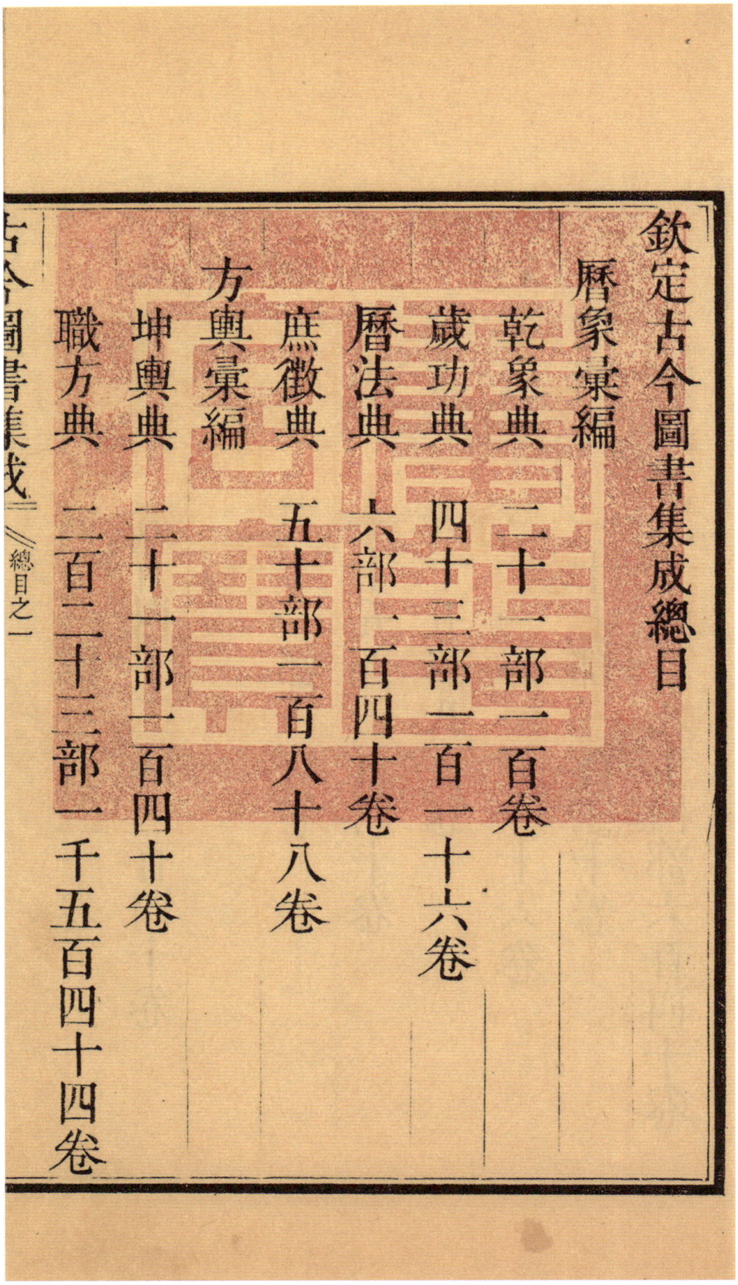
欽定古今圖書集成總目
曆象彙編
乾象典　二十一部一百卷
歲功典　四十三部一百一十六卷
曆法典　六部、百四十卷
庶徵典　五十部一百八十八卷
方輿彙編
坤輿典　二十一部一百四十卷
職方典　二百二十三部一千五百四十四卷
古今圖書集成　總目之一

乾象典第一卷

天地總部彙考一

易經

繫辭上傳

天一地二天三地四天五地六天七地八天九地十

本義 此言天地之數陽奇陰偶即所謂河圖者也

天數五地數五五位相得而各有合天數二十有五地數三十凡天地之數五十有五此所以成變化而行鬼神也

新鍥正譌訓解標類書言故事大全十卷　〔宋〕胡繼宗編　

明余雲波刻本　四册

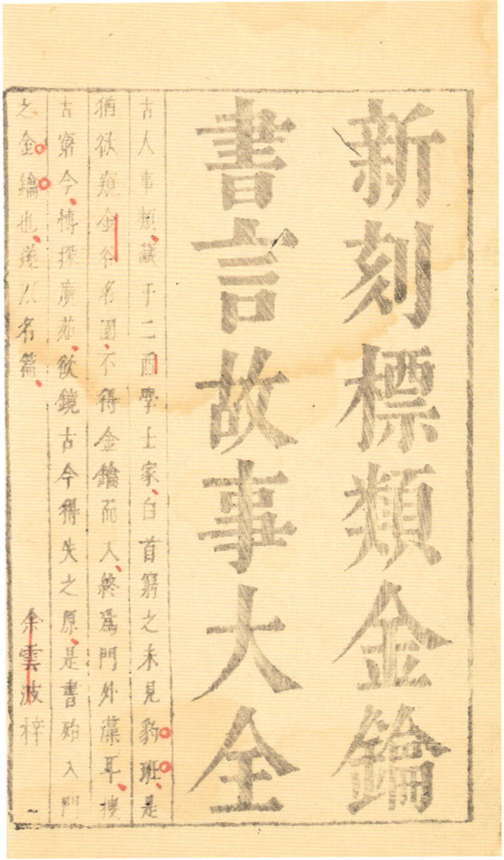

新刻標類金鑰
書言故事大全

古人事類藏于二酉學士家白首窮之未見豹班是猶欲窺金谷名園不得金鑰而入終為門外漢耳搜古窮今博採廣蒐欲鏡古今得失之原是書殆入門之金鑰也遂以名篇

余雲波梓

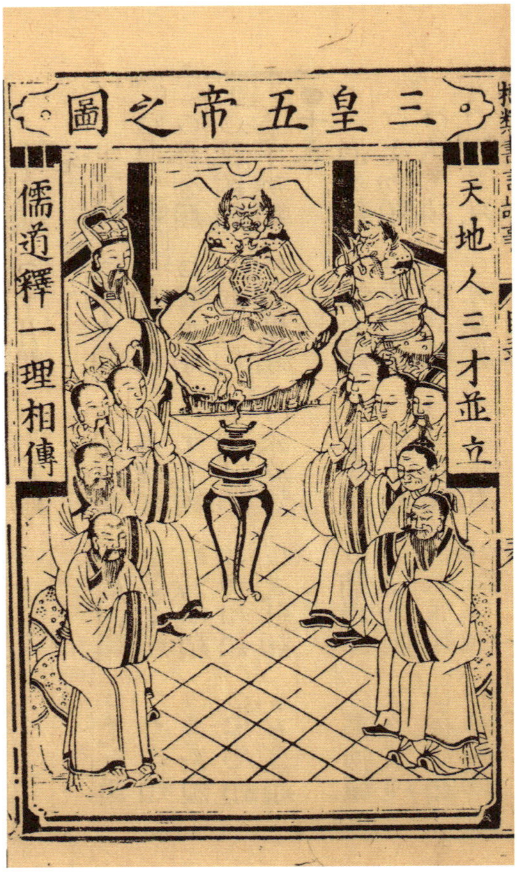

萬足

新鍥正譌訓解標類書言故事大全卷之一

廬陵　胡繼宗　編集
溫陵（一本作晉江）　李廷機　校釋

○人君類

（君者長也為家人之長故謂人君又曰大君者天地之宗子）

【皇帝】古者伏羲（音希）氏（太昊伏羲氏風姓）神農（炎帝神農氏姜姓）黃帝（公孫姓又曰姬姓名軒轅）以

道治（以道似有道也夫道字廣大天下所共由日用常行之道父慈子孝君令臣恭夫和妻柔兄友弟順以及舉動之間莫不合法是則所謂道也治者不待作為而天下自平所謂治也蓋聖人生而知之日用之道非學而能而有自然之性故天下之人亦以效之未嘗用力而教）故稱皇（皇大也道配天之大也今常言三皇即伏羲神農黃帝能廣大其道故稱皇下文又云三皇是也）

少昊（金天氏名玄囂黃帝之子也）顓（專）頊（勗）（○高陽氏昌意之子黃帝孫）高辛（帝嚳高辛氏玄囂之子黃帝曾孫也）唐（帝堯陶唐氏伊祁姓名放勳帝嚳子也）虞（帝舜有虞氏姚姓名重華瞽瞍之子顓頊八世孫也）以

德化（以德似有德也德者本心之全德善焉○熊氏曰德者得之於心行之於身心正則身正身正則家正而天下莫不一於正是則所謂德也○化者自然消融其查滓所謂化也蓋聖人在位身心既正天下之人身心亦正如春之至自然和煖萬物發生）

韻府群玉二十卷　〔元〕陰時夫編　〔元〕陰中夫注　T9305/7323b

元至正二十八年（1368）東山秀岩書堂刻本　六册

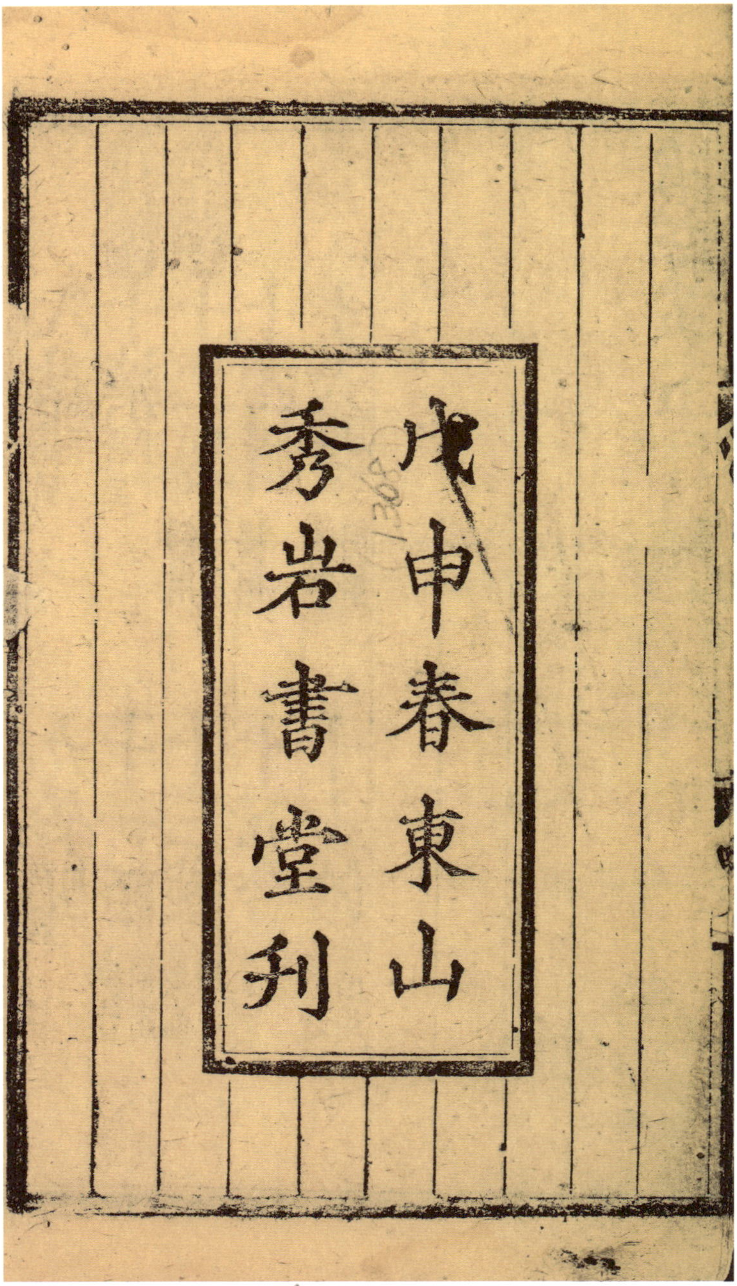

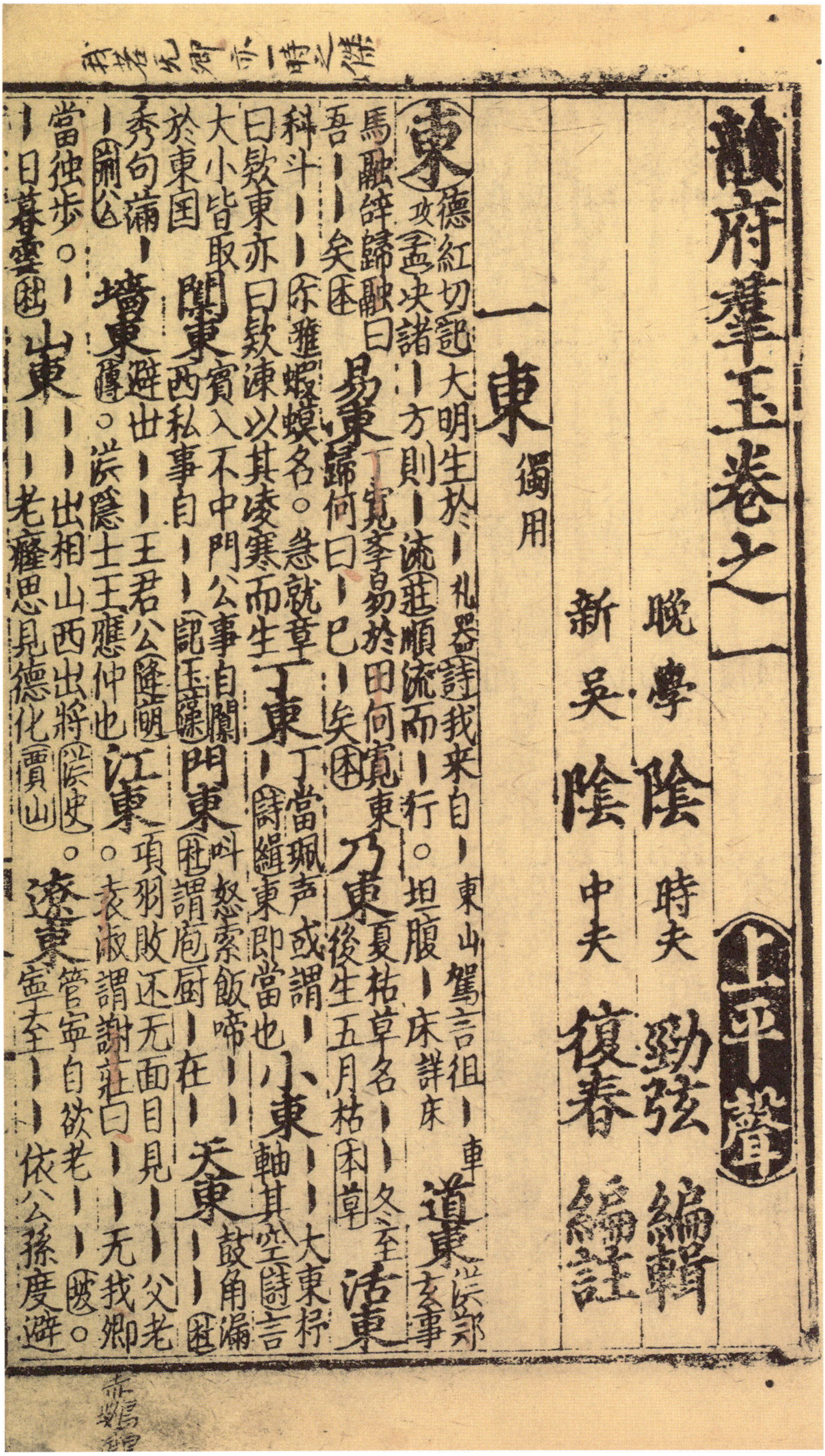

韻府羣玉卷之一 上平聲

晩學 陰時夫 勁弦 編輯

新吳 陰中夫 復春 編註

一東 獨用

東 德紅切説文大明生於丨禮器詩我來自丨東山駕言徂丨車 道東 從學於鄭玄事
攻孟决諸丨丨方則丨流莊逆順流而丨行。坦腹丨床詳床 冬至 活東
馬融辭歸融曰 易東 丁寬孝易於田何寬東 乃東 夏枯草名丨丨
吾丨丨矣匡 歸何曰丨已丨矣國 後生五月枯本草
科斗丨丨爾雅蝦蟆名。急就章 丁東 丁當珮声或謂丨丨 小東 丨丨大東杼
曰欵東亦曰欵涷以其凌寒而生 丨丨詩緝東即當也 軸其空詩言
大小皆取 閶東 實入不中門公事自閶 叫怒索飯啼丨丨 天東 鼓角漏
於東国 西私事自丨丨記玉藻 門東 杜謂庖廚丨在丨丨 國
秀句滿丨 墻東 避世丨丨王君公隆明 江東 項羽敗还无面目見丨丨父老
丨嗣公 傳。從隱士王應仲也。袁淑謂謝莊曰丨丨无我鄉
當独步。丨丨出相山西出將從史。 遼東 管寧自欲老丨丨魏。
丨日暮雲杜 山東 丨丨老癡思見德化賈山 寧至丨丨依公孫度避

新刻增補音易四書五經字考萬花谷二卷首一卷合刻鑑紀通考萬花谷六卷　〔明〕曹銘編　T9299/2919

明崇禎潭陽余開明刻巾箱本　一册

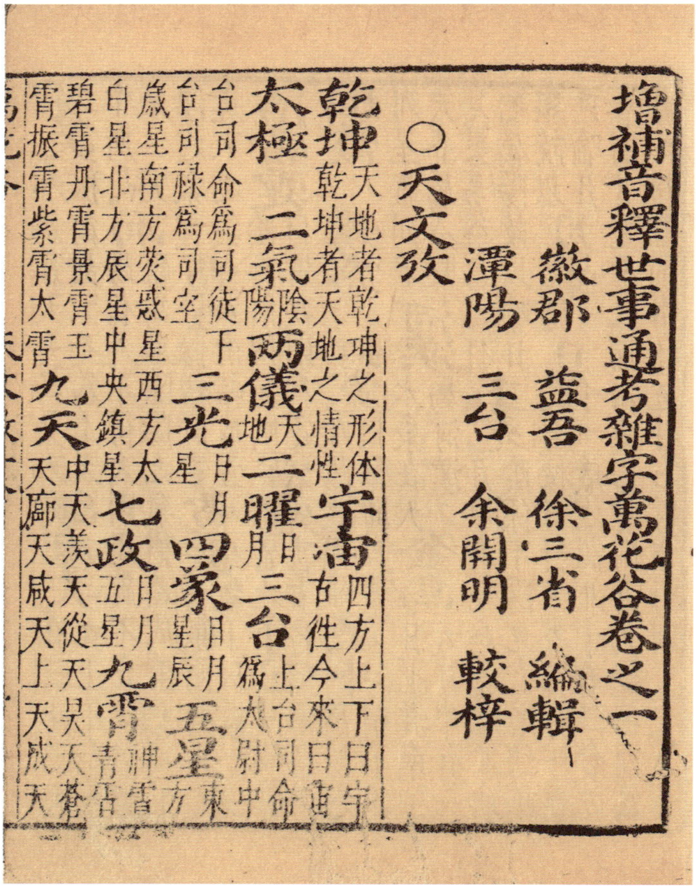

百川學海一百種　〔宋〕左圭編

明弘治十四年（1501）無錫華珵刻本　二十册

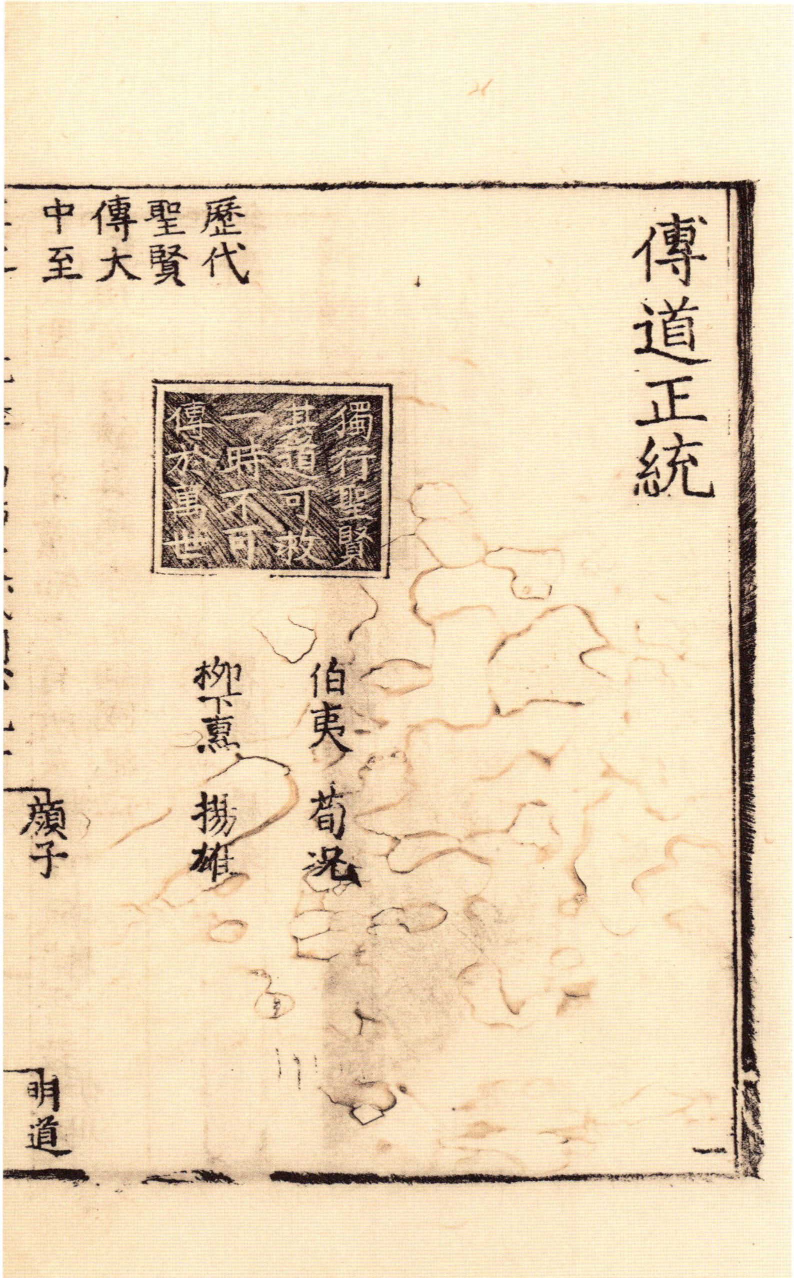
傳道正統

歷代
聖賢
傳大
中至

獨行聖賢
其道可救
一時不可
傳於萬世

伯夷　荀況
柳下惠　揚雄
顏子
明道

永樂大典二萬二千八百七十七卷 〔明〕解縉等纂修 T9305/3245（1562）

明嘉靖内府抄本 二册

存卷七千七百五十六至七千七百五十七、卷八千八百四十一至八千八百四十三。

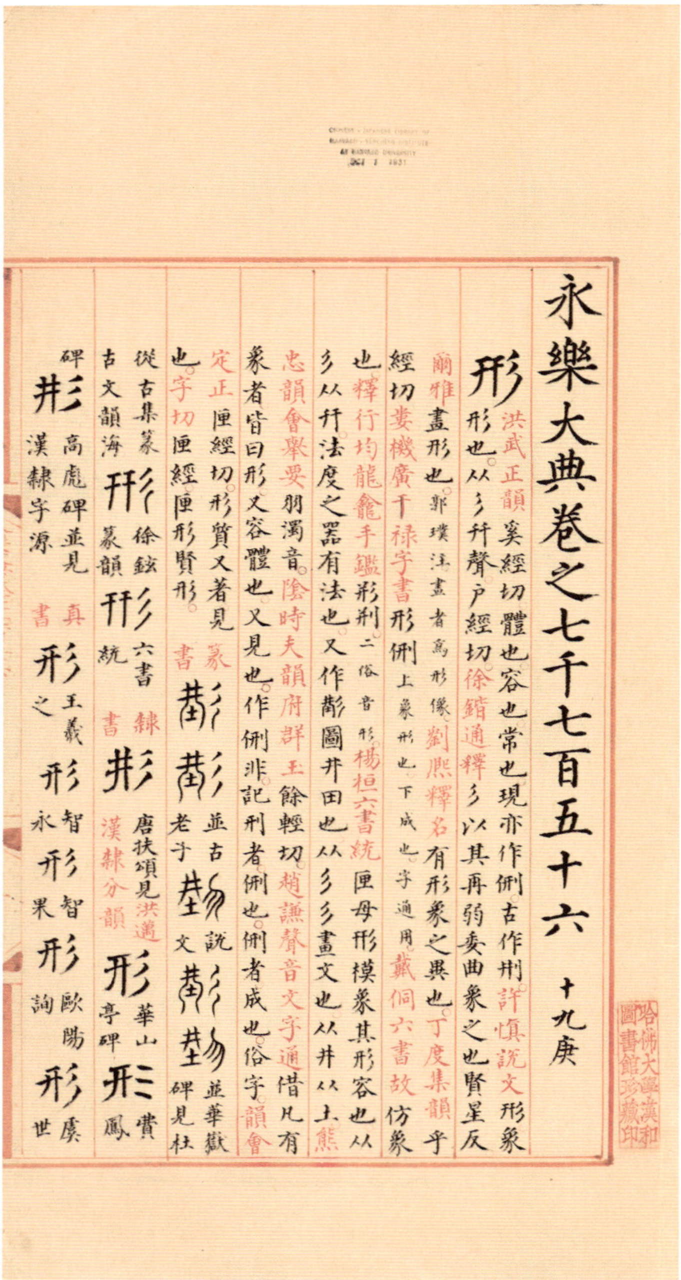

永樂大典卷之八千八百四十一

二十九

油

洪武正韻于求切說文水出武陵孱陵西東南入江一曰膏也一曰油油和謹貌又司馬相如傳雲之油油又禮記云油然生矣許慎說文油从水由聲以周切顧野王玉篇水名又麻子汁徐鍇通釋延秋反司馬光類篇夷周切又余救切浩油地名毛晃禮部韻又油油雲行貌緹油車飾戴侗六書故膏液也油類滑故引之則出入進退順易者曰油油然以油塗物曰油去聲郭守正紫雲韻玉藻三爵而油油說敬貌韓道昭五音類聚水名出武陵入江楊桓六書統喻母油統聲油隸熊忠韻會舉要羽次濁音又前漢司馬相如傳雲之油油注行貌又禮記樂記油然生矣注新生好貌字滲博義脂油也趙謙聲音文字通諭九切又博物志積油滿萬石自然生火武帝武庫災積油所致又行貌又和貌韻會定正喻鳩切又油然盛貌字切喻鳩喻寅延油

篆書 油 集韻見杜从古集篆古文韻海

油 徐鉉篆韻

隸書 油 六書統

真書 油 顏真卿

草書 油 鮮于樞見草書集韻

五朝小説四百六十六卷

T5736/1490a

明崇禎刻本　六十册

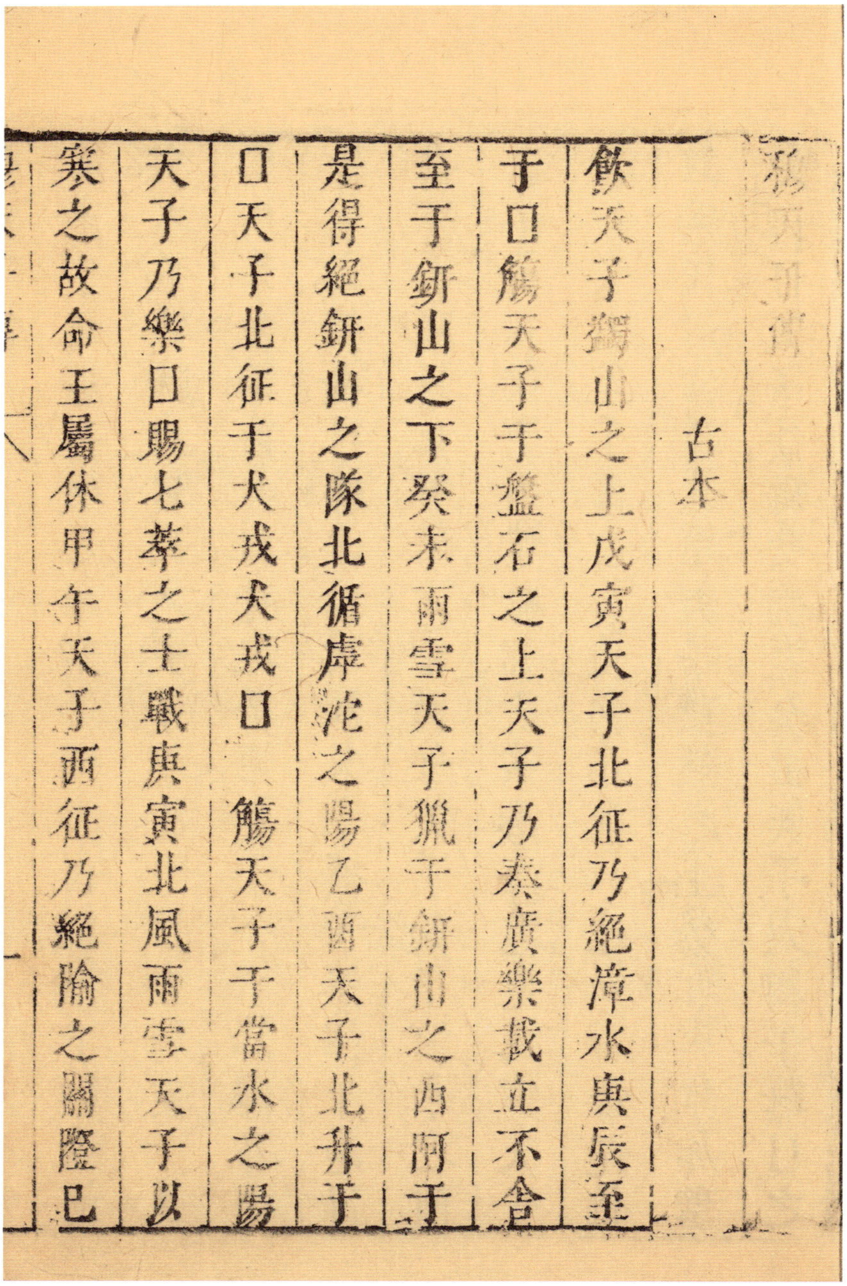

古本
飲天子蠲山之上戊寅天子北征乃絕漳水庚辰至
于□觴天子于盤石之上天子乃奏廣樂載立不舍
至于鈃山之下癸未雨雪天子獵于鈃山之西阿于
是得絕鈃山之隊北循虖沱之陽乙酉天子北升于
□天子北征于犬戎犬戎□觴天子于當水之陽
天子乃樂□賜七萃之士戰庚寅北風雨雪天子以
寒之故命王屬休甲午天子西征乃絕隃之關隥己

小十三經十三種　〔明〕顧起經編　T9100/9412

明嘉靖祇洹館刻本　四册

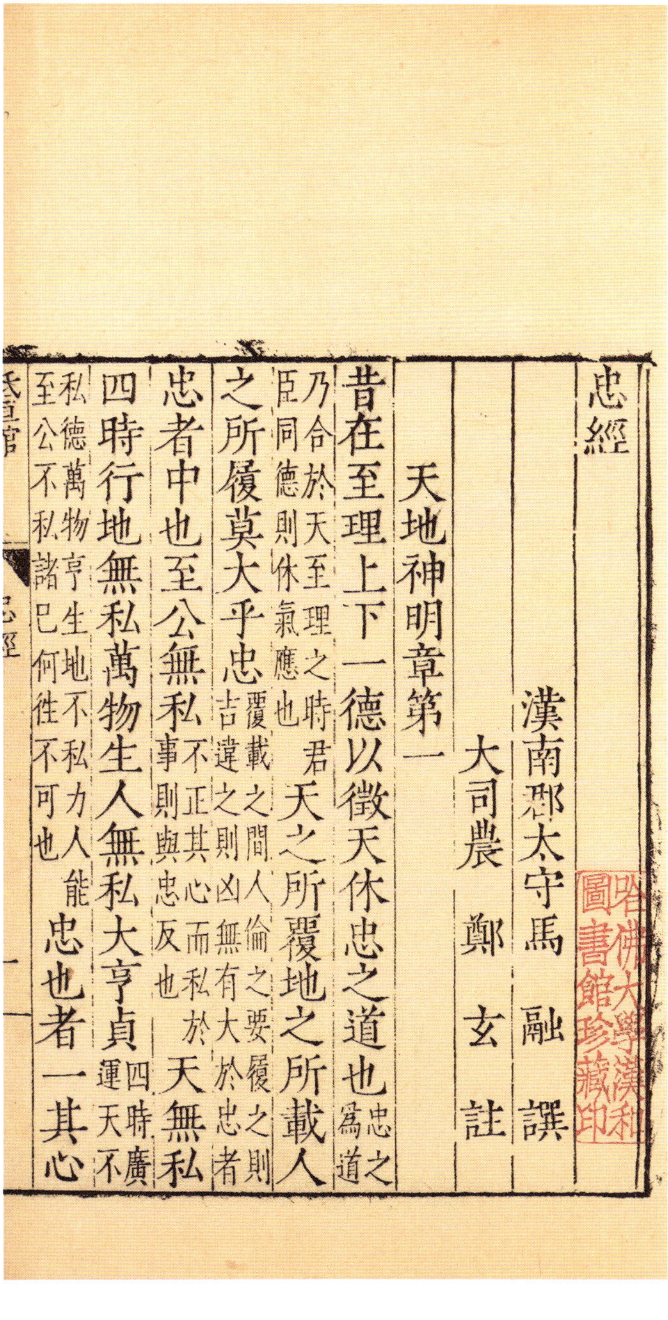

忠經

漢南郡太守馬　融　譔

大司農　鄭　玄　註

天地神明章第一

昔在至理上下一德以徵天休忠之道也忠之爲道乃合於天至理之時君臣同德則休氣應也天之所覆地之所載人之所履莫大乎忠覆載之間人倫之要履之則吉違之則凶無有大於忠者忠者中也至公無私不正其心而私於事則與忠反也天無私四時行地無私萬物生人無私大亨貞四時廣運天不私德萬物亨生地不私力人能至公不私諸巳何往不可也忠也者一其心

祗洹館　忠經　一

居家必備十卷 T9100/7332

明末刻本　二十四册

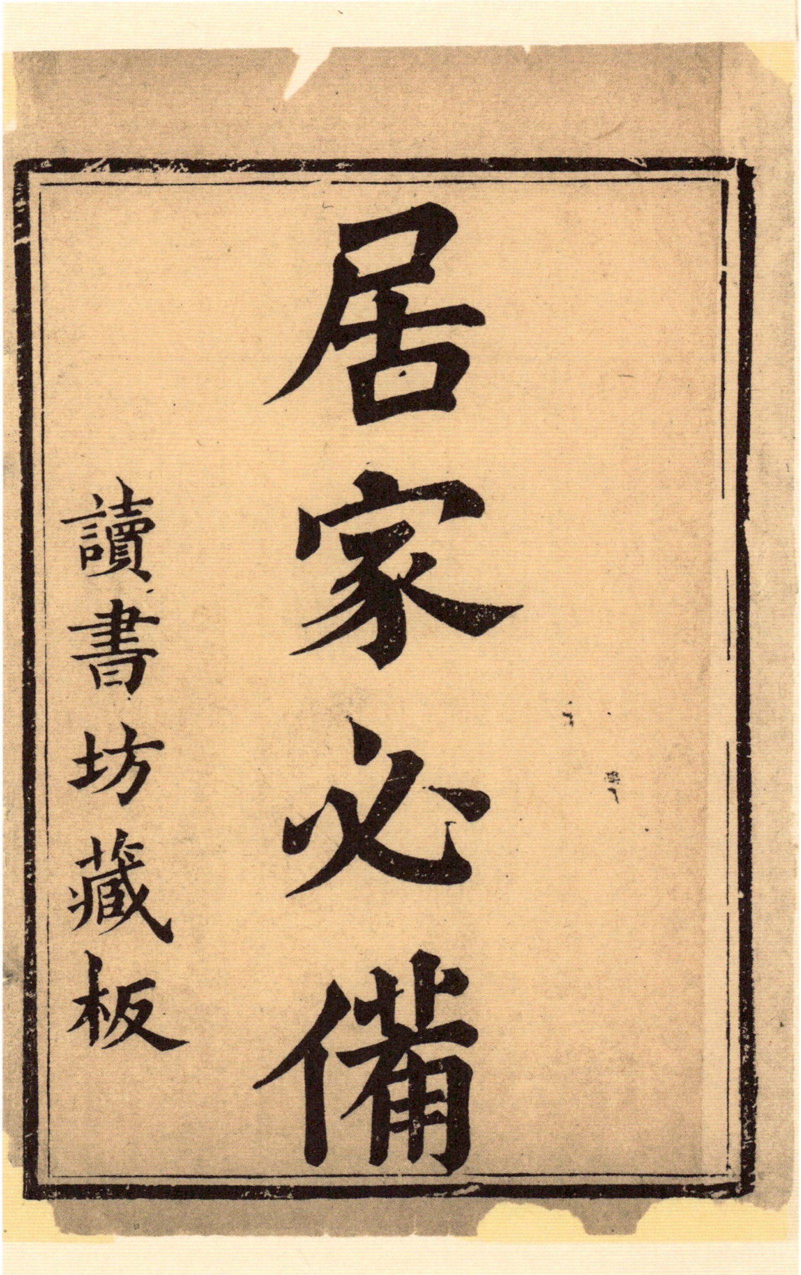

居家儀禮

漳郡張一棟

宗法考

宗法大宗一統小宗四別子爲祖以嫡承嫡百代不絶是曰大宗大宗之庶子皆爲小宗小宗有四五世則遷已身庶也宗禰宗已父庶也宗祖宗已祖庶也宗曾祖宗已曾祖庶也宗高祖宗已高祖庶也則遷而惟宗大宗所宗者祭之大宗絶則族人以支子後之凡祭主於宗子其餘庶子雖貴且富皆不敢祭有

枕函小史五種　〔明〕閔於忱編　T9100/4195

明吴興閔氏松筠館刻朱墨套印本　四册

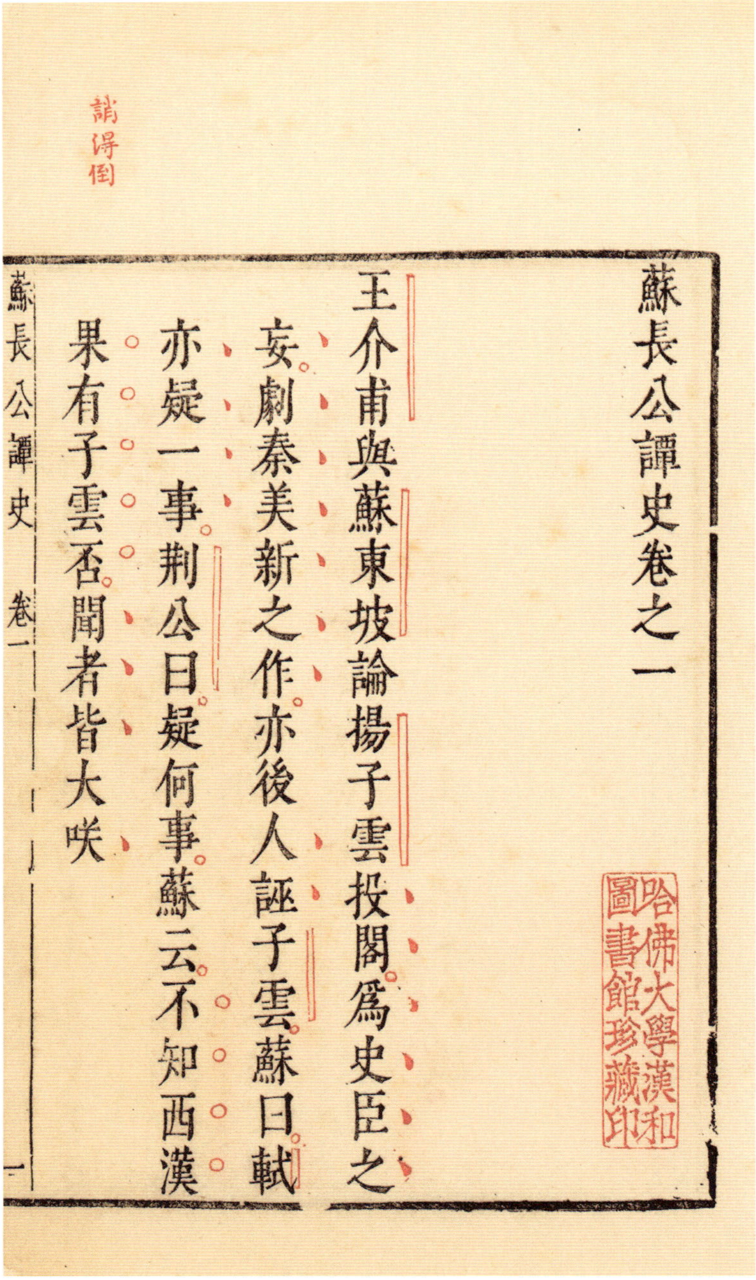
誚得倒

蘇長公譚史卷之一

王介甫與蘇東坡論揚子雲投閣爲史臣之妄劇秦美新之作亦後人誣子雲蘇曰軾亦疑一事荆公曰疑何事蘇云不知西漢果有子雲否聞者皆大咲

哈佛大學漢和圖書館珍藏印

蘇長公譚史　卷一　一

武英殿聚珍版書一百三十八種 T9100/1471

清乾隆武英殿木活字印本　六百二册

《易緯》《漢官舊儀》《魏鄭公諫續録》《帝範》爲武英殿刻本。

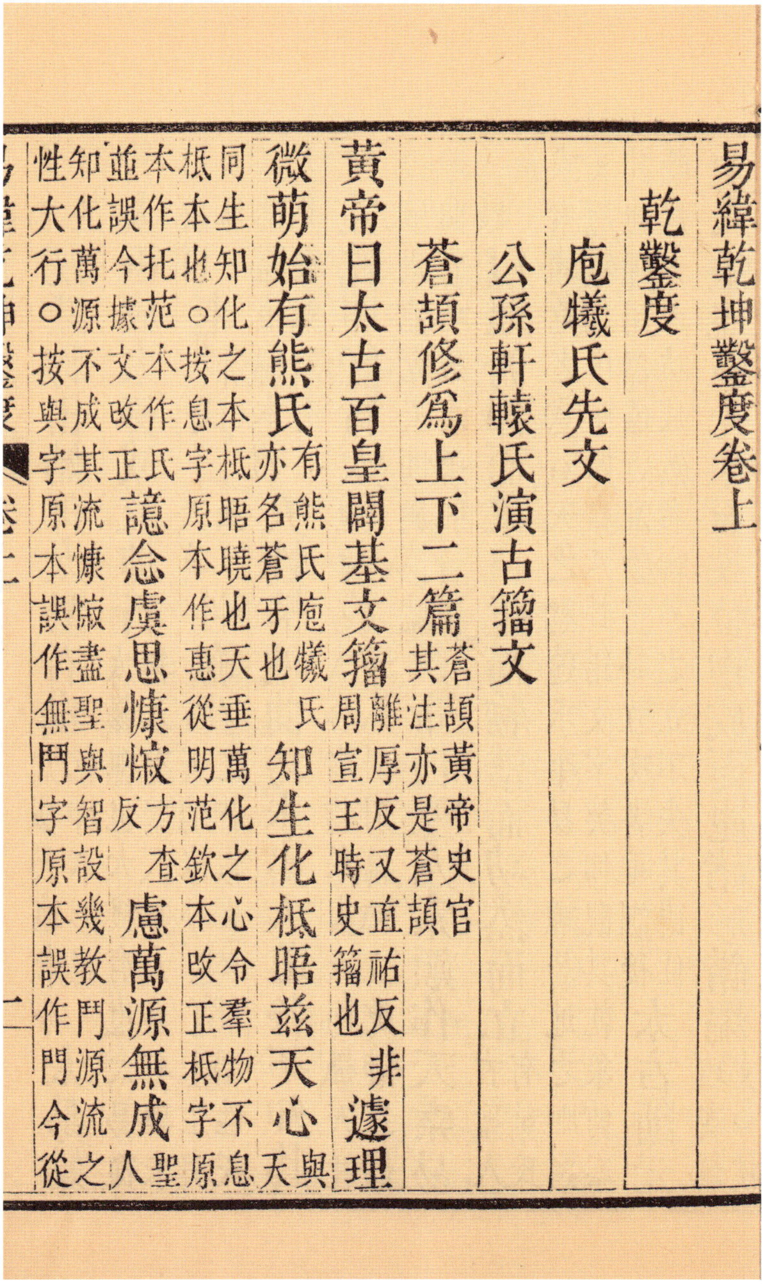

易緯乾坤鑿度卷上

乾鑿度

庖犧氏先文

公孫軒轅氏演古籀文

蒼頡修爲上下二篇蒼頡黃帝史官其注亦是蒼頡

黃帝曰太古百皇闢基文籀離厚反又直祐反非周宣王時史籀也遽理

微萌始有熊氏有熊氏庖犧氏亦名蒼牙也知生化柢晤茲天心與天同生知化之本柢晤曉也天垂萬化之心令羣物不息柢本也○按息字原本作惠從明范欽本改正柢字原本作托范本作氏並誤今據文改正譩念慮思慊慊反方查慮萬源無成聖人知化萬源不成其流慊慊盡聖與智設幾教門源流之性大行○按與字原本誤作無門字原本誤作門今從

經史鈔三十三卷 〔清〕徐與喬輯 〔清〕譚尚忠增輯

清乾隆五十五年（1790）紉芳齋刻本 二十四册

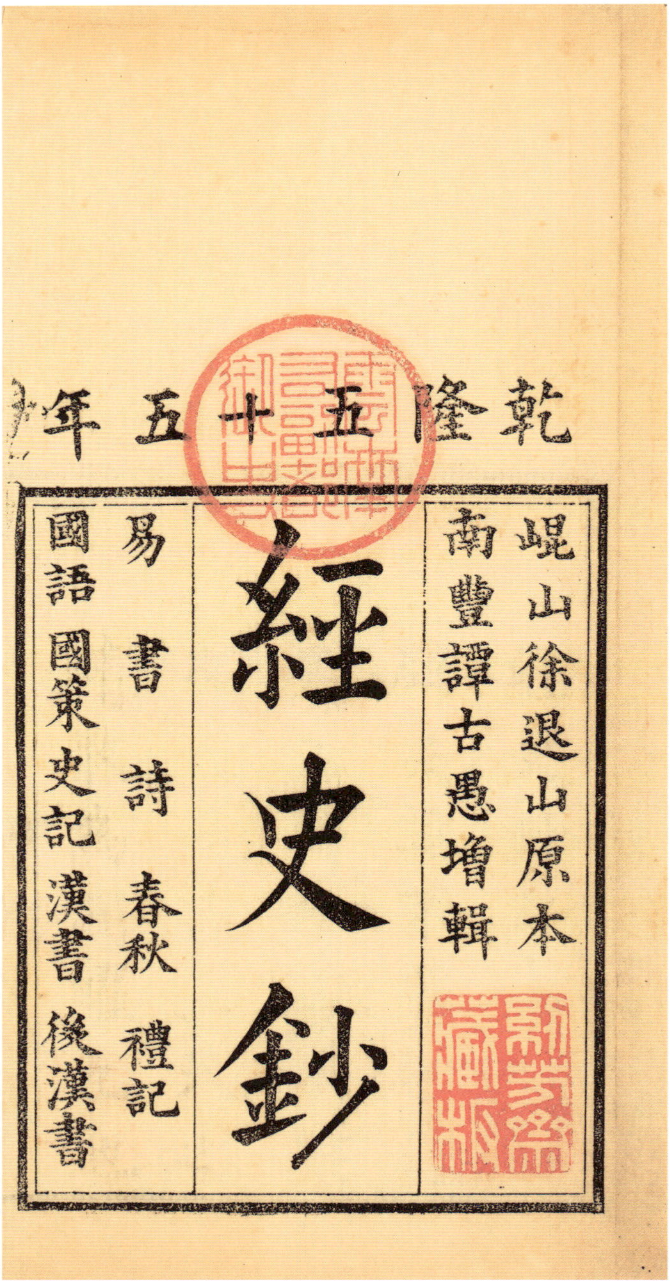

經史鈔第一

凡例

一鈔從左而下。與徐選微有異同。各就其人之文稍卑下者則逸出之。其有調同法比。皆可朗讀。亦屬不登。唯史記選有遺篇。爰有所出。爰有所入。今不陳其出入之數。亦云不必也。

一鈔徐本。凡附益評注。加增字以別之。其

丁氏八千卷樓叢刻二十種　〔清〕丁丙編　　9100/1274

清同治至光緒間八千卷樓刻本　二十册

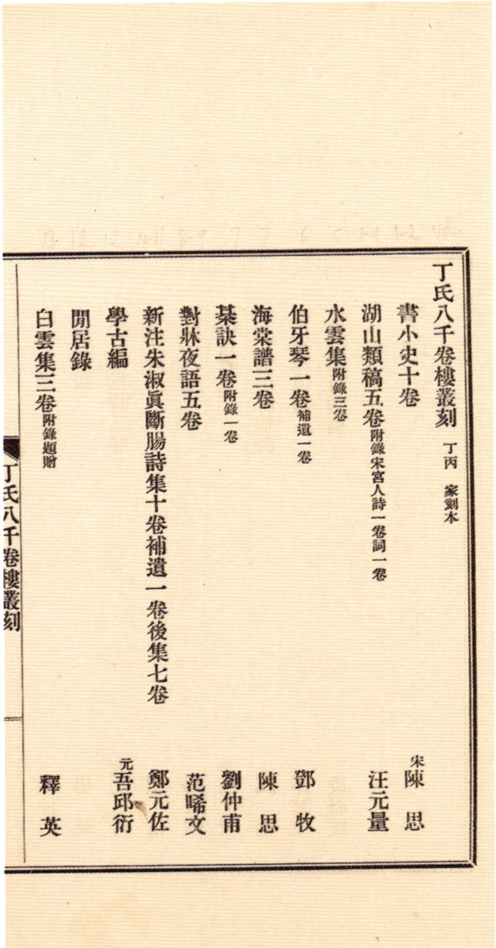
丁氏八千卷樓叢刻　丁丙　家刻本

書小史十卷　宋陳思

湖山類稿五卷附錄宋宮人詩一卷詞一卷　汪元量

水雲集附錄三卷

伯牙琴一卷補遺一卷　鄧牧

海棠譜三卷　陳思

棊訣一卷附錄一卷　劉仲甫

對牀夜語五卷　范晞文

新注朱淑眞斷腸詩集十卷補遺一卷後集七卷　鄭元佐

學古編　元吾邱衍

閒居錄

白雲集三卷附錄題贈　釋英

丁氏八千卷樓叢刻

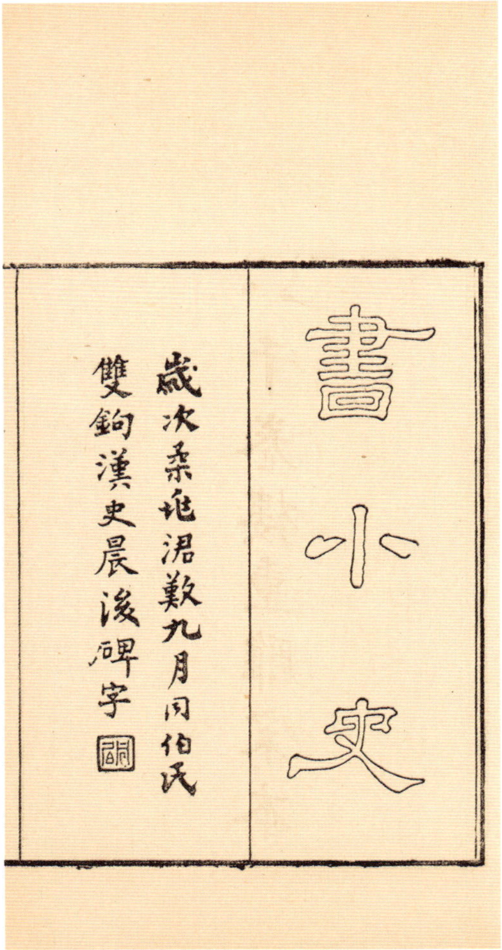
書小史

歲次柔兆涒灘九月同伯氏

雙鉤漢史晨後碑字

書小史卷第一

錢塘陳　思　纂次

紀

太昊伏犧氏燧人氏之子也因風而生故爲風姓以木王天下始畫八卦造書契代結繩因獲景龍之瑞其制儀象布政令紀官皆以龍於是始爲龍書唐韓晉公滉嘗獲齊竟陵王子良龍書十五字置于招隱寺乃其遺法

炎帝神農氏姜姓以火德王始爲耒耜以教民稼穡作陶冶斧斤民用以利嘗百草以濟民病因上黨羊頭山始生嘉禾八穗帝異之乃作穗書用頒政令

新學類

協和醫學堂徵信録

清宣統二年（1910）上海美華書館鉛印本　一册

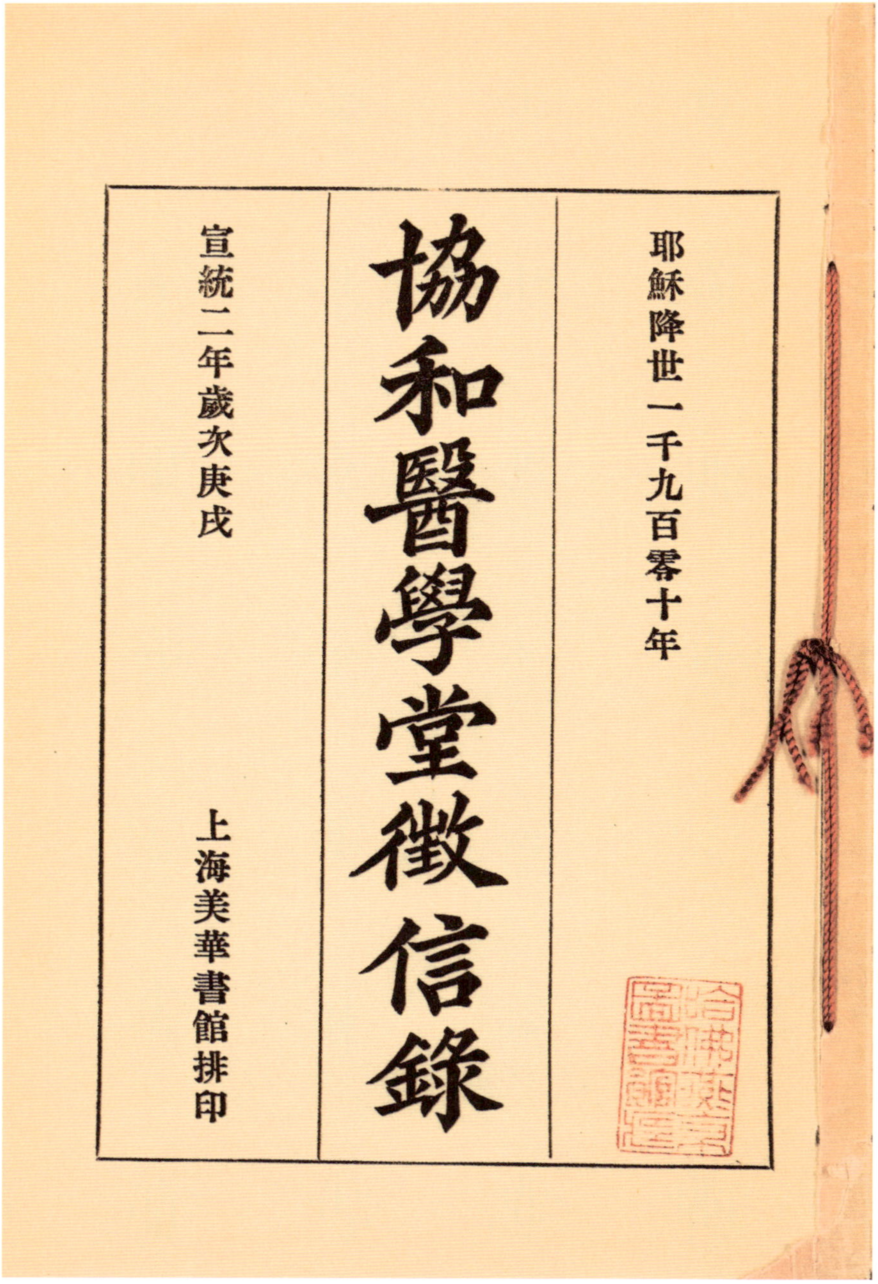

捐啟

本學堂自開辦以來已四載於茲矣堂舍宏敞儀器精備就學者亦日益多各科教習二十餘員按程授課講解詳明附近處復有原設之施醫院每日開診臨症甚多足爲堂內學生之實驗地卒業後經學部考試給憑許以行醫問世其爲益實非淺鮮一切辦法悉與泰西著名醫院無異有志斯道者固無須遠涉風濤求學海外也

本醫院初創於咸豐辛酉年迄今五十餘載院內章程具極美備更於留養病人一節逐漸推廣就診之人歲以數萬計所治奇險各症尤爲特色茲引一二以概其餘如本年某夫人患瘤生腹內經本院剖其腹出其瘤厥病遂痊又中年男子某患胃下口變窄